사이버 물리 시스템

사물인터넷과 임베디드 시스템의
핵심 기술, 사례와 동향

사이버 물리 시스템

사물인터넷과 임베디드 시스템의
핵심 기술, 사례와 동향

라구나탄 라즈쿠마르 · 디오니시오 데 니즈 · 마크 클라인 지음

김광일 옮김

에이콘

우리 가족에게

지은이 소개

라구나탄 라즈쿠마르 Ragunathan (Raj) Rajkumar

카네기 멜론 대학의 전기 컴퓨터 공학과 조지 워싱턴하우스 교수다. 타임시스TimeSys를 비롯해 설립하거나 참여한 많은 회사 중 오토마티카Ottomatika, Inc.는 자율 운전 차량용 소프트웨어 회사로, 델파이Delphi에 인수됐다. 여러 국제 회의에서 의장을 맡았고, 3건의 특허를 보유하고 있으며, 한 권의 책을 저술했고, 공동 편저한 책이 있으며, 회의 및 저널에 170편 이상의 심사 논문을 발표했다. 논문 중 8편이 최우수 논문상을 수상했다. 1984년 인도 마드라스 대학에서 학사 학위Hons.를 받았으며, 펜실베이니아 주 피츠버그에 있는 카네기 멜론 대학에서 1986년과 1989년에 각각 석사 학위와 박사 학위를 받았다. 사이버 물리 시스템의 모든 측면이 관심 연구 분야다.

디오니시오 데 니즈 Dionisio de Niz

카네기 멜론 대학 소프트웨어 엔지니어링 연구소의 수석 연구원이다. 정보 네트워킹 연구소에서 정보 네트워킹으로 석사 학위를 받았으며, 카네기 멜론 대학에서 전기 컴퓨터 공학으로 박사 학위를 받았다. 관심 분야는 사이버 물리 시스템, 실시간 시스템, 모델 기반 엔지니어링이다. 최근에는 실시간 분야에서 다중 코어 프로세서 및 혼합 중요도 스케줄링에 집중했으며, 민간 산업계 및 정부 기관을 대상으로 기초 연구 및 응용 연구에 대한 여러 프로젝트를 주도해왔다. 레퍼런스 구현과 실시간 자바 명세의 상용 버전 개발에 참여했다.

마크 클라인[Mark Klein]

사이버 물리 시스템 및 첨단 모바일 시스템에 대한 연구를 수행하는 소프트웨어 엔지니어링 연구소 기술진의 수석 멤버이며, 동연구소 Critical System Capabilities Directorate의 기술 이사다. 그는 소프트웨어 엔지니어링, 신뢰할 수 있는 실시간 시스템 그리고 수치 해석의 다양한 방면을 연구한다. 가장 최근의 연구는 사이버 물리 시스템을 포함한 대규모 시스템의 설계 및 분석 원리에 중점을 두고 있다. 이전에는 Architecture-Centric Engineering Initiative의 기술 책임자로서 소프트웨어 아키텍처 분석, 아키텍처 진화, 경제성 중심 아키텍처, 아키텍처 역량, 아키텍처 절충 분석, 속성 주도 아키텍처 설계, 스케줄링 이론 그리고 적용 메커니즘에 대한 연구를 이끌었다. 실시간 시스템에서의 연구는 비율 단조 분석[rate-monotonic analysis, RMA]의 개발, RMA의 이론적 기반 확장 및 현실 시스템에의 적용과 관련돼 있다. 초기 연구에는 오일 저장소 시뮬레이션에서 발생하는 유체 흐름 방정식을 풀기 위한 고차원 유한 요소법의 연구가 포함됐다. 많은 논문을 발표했으며,『A Practitioner's Handbook for Real-Time Analysis』(Springer, 1993), 『Ultra-Large-Scale Systems』(Software Engineering Institute Carnegie Mellon, 2006), 그리고『소프트웨어 아키텍처 평가』(에이콘, 2009)의 공동 저자다.

| 기술 감수자 소개 |

압둘라 알나임 Abdullah Al-Nayeem

2013년 일리노이 대학 어바나 샴페인에서 박사 학위를 받았다. 논문 제목은 「PALSPhysical-Asynchronous Logically-Synchronous 시스템 설계 및 개발」이었다. 현재 구글Google의 피츠버그 사무소에서 소프트웨어 엔지니어로 일하고 있다.

비요른 안데르쏜 Björn Andersson

2011년 3월부터 카네기 멜론 대학 소프트웨어 엔지니어링 연구소에서 수석 연구원으로 재직했다. 스웨덴 샬머스 대학에서 1999년 전기 공학 석사 학위와 2003년 컴퓨터 공학 박사 학위를 받았다. 현재 주요 연구 관심사는 실시간 시스템에서의 다중 코어 프로세서 사용과 사이버 물리 시스템에 대한 이론이다.

칼 에릭 오르진 Karl-Erik Årzén

스웨덴 룬드 대학에서 1981년 전기 공학 석사 학위와 1987년 자동 제어 박사 학위를 취득했다. 현재 룬드 대학의 자동 제어학과 교수다. 연구 분야에는 임베디드 시스템, 피드백 컴퓨팅, 클라우드 제어 그리고 사이버 물리 시스템이 포함된다.

애나히드 아윱 Anaheed Ayoub

매스웍스Mathworks의 수석 엔지니어다. 매스웍스에 입사하기 전에는 펜실베이니아 대학의 컴퓨터 과학 박사 후 과정 연구원이었다. 연구 관심 분야는 형식적 모델링, 검증 그리고 안전 필수적 실시간 시스템의 코드 생성 및 검증을 포함하는 모델 기반 디자인 워크플로다. 이집트 카이로에 있는 아인 샴스 대학에서 컴퓨터 공학 석사 및 박사 학위를 받았다.

안톤 써빈 Anton Cervin

스웨덴 룬드 대학에서 1998년 컴퓨터 과학 및 공학 석사 학위와 2003년 자동 제어 박사 학위를 취득했다. 현재 룬드 대학 자동 제어학과 부교수다. 연구 분야에는 임베디드 및 네트워크 제어 시스템, 이벤트 기반 제어, 실시간 시스템 그리고 제어 타이밍의 분석 및 시뮬레이션을 위한 컴퓨터 도구가 포함된다.

사가 챠키 Sagar Chaki

카네기 멜론 대학 소프트웨어 공학 연구소의 수석 연구원이다. 인도 공과 대학 카라그푸르에서 1999년 컴퓨터 과학 및 공학 학사 학위를 받았으며, 카네기 멜론 대학에서 2005년 컴퓨터 과학 박사 학위를 받았다. 실시간 및 사이버 물리 시스템을 위한 모델 검사 소프트웨어를 주로 연구하지만, 일반적으로 소프트웨어 품질 향상을 위한 엄격하고 자동화된 접근법에 관심이 많다. C 프로그램을 위한 2개의 모델 검사기인 MAGIC과 Copper를 포함한 여러 가지 자동화된 소프트웨어 검증 도구를 개발했다. 70개 이상의 피어 리뷰 논문의 공동 저자다. 현재 연구에 대한 자세한 내용은 http://www.contrib.andrew.cmu.edu/~schaki/에서 확인할 수 있다.

산지안 첸 Sanjian Chen

펜실베이니아 대학의 컴퓨터 및 정보 과학 박사 과정에 있다. 연구 관심 분야는 데이터 주도 모델링, 머신 러닝, 형식적 분석 그리고 사이버 물리 시스템 및 인간 소프트웨어 상호작용에 대한 애플리케이션과 시스템 공학이다. 2012 IEEE 실시간 시스템 심포지엄(RTSS)에서 최우수 논문상을 수상했다.

에드먼드 클라크 Edmund M. Clarke

카네기 멜론 대학 컴퓨터 과학과 명예 교수다. 1995년 FORE Systems Endowed Professorship의 최초 수상자이며, 2008년부터 대학 교수로 재직했다. 버지니아 대학에서 학사 학위를 받았으며, 듀크 대학에서 석사 학위 그리고 코넬 대학에서 박사 학위를 받았다. 1982년 카네기 멜론 대학에 합류하기 전에는 듀크 대학과 하버드 대학에서 강의했다. 관심 분야는 하드웨어 및 소프트웨어 검증과 자동 정리 증명이다. 특히, 연구 그룹은 BDD를 사용한 기호 모델 검사, 빠른 CNF 충족성 솔버solver를 사용한 경계 모델 검사 그리고 반례에 의한 추상화 정제counterexample-guided abstraction refinement, CEGAR의 사용을 개척했다. 컴퓨터 지원 검증computer-aided verification, CAV 컨퍼런스의 공동 설립자였다. IEEE Goode Award, ACM Kanellakis Award, ACM Turing Award, CADE Herbrand Award 및 CAV Award 등 하드웨어 및 소프트웨어 정확성에 대한 형식적 검증에 대한 공헌으로 수많은 상을 수상했다. 컴퓨터 시스템 검증에 대해 2014년 프랭클린 연구소상Franklin Institute Bower과 과학 분야 공로상Achievement in Science을 수상했다. 중국 과학 아카데미에서 아인슈타인 교수Einstein Professorship, 비엔나 공과 대학과 크레테 대학에서 명예 박사 학위를 받았다. 국립 공학 아카데미 및 미국 과학 기술 아카데미 회원이며, ACM 및 IEEE 펠로우, 시그마Sigma Xi 및 바이 베타 카파Phi Beta Kappa 회원이다.

앤트완 지라드Antoine Girard

CNRS의 선임 연구원Directeur de Recherche이다. 2004년 그르노블 국립과학기술학교에서 응용 수학 박사 학위를 받았다. 2004년부터 2005년까지 펜실베이니아 대학의 박사 후 과정 연구원이었으며, 2006년 베리맥 연구소Verimag Laboratory에서 근무했다. 2006년부터 2015년까지 조제프 푸리에 대학의 부교수로 재직했다. 연구 관심 분야는 주로 하이브리드 시스템의 분석 및 제어를 다루는 것이며, 계산적 접근법, 근사, 추상화 그리고 사이버 물리 시스템에 대한 응용에 중점을 두고 있다. 2009년 IEEE Control Systems Society에서 George S. Axelby Outstanding Paper Award를 수상했다. 2014년에는 CNRS 동메달을 수상했다. 2015년에는 프랑스 대학 연구원Institut Universitaire de France, IUF 주니어 회원으로 임명됐다.

에이리 거핀클Arie Gurfinkel

토론토 대학 컴퓨터 과학과에서 컴퓨터 과학 박사 학위를 받았다. 카네기 멜론 대학 소프트웨어 엔지니어링 연구소의 수석 연구원이다. 관심 연구 분야는 형식적 방법과 소프트웨어 공학의 교차점이고, 소프트웨어 시스템에 대한 자동화된 추론에 중점을 두고 있다. 최초의 다중값 모델 검사기 XChek, 소프트웨어 검증 프레임워크 UFO 및 SeaHorn, 하드웨어 모델 검사기 Avy를 비롯한 여러 가지 자동화된 검증 도구를 공동 개발했다.

존 휴닥[John J. Hudak]

Architecture Practices Initiative에서 소프트웨어 엔지니어링 연구소[SEI]의 기술 스텝 수석 멤버다. 카네기 멜론 대학에서 전기 공학 석사 학위를 받았으며, 동대학의 전기 및 컴퓨터 공학과에서 박사 과정에 있었다. 실시간 임베디드 시스템 개발을 위한 AADL 기반의 모델 기반 엔지니어링 방법론을 개발하고 적용하는 일을 맡고 있다. 또한 학계 및 산업계에 전달된 AADL 과정을 갖춘 SEI 모델 기반 엔지니어링의 강사이며, 정부 프로젝트를 위한 여러 독립적인 기술 평가 팀을 이끌고 참여했다. 관심 분야는 신뢰할 수 있는 실시간 시스템, 컴퓨터 하드웨어 및 소프트웨어 아키텍처, 모델 기반 검증, 소프트웨어 안정성 및 제어 공학을 포함한다. SEI에 합류하기 전에 카네기 멜론 대학의 연구 개발 부문 카네기 멜론 대학 연구소의 회원이었다. 산업계의 요구를 다루는 연구 개발 프로젝트에서 다양한 기술 및 관리 역량을 지니고 있다. IEEE의 선임 회원이고, 피츠버그 대학 존스타운의 겸임 교원이며, 펜실베이니아 주의 PE 라이선스를 보유하고 있다.

마리야 일릭[Marija Ilić]

카네기 멜론 대학의 ECE 및 EPP 학과에서 2002년 10월부터 교수직을 맡고 있다. 워싱턴 대학 세인트 루이스에서 시스템 과학 및 수학으로 각각 석사 및 박사 학위를 받았으며, 베오그라드 대학에서 MEE 및 DIP Ing.를 받았다. IEEE 펠로우 겸 IEEE 최고 강사며, Power Systems을 위한 First Presidential Young Investigator Award를 수상했다. 학문적 경력 외에도 전력 산업 컨설턴트이며, New Electricity Transmission Software Solutions, Inc.의 창립자이기도 하다. 1999년 9월부터 2001년 3월까지 국립과학재단 Control, Networks and Computational Intelligence의 프로그램 디렉터로 재직했다. 대규모 전력 시스템을 주제로 여러 권의 책을 공동 저술했으며, 카네기 멜론 대학에서 매년 개최되는 다학제 간 전기 산업 컨퍼런스 시리즈를 공동으로 조직했다(http://www.ece.cmu.edu/~electriconf). 카네기 멜론 대학의 Electric Energy Systems Group의 창립자 겸 공동 책임자다(http://www.eesg.ece.cmu.edu).

김백규

펜실베이니아 대학에서 컴퓨터 과학으로 박사 학위를 받았다. 연구 관심사는 안전 필수적인 의료 기기 및 자동차 시스템의 모델링 및 검증 그리고 형식적 방법을 통한 그러한 시스템의 자동화된 구현을 포함한다.

김철기

2005년에 카이스트KAIST에서 박사 학위를 받았다. 2006년부터 2012년까지 일리노이 대학 어바나 샴페인에서 박사 후 과정 학생 및 방문 연구원으로 근무하며 사이버 물리 시스템 및 안전 필수적 시스템 프레임 워크에 대해 연구했다. 현재 한국 항공 대학교 소프트웨어학과 부교수다.

김현진 티파니

HRL Laboratories의 연구 과학자다. 캘리포니아 대학 버클리에서 컴퓨터 과학 학사 학위를 받았으며, 예일 대학에서 컴퓨터 과학 석사 학위 그리고 카네기 멜론 대학에서 전기 및 컴퓨터 공학 박사 학위를 받았다. 관심 연구 분야는 사용자 중심 보안 및 개인 정보 보호, 네트워크 보안, 신뢰성 관리 그리고 응용 암호학이다.

앤드류 킹Andrew King

펜실베이니아 대학에서 컴퓨터 과학으로 박사 학위를 받았다. 관심 연구 분야는 분산 시스템 및 소프트웨어의 모델링, 검증 및 인증이며 특히 런타임 시에 통합 및 재구성이 가능한 시스템에 관심이 많다. 캔사스 주립 대학에서 컴퓨터 과학 학사 및 석사 학위를 받았다.

이인섭

펜실베이니아 대학의 컴퓨터 및 정보 과학의 세실리아 피틀러 무어 교수^{Cecilia Fitler Moore}^{Professor}며, PRECISE 센터의 소장이다. 전기 및 시스템 공학과 교수직을 겸직하고 있다. 연구 분야는 사이버 물리 시스템, 실시간 및 임베디드 시스템, 런타임 보증 및 검증, 신뢰 관리 및 고신뢰 의료 시스템을 포함한다. 위스콘신 대학 매디슨에서 컴퓨터 과학 박사 학위를 받았으며, IEEE 펠로우다. 2008년 IEEE TC-RTS Outstanding Technical Achievement와 Leadership Award를 수상했다.

존 레오츠키^{John Lehoczky}

카네기 멜론 대학의 통계 및 수리 과학 토마스 로드 대학 교수다. 실시간 시스템 분야에서 일하고 있으며, 비율 단조 스케줄링 및 실시간 큐잉 이론 개발에 대한 연구로 가장 잘 알려져 있다. "실시간 시스템 엔지니어링을 위한 기본 이론, 실무 및 표준화에 대한 기술적 리더십 및 기여"로 수여되는 2016 IEEE Simon Ramo Medal의 공동 수상자기도 하다. ASA, IMS, INFORMS 및 AAAS의 펠로우며, ISI의 선출 회원이다.

일린 모^{Yilin Mo}

난양 기술 대학의 전기 및 전자 공학과 조교수다. 2012년 카네기 멜론 대학에서 전기 및 컴퓨터 공학으로 박사 학위를 받았으며, 2007년 칭화 대학 자동화과에서 공학 학사 학위를 받았다. 난양 대학에 합류하기 전에는 2013년에 카네기 멜론 대학에서 박사 후 과정을 했으며, 2013년에서 2015년까지 캘리포니아 기술 연구소에 재직했다. 관심 연구 분야는 센서 네트워크 및 전력망에 적용되는 보안 제어 시스템 및 네트워크 제어 시스템이다.

애드리안 페릭^{Adrian Perrig}

스위스 ETH 취리히의 컴퓨터 과학과 교수로, 네트워크 보안 그룹을 이끌고 있다. 또한 카네기 멜론 대학에서 전기 및 컴퓨터 공학과와 공학 및 공공 정책과 객원 교수이자 CyLab의 특별 연구원이기도 하다. 연구는 안전한 시스템 구축에 초점을 맞추고 있으며, 특히

SCION 미래 인터넷 아키텍처에 대해 연구하고 있다.

알렉산더 뢰더러 Alexander Roederer

펜실베이니아 대학의 컴퓨터 및 정보 과학과 박사 과정 연구원이다. 연구 관심사는 고주파, 다중소스 데이터 스트림에 대한 머신 러닝의 적용이며, 특히 임상 의사결정 지원 시스템을 개발하는 데 있다. 마이애미 대학에서 컴퓨터 과학 및 수학으로 학사 학위를 받았으며, 펜실베이니아 대학에서 컴퓨터 및 정보 과학으로 석사 학위를 받았다.

마티어스 렁거 Matthias Rungger

뮌헨 공과 대학의 박사 후 과정 연구원이다. 전기 및 컴퓨터 공학과에서 Hybrid Control Systems Group과 제휴하고 있다. 연구 관심 분야는 사이버 물리 시스템과 추상화 기반 제어기 설계의 분석 및 제어를 포함한 제어의 형식적 방법의 전반적인 영역이다. 2012년부터 2014년까지 캘리포니아 대학 로스앤젤레스의 전기 공학과 박사 후 과정 연구원으로 있었다. 2011년 카셀 대학에서 박사 학위를 받았으며, 2007년에 뮌헨 공대에서 전기 공학으로 석사 학위를 받았다.

루이 샤 Lui Sha

1985년 카네기 멜론 대학에서 박사 학위를 받았다. 현재 일리노이 대학 어바나 샴페인의 도널드 길리 체어 교수다. 안전 필수적 실시간 시스템에 대한 연구를 통해 GPS, 우주 정거장 및 화성 탐험대와 같은 많은 대규모 첨단 기술 프로그램에 영향을 미치고 있다. 현재 Certifiable Multicore Avionics 및 Medical Best Practice Guidance Systems(의료용 GPS)에 대한 기술을 개발 중이다. IEEE Simon Ramo Medal의 2016년 공동 수상자이며, IEEE 및 ACM의 펠로우이자 NASA 자문위원회 회원이다.

갸보르 심코 Gabor Simko

구글의 선임 소프트웨어 공학자다. 2008년 부다페스트 기술 경제 대학에서 기술 정보학으로 석사 학위를 받았으며, 2010년에 같은 대학 생의학 공학과에서 석사 학위를 받았다. 2014년 밴더빌트 대학에서 컴퓨터 과학으로 박사 학위를 받았으며, 논문 주제는 사이버 물리 시스템을 위한 도메인 특정적 모델링 언어의 형식적 의미 체계 명세다. 관심사는 음성 인식, 음성 활동 탐지, 하이브리드 시스템의 형식적 검증 및 모델링 언어의 형식적 명세를 포함한다.

부르노 시노폴리Bruno Sinopoli

1998년 파도바 대학에서 공학 박사 학위를 받았다. 2003년과 2005년에 캘리포니아 대학 버클리에서 전기 공학 석사 학위와 박사 학위를 받았다. 카네기 멜론 대학의 교수로 합류했으며, 전기 및 컴퓨터 공학과의 부교수로 기계 공학 및 로보틱스 연구소에 정식으로 임명됐다. Smart Infrastructure Institute의 공동 책임자기도 하다. 연구 관심 분야는 상호 의존적 인프라스트럭처, 사물 인터넷 그리고 데이터 주도 네트워킹에 적용할 수 있는 안전 설계secure-by-design 사이버 물리 시스템의 모델링, 분석 및 설계를 포함한다.

올레그 소콜스키Oleg Sokolsky

펜실베이니아 대학 컴퓨터 및 정보 과학 부교수다. 연구 관심 분야는 사이버 물리 시스템 개발, 아키텍처 모델링 및 분석 그리고 명세 기반 모니터링 및 소프트웨어 안전 인증에 형식적 방법을 적용하는 것이다. 스토니 브룩 대학에서 컴퓨터 과학 박사 학위를 받았다.

존 A. 스탠코빅John A. Stankovic

버지니아 대학의 컴퓨터 과학부 BP America 교수다. 8년간 학장직을 역임했다. IEEE와 ACM의 펠로우며 요크 대학교에서 명예 박사 학위를 받았다. 탁월한 기술 기여 및 리더십으로 IEEE 실시간 시스템 기술 위원회상을 수상했다. 또한 분산 처리에 대한 IEEE 기술 위원회의 Distinguished Achievement Award(최초 수상자)를 수상했다. ACM SenSys 2006을 포함해 7개의 최우수 논문상을 수상했으며, IPSN 2013을 포함해 2개의 최우수 논문 준우승상을 수상했다. 또한 4개의 다른 최우수 논문상 결선 진출

자기도 하다. h 지수가 107이며, 논문 인용 건수가 4만 1,000건 이상이다. 2015년 버지니아 대학 Distinguished Scientist Award를 수상했으며, 2010년에는 공과 대학의 Distinguished Faculty Award를 수상했다. 매사추세츠 대학에서도 Distinguished Faculty Award를 수상했다. 컨퍼런스에서 35회 이상 기조 연설을 했으며, 주요 대학에서 많은 저명한 강연을 했다. 현재 한림원의 컴퓨터 과학 통신 위원회에 재직 중이다. 「IEEE Transactions on Distributed and Parallel Systems」의 편집장이었으며, Real-Time Systems Journal의 창립자 겸 공동 편집장이었다. 연구 관심사는 실시간 시스템, 무선 센서 네트워크, 무선 보건, 사이버 물리 시스템 및 사물 인터넷이다. 브라운 대학에서 박사 학위를 받았다.

야노슈 스치파노비츠 Janos Sztipanovits

현재 밴더빌트 대학 공학부 E. Bronson Ingram Distinguished Professor이자 Vanderbilt Institute for Software Integrated Systems의 창립 이사다. 1999년부터 2002년까지 DARPA Information Technology Office의 프로그램 관리자 및 심의관 대리를 역임했다. CPS Virtual Organization을 이끌고 있으며, 2014년에 NIST에서 설립한 CPS Reference Architecture and Definition 공공 워킹 그룹의 공동 의장이다. 2014년부터 2015년까지는 산업 인터넷 컨소시엄 조정 위원회의 학술 위원으로 재직했다. 2000년에 IEEE 펠로우, 2010년에는 헝가리 과학원의 외부 회원으로 선출됐다.

파울로 타부아다 Paulo Tabuada

카네이션 혁명 1년 후에 포르투갈 리스본에서 태어났다. 1998년 리스본의 Instituto Superior Tecnico에서 항공 우주 공학 전공으로 학사 학위(Licenciatura)를 받았으며, Instituto Superior Tecnico와 결연한 민간 연구 기관인 Systems and Robotics 연구소에서 2002년 전기 및 컴퓨터 공학 박사 학위를 받았다. 2002년 1월에서 2003년 7월까지 펜실베이니아 대학의 박사 후 과정 연구원이었다. 노터데임 대학의 조교수로 3년을 보낸 후 캘리포니아 대학 로스앤젤레스의 전기 공학부에 합류해 사이버 물리 시스템 연구소를 설립하고 지휘했다. 사이버 물리 시스템에 대한 기여로 2005년 NSF Career Award, 2009년 Donald P. Eckman Award, 2011년 George S. Axelby Award 그리고 2015년 Antonio Ruberti Prize를 비롯한 여러 상을 수상했다. 2009년에는 하이브리드 시스템 국제 회의(HSCC'09)의 공동 위원장을 맡고, 2015년에 조정 위원회에 합류했다. 2012년에는 네트워크 시스템에서 분산 추정 및 제어에 관한 제3차 IFAC 워크숍(NecSys'12)의 프로그램 공동 위원장을 지냈으며, 2015년에는 하이브리드 시스템 분석 및 설계에 대한 제3차 IFAC 워크숍의 프로그램 공동 위원장을 지냈다. 또한 「IEEE Embedded Systems Letter」 및 「IEEE Transactions on Automatic Control」의 편집 위원을 역임했다. 2009년에는 Springer에서 하이브리드 시스템의 검증 및 제어에 관한 최신 저서를 출간했다.

| 옮긴이 소개 |

김광일(kikim6114@gmail.com)

한국과학기술원 경영과학과에서 네트워크 알고리즘으로 석사 학
위를 받았다. 졸업 후 대기업 및 벤처 기업에서 소프트웨어를 개
발했다. 이후 몇몇 소프트웨어 개발 회사를 경영했으며, 대학에
출강도 했다. 수년간 머신 러닝 및 딥러닝 연구에 집중하고 있
으며, 현재 동국대학교 융합소프트웨어교육원 산학협력교수로서
머신 러닝/딥러닝 강의 및 자연어 처리 관련 과제를 수행하고 있
다. 경희대학교 대학원과 한국외국어대학교에도 출강하고 있다.

사물 인터넷, 빅데이터, 인공 지능 그리고 사이버 물리 시스템 이 네 가지 단어는 우리가 현재 맞이하고 있는 산업혁명 4.0 시대를 나타내는 핵심 키워드다. 최근의 격변기를 거치면서, 이제 이 핵심 키워드는 상식적 용어가 됐다. 국내의 선도적 기업들 외에도 일정 규모 이상의 많은 중견 기업이 사이버 물리 시스템의 필요성을 인식하기 시작했다.

그러나 아직까지 많은 실무자에게 사이버 물리 시스템이라는 용어는 나머지 세 용어보다 덜 익숙해 보인다. 국내에서는 차라리 스마트 팩토리 또는 스마트 그리드 처럼 '스마트 smart'라는 용어에 더 친숙한 것 같다.

사이버 물리 시스템이란 본질적으로 학제 간 연구의 성격을 지니고, 시스템 통합적 성격을 가지며, 개념적으로는 오래 됐지만 아직 학문의 한 분야로 정립되지는 않았다. 따라서 각 산업 영역에서 사이버 물리 시스템과 관련된 연구 논문은 많지만 사이버 물리 시스템 전반을 다루는 문헌은 아직 드물다. 이러한 현실에서 산업 분야별 사이버 물리 시스템의 핵심 기술과 동향을 집약한 이 책의 출판은 의미가 크다고 생각한다. 분야별 전문 영역에 대한 깊은 이해를 전제로 하는 만큼 이 책을 번역하는 것은 결코 용이하지 않았으며, 특히 용어 선택에 어려움이 많았다. 전문가들이 이 책을 보면서 어떤 비난을 하실지 생각만 해도 얼굴이 뜨거워진다. 그래서 독자의 편의를 위해 가능한 한 용어 및 기타 어휘에도 영어 병기를 많이 했다. 부디 이 책이 관심 분야에서의 핵심 기술과 동향을 파악하는 데 도움이 되길 바란다.

| 서문 |

라구나탄 라즈쿠마르[Ragunathan (Raj) Rajkumar]
디오니시오 데 니즈[Dionisio de Niz], 마크 클라인[Mark Klein]

미국과학재단[National Science Foundation, NSF]은 사이버 물리 시스템[cyber-physical systems, CPS]을 "계산 알고리즘과 물리적 구성 요소들(즉, 사이버 구성 요소와 물리적 구성 요소)의 완벽한 통합[seamless integration]에 의존해 구축된 공학적 시스템"이라고 정의한다. 이 통합은 실무적인 용어로 말해 CPS의 동작을 이해하기 위해 사이버 부분이나 물리적 부분에만 집중해서는 안된다는 것을 의미한다. 그 대신, 두 부분이 함께 작용한다는 것을 고려해야 한다. 예를 들어, 자동차 에어백의 동작을 검증하려면, 충돌이 일어나고 있다는 것을 시스템이 감지할 때 에어백을 팽창시키는 정확한 명령이 실행된다는 것을 보장하는 것만으로는 부족하다. 운전자가 운전대에 부딪치기 전에 에어백이 완전히 팽창하는 것을 보장할 수 있도록 이러한 명령이 물리적인 프로세스와 동기화돼(예: 20ms 이내에) 완료된다는 것을 검증해야 한다. 이 간단한 예에서 볼 수 있는 바와 같이 CPS에서 사이버 부분과 물리적 부분의 완벽한 통합이라는 개념에는 소프트웨어 로직, 소프트웨어 실행 타이밍 그리고 물리적 힘과 같은 여러 측면에 대한 이해가 포함된다.

에어백 사례에 CPS의 중요 요소들이 이미 나와 있지만, 그것은 가장 단순한 사례 중 하나일 뿐이며, CPS를 위한 가장 중요한 문제들을 포함하고 있지 않다는 점을 분명히 해두고 싶다. 특히, 이 경우는 사이버 구성 요소와 물리적 구성 요소가 둘 다 매우 단순하며, 그들 간의 상호작용은 소프트웨어 실행 완료 시간과 충돌 시 운전자가 운전대에 부딪치는 데 걸리는 시간차의 최악의 경우로 압축할 수 있다. 그러나 소프트웨어 프로세스와 물리적 프로세스의 복잡성이 높아지면, 통합의 복잡성도 크게 높아진다. 대규모 CPS에서는 (예: 최신의 항공기) 다수의 물리적 구성 요소들과 소프트웨어 구성 요소들의 통합 그리고 그들의 여러 측면 간의 균형이 매우 어려운 과제가 된다. 예를 들면, 보잉 787 드림라이너

Dreamliner에 리튬 이온 배터리를 추가로 사용하는 단순한 일에서도 충족시켜야 할 여러 제약 조건들이 조합적으로 발생한다. 특히, 배터리가 특정 구성(특정 프로세서 속도 및 전압에서 실행되는 소프트웨어와 상호작용하는 구성)으로 여러 가지 모드modes로 운용될 때 전력 소비 요건을 충족시킬 수 있어야 함은 물론, 언제 어떻게 배터리들이 충전되는지를 관리하고, 요구 전압을 유지하면서 방전하며, 시스템의 방열 설계와 상호작용해 충전/방전 설정이 배터리를 과열시키지(787의 첫 비행에서 발생한 것처럼 폭발해 불꽃을 일으키지) 않는다는 것을 검증해야 한다. 더욱 중요한 것은 이 모든 측면들을 미국 연방항공국Federal Aviation Administration, FAA의 엄격한 안전 기준하에서 인증받아야 한다는 것이다.

그러나 CPS는 단일 시스템의 높아진 복잡성보다 큰 과제들에 직면하고 있다. 그중에서도 특히 CPS가 인간의 개입 없이 다른 CPS와 상호작용하도록 개발되고 있다는 것이다. 이러한 현상은 인터넷이 시작하던 방법과 닮았다. 좀 더 구체적으로 말하면, 인터넷은 두 컴퓨터 사이의 단순한 접속으로 시작됐다. 그러나 진정한 혁명은 전 세계의 컴퓨터들이 원활하게 연결되고, 그 범세계적 네트워크상에서 수많은 서비스들이 개발되면서 일어났다. 이러한 연결성은 서비스가 지구 전체에 전달될 수 있게 했을 뿐만 아니라 빅데이터라는 형태로 엄청난 양의 정보를 수집하고 처리할 수 있게 했다. 빅데이터는 사용자 집단 간의 경향을 찾아낼 수 있게 하며, 사람들이 페이스북이나 트위터 같은 소셜 미디어와 결합되면 경향을 실시간으로 찾아낼 수 있게 해준다. CPS에서는 이러한 혁명이 이제 막 시작되고 있다. 스마트폰의 GPS 앱에서 운전 정보를 수집해 교통량이 적은 경로를 선택할 수 있게 함으로써 아직은 사람이 개입돼 있지만, 이미 우리는 스마트 고속도로를 지향하는 서비스들을 보고 있다. 자율 주행 자동차를 포함한 여러 프로젝트에서처럼 이를 향한 더 중요한 진보들이 매일 일어나고 있다. 이 자동차들은 대부분 자율적으로 도로를 주행할 줄 아는 것은 물론, 도로 위의 다른 비자율 자동차들과도 소통한다.

CPS의 부상

CPS가 구체적이지만 아직은 진화 중인 학문 분야로 부상하기 전에도 사이버 구성 요소와 물리적 구성 요소로 구성된 시스템은 이미 존재하고 있었다. 그러나 이 두 구성 요소 간의 상호작용은 매우 단순했으며, 뒷받침되는 이론적 기초도 거의 완전히 격리된 상태였다. 좀 더 구체적으로 말해, 컴퓨터 과학과 물리 과학의 이론적 기초는 독립적으로 발전했으며, 서로 상대방을 모른 체했다. 결과적으로, 열 탄력성, 공기 역학 그리고 기계적 응력과 같은 분야의 특성을 검증하는 기법이 논리 클록$^{logical\ clocks}$, 모델 검사$^{model\ checking}$, 타입 시스템$^{type\ system}$과 같은 컴퓨터 과학의 진보와는 독립적으로 발전했다. 사실, 이러한 진보 과정에서 한 분야에서는 적절하지만 다른 분야에서는 적절치 않은 작용들은 무시됐다. 예를 들면, 프로그래밍 언어와 논리 검증 모델은 성격상 시간 개념이 없으며 명령어 시퀀스들만이 고려 대상이 된다. 이러한 성질은 제어하고자 하는 자동차의 움직임과 실내 온도의 관리 같은 물리적 프로세스의 발전에 있어 시간의 중요성과 대비된다.

컴퓨터 과학과 물리 과학 간의 상호작용을 인식했던 초기에는 단순하고 거의 쌍방간에 상호작용하는 모델들이 탄생했다. 예를 들어, 실시간 스케줄링 이론과 제어 이론 같은 경우다. 한편, 스케줄링 이론은 계산적 요소에 시간 개념을 추가하며, 물리적 프로세스들과 상호작용하는 계산의 응답 시간을 검증할 수 있게 함으로써 그와 같은 프로세스가 계산 부분이 기대하는 범위 밖으로 벗어나지 않고 수정될 수 있다는 것을 보장할 수 있게 한다. 다른 한편으로 제어 이론은 제어 알고리즘과 물리적 프로세스를 동시에 놓고 알고리즘이 시스템을 특정 설정값 근방의 기대 영역 내에 머물도록 하는 것이 가능할 것인지를 분석할 수 있게 한다. 제어 이론은 계산이 순간적으로 일어난다고 가정하는 연속 시간 모델을 사용하지만, 계산 시간(스케줄링 시간을 포함)을 고려하기 위해 시간 지연을 추가할 수 있게 함으로써 계산의 시간 주기성을 명시할 수 있게 하며, 스케줄링과의 명확한 인터페이스를 제공한다.

영역들 간 상호작용의 복잡성이 증가하면서 그러한 상호작용을 모델링할 수 있는 새로운 기법들이 개발된다. 상태^{states}는 계산 상태와 물리적 상태를 모델링하고, 이행^{transitions}은 계산적 동작과 물리적 운동을 모델링하는 상태 기계$^{state\ machine}$의 한 형태인 하이브리드 시스템이 이것의 한 가지 예다. 이 기법들은 복잡한 상호작용을 표현하는 역량을 향상시켰지만, 상호작용에 대한 분석은 대개 다루기 힘든 난제^{intractable}다. 일반적으로 이 모델들의 복잡성 때문에 실용적 규모의 시스템에 대한 분석이 힘들어진다. 고려해야 할 과학의 학문 분야^{discipline} 수가 증가하면서(예: 기능성, 열 역학, 공기 역학, 기계 역학, 무중단성 등), 각 학문 분야와 그 모델의 가설이 다른 학문 분야 모델의 가설과 상충되지 않는다는 것을 보장하기 위해 상호작용에 대한 분석이 필요해진다. 예를 들어, 실시간 스케줄링 알고리즘이 가정하는 프로세서의 속도는 그 프로세서의 동적 온도 관리$^{dynamic\ thermal\ management,\ DTM}$ 시스템이 과열을 방지하기 위해 프로세서의 속도를 줄이게 되면 유효하지 않을 수 있다.

CPS의 동인

오늘날 이미 CPS가 구축되고 있지만, CPS의 작용을 이해하고 신뢰성, 보안성, 안전성을 검증할 기법을 개발할 수 있는지가 과제다. 이는 진정 CPS 관련 과학계의 핵심 동인이다. 결과적으로 CPS는 응용과 기술적 기반이라는 두 가지 상호 보강적 동인에 의해 발전돼왔다.

응용

CPS를 응용함에 있어 연구자들은 문제와 과제를 더 잘 이해하고 실무 환경에서 시험될 수 있는 해법을 제공하기 위해 실무자들과 팀을 이뤘다. 의료 장비의 경우를 예로 들면, CPS 연구자들은 의료 장비에 기인하는 오류의 원인과 과제를 이해하기 위해 의사들과 팀을 만들었다. 예를 들어, 주입 펌프$^{infusion\ pump}$와 관련된 어떤 오류들은 인체가 여러 가지 다른 약물들을 어떻게 처리하는지, 과다 투약을 방지하기 위한 안전 장치를 어떻게 구현할 것인지 그리고 간호사가 정보를 올바르게 입력하도록 어떻게 보장할 것인지 등에 대한 잘못된 가정에 기인한 것이었다. 더욱이 현재 세대의 의료 장비들은 독립된 장비로서만 인증받고 있으며, 상호 접속이 허용되지 않는다. 그 결과, 의료 실무자에게 이들 장비의 사용을 조율하고 장비 간 상호작용의 안전에 대해 보장할 것을 요구하고 있다. 예를 들어, 수술 도중에 흉부 엑스레이를 촬영하면, 인공 호흡기가 (사용되고 있다면) 정지되도록 보장할 필요가 있다. 그러나 엑스레이 촬영이 끝나면 환자가 질식하지 않도록 안전한 시간 내에 호흡기가 재가동돼야 한다. 이러한 불변 원칙이 소프트웨어로 구현될 수도 있지만, 현재 인증 기법과 정책은 이러한 형태의 통합이 일어나는 것을 막고 있다. 이 분야에 종사하는 연구자들은 이러한 상호작용을 인증할 수 있는 기법을 개발하고 있다. 이 이슈는 1장, '의료 사이버 물리 시스템'에서 상세히 논의할 것이다.

전력망^{electric grid}은 필수 인프라로서의 국가적 중요성 때문에 또 다른 중요한 응용 분야다. 이 분야의 핵심 과제는 수많은 소비자와 생산자 간의 전력 소비 및 생산에 영향을 미치는 조율되지 않은 행위들의 특성에 있다. 특히, 각 개별 가구는 스위치 조작만으로 전력 소비를 바꿀 수 있다. 이러한 행위들은 전체로 더해져 공급과 균형을 이뤄야 하는 전력망에 영향을 미친다. 이와 유사하게 풍력이나 태양열 같은 신재생 에너지 발전은 산발적이고 예측할 수 없게 에너지를 공급함으로써 이러한 시스템들과 수요·공급의 균형을 맞추는 것이 큰 과제가 되고 있다. 더욱 중요한 것은 이러한 구성 요소들 간의 상호작용은 성격상 사이버적이며 동시에 물리적이라는 것이다. 한편으로 공급자들 간에는 컴퓨터가 개입돼 어느 정도의 조정이 이뤄지고 있다. 다른 한편으로 소비자와의 상호작용은 거의 대부분 물리적인 전력 소비를 통해 이뤄진다. 오늘날 인프라의 손상을 방지하고 신뢰도를 높이기 위해 전력망의 개발과 제어에 여러 가지 기법들이 이미 사용되고 있다. 그러나 효율적인 시장과 신재생 에너지원, 저렴한 에너지 가격을 지원할 수 있는 사이버 구성 요소와 물리적 구성 요소의 새로운 조합을 요구하는 새로운 과제가 생겨났다. 2장, '에너지 사이버 물리 시스템'에서는 전력망 분야의 과제와 진보에 대해 논의한다.

자체적인 기술 혁신을 이룬 가장 흥미로운 응용 분야 중 하나는 아마도 센서 네트워크일 것이다. 센서 네트워크의 개발과 구축 과정에서 공간, 시간, 에너지 그리고 신뢰성과 같은 이 분야만의 매우 특별한 과제들에 직면하게 된다. 3장, '무선 센서 네트워크 기반의 사이버 물리 시스템'에서는 센서 네트워크가 직면하는 과제들과 이 분야에서의 주요 기술적 혁신에 대해 논의할 것이다.

다른 응용 분야들도 나름의 동인을 갖고 있으며, 다른 부상하는 분야들도 곧 수면 위로 나타날 것이다. 이 책은 CPS 학문 분야를 정의하는 가장 영향력 있는 분야들에 관해 논의한다.

이론적 기초

CPS의 이론적 진보는 주로 여러 과학 영역들 간의 상호작용에 기인한 과제들에 초점이 맞춰져 왔다. 그중 한 예가 실시간 스케줄링이다. 이 분야에서 몇 가지 동향은 언급할 만한 가치가 있다. 첫째, 실행 과부하를 수용할 수 있는 새로운 스케줄링 모델이 등장했다. 이 모델은 여러 실행 자원 예산을 중요도 등급과 조합해 정상적으로 운전하는 동안 모든 태스크task가 마감 시간deadline을 맞출 것이라는 것을 보장한다. 그러나 만일 과부하가 발생하면, 상위 중요도의 태스크가 하위 중요도의 태스크들로부터 프로세서 사이클을 빼앗아 자기의 마감 시간을 맞추게 된다. 두 번째 동향은 주기성의 변동에 관한 것이다. 소위 리드믹 태스크rhythmic task 모델은 빈도가 변하는 물리적 사건들을 따라 태스크가 자신의 주기성을 계속 변동시킬 수 있게 한다. 예를 들면, 자동차 엔진 크랭크 축의 각위치angular position에 의해 유발된 태스크의 경우다. 이러한 시스템의 타이밍 측면을 검증하기 위해 새로운 스케줄링 분석 기법이 개발됐다. 실시간 스케줄링의 기초와 혁신에 관해서는 9장, '사이버 물리 시스템을 위한 실시간 스케줄링'에서 논의한다.

최근의 가장 두드러진 발전 가운데는 제어 이론을 위한 모델 검사model checking와 제어 합성control synthesis 간의 혁신적 발전이 있다. 이 방안에서는 물리적 설비의 동작과 계산 알고리즘의 요건들을 표현하기 위해 하이브리드 상태 기계 모델이 사용된다. 그런 다음, 기대하는 명세를 시행하는 제어 알고리즘을 자동으로 합성하기 위해 이 모델이 사용된다. 이 방안은 4장, '사이버 물리 시스템을 위한 기호적 합성'에서 상세히 다룬다. 이와 유사하게 제어 알고리즘에서 스케줄링 규칙이 주는 타이밍 효과를 분석하기 위해 여러 가지 새로운 기법이 개발됐다. 이 이슈들은 5장, '피드백 제어 시스템의 소프트웨어 및 플랫폼 이슈'에서 논의한다.

또 다른 상호작용 영역으로서 모델 검사와 스케줄링 간의 관계가 연구됐다. 이 경우, 검증 작업을 단축하기 위해 비율 단조 스케줄러와 주기적 작업 모델이 태스크 인터리빙에 부과하는 제약 조건을 이용하기 위해 REK라는 새로운 모델 검사기가 개발됐다. 이러한 새로운 상호작용은 6장, '하이브리드 시스템의 논리적 정확성'에서 설명한다.

보안은 물리적 프로세스의 존재에 의해 큰 영향을 받는 또 하나의 큰 영역이다. 특히, 소프트웨어와 물리적 프로세스 간의 상호작용은 잠재적 공격자에게 새로운 기회를 제공하며, 이것은 CPS 보안을 소프트웨어 전용 보안과 다른 것이 되게 한다. 이러한 차이점은 잘못된 센서 값을 제공하려는 센서에 대한 공격이 때로는 물리적 프로세스로부터 나오는 실제 값과 구별하기가 매우 어려울 수 있기 때문에 발생한다. 이러한 종류의 중간자 공격을 방지하기 위한 몇 가지 혁신적 기술과 다른 중요한 기술들은 7장, '사이버 물리 시스템의 보안'에서 제시된다.

분산 시스템의 경우, 분산된 에이전트 간에 동기화된 통신을 시행하는 새로운 기술은 분산 실시간 시스템에서 기능적 정확성의 형식적 증명의 생성 노력을 줄이는 데 매우 유용하다는 것이 밝혀졌다. 이 이슈는 8장, '분산 사이버 물리 시스템의 동기화'에서 설명한다.

CPS 분석 기법은 모델에 따라 달라지며, 이러한 모델의 형식적 의미 체계는 해결해야 할 핵심 과제다. 10장, '사이버 물리 시스템에서의 모델 통합'에서는 모델 통합 언어라고 불리는 모델의 형식적 의미 체계 정의에 대한 최신 개발 내용을 소개한다.

이 책에서는 많은 이론적 진보를 논의하고 있으며, 각 영역의 도전 과제에 대해서도 다루고 있다. 어떤 진보는 응용 분야에서의 특정 과제에서 비롯된 것인 반면, 다른 분야에서는 새로운 기회를 드러낸다.

대상 독자

이 책은 실무자와 연구자를 대상으로 한다. 실무자에게는 CPS 관점에서 이득이 되는 현재 응용 분야와 현 세대의 CPS 개발에 성공적이었던 기술을 모두 보여준다. 연구자에게 응용 분야에 대한 조사 연구를 제공하고 현재의 성과와 열린 도전 과제는 물론, 현재의 과학적 진보와 도전 과제를 조망해준다. 이 책은 두 부분으로 나뉘어 있다. 1부, '사이버 물리 시스템 응용 영역'에서는 CPS 혁명을 주도하고 있는 현재의 CPS 응용 분야를 소개한다. 2부 '기초'에서는 CPS 개발에 사용된 여러 과학 분야의 현재 이론적 기초를 제시한다.

│ 차례 │

지은이 소개 7

기술 감수자 소개 9

옮긴이 소개 19

옮긴이의 말 20

서문 21

Part 1 사이버 물리 시스템 응용 영역

1장	의료 사이버 물리 시스템	41

1.1 서론 및 동기 42

1.2 시스템 기술과 운용 시나리오 44

    1.2.1 가상 의료 장비 46

    1.2.2 임상 시나리오 46

1.3 핵심 설계 동인과 품질 속성 48

    1.3.1 동향 48

        1.3.1.1 새로운 소프트웨어 기반 기능들 49

        1.3.1.2 의료 장비의 접속성 증가 50

        1.3.1.3 생리적 폐회로 시스템 50

        1.3.1.4 지속적인 모니터링과 치료 51

    1.3.2 품질 속성과 MCPS 영역의 과제 51

    1.3.3 MCPS의 고신뢰 개발 53

        1.3.3.1 위험 완화 54

        1.3.3.2 모델 기반 MCPS 개발의 과제 55

        1.3.3.3 사례 연구: PCA 주입 펌프 57

제네릭 PCA 프로젝트 57

모델링 58

모델 검증 59

코드 생성과 시스템 통합 61

구현에 대한 검증 61

1.3.4 온디맨드 의료 장비와 보증된 안전성 62

1.3.4.1 장비의 조정 62

1.3.4.2 정의: 가상 의료 장비 63

1.3.4.3 표준과 규제 64

1.3.4.4 사례 연구 64

통합 의료 환경 65

의료 장비 조정 프레임워크 67

1.3.5 스마트 알람과 임상 의사결정 지원 시스템 70

1.3.5.1 노이즈 많은 집중 치료 환경 70

1.3.5.2 핵심 기능의 문제들 72

1.3.5.3 사례 연구: CABG 환자를 위한 스마트 알람 시스템 74

1.3.6 폐회로 시스템 76

1.3.6.1 더 높은 수준의 지능 76

1.3.6.2 폐회로 시스템의 위험성 77

1.3.6.3 사례 연구: 폐회로 PCA 주입 펌프 78

1.3.6.4 그 밖의 도전적 요인들 81

1.3.7 보증 케이스 82

1.3.7.1 안전성 보증 케이스 83

1.3.7.2 증명과 신뢰 84

1.3.7.3 사례 연구: GPCA 안전성 88

안전성 케이스 유형 88

보장 결함의 예 91

1.4 실무자들의 시사점 92

1.4.1 MCPS 개발자 관점 92

1.4.2 MCPS 관리자 관점 93

1.4.3 MCPS 사용자 관점 93

1.4.4 환자 관점 94

       1.4.5 MCPS 규제 기관 관점 95

1.5 요약 및 열린 도전 과제 95

참고문헌 97

2장   에너지 사이버 물리 시스템   107

2.1 서론 및 동기 108

2.2 시스템 설명과 운영 시나리오 109

2.3 핵심 설계 동인 및 품질 속성 112

    2.3.1 핵심 시스템 원칙 113

       2.3.1.1 지속가능한 사회 생태적 에너지 시스템 114

       2.3.1.2 중요 시스템 수준 특성 118

    2.3.2 아키텍처 1의 수행 목표 120

       2.3.2.1 아키텍처 1의 시스템 이슈 121

       2.3.2.2 아키텍처 1 시스템의 향상된 사이버 능력 122

       2.3.2.3 아키텍처 1을 위한 CPS 설계상의 과제 123

       2.3.2.4 아키텍처 2를 위한 CPS 설계상의 과제 124

       2.3.2.5 아키텍처 3~5를 위한 CPS 설계상의 과제 124

    2.3.3 전진할 수 있는 방법 126

2.4 지속가능한 SEES를 위한 사이버 패러다임 127

    2.4.1 SEES를 위한 CPS의 물리 기반 구성 130

    2.4.2 SEES의 CPS를 위한 DyMonDS 기반 표준 134

       2.4.2.1 데이터 기반 동적 집단화의 역할 135

       2.4.2.2 사전 정의된 하부 시스템이 있는 시스템에서의 조정 ... 136

    2.4.3 상호작용 변수 기반의 자동 모델링 및 제어 143

2.5 실무자의 시사점 144

    2.5.1 성능 목표의 IT 기반 진화 145

    2.5.2 분산 최적화 145

2.6 요약 및 열린 도전 과제 146

참고문헌 149

3장   무선 센서 네트워크 기반의 사이버 물리 시스템   153

3.1 서론 및 동기 154
3.2 시스템 해설 및 운영 시나리오 155
  3.2.1 매체 접근 제어 157
  3.2.2 라우팅 160
  3.2.3 노드 정위 162
  3.2.4 클록 동기화 164
  3.2.5 전원 관리 165
3.3 핵심 설계 동인과 품질 속성 167
  3.3.1 물리 인식적 167
  3.3.2 실시간 인식적 168
  3.3.3 런타임 검증 인식적 170
  3.3.4 보안 인식적 172
3.4 실무자의 함의 175
3.5 요약 및 열린 도전 과제 177
참고문헌 178

Part 2 기초

4장   사이버 물리 시스템을 위한 기호적 합성   187

4.1 서론 및 동기 188
4.2 기본 기법 189
  4.2.1 사전 지식 189
  4.2.2 문제의 정의 190
    4.2.2.1 시스템 모델링 190
      예: 통신 프로토콜 191
      예: DC-DC 부스트 컨버터 193
    4.2.2.2 선형 시간 논리 194
      안전 195
      도달 가능성과 종료 196

이끌림(제약 조건하에서) 196

예: DC-DC 부스터 컨버터에서 상태 조절 197

4.2.2.3 합성 문제 198

예: DC-DC 부스트 컨버터에 대한 샘플링된 데이터의 동특성 ... 198

4.2.3 합성 문제의 해결 200

4.2.3.1 근사 시뮬레이션 관계 200

4.2.3.2 제어기 개량 203

4.2.4 기호 모델의 구축 205

4.2.4.1 안정성 가정 206

4.2.4.2 기호 모델 207

사례: DC-DC 부스트 컨버터에 대한 기호 모델 209

4.3 고급 기법 211

4.3.1 기호 모델의 구축 212

4.3.1.1 기본 알고리즘 212

4.3.1.2 고급 알고리즘 213

4.3.2 연속 시간 제어기 214

4.3.3 소프트웨어 도구 215

4.4 요약 및 열린 도전 과제 216

참고문헌 217

5장   피드백 제어 시스템의 소프트웨어 및 플랫폼 이슈   225

5.1 서론 및 동기 226

5.2 기본 기법 227

5.2.1 제어기 타이밍 227

5.2.2 자원 효율을 위한 제어기 설계 229

5.3 고급 기법 232

5.3.1 계산 시간 단축 232

5.3.2 저빈도 샘플링 233

5.3.3 이벤트 기반 제어 235

5.3.4 제어기 소프트웨어 구조 236

5.3.5 컴퓨팅 자원의 공유 238

5.3.5.1 제어 서버 239

5.3.6 피드백 제어 시스템의 분석 및 시뮬레이션 240

5.3.6.1 지터버그 241

지터버그 모델 242

지터버그 예제 244

5.3.6.2 지터마진 246

지터마진 모델 246

지터마진 예제 249

5.3.6.3 트루타임 250

커널 블록 251

네트워크 블록 253

실행 모델 254

5.4 요약 및 열린 도전 과제 256

참고문헌 256

6장   하이브리드 시스템의 논리적 정확성   261

6.1 서론 및 동기 262

6.2 기본적 기법 264

6.2.1 이산 검증 265

6.2.1.1 모델 검사 도구 및 관련 논리 265

6.2.1.2 선형 시간 논리 266

6.2.1.3 사례: 헬리콥터 비행 제어 검증 269

운전 요구사항의 검증 270

헬리콥터 안정판의 기능성 271

클레임 생성 273

상위 수준 상태도 275

세부 상태도 278

SDV에서 클레임의 형식화 282

모델 검사 엔진의 실행 285

6.2.1.4 관찰 286

실무자를 위해 287

연구자를 위해 287

6.3 고급 기법 288

6.3.1 실시간 검증 288
　6.3.1.1 예제: 간단한 조명 제어 289
　6.3.1.2 구성과 동기화 290
　6.3.1.3 기능적 특성 292
　6.3.1.4 한계와 향후 연구 293
6.3.2 하이브리드 검증 295
　6.3.2.1 예: 바운싱 볼 296
　6.3.2.2 예: 온도 조절기 298
　6.3.2.3 한계와 향후 연구 300
6.4 요약 및 열린 도전 과제 300
참고문헌 301

7장　사이버 물리 시스템의 보안 　　　　　　　　　　　　　　305

7.1 서론 및 동기 306
7.2 기본 기법 307
7.2.1 사이버 보안 요구사항 307
7.2.2 공격 모델 309
　7.2.2.1 공격 진입점 309
　7.2.2.2 적 행동 310
　　사이버적 결과 311
　　물리적 결과 313
7.2.3 대응 방안 314
　7.2.3.1 키 관리 314
　7.2.3.2 안전한 통신 아키텍처 315
　7.2.3.3 시스템 보안 및 장치 보안 316
7.3 진보된 기법들 317
7.3.1 시스템 이론적 접근 방법 317
　7.3.1.1 보안 요구사항 318
　7.3.1.2 시스템과 공격 모델 319
　　적대적 모델(Adversary Models)의 특성 321
　7.3.1.3 대응 방안 322
　　상황 분석 322

장애 탐지 및 격리 324

강건한 제어 325

물리적 워터마크 및 인증 325

7.4 요약 및 열린 도전 과제 327

참고문헌 328

8장   분산 사이버 물리 시스템의 동기화   **331**

8.1 서론 및 동기 332

8.1.1 사이버 물리 시스템의 문제들 333

8.1.2 동기화를 위한 복잡성 축소 기법 334

8.2 기본 기법들 335

8.2.1 형식적 소프트웨어 엔지니어링 335

8.2.2 분산 합의 알고리즘 336

8.2.3 동기 록스탭 실행 339

8.2.4 시간 트리거 아키텍처 340

8.2.5 관련 기술 342

8.2.5.1 실시간 네트워킹 미들웨어 342

8.2.5.2 내장애 시스템 설계 342

8.2.5.3 분산 알고리즘의 형식적 검증 343

8.3 진보된 기법들 343

8.3.1 물리적 비동기, 논리적 동기 시스템 344

8.3.1.1 PALS 시스템 가정들 345

시스템 컨텍스트 345

타이밍 제약 조건 346

외부 인터페이스 제약 조건 346

8.3.1.2 다중 속도 계산을 위한 패턴 확장 347

8.3.1.3 PALS 아키텍처 명세 348

동기식 AADL 명세 349

PALS AADL 명세 349

8.3.1.4 PALS 미들웨어 아키텍처 351

8.3.1.5 예: 이중화 제어 시스템 352

PALS AADL 명세의 응용 및 분석 353

C++ API 354

8.3.1.6 실무적 고려사항 356

PALS 시스템 모델링을 위한 AADL 도구 356

PALS 미들웨어 357

8.4 요약 및 열린 도전 과제 358

참고문헌 358

9장   사이버 물리 시스템을 위한 실시간 스케줄링   367

9.1 서론 및 동기 368

9.2 기본 기법 369

9.2.1 고정 타이밍 파라미터를 갖는 스케줄링 369

9.2.1.1 최악의 경우 실행 시간의 결정 370

9.2.1.2 표현과 형식 체계 371

9.2.1.3 고정 우선순위 할당 373

9.2.1.4 동적 우선순위 할당 376

9.2.1.5 동기화 377

9.2.2 메모리 효과 380

9.3 고급 기법 381

9.3.1 다중 프로세서/다중 코어 스케줄링 381

9.3.1.1 전역 스케줄링 382

태스크 정적 우선순위 스케줄링 383

작업 정적 우선순위 스케줄링 386

9.3.1.2 분할 스케줄링 388

태스크 정적 우선순위 스케줄링 388

작업 정적 우선순위 스케줄링 391

9.3.1.3 공정성을 이용한 알고리즘 392

9.3.1.4 태스크 분리를 사용한 알고리즘 392

9.3.1.5 메모리 효과 394

9.3.2 변동성과 불확실성의 수용 396

9.3.2.1 Q-RAM을 사용한 자원 배분 절충 방안 396

9.3.2.2 혼합 중요도 스케줄링 398

9.3.3 다른 자원들의 관리 401

      9.3.3.1 네트워크 스케줄링과 대역폭 분배 ····················· 401

      9.3.3.2 파워 관리 ·· 403

    9.3.4 리드믹 태스크 스케줄링 ·· 407

9.4 요약 및 열린 도전 과제 ·· 409

참고문헌 ·· 410

10장 사이버 물리 시스템에서의 모델 통합   **417**

10.1 서론 및 동기 ·· 418

10.2 기본 기법 ··· 420

    10.2.1 인과성 ··· 420

    10.2.2 시간에 대한 의미 체계 도메인 ······························ 421

    10.2.3 계산 과정에 대한 상호작용 모델 ·························· 423

    10.2.4 CPS DSML의 의미 체계 ···································· 424

10.3 고급 기법 ··· 425

    10.3.1 ForSpec ··· 426

    10.3.2 CyPhyML의 구문 ··· 429

    10.3.3 의미 체계의 형식화 ··· 432

      10.3.3.1 구조적 의미 체계 ··· 432

      10.3.3.2 표시적 의미 체계 ··· 434

      10.3.3.3 파워 단자 연결의 표시적 의미 체계 ·················· 435

      10.3.3.4 신호 단자 연결의 의미 체계 ·························· 437

    10.3.4 언어 통합의 형식화 ··· 438

      10.3.4.1 통합 소프트웨어 ··· 439

      10.3.4.2 본드 그래프 통합 ··· 441

      10.3.4.3 모델리카 통합 ·· 443

      10.3.4.4 신호 흐름 통합 ··· 444

10.4 요약 및 열린 도전 과제 ·· 446

참고문헌 ·· 447

찾아보기   **452**

Part 1

사이버
물리 시스템
응용 영역

의료 사이버 물리 시스템

이인섭^{Insup Lee}, 애나히드 아욥^{Anaheed Ayoub}, 산지안 첸^{Sanjian Chen}, 김백규^{Baekgyu Kim}, 앤드류 킹^{Andrew King}, 알렉산더 뢰더러^{Alexander Roederer}, 올레그 소콜스키^{Oleg Sokolsky}

의료 사이버 물리 시스템^{Medical cyber-physical systems, MCPS}[1]은 집단적으로 환자의 치료에 관여하는 생명 필수적^{life-critical}이고, 상황 인지적^{context-aware}이며, 네트워크화된 의료 장비들의 시스템이다. 이 시스템들은 복잡한 임상 시나리오에서 환자들에게 고품질의 지속적 치료를 제공하기 위해 병원에서의 사용이 계속 증가하고 있다. 안전하고 효과적이고 복잡한 MCPS의 설계에 대한 필요성은 고보장^{high-assurance}[2] 시스템 소프트웨어, 상호 운용성, 상

---

[1] 이 연구는 미국과학재단(NSF) 지원금(CNS-1035715, IIS-123154, ACI-1239324)과 미국국립보건원(NIH)의 지원금(1U01EB012470-01)의 부분적인 지원을 받았다.

[2] 고보장 소프트웨어/시스템은 시스템이 의도한 대로 그리고 설계된 대로 정확히 동작한다는 것을 수학적으로 확실하게 증명할 수 있도록 만들어진다. 이 시스템은 의도한 이상도, 이하도 아닌 정확히 그대로 동작한다는 것을 제삼자가 점검할 수 있도록 분명한 디지털 증거를 제공한다. - 옮긴이

황 인지적 의사결정 지원, 자율성, 보안과 개인 정보 보호 그리고 인증의 달성을 포함한 수많은 과제를 야기했다. 1장에서는 MCPS의 개발에 있어 이러한 과제들에 대해 논의하고, 이 과제들에 대한 사례와 그 해결 방안을 제시하며, 공개적 연구 개발 이슈들을 집중적으로 살펴본다. 그리고 이해 당사자들과 실무자들에게 MCPS가 주는 의미에 대한 논의로 끝을 맺는다.

1.1 서론 및 동기

최근 의료 장비 분야에서 뚜렷한 두 가지 변화는 소프트웨어 정의 기능software-defined functionality에 대한 높아진 의존성과 광범위하게 사용되는 네트워크 연결성이다. 전자의 발전은 장비 안전의 전반에 걸쳐 이전보다 소프트웨어의 역할이 더욱 중요해졌다는 것을 의미한다. 후자는 다른 장비들과 독립적으로 설계되고, 인증받고, 환자 치료에 사용될 수 있는 독립형 장비들 대신, 네트워크로 연결된 의료 장비들이 환자 생리 기능의 다중적 측면을 동시에 모니터링하고 제어하는 분산 시스템으로서 운용될 것이라는 것을 암시한다. 장비를 제어하는 임베디드 소프트웨어, 새로운 네트워킹 기능 그리고 인체의 복잡한 물리적 역동성의 결합으로 현대 의료 장비 시스템은 사이버 물리 시스템CPS의 중요한 분야가 됐다.

MCPS의 목표는 안전을 확보하면서 센싱sensing과 환자 모델patient model의 매칭matching을 통해 개인화된 치료를 제공함으로써 환자 치료의 효과성을 개선하는 것이다. 그러나 종래의 의료 시스템에 비해 MCPS의 범위와 복잡성이 증가하면서 개발상의 과제들이 많이 생겨났다. 이 과제들은 새로운 설계design, 구성composition, 검증verification 및 확인validation 기법들의 개발을 통해 체계적으로 해결돼야 한다. 이러한 기법들에 대한 필요성은 MCPS, 넓게는 임베디드 기술과 CPS 연구자들에게 새로운 기회를 열어줬다. MCPS 개발에 있어 가장 주된 관심사는 환자 안전의 보장이다. 미래 의료 장비의 새로운 기능들과 이 장비들로 MCPS를 개발하는 새로운 기법들은 결과적으로 그 장비들을 환자 치료에 사용하는 것을 승인하기 위한 새로운 규제 절차가 필요하다. 의료 장비 승인을 위해 미국식품의약국Food and DrugAdministration, FDA이 사용하는 전통적인 절차 기반process-based의 규제 체제는 MCPS의 복잡성이 높아지면서 시간이 오래 걸리고 비용이 지나치게 많이 들고 있으며, 따라서 매우 부담스러운 이 절차를 안전 수준을 저해하지 않으면서 완화해야 한다는 목소리가 높다.

이 장에서는 MCPS의 분석과 설계에 있어서 MCPS의 본질적인 복잡성에 대처하기 위한 체계적인 접근 방법을 주장한다. 결론적으로 저자들은 MCPS의 설계에 있어 모델 기반model-based 설계 기법의 역할이 더 커져야 한다는 것을 제안한다. 모델에는 장비들과 그 장비들 간의 통신뿐만 아니라 똑같은 중요도로 환자와 의료인도 포함돼야 한다. 모델을 사용하면 시스템이 구축되기 훨씬 전인 개발 과정의 초기에 개발자가 시스템의 특성을 평가하고 시스템 설계의 안전성과 효과성에 대한 신뢰도를 구축하게 할 수 있다. 모델링 수준에서 수행되는 시스템 안전성과 효과성에 대한 분석은 구현 단계에서도 모델의 특성을 유지하는 생성적 구현 기법generative implementation techniques에 의한 보완이 필요하다. 모델 분석의 결과는 생성 과정에 대한 보장과 결합해 증거 기반evidence-based의 규제적 승인을 위한 기준을 형성할 수 있다. 궁극적인 목표는 안전하고 효과적인 MCPS의 구축을 위한 기반으로서 모델 기반의 개발 방법론을 사용하는 것이다.

이 장에서는 MCPS의 구축에 있어서 다양한 과제들을 해결하기 위해 채택된 몇 가지 연구 방향에 관해 설명한다.

- **독립형 장비**: 자가 통증 조절기patient-controlled analgesia, PCA 펌프나 인공 심장 박동 조율기pacemaker 같은 독립형 의료 장비에 대한 모델 기반 고보장 소프트웨어high-assurance software 개발의 개요를 설명한다.
- **장비의 상호 접속**: 임상적 상호작용 시나리오를 설명하고, 예시하고, 입증하기 위한 의료 장비 상호 연동성 프레임워크를 설명한다.
- **지능의 부가**: 연동하는 다양한 장비들로부터 생명 신호 데이터를 받아 환자의 잠재적 응급 상황과 장비의 작동 불능 이슈들을 의료인에게 알려주는 스마트 알람 시스템[3]을 설명한다.
- **자동 실행/전달**: 환자의 현재 상태를 기반으로 자동으로 환자에게 치료를 전달하는

---

[3] 지능형 경보 시스템이라고도 표기할 수 있다. - 옮긴이

모델 기반 폐회로closed-loop 치료 전달 시스템을 설명한다.

- **보증 케이스**: 의료 장비 시스템의 안전성을 확립하기 위한 일련의 주장claim, 논증argument, 증거evidence를 체계화하기 위한 보증 케이스assurance case의 사용에 관해 설명한다.

이 장에서는 MCPS를 상향식bottom-up 방식으로 살펴본다. 즉, 처음에는 개별 장비들과 관련된 이슈들을 설명하고, 그다음에는 통신, 지능, 피드백 제어를 추가해 복잡도를 점진적으로 증가시킨다. 이 과제들에 대한 예비적 논의는 [Lee12]를 참조하라.

1.2 시스템 기술과 운용 시나리오

MCPS는 특정한 임상 시나리오clinical scenario에서 환자의 치료에 집단적으로 관여하는 상호 접속된 의료 장비들의 안전 필수적 스마트 시스템이다. 임상 시나리오는 환자 상태의 변화에 대응해 어떤 치료 옵션을 선택할 수 있으며, 어떤 치료 설정의 조절이 필요한지를 결정한다.

전통적으로 담당 의료인이 개별 장비를 사용하며, 손으로 조절하면서 환자의 상태를 모니터링함으로써 치료 옵션과 설정에 대한 결정을 내렸다. 이와 같은 임상 시나리오를 의료인은 "제어기", 의료 장비는 "센서 및 액추에이터", 환자는 "설비"인 폐회로 시스템closed-loop system으로 볼 수 있다. MCPS는 의료인이 "설비"를 제어하는 데 도움을 주는 부가적인 계산 기능 개체를 도입함으로써 이 관점을 바꿨다. 그림 1.1은 MCPS 개념의 개요를 나타낸다.

MCPS에 사용되는 장비들은 주요 기능에 따라 크게 2개의 그룹으로 나눌 수 있다.

- **모니터링 장비**: 병상 심장 박동 수 및 산소 수준 모니터와 센서 같은 것들로, 환자에 대한 여러 종류의 임상 관련 정보를 제공한다.
- **전달 장비**: 주입 펌프, 인공 호흡기 같은 것들로, 환자의 생리적 상태에 변화를 줄 수 있는 치료를 작동시킨다.

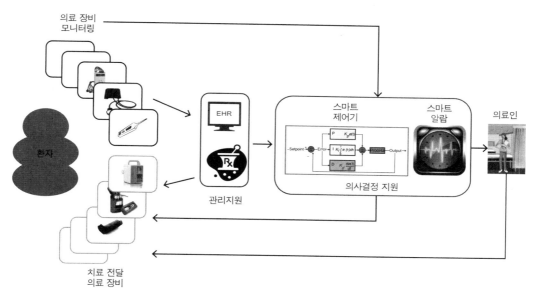

그림 1.1 의료 사이버 물리 시스템 개념의 개요

MCPS에서는 연결된 모니터링 장비가 수집된 데이터를 의사결정 지원 또는 관리 지원 개체에 보낼 수 있으며, 각 개체는 보완적이기는 하지만 상이한 목적에 기여한다. 예를 들어, 의료인은 이 장비들이 제공한 정보를 분석하고 치료를 개시하기 위해 치료 전달 장비를 이용할 수 있으며, 그렇게 함으로써 의료인이 환자를 포함하는 폐회로에 참여하게 된다. 다른 방법으로 의사결정 지원 개체는 모니터링 장비에서 온 데이터를 분석하고, 환자의 건강 상태를 평가하며, 전달 장비에 명령을 보내 자동으로 치료(예: 약물 주입)를 개시하기 위해 스마트 제어기를 사용할 수 있으며, 그렇게 함으로써 폐회로를 구성하게 된다.

대부분의 의료 장비는 소프트웨어에 의존해 그 기능을 수행한다. 이 장비들의 안전성과 상호 운용성을 보장하는 것은 필수적이다. 이를 위한 더욱 효과적인 전략 중 하나는 의료 장비를 검증할 수 있게 함으로써 장비의 안전성을 보장할 수 있는 모델 기반model-based 개발 방법론을 사용하는 것이다. 이 전략은 또한 궁극적으로는 특정 안전 기준에 부합하도록 장비를 인증하는 길을 열어준다.

1.2.1 가상 의료 장비

MCPS가 고도로 복잡하다면, 이러한 모든 시스템은 사용자 중심적이어야 한다. 즉, 설치하고 사용하기가 거의 자동에 가깝도록 쉬워야 한다. 이를 달성하는 한 가지 방법은 MCPS 워크플로에 대한 기술description을 개발해 물리적 장비에 강제로 시행하는 것이다. MCPS 워크플로는 관여하는 장비의 수와 타입, 장비 간 연결, 시스템이 수집하는 데이터를 조정coordination하고 분석하는 데 필요한 임상 감독 알고리즘clinical supervisory algorithm으로 기술할 수 있다. 이와 같은 기술이 **가상 의료 장비**virtual medical device, VMD를 정의한다. VMD들은 **VMD 앱**VMD app에 의해 사용되며, 실제 의료 장비를 설치하는 과정에서 가상 의료 장비 인스턴스의 일부분으로서 인스턴스화instantiation[4]된다.

한 VMD 인스턴스 내의 장비들은 일반적으로 장비 간의 연결이 제대로 설정되도록 보장하는 역할을 하는 상호 운용성 미들웨어와 같은 것을 이용해 상호 접속된다. 따라서 VMD 앱의 주요 임무는 VMD 인스턴스(규모가 매우 클 수도 있다)에서 의료 장비를 찾아내고, 그들 간에 네트워크를 연결하는 것이며, 미들웨어에서 임상 워크플로와의 상호작용을 관리하고 생성되는 데이터에 대한 추론을 수행하는 감독 모듈에 임상 알고리즘을 설치하는 것이다. 기본적으로 VMD 앱이 실행되면 감독 모듈은 VMD 앱 명세를 읽고, 그 명세에 따라 모든 관련 장비를 연결시킨다. 워크플로가 한 과정을 돌고 나면, VMD 앱은 VMD 인스턴스 내 의료 장비들의 상이한 조합을 사용한 다른 워크플로를 허용할 수 있도록 필요한 청소 작업을 수행할 수 있게 된다.

1.2.2 임상 시나리오

각 VMD는 장비들과 임상 스태프가 어떤 임상 상황이나 사건에서 협업하는 방법에 대한 상세한 설명이 있는 특정 임상 시나리오를 지원한다. 이 절에서는 두 가지의 이러한 시나리오를 설명한다. 하나는 엑스레이와 인공 호흡기의 조정이고, 다른 하나는 PCA 안전 인

---

[4] 인스턴스는 클래스가 구체화돼 클래스에서 정의된 속성과 성질을 가진 실제적인 객체로 표현된 것을 의미한다. 실현값 또는 실현체라고도 할 수 있다. 추상적 개념인 클래스에서 실제 객체를 생성하는 것을 인스턴스화(instantiation)라고 한다. – 옮긴이

터록 시스템safety interlock system5이다.

MCPS에 의해 어떻게 환자의 안전이 개선될 수 있는지를 설명하는 한 사례는 엑스레이 기계와 인공 호흡기 간의 상호작용을 조정하는 VMD의 개발이다. [Lofsky04]가 설명한 시나리오를 검토해보라. 엑스레이는 흔히 수술 과정에서 촬영하게 된다. 만일 전신 마취하에서 수술하는 것이라면, 환자는 수술하는 동안 인공 호흡기의 도움을 받아 호흡한다. 인공 호흡 중인 환자는 폐의 움직임으로 인해 엑스레이의 이미지가 흐려지지 않도록 숨을 참을 수 없기 때문에 인공 호흡기를 정지시켰다가 재가동해야 한다. 어떤 불행한 상황에서는 인공 호흡기가 재가동되지 않아 환자를 사망에 이르게 하기도 한다.

두 장비의 연동은 [Arney09]에서 논의하듯, 환자의 안전이 위태로워지지 않는다는 것을 보장하기 위해 여러 가지 방법으로 활용될 수 있다. 가능한 한 가지는 엑스레이 기계를 정지시키고 인공 호흡기를 자동으로 재가동하는 것이다. 더 안전한 대안으로는 좀 더 엄격한 타이밍의 제약이 있기는 하지만, 인공 호흡기가 내부 상태를 엑스레이 기계에 전달하게 하는 것이다. 일반적으로 호흡 주기의 끝에 가면 환자가 날숨을 끝내고 다음 들숨을 들이쉬기 시작하는 사이에 엑스레이를 찍을 충분한 시간이 있다. 이러한 접근 방법은 공기 흐름이 충분히 영에 가까워지는 순간과 다음 들숨을 시작하는 시간에 대해 엑스레이 기계가 정확히 알고 있어야 한다. 그러면 엑스레이 기계는 전송 지연을 감안해 사진 찍기에 충분한 시간이 있는지를 판단할 수 있다.

MCPS의 폐회로 접근 방법으로 쉽게 이득을 얻을 수 있는 다른 임상 시나리오는 자가 통증 조절기PCA다. PCA 주입 펌프는, 예를 들어 수술 후 통증 관리를 위해 오피오이드opioids를 전달하는 데 흔히 사용된다. 환자들은 투약에 대해 매우 다른 반응을 나타내며, 차별적인 투여량과 전달 스케줄이 요구된다. PCA 펌프는 의료인이 정한 고정된 투약 스케줄을 사용하기보다는 환자들이 투약을 원할 때 투약 요구 버튼을 누를 수 있게 해준다. 어떤 환자들은 약으로 생길 수 있는 메스꺼움보다는 더 심한 정도의 고통을 택하겠다고 결정할 수도 있으며, 따라서 버튼을 덜 자주 누를 것이다. 그러나 더 많은 투약을 원하는 다

---

5 인터록 시스템은 어떤 제어 장치가 동작하고 있을 때 다른 일정한 제어 장치가 동작해서는 안 되는 경우, 이 양자 간의 안정을 위한 보호 회로 또는 장치다. – 옮긴이

른 환자들은 버튼을 더 자주 누를 것이다. 일반적인 오피오이드 투약의 주요 문제는 지나친 투약으로 호흡 부전을 초래할 수 있다는 것이다. 적절히 프로그래밍된 PCA 시스템은 전달 횟수를 제한함으로써 환자가 얼마나 자주 버튼을 누르는지에 관계 없이 과다한 투약을 방지할 수 있을 것이다. 그러나 이 안전 메커니즘은 모든 환자를 보호하기에는 충분하지 않다. 펌프가 잘못 프로그래밍됐거나, 환자가 받을 수 있는 최대 투약량을 펌프 프로그래머가 과다 추정했거나, 펌프에 잘못된 농도의 약품을 넣었거나, 환자가 아닌 다른 사람이 버튼을 눌렀거나(대리 투약, PCA-by-proxy), 그밖의 다른 원인들로 환자에게 과다 투약될 수 있다. PCA 펌프는 현재 많은 수의 유해 사례와 관련돼 있으며, 약물 라이브러리drug library와 프로그래밍 가능한 투약 한도 설정과 같이 현존하는 안전 보조 수단은 임상 실무에서 볼 수 있는 모든 시나리오를 해결하기에 적당하지 않다[Nuckols08].

1.3 핵심 설계 동인과 품질 속성

주입 펌프, 인공 호흡기, 환자 모니터와 같은 소프트웨어 집약적인 의료 장비가 오랜 시간 동안 사용돼왔으나 의료 장비 분야는 현재 급속한 변화를 겪고 있다. 현재 진행 중인 이 변화는 고신뢰 의료 장비의 개발에 있어 새로운 과제를 낳고 있으며, 그럼에도 불구하고 동시에 연구계에게 새로운 기회를 열어주고 있다[Lee06]. 이 절은 최근에 생겨난 주요 동향을 살펴보는 것으로 시작해 품질 특성과 과제들을 알아보고, 끝으로 여러 가지 MCPS 관련 주제들에 대한 세부 내용을 논한다.

1.3.1 동향

MCPS의 네 가지 동향은 MCPS 분야의 발전에 매우 중요하다. 네 가지 동향이란, 새로운 기능features6에 대한 동인으로서의 소프트웨어, 장비의 상호 접속, 생리적 반응에 자동

---

6 우리나라에서는 보통 기능(function)과 혼용되는데, 여기서는 기능이 더 자연스럽다. 기능(function)은 사용자의 행위에 대한 제품의 응답이며, 특징(feature)은 기능을 수행하기 위해 제품에 내재된 사용자 도구라고 볼 수 있다. 따라서 전화를 거는 것은 기능이며 발신음, 키패드 등은 전화를 거는 기능을 수행하기 위한 특징이다. - 옮긴이

으로 맞추는 폐회로 그리고 지속적인 모니터링 및 치료다. 다음 절들에서는 이 동향들에 관해 논한다.

1.3.1.1 새로운 소프트웨어 기반 기능들

임베디드 시스템 분야 그리고 넓게는 사이버 물리 시스템 분야의 일반적인 동향에 따라 소프트웨어 기반 의료 장비 시스템의 개발이 제공하는 새로운 가능성들은 새로운 기능을 도입하는 주된 동인이 되고 있다. 새로운 기능의 전형적인 사례는 고해상도 이미지의 실시간 처리와 햅틱 피드백haptic feedback[7]이 요구되는 로봇 수술 분야에서 볼 수 있다.

다른 사례는 양자요법 치료proton therapy treatment다. 가장 기술 집약적인 의료 절차의 하나로서 가장 큰 규모의 의료 장비 시스템이 필요하다. 이 치료는 암 환자에게 정확한 양의 방사선을 전달하기 위해 사이클로트론cyclotron에서 환자까지 양자 빔proton beam을 정확히 유도해야 하며, 환자 위치의 아주 작은 이동에도 적응할 수 있어야 한다. 치료의 높은 정밀도 덕분에 전통적인 방사선 치료와 비교해 더 높은 방사선량을 적용할 수 있다. 이것은 결국, 환자 안전에 대한 더욱 엄격한 요건을 필요로 한다. 양자 빔의 조절은 매우 엄격한 타이밍의 제약을 받으며, 대부분의 의료 장비보다 허용 오차가 훨씬 작다. 문제가 좀 더 복잡해져서 조사(照射) 부위를 이곳 저곳으로 바꿀 필요가 있어 동일한 양자 빔이 환자 신체의 여러 곳에 조사되면, 양자 빔 스케줄링과 조사 간의 간섭 가능성이 발생한다. 양자 빔의 조절 외에 양자 치료 시스템 소프트웨어의 극히 중요한 기능은 환자의 정확한 위치를 판단하고 환자의 움직임을 포착하기 위한 실시간 이미지 처리 기능이다. [Rae03]에서 저자는 양자요법 기기의 안전성을 분석했지만, 이 분석은 단일 시스템과 비상 정지에 집중돼 있다. 일반적으로 이와 같은 대규모의 복잡한 시스템에 대한 적절한 분석과 검증은 의료 장비 산업계가 직면한 가장 큰 과제 중 하나로 남아 있다.

소프트웨어 기반 기능 동향의 다른 증거로서 심장 박동 조율기나 주입 펌프 같은 단순한 장비들에서조차 점점 더 많은 소프트웨어 기반 기능features이 추가되고 있으며, 장비들이 더 복잡해지고 오류도 발생하기 더 쉬워지고 있다[Jeroen04]. 이들 장비에서 소프트웨

---

[7] 촉감 피드백

어가 올바르게 동작하는 것을 보장하기 위해서는 엄격한 접근 방법이 필요하다. 이 장비들은 비교적 단순하므로 과제와 실험적 개발 기법에 대한 사례 연구의 좋은 소재가될 수 있다. 심장 박동 조율기 같은 장비들은 형식적 방법론 연구계의 도전 과제로 이용되고 있다[McMaster13].

1.3.1.2 의료 장비의 접속성 증가

소프트웨어에 대한 의존성이 크게 증가한 점 외에도 의료 장비에 네트워크 인터페이스가 장착되는 경우가 계속 늘어나고 있다. 상호 접속된 의료 장비들은 본질적으로 적절히 설계돼야 하며, 효과성과 환자 안전의 보장에 대한 검증이 필요한 대규모의 복잡한 분산 의료 장비 시스템을 형성한다. 오늘날 의료 장비의 네크워킹 기능은 주로 환자를 모니터링하기 위해(개별 장비를 지역 네트워크로 통합 환자 모니터에 연결하거나 원격ICU[tele-ICU8] 환경에서 원격 모니터링하기 위해) 그리고 환자 데이터를 저장하기 위해 전자 진료 기록부와 상호작용하는 목적으로 활용된다.

오늘날 대부분의 의료 장비 네트워킹 기능은 제한적이며, 주요 벤더들이 제공하는 독점적 통신 규약에 의존하는 경향이 있다. 그러나 이기종 의료 장비들 간의 개방된 상호 운용성을 통해 환자 안전성이 개선되고 새로운 치료 절차가 가능해질 것이라고 인식하는 임상 전문가들이 늘어나고 있다. 의료 장비 플러그 앤 플레이[Medical DevicePlug-and-Play, MD PnP] 상호 운용성 계획[Goldman05, MDPNP]은 의료 장비를 안전하고 유연하게 상호 접속하기 위한 개방된 표준 프레임워크를 제공하려는 비교적 최근의 움직임이며, 환자의 안전과 보건 의료의 효율성을 개선하는 것을 궁극적인 목표로 하고 있다. 상호 운용성 표준을 개발하는 것 외에도 MD PnP 계획은 상호 운용성으로 기존 임상 실무에 대한 개선을 유도할 수 있는 임상 시나리오들을 수집해 발표하고 있다.

1.3.1.3 생리적 폐회로 시스템

대부분의 임상 시나리오에는 전통적으로 절차를 제어하는 의료인이 (흔히 2인 이상) 있다. 예를 들어, 마취 전문의는 수술을 하는 동안 환자의 상태를 모니터링하면서 진정제 주입

---

8 Intensive Care Unit(중환자실) – 옮긴이

을 조절해야 할 때를 결정한다. 이렇게 폐회로 내의 인간에 의존하는 것은 환자의 안전을 저해할 수도 있다고 의료계는 우려하고 있다. 종종 과로하고 심각한 시간적 압박을 받으며 일하는 의료인은 중요한 경고 신호를 놓칠 수 있다. 예를 들어, 간호사는 일반적으로 한 번에 여러 명의 환자를 돌보기 때문에 산만해질 수 있다. 환자의 상태를 지속적으로 모니터링하고 일상적인 상황을 처리해주는 자동 제어기를 활용하면 의료인이 받는 압박감을 어느 정도 덜어주고 환자 치료와 안전을 잠재적으로 개선할 수 있다. 아마도 컴퓨터가 의료인을 완전히 대체할 수는 없겠지만, 정상에서 벗어난 일이 발생할 때만 의료인의 주의를 요구함으로써 의료인의 업무량을 크게 줄여줄 수 있을 것이다.

생리적 폐회로에 기반을 둔 시나리오는 의료 장비 업계에서 사용된 지 꽤 오래됐다. 그러나 그 적용은 대부분 상대적으로 잘 알려진 인체 기관들에 적용되는 삽입 장비들(예: 심장의 경우, 심장 박동 조율기와 제세동기)에 국한돼 있었다. 분산 의료 장비 시스템에 폐회로 시나리오를 구현하는 것은 비교적 최근의 개념이며, 아직 실무적으로 주류를 형성하지는 못하고 있다.

1.3.1.4 지속적인 모니터링과 치료

입원 치료와 관련된 높은 비용 때문에 가정 치료home care, 생활 지원assisted living, 원격 의료telemedicine, 스포츠 활동 모니터링 같은 대안에 관심이 높아졌다. 생명 신호와 신체 활동에 대한 모바일 모니터링과 가정 모니터링을 통해 건강 상태를 원격으로 평가할 수 있다. 그리고 심장 박동 수, 호흡 수, 혈당 수준, 스트레스 수준, 피부 온도 같은 생리적 데이터에 기반해 훈련 효과와 운동 성과를 측정하는 센서 네트워크 같이 정교한 기술이 점점 더 보편화되고 있다. 그러나 현재 대부분의 시스템들은 실시간 진단 기능 없이 축적 전달store-and-forward 방식으로 작동한다. 생리적 폐회로에 의해 기술로 생명 신호를 실시간으로 진단 평가하고 일정한 치료를 할 수 있게 될 것이다.

1.3.2 품질 속성과 MCPS 영역의 과제

MCPS의 구축은 다음과 같은 품질 속성을 확보해야 하며, 이는 결과적으로 중대한 과제들을 낳는다.

- **안전성**: 의료 장비에서 소프트웨어의 역할은 더욱 중요해지고 있다. 하드웨어로 구현된 안전 인터록을 포함한 많은 전통적인 기능들이 이제는 소프트웨어로 구현되고 있다. 이와 같이 높은 신뢰도를 가진 소프트웨어의 개발은 MCPS의 안전성과 효과성을 보장하기 위해 필수적이다. 우리는 MCPS의 안전성을 보장하기 위한 수단으로써 모델 기반의 개발과 분석을 주장한다.

- **상호 운용성**: 많은 현대 의료 장비에는 네트워크 인터페이스가 장착돼 있어서 기존 장비들과 결합시켜 새로운 기능을 갖는 MCPS를 구축할 수 있게 해준다. 이러한 시스템에서의 핵심은 개별 장비가 애플리케이션 배포 플랫폼^{application deployment} ^{platform}을 이용해 정보를 교환할 수 있는 상호 운용성의 개념이다. 상호 운용이 가능한 의료 장비들로 구축된 MCPS가 안전하고, 효과적이고, 보안상 안전하며, 이에 대해 궁극적으로 인증받을 수 있다는 것을 보장하는 것은 필수적이다.

- **상황 인지성**: 다수의 신호원들로부터 나오는 환자 정보를 통합함으로써 환자의 건강 상태를 더 잘 파악할 수 있게 되고, 결합된 데이터를 이용해 질병을 조기에 발견할 수 있으며, 응급 상황이 발생할 때 알람을 효과적으로 생성할 수 있다. 그러나 복잡한 인체 생리와 환자 모집단에 따라 다양하게 변하는 생리적 파라미터를 고려할 때, 이와 같은 계산 지능^{computational intelligence9}을 개발하는 것은 결코 쉬운 일이 아니다.

- **자율성**: MCPS가 보유한 계산 지능은 환자의 현재 건강 상태를 기반으로 치료를 구동할 수 있게 함으로써 시스템의 자율성을 높이는 데 적용될 수 있다. 이러한 방식으로 폐회로를 구성하는 것은 안전하고 효과적으로 이뤄져야 한다. 만들어진 폐회로 시스템의 자율적인 결정에 대한 안전성 분석이 주요 과제인데, 인체 생리의 복잡성과 변화성이 주요 원인이다.

---

9 인공지능(artificial intelligence)보다 좁은 개념이며, 궁극적으로 인공 일반 지능(artificial general intelligence)을 추구한다는 점에서는 같다. Fuzzy Logic, Neural Network, Evolutionary computation 등을 포함하는 소프트 컴퓨팅을 기반으로 한다. – 옮긴이

- **보안성과 개인 정보 보호**: MCPS에 의해 수집되고 관리되는 의료 데이터는 매우 민감한 것이다. 이 정보에 대한 허가 없는 접근이나 조작은 개인 정보 유출, 남용, 신체적 위해 등의 형태로 환자에게 심각한 결과를 초래할 수 있다. 네트워크 연결성은 다수의 신호원들에서 나오는 환자 데이터를 교환함으로써 새로운 MCPS의 기능을 가능하게 하지만, 이와 동시에 보안과 개인 정보 보호에 대한 시스템의 취약성도 증가시킨다.

- **인증**: 미국 국립 과학원National Academy of Science은 "신뢰할 수 있는 시스템을 위한 소프트웨어: 증거는 충분한가?"라는 보고서를 통해 MCPS와 같은 고신뢰 시스템의 인증에 있어 명확한 요구사항claims, 증거evidence 그리고 전문성expertise을 사용하는 증거 기반의 접근 방법을 사용할 것을 권고하고 있다[Jackson07]. MCPS의 복잡하고 안전 필수적인 성격상, 의료 장비 소프트웨어의 신뢰도를 실증하기 위해서는 비용 효과적인 방법이 필요하다. 그러므로 인증은 MCPS의 궁극적 성공 가능성과 해결해야 할 과제를 위해 필수적인 요건이다. 보증 케이스assurance case란, 시스템이 충분히 안전(또는 보안적으로 안전)하다는 설득력 있고 일관된 논증argument을 제공하는 문서화된 일련의 증거로 뒷받침되는 구조적 논증structured argument이다[Menon09]. 보증 케이스에 대한 개념은 소프트웨어 검증에 대한 객관적이며 증거에 기반을 둔 접근 방법을 약속한다. 보증 케이스는 원자력, 운송, 자동차 시스템 같은 산업에서 안전성을 실증하는 수단으로 점차 많이 사용되고 있으며, 의료용 소프트웨어를 위한 최근의 개발 표준인 IEC 62304에서도 언급되고 있다.

1.3.3 MCPS의 고신뢰 개발

의료 장비 업계가 직면한 과도한 시장 압력 때문에 많은 회사들이 개발 주기를 가능한 한 크게 줄여야만 했다. 이러한 조건하에서는 고수준의 안전성 보증safety assurance을 제공해줄 개발 절차를 찾는 것이 과제다. 모델 기반 개발 방법론은 이와 같은 개발 절차의 중요한 부분이 될 수 있다. 이 절에서 논의하는 사례 연구에서는 간단한 의료 장비를 이용한 고보장 개발 절차의 단계를 설명한다. 모델링, 검증 그리고 코드 생성 기술의 선택은 애플리케이션의 복잡도와 중요도 수준과 같은 요인에 달려 있다. 그럼에도 불구하고 절차 그 자체는 매우 다양한 엄격 개발rigorous development 기술을 수용할 수 있을 만큼 충분히 범용적이다.

1.3.3.1 위험 완화

대부분의 의료 장비 신기능은 소프트웨어에 기반을 두고 있으며, 안전 인터록을 포함한, 전통적으로 하드웨어로 구현되는 많은 기능들이 이제는 소프트웨어로 넘어가고 있다. 그러므로 고신뢰 소프트웨어의 개발은 MCPS의 안전성과 효과성을 위해 매우 중요하다.

그림 1.2는 위험 완화를 기반으로 하는 안전 필수적 시스템의 고보장 개발에 대한 비교적 전통적인 접근 방법을 나타내고 있다. 절차는 기대 기능과 시스템 운용 관련 위험을 식별하는 것에서 시작한다. 선택된 기능에서 시스템의 기능 요건이 나오며, 위험 완화 전략에서는 시스템 안전 요건이 나온다. 기능 요건은 소프트웨어 모듈들의 상세한 행동 모델을 구축하는 데 사용되며, 안전 요건은 이 모델들이 충족시켜야 할 안전 특성들로 변환된다. 행동 모델과 안전 특성은 검증, 코드 생성 그리고 확인 단계로 이뤄진 모델 기반 소프트웨어 개발 절차에 대한 입력이 된다.

모델 기반 개발 방법론은 소프트웨어 시스템의 보증 수준을 높이기 위해 만들어졌다. 이 접근 방법에서 개발자는 시스템의 선언형 모델declarative model10에서 시작해 안전 요건과

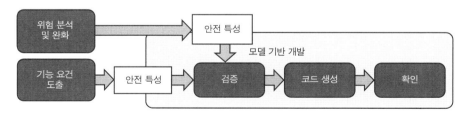

그림 1.2 임베디드 소프트웨어를 위한 고보장 개발 절차

---

10 (1) 어떤 방법으로 해야 하는지를 나타내기보다 무엇과 같은지를 설명하는 경우에 "선언형"이라 한다. 명령형은 절차를 명시하고 목표는 명시하지 않는 데 반해, 선언형은 목표를 명시하고 절차를 명시하지 않는 것이다. (2) 프로그램이 함수형 프로그래밍 언어, 논리형 프로그래밍 언어, 또는제한형 프로그래밍 언어로 쓰인경우에 "선언형"이라고 한다. 여기서 "선언형 언어"라는 것은 명령형 언어와 대비되는 이런 프로그래밍 언어들을 통칭하는 것이다. – 옮긴이

기능 요건에 대한 엄격한 검증을 실시한다. 그리고 모델의 검증된 특성들이 유지되는 코드를 도출하기 위해 체계적인 코드 생성 기법을 사용한다. 이와 같은 개발 절차는 개발자로 하여금 설계에서 문제를 포착하고, 변경이 더 쉽고 비용도 더 적게 드는 설계 주기의 초기에 모델 수준에서 문제를 바로잡을 수 있게 한다. 더 중요한 것은 검증을 통해 시스템의 안전성을 개선하게 될 가능성이 높아진다는 것이다. 현재 의료 장비 산업에서 사용되는 모델 기반 기법들은 UML과 Simulink 같은 준형식적semi-formal 접근 방법에 의존하므로[Becker09] 개발자가 모델 기반 설계의 장점을 모두 활용할 수 없다. 형식적 모델링formal modeling11을 사용하면 모델들과 그로부터의 코드 생성에 대해 수학적으로 타당한 결론을 원활하게 내릴 수 있다.

1.3.3.2 모델 기반 MCPS 개발의 과제

모델 기반 구현 절차를 통해 MCPS를 개발할 때 여러 가지 과제가 야기된다. 첫 번째 과제는 모델링을 시도할 때 합당한 추상화 수준을 선택하는 문제다. 추상화 수준이 높은 모델은 검증 단계를 수행하기는 상대적으로 쉽지만, 너무 추상화하면 코드 생성기code generator가 구현과 관련해 너무 많은 결정을 추측해야 하기 때문에 코드 생성 과정에서 사용하기 어려워진다. 이와 반대로 매우 상세한 모델은 코드 생성은 상대적으로 간단하지만, 현재 가용한 검증 도구의 한계에 부딪힐 수 있다.

많은 모델링 접근 방법들이 개발의 플랫폼 독립적 측면과 플랫폼 종속적 측면의 분리에 의존한다. 모델링과 검증의 관점에서 플랫폼 독립적 측면을 플랫폼 종속적 측면과 분리하는 데는 몇 가지 이유가 있다.

첫째, 플랫폼 종속적인 세부사항을 숨김으로써 모델링과 검증의 복잡성이 줄어든다. 예를 들어, 장비와 센서 간의 상호작용을 생각해보자. 코드를 생성하기 위해서는 장비가 센서에서 어떻게 데이터를 가져오는지를 명시해야 한다. 특정한 샘플링 간격을 갖는 샘플링 기반의 메커니즘에서는 인터럽트 기반 메커니즘과 비교해 매우 다른 코드가 생성될 것이다. 그러나 모델의 이러한 세부사항을 나타내는 것은 모델에 또 다른 수준의 복잡성을 더

---

11 명세, 설계, 분석, 컴퓨터 시스템과 소프트웨어에 대한 보증에 있어 수학적 모델링, 계산과 계측을 사용하는것을 의미한다. 형식적 방법을 사용하는 것은 적절한 수학적 분석을 통해 설계의 신뢰성과 강건성(robustness)에 기여할 수 있기 때문이다. - 옮긴이

하게 되며, 이로 인해 검증 시간이 용납하기 어려울 만큼 길어질 수 있다.

그리고 특정 플랫폼에서 분리해 추상화하면 모델을 다른 대상 플랫폼들에서도 사용할 수 있다. 다른 플랫폼에는 종류는 다르지만 같은 값을 제공하는 센서들이 있을 수 있다. 예를 들어, 많은 주입 펌프들에 구현돼 있는 빈 용기empty-reservoir 알람을 생각해보자. 어떤 펌프들에서는 그러한 목적의 물리적 센서 없이 단지 주입률과 경과 시간을 기반으로 남은 양을 추정할 수도 있다. 다른 펌프들에는 주입기 위치 또는 튜브 내의 압력에 기반을 두고 있는 센서가 있을 수 있다. 이러한 세부사항들을 숨길 수 있도록 추상화하면 다른 펌프 하드웨어에 대해 동일한 펌프 제어 코드로 구현할 수 있다. 이와 동시에, 이와 같은 분리는 구현 수준에서 통합의 과제를 낳는다. 플랫폼 독립적 모델에 의해 생성된 코드는 여러 가지 대상 플랫폼의 코드와 플랫폼 독립적 모델의 검증된 특성이 유지되도록 통합돼야 한다.

둘째, 종종 모델과 구현 사이에 의미 체계 차이가 있을 수 있다. 시스템은 선택된 모델링 언어가 제공하는 형식적 의미 체계formal semantics12를 사용해 모델링된다. 그러나 어떤 모델의 의미 체계는 구현과 잘 맞지 않을 수 있다. 예를 들면, UPPAAL[13]과 Stateflow[14]에서 PCA 펌프와 환경(예: 사용자 또는 펌프 하드웨어) 간의 상호작용은 순간 채널 동기화instantaneous channel synchronization 또는 시간 지연이 제로인 이벤트 브로드캐스팅event broadcasting을 사용해 모델링될 수 있다. 이와 같은 의미 체계는 시스템의 입력 및 출력 모델링을 단순화시켜 모델링/검증 복잡도를 줄여준다. 불행히도, 이와 같은 의미 체계를 정확하게 구현하는 것은 구현 수준에서는 거의 실현 불가능하다. 그런 동작들을 실행하기 위해서는 지연 시간이 제로가 아닌 구성 요소들 간의 상호작용이 요구되기 때문이다.

다음의 사례 연구에서는 이러한 과제들을 처리하기 위한 몇 가지 접근 방법에 대해 PCA 주입 펌프의 개발을 중심으로 생각해본다.

---

12 일반적으로 프로그램 작성 언어(형식적 서식 기술 언어 포함)의 의미를 형식적 체계로부터 파악하려는 연구를 총칭하는 용어인 '형식적 의미론'이라고 번역된다. 여기서 저자는 특정 모델링 언어가 채택한 형식적 의미의 체계라는 의미로 사용한다. – 옮긴이

13 실시간 내장형 시스템의 모델링, 시뮬레이션, 검증을 위한 모델 검증 도구. 스웨덴의 웁살라(Uppsala) 대학과 올보그(Aalborg) 대학이 공동 개발함. – 옮긴이

14 시뮬링크 모델 내에서 상태 기계와 플로 차트를 통해 반응 시스템을 모델링하는 데 사용되는 로직 제어 도구(매스웍스가 개발) – 옮긴이

1.3.3.3 사례 연구: PCA 주입 펌프

PCA 주입 펌프는 주로 진통제를 전달하며, 환자의 요구가 있는 경우, 볼러스bolus라 부르는 약물의 추가적인 제한 전달limited delivery을 위한 기능이 장착돼 있다. 이런 형태의 주입 펌프는 수술 후 환자의 통증 조절을 위해 널리 사용되고 있다. 그러나 만일 펌프가 오피오이드 약물을 과다 투약하면, 환자는 호흡 부전이나 사망의 위험에 빠질 수 있다. 그러므로 이 의료 장비들은 과다 투약을 방지하기 위한 엄격한 안전 요건의 적용을 받는다.

FDA의 주입 펌프 개선 계획FDA's Infusion Pump Improvement Initiative에 따르면[FDA10a], FDA는 2005년에서 2009년 사이에 주입 펌프와 관련된 부정적인 사건들에 대해 5만 6,000여 건의 보고를 받았다. 같은 기간 동안, FDA는 모든 주요 펌프 제조사들에 영향을 미치는 87건의 리콜 조치를 내렸다. 문제가 자주 발생한다는 것은 개발 기법의 개선이 필요하다는 명백한 증거다.

제네릭 PCA 프로젝트

제네릭 PCAGeneric PCA, GPCA 프로젝트는 펜실베이니아 대학의 PRECISE 센터와 FDA 연구원들의 공동 연구로, PCA 주입 펌프 제작자를 위한 지침서로 사용될 수 있는 일련의 공개된 아티팩트artifacts 개발을 목적으로 하고 있다. 프로젝트의 첫 번째 단계에서는 위험 분석 보고서[UPenn-b], 안전 요건[UPenn-a], 주입 펌프 시스템의 참조 모델[UPenn-a]을 포함하는 일련의 문서들을 개발했다. 이 문서들에 기반해 회사들은 모델 기반 구현을 따르는 PCA 주입 펌프 소프트웨어를 개발할 수 있다. 사례 연구에서는 PCA 펌프 제어기를 위한 소프트웨어가 참조 모델과 안전 요건에서부터 시작하는 모델 기반 구현 방법을 사용해 개발된다. 이러한 시도에 대한 설명이 [Kim11]에 있다.

개발 접근 방법은 그림 1.2에 개괄적으로 나타낸 절차를 따른다. 세부 단계는 그림 1.3에 나타나 있다. 그리고 사례 연구에는 GPCA 참조 모델에 따른 구현이 안전 요건을 준수한다는 것을 평가자에게 납득시키는 것을 목적으로 하는 보증 케이스(개발 과정에서 수집된 증거에 기반을 둔 구조적 논증)를 포함하고 있다. 보증 케이스 개발에 대해서는 1.3.7절에서 좀 더 상세히 논의한다.

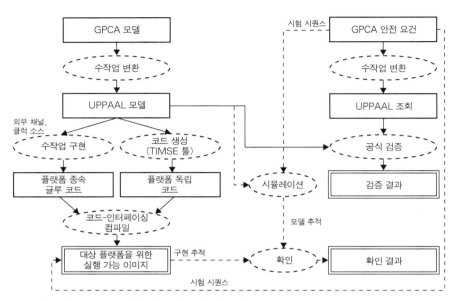

그림 1.3 GPCA 프로토타입 개발을 위한 모델 기반 개발

모델링

Simulink/Stateflow에서 구현된 GPCA 펌프의 참조 모델은 기능 요건의 출처로 사용되며, 수작업이지만 체계적인 변환 절차를 거쳐 UPPAAL[Behrmann04]로 변환된다. 모델 구조는 그림 1.4에 나타낸 참조 모델의 전반적 아키텍처를 따른다. 소프트웨어는 상태 제어기와 알람 감지 구성 요소라는 2개의 상태 기계로 구성된다. 사용자 인터페이스는 후속 사례 연구[Masci13]에서 고려됐다. 두 상태 기계는 펌프 플랫폼의 센서 및 액추에이터와 상호작용한다. 상태 기계는 여러 모드mode로 구성돼 있는데, 각 모드는 별도의 하부 기계submachine로 나타난다. 특히, 상태 제어기는 네 가지 모드를 갖는다.

- POST(Power-on self-test, 파워온 자체 진단) 모드는 시동할 때 시스템 구성 요소들을 점검하는 초기 모드다.
- 약물 확인check-drug 모드는 약물이 펌프에 장착된 것을 확인하기 위해 의료인이 수

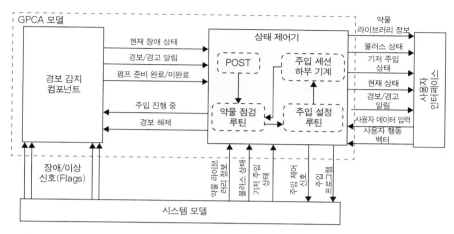

그림 1.4 GPCA 모델의 시스템 아키텍처

행하는 일련의 점검들을 나타낸다.

- 주입 설정infusion configuration 모드는 주입률infusion rate, 주입할 용량VTBI, volume to be infused과 같은 주입 파라미터들을 설정하고, 약물 라이브러리에 기록된 한도limits에 대해 확인하기 위해 의료인과 상호작용하는 것을 나타낸다.
- 주입 세션infusion session은 펌프가 설정과 환자의 볼러스bolus 요청에 따라 약물 전달을 제어하는 모드다.

모델 검증

GPCA 안전 요건은 "해야 한다shall" 식 문장으로, 영어로 표현돼 있다. 대표적인 요건은 "정상적인 볼러스 투약은 펌프가 알람 중일 때 실행되면 안된다"와 "펌프는 t분 이상 정지하면 알람을 내보내야 한다"다. 검증이 수행될 수 있기 전에, 요건들은 점검해야 할 속성들로서 형식화돼야 한다. 정확도와 추상화 수준에 따라 요건들을 범주별로 분류할 수 있다.

- **범주 A**: 모델에 대해 형식화되고 검증받기에 충분할 만큼 상세한 요건들
- **범주 B**: 모델의 범위 밖인 요건들
- **범주 C**: 형식화하기에는 너무 애매한 요건들

범주 A에 속하는 요건들만 즉시 검증에 사용될 수 있다. 97개의 GPCA 요건들 중에서 20개만 이 범주에 속한다.

범주 B에 속하는 요건들의 대부분은 모델링 수준에서 숨겨 버린 시스템의 기능적 측면과 관련된 것이다. 예를 들어, "장애 조건으로 인해 일시 정지^{suspend}되면 펌프는 현재의 펌프 스트로크^{stroke}를 완료하지 않고 즉시 정지해야 한다"라는 요건을 생각해보자. 다른 종류의 알람에서는 현재 스트로크를 완료해야 하는 또 다른 요건이 있다. 이와 같이 모터는 다른 환경에서는 다른 방법으로 정지할 필요가 있다. 이 요건들은 범주 B에 속한다. 왜냐하면, 모델은 펌프 스트로크의 움직임을 상세히 열거하지 않기 때문이다.

한 가지 접근 방법은 플랫폼 특정적 세부사항들을 모델에 추가로 도입하는 것이다. 그러나 이러한 방법은 플랫폼 독립적 모델과 플랫폼 특정적 모델 사이의 구별(즉, 모델 기반 개발에 유용한 구별)을 흐리게 할 것이다. 다른 대안적 접근 방법은 이 요건들을 모델 기반 절차 밖에서 다루는 것이다(예: 검사에 의한 확인). 그러나 이 경우, 형식적 모델링의 장점이 사라진다. 더 좋은 접근 방법은 요건들을 더 세분화함으로써 상세 수준을 맞추는 것이다. 플랫폼 독립적 수준에서 시스템이 다른 알람 조건들(범주 A의 요건일 것이다)에 대응해 두 가지 정지 동작을 수행하는지 검사해볼 수 있다. 그러면 플랫폼 특정적 수준에서 모터의 즉각 정지에 해당하는 하나의 정지 동작을 검사할 수 있고, 한편으로는 모터가 현재 스트로크를 완료하게 하는 다른 정지 동작을 검사할 수 있다.

범주 C 요건의 한 가지 예는 "저유속$^{low\ flow}$ 상태에서는 불연속 흐름이 최소화돼야 한다"인데, 저유속이 무엇인지 또는 얼마만큼의 불연속이 최소라고 인정되는지를 명시하지 않고 있다. 이 경우는 형식화 과정에서 드러나지 않는 요건 명세 결함의 간단한 예다.

요건의 분류가 완료되면, 범주 A의 요건은 형식화되고 모델 검사기$^{model\ checker}$로 검증된다. 사례 연구에서 요건들은 UPPAAL 쿼리^{queries}로 변환됐다. UPPAAL의 쿼리는 시간 논리$^{temporal\ logic15}$의 일종인 타임드 계산 트리 논리$^{timed\ computation\ tree\ logic,\ timed\ CTL,\ TCTL16}$의

---

15 temporal logic에 timed CTL(TCTL)이 포함된다. – 옮긴이

16 분기 시간 논리(branching-time logic)의 하나로, 그 시간 모델이 미래가 결정되지 않은 트리 구조를 갖는다는 의미다. 미래에는 다른 경로들이 있으며, 그것들 중 어느 것도 실현될 실제 경로가 될 수 있다. 소프트웨어 또는 하드웨어 아티팩트에 대한 형식적 검증에 사용되며, 일반적으로 모델 검사기라고 하는 소프트웨어에 의해 사용된다. – 옮긴이

일부분을 사용하며, UPPAAL 모델 검사기로 검증될 수 있다.

코드 생성과 시스템 통합

모델이 검증되면, 코드 생성 도구를 이용해 속성이 유지되도록 코드를 생성한다. UPPAAL 타임드 오토마타timed automata를 위한 TIMES[Amnell03]가 이러한 도구의 한 예다. 모델이 플랫폼 독립적이므로 생성된 코드 또한 플랫폼 독립적이다. 예를 들면, 모델은 특정 대상 플랫폼에 부착된 센서 및 액추에이터가 실제 주입 펌프와 어떻게 상호작용하는지에 대해 명시하지 않는다. 입력과 출력 동작들(예: 환자에 의한 볼러스 요청 또는 펌프 하드웨어로부터 폐쇄 알람 작동시키기)은 환경과 입출력 동기화가 필요한, 즉시 이행들로 추출된다. 어떤 특정 플랫폼에서는 내부 운영 체제가 상호작용을 스케줄링함으로써 이들의 실행 타이밍에 영향을 미친다.

이 이슈를 통합 단계에서 다루기 위해서는 몇 가지 접근 방법을 이용할 수 있다. [Henzinger07]에서는 타이밍 측면을 모델링하고 특정 플랫폼의 스케줄링 알고리즘에 대해 독립적인 코드를 생성하는 수단으로서 고수준 프로그래밍 추상화를 제안한다. 그리고 시간 안전성을 검증함으로써, 즉 플랫폼 독립적 코드가 특정 플랫폼에서 스케줄링될 수 있는지를 검사함으로써 플랫폼 통합이 수행된다. 다른 접근 방법은 플랫폼 독립적인 코드와 종속적인 코드가 추적 가능한 방식으로 통합되는 데 도움을 주는 I/O 인터페이스를 체계적으로 생성하는 것이다[Kim12]. 코드 생성의 관점에서는[Lublinerman09] 주어진 복합적 모델 블록에 대해 블록 내 모델들 간의 관계와 독립적으로 그리고 블록 내부에 대한 최소한의 정보만으로 코드를 생성하기 위한 방법을 제안했다.

구현에 대한 검증

실제 플랫폼의 동작이 완전히 형식화되지 않으면, 검증과 코드 생성 단계 과정에서 형식적으로 보장될 수 없는 여러 가지 가정을 해야 할 것이다. 검증 단계는 구현된 시스템의 동작이 이 가정들로 인해 잘못되지 않는다는 것을 검사할 것이다. 사례 연구에서는 테스트

하네스test harness17가 모델에서 도출된 테스트 케이스를 사용해 체계적으로 코드를 실행한다. 모델 기반의 테스트 생성에 관련된 많은 자료가 있는데, 이 분야에 대한 조사 보고서로는 [Dias07]을 참조하라. 이와 같은 테스팅 기반 검증의 목표는 시스템 동작과 검증된 모델 간의 편차를 체계적으로 발견하는 것이다.

1.3.4 온디맨드 의료 장비와 보증된 안전성

온디맨드on-demand 의료 시스템은 안전 필수 시스템의 새로운 패러다임이다. 최종 시스템은 제조사가 아닌 사용자에 의해 조립된다. 이들 시스템에 대한 안전성 평가에 대한 연구가 활발히 진행되고 있다. 이 절에서 설명된 프로젝트는 이런 시스템들과 관련된 엔지니어링 과제와 규제 과제에 대한 이해를 향한 첫걸음이다. 이 시스템들의 성공과 안전성은 새로운 엔지니어링 기법뿐만 아니라 규제에 대한 새로운 접근 방법과 적절한 상호 운용성 표준을 채택하려는 산업계 구성원의 자발성에도 달려 있다.

1.3.4.1 장비의 조정

전통적으로 의료 장비는 환자 치료를 위한 개별적 도구로 사용돼왔다. 복잡한 치료를 제공하기 위해 의료인들(예: 의사와 간호사)은 다양한 의료 장비의 동작을 손으로 조정해야 한다. 이것은 의료인에게는 부담스러운 일이며, 오류와 사고가 나기 쉽다.

현재 실무에서 수작업 장비 조정의 한 가지 예는 1.2절에서 언급한 엑스레이와 인공 호흡기 간의 조정이다. 다른 예는 레이저 메스로 시행하는 기도 또는 후두 수술이다. 이런 종류의 수술에서 외과의가 고강도 레이저로 기관을 절개하는 동안 환자는 전신 마취 상태에 있게 된다. 환자가 마취 상태에 있기 때문에 환자의 호흡은 고농도의 산소를 공급하는 마취용 호흡기의 도움을 받는다. 이 상황은 환자를 심각한 위험에 노출시킨다. 만일 의사

---

17 시스템 및 시스템 컴포넌트를 시험하는 환경의 일부분으로 시험을 지원하는 목적하에 생성된 코드와 데이터. 시험 드라이버(test driver)라고도 하며, 일반적으로 코드 개발자가 단위 시험이나 모듈 시험에 사용하기 위해 만든다. 단순히 시험을 위한 사용자 인터페이스를 제공하거나 정교하게 제작된 경우, 코드가 변경됐을 때에도 항상 같은 결과를 제공해 시험을 자동화할 수 있도록 설계돼 있다. – 옮긴이

가 뜻하지 않게 레이저로 호흡용 튜브를 자르면, 높아진 산소 농도로 인해 급속한 연소를 유발할 수 있으며, 환자는 신체 내·외부에 온통 화상을 입게 된다. 이런 위험을 완화하기 위해 외과의와 마취의는 지속적으로 소통하고 있어야 한다. 외과의가 절개를 해야 할 때, 외과의는 마취의에게 신호를 보내고, 마취의는 환자에게 공급되고 있는 산소를 줄이거나 끊는다. 환자의 산소 수준이 너무 낮아지면, 마취의는 외과의에게 신호를 보내 절개를 중단시켜 산소를 다시 공급해야 한다. 의료 장비들이 스스로 동작을 조정할 수 있다면, 외과의와 마취의는 의료 장비들의 동작을 확실히 안전하게 동기화하기 위해 그들의 집중력과 노력을 낭비할 필요가 없을 것이다. 더 나아가 환자는 잠재적인 인간의 실수에 노출되지 않을 것이다.

많은 다른 임상 시나리오들이 이러한 종류의 의료 장비 자동 조정에서 혜택을 받을 수 있다. 이러한 시나리오들에는 **장비 동기화, 데이터 융합** 또는 **폐회로 제어**가 포함된다. 레이저 메스 인공 호흡기 안전 인터록은 장비 동기화의 완벽한 예다. 각 장비는 다른 장비들과 관련해 정확한 상태를 유지하고 있어야 한다. 데이터 융합에서는 여러 개의 분리된 장비에서 나오는 생리적 측정값들이 총체적으로 고려돼야 한다. 이와 같은 응용 사례로는 스마트 알람과 임상 의사결정 지원 시스템(1.3.5절 참조)이 있다. 마지막으로 환자의 생리적 상태를 감지하는 장비들로부터 데이터를 수집하고 그 데이터를 주입 펌프 같은 액추에이터의 제어에 이용함으로써 치료의 폐회로 제어를 구현할 수 있다(1.3.6절 참조).

1.3.4.2 정의: 가상 의료 장비

가상 의료 장비가 다른 개체로 간주되는 이유를 포함해 가상 의료 장비의 개념을 명확히 해보자. 주어진 임상 시나리오를 구현하기 위해 함께 동작하는 의료 기기 집단은 본질적으로 새로운 의료 장비다. 어느 한 업체가 이 장비를 생산하고 전체 시스템을 구성해 의료인에게 전달하는 것이 아니기 때문에 이러한 집단을 가상 의료 장비virtual medical device, VMD라고 불러왔다. VMD는 환자의 병상에서 조립될 때까지는 존재하지 않는다. VMD 인스턴스instance는 의료인이 VMD를 위한 특정 장비들을 조립하고 그들을 상호 접속시킬 때마다 생성된다.

1.3.4.3 표준과 규제

몇몇 기존 표준들은 의료 장비의 상호 접속성과 상호 운용성을 위해 설계됐다. 이들 표준에는 의료 정보 교환 표준 규약[Health Level 7standard, HL7][Dolin06], IEEE-11073[Clarke07, ISO/IEEE11073] 그리고 IHE 프로파일[18][Carr03]이 포함된다. 이 표준들은 의료 장비들이 데이터를 교환하고 해석할 수 있게 해주기는 하지만 레이저 메스와 인공 호흡기 장비 간의 조정과 제어처럼 더 복잡한 상호작용은 충분히 다루지 못하고 있다. VMD에 대한 개념은 중요한 근본적인 질문 하나를 던진다. 사용자가 조립하는 시스템의 안전을 어떻게 보장할 것인가? 전통적으로 항공, 원자력, 의료 기기와 같은 대부분의 안전 필수적 사이버 물리 시스템들은 사용되기 전에 규제 기관에 의해 안전성에 대한 평가를 받는다.

안전성 평가의 최신 기법은 완성된 시스템을 검토하는 것이다. 이것이 가능한 이유는 한 시스템 통합자가 완성된 시스템을 제조하기 때문이다. 반면, 가상 의료 장비는 환자 개인별 필요와 이용 가능한 장비들을 기반으로 환자 병상에서 구축된다. 이것은 그 특정한 임상 시나리오를 위해 통합 시스템으로 조합된 적이 없었던 의료 장비들을 조합해(즉, 제품, 모델 또는 기능 집합을 변경해) 의료인이 VMD 인스턴스를 만들어야 할 수도 있다는 것을 의미한다. 마지막으로 VMD의 "온디맨드" 인스턴스화는 의료 장비에 대한 기존 규제 절차를 혼란에 빠뜨린다. 특히, VMD에 관해서는 규제 기관의 역할에 대한 일치된 의견이 없다. 규제 기관은 구성 요소별 인증 체제를 채택할 필요가 있는가? 제3의 인증 기관을 둔다면, 그 역할은 무엇인가?

1.3.4.4 사례 연구

온디맨드 의료 시스템에 대한 안전성 평가는 여러 연구 프로젝트들의 중점 주제였다. 이 프로젝트들은 온디맨드 의료 시스템, 그것들의 안전성 그리고 규제상의 감독을 위한 메커니즘 등에 대해 여러 가지 다른 측면에서 조사했다. 의료 장비 플러그 앤 플레이 프로젝트는 온디맨드 의료 시스템의 필요성을 명확히 설명하고, 유익한 특정 임상 시나리오들을

---

[18] IHE(Integrating the Hospital Enterprise) Profile – 옮긴이

문서화했으며, 지금은 ASTM 표준^ASTM F2761-2009^19^으로 명문화된 통합 임상 환경^Integrated Clinical Environment, ICE^을 개발했다[ASTM09]. ICE는 구성적 인증^compositional certification^을 지원하는 시스템 아키텍처에 맞춰 의료 시스템을 구축함으로써 엔지니어링 과제와 규제 과제에 접근할 것을 제안하고 있다. 이러한 아키텍처에서 의료 시스템은 다양한 구성 요소들(임상 애플리케이션, 임상 응용 플랫폼 및 의료 장비)로 구성될 것이며, 이 구성 요소들은 각각 별도로 규제되고, 인증을 받은 후 의료 기관이 구입하게 될 것이다[Hatcliff12].

통합 의료 환경

그림 1.5는 통합 의료 환경^Integrated Clinical Environment, ICE^의 주요 구성 요소들을 나타내고 있다. 이 사례 연구는 이들 구성 요소 각각에 대해 의도하는 기능과 목표의 개요를 설명한다. ASTM F2761-2009는 순수한 아키텍처 표준이므로 이 구성 요소들에 대한 상세 요건을 제공하지는 않는다는 점에 주목하자. 그럼에도 불구하고 아키텍처의 각 구성 요소는 어느 정도의 비형식적인 요건들을 암시하고 있다.

- **앱**: 애플리케이션은 특정한 임상 시나리오(즉, 스마트 알람, 장비의 폐회로 제어)를 위한 조정 알고리즘을 제공하는 소프트웨어 프로그램이다. 이 애플리케이션들은 실행 코드 외에도 장비 요건 선언, 즉 의료 장비들이 올바르게 작동하기 위해 필요한 요건에 대한 기술^description^을 포함하고 있다. 이 앱들은 판매되기 전에 충족시켜야 할 요건들에 대해 확인되고 검증될 것이다.

- **장비**: 애플리케이션과 대칭적으로 ICE 아키텍처에서 사용되는 의료 장비들은 상호 운용성 요건을 구현해야 하며, 기능 명세라는 자기 기술적 모델^self-descriptive model^을 가질 것이다. 각 의료 장비는 최종 사용자에게 판매되기 전에 그 명세를 충족시킨다는 인증을 받을 것이다.

- **슈퍼바이저**: 슈퍼바이저^supervisor^는 임상 애플리케이션에 안전하게 격리된 커널

---

19 미국재료시험협회(American Society for Testing and Materials, ASTM)는 1898년에 기구화됐으며, 세계에서 가장 큰 자발적 표준 개발 단체. ASTM은 재료, 제품, 시스템 및 서비스의 자발적인 컨센서스 표준 개발 및 발행을 위한 포럼을 제공하고 있는 비영리 단체다. – 옮긴이

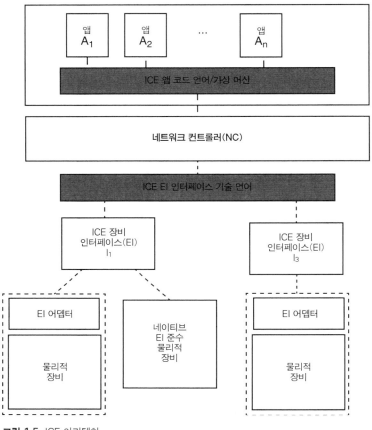

슈퍼바이저(Supervisor)

| 앱 A_1 | 앱 A_2 | ... | 앱 A_n |

ICE 앱 코드 언어/가상 머신

네트워크 컨트롤러(NC)

ICE EI 인터페이스 기술 언어

| ICE 장비 인터페이스(EI) I_1 | ICE 장비 인터페이스(EI) I_3 |

| EI 어뎁터 | 네이티브 EI 준수 물리적 장비 | EI 어뎁터 |
| 물리적 장비 | | 물리적 장비 |

그림 1.5 ICE 아키텍처

kernel과 가상머신VM실행 환경을 제공한다. 슈퍼바이저는 데이터와 시간 측면에서 앱들이 서로 분리돼 있다는 것을 보증하는 역할을 한다.

- **네트워크 컨트롤러**: 네트워크 컨트롤러는 생리적 신호 데이터 스트림과 장비 제어 메시지의 주요 통로다. 네트워크 컨트롤러는 연결된 장비들의 목록을 유지하고, 장비 인증authentication과 데이터 암호화를 위한 보안 서비스는 물론, 데이터 스트림의 시간과 데이터 분리에 관한 서비스 보증에 있어서 적절한 품질 수준을 보장하는 책임을 지고 있다.

- **ICE 인터페이스 기술 언어:** 기술 언어^{description language}는 ICE 준수 장비들이 그들의 기능을 네트워크 컨트롤러로 내보내기 위한 주요 메커니즘이다. 이 기능에는 장비에 무슨 센서와 액추에이터가 있는지 그리고 그것들이 지원하는 명령은 무엇인지와 같은 것들이 포함될 수 있다.

의료 장비 조정 프레임워크

의료 장비 조정 프레임워크^{Medical Device Coordination Framework, MDCF}[King09]는 ICE 표준을 준수하는 의료 애플리케이션 플랫폼의 소프트웨어 구현을 목적으로 하는 오픈 소스 프로젝트다. 모듈형 프레임워크로 돼 있기 때문에 연구자들이 신속히 시스템 프로토타입을 만들고 온디맨드 의료 시스템과 관련된 구현과 엔지니어링 이슈들을 탐색할 수 있다고 설명하고 있다.

MDCF는 ICE가 요구하는 의료 애플리케이션 플랫폼의 핵심 요구 기능들을 제공하기 위해 협업하는 일련의 서비스들로 구현된다. 이들 서비스의 기능은 ICE 아키텍처에 정의된 아키텍처 영역들을 따라가며 세분화될 수도 있다(그림 1.6 참조). 즉, MDCF는 네트워크 컨트롤러 서비스, 슈퍼바이저 서비스 그리고 전체 자원 관리 서비스로 구성돼 있다.

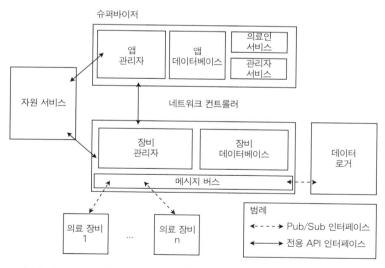

그림 1.6 ICE 아키텍처 영역을 따라 분해된 MDCF 서비스

네트워크 컨트롤러 서비스는 다음과 같다.

- **메시지 버스**: 네트워크 구현의 하위층(즉, TCP/IP)을 추상화하며 발간/구독[publish/subscribe][20] 메시지 서비스를 제공한다. 프로토콜 제어 메시지, 환자 생리 데이터 교환 그리고 앱에서 장비로 보낸 명령어들을 포함해 MDCF와 모든 의료 장비들 간의 통신은 메시지 버스[message bus]를 통해 이뤄진다. 메시지 버스는 또한 앱이 전제로 취할 수 있는 기본적인 실시간 보장, 즉 유계 종단 간 메시지 전달 지연 시간[bounded end-to-end message transmission delays]을 제공한다. 그리고 메시지 버스는 다양한 메시지 및 스트림에 대한 세분화된 접근 제어와 분리 정책을 지원한다. 현재의 메시지 버스는 메시지를 XML로 인코딩하도록 구현돼 있지만, 실제 인코딩 전략은 메시지들을 메모리상에서 구조적 객체로 나타내주는 메시지 버스 API에 의해 앱들과 장비들로부터 분리돼 추상화된다.
- **장비 관리자**: 현재 MDCF에 연결된 등록 의료 장비 목록을 유지 관리한다. 장비 관리자는 MDCF 장비 접속 프로토콜의 서버 측면을 구현하며(의료 장비는 클라이언트 측면을 구현한다), 그 장비들의 접속 상태를 추적해 어떤 장비가 갑자기 끊기면 관련된 앱들에게 이를 알려준다. 장비 관리자는 또 다른 중요한 역할을 한다. 장비 관리자는 접속되는 장비가 유효한 인증을 받았는지를 판단함으로써 어떤 접속 장비의 신뢰성[trustworthiness]을 확인한다.
- **장비 데이터베이스**: 의료 제공자의 생명 공학 스태프가 사용을 승인한 특정 의료 장비들의 목록이 저장돼 있다. 특히, 데이터베이스에는 허가된 장비의 고유 식별자(예를 들어, Ethernet MAC address), 장비 제조사 그리고 장비 관리자가 접속 장비에 대한 인증에 사용할 보안키 또는 인증서들이 저장돼 있다.
- **데이터 로거**: 메시지 버스를 오가는 메시지들의 흐름을 들여다보고 선택적으로 메시지를 기록[logging]한다. 어떤 메시지들을 기록할지 명시하는 정책으로 로거[logger

---

[20] Pub/Sub으로 표기하는 것이 더 일반적이다. – 옮긴이

를 설정할 수 있다. 메시지 버스가 시스템의 모든 메시지를 운반하므로 MDCF를 통해 전파되는 모든 메시지와 이벤트를 기록할 수 있도록 로거를 설정할 수 있다. 기록은 변형 억제적[tamper resistant21]이고, 변형 탐지적[tamper evident22]이어야 한다. 즉, 기록에 대한 접근은 그 자체가 기록돼야 하며, 보안 정책에 따라 물리적 그리고 전자적으로 제어돼야 한다.

슈퍼바이저 서비스는 다음과 같다.

- **애플리케이션 관리자**: 앱이 실행될 가상머신을 공급한다. 애플리케이션 관리자는 단순히 프로그램 코드를 실행하는 것 외에도 앱의 실행 시 MDCF가 요구사항을 보장할 수 있는지 그리고 접근 제어 및 기타 보안 관련 서비스는 물론 자원과 데이터가 격리될 수 있는지를 검사한다. 특정 의료 장비, 통신 지연 또는 앱의 임무 처리 응답 시간과 관련된 앱의 요구사항에 대해 MDCF가 현재 그러한 보장을 할 수 없으면(예를 들어, 시스템의 부하 때문에 또는 적당한 의료 장비가 연결돼 있지 않기 때문에), 애플리케이션 관리자는 의료인이 문제의 그 앱을 시작하지 못하게 한다. 애플리케이션 관리자는 자원이 있을 경우, 앱이 요구한 성능을 보장하기 위해 그 자원들을 확보할 것이다. 더 나아가 개별 앱은 격리돼 있으며, 따라서 어떤 앱들이 환자와 관련돼 있는지 알지 못할 수도 있으므로 애플리케이션 관리자는 의료적으로 의미 있는 앱의 상호작용들을 감지하고 신호를 보낸다.
- **애플리케이션 데이터베이스**: MDCF에 설치된 애플리케이션들이 저장돼 있다. 각 애플리케이션에는 실행 코드와 애플리케이션 관리자가 앱을 실행 때 적당한 자원을 배분하기 위해 사용하는 요구사항 메타데이터가 포함된다.
- **의료인 서비스**: 시스템의 상태를 점검하고, 앱을 실행시키며, 앱의 GUI 요소들을 디스플레이하기 위해 의료인 콘솔에 GUI 인터페이스를 제공한다. 이 인터페이스는 서비스로 나타나므로 의료인 콘솔은 슈퍼바이저를 실행하는 지역 머신(동일한

---

21 보호 장치 등을 통해 변형/훼손 자체를 어렵게 만드는 것 – 옮긴이
22 변형/훼손 시 흔적이 남도록 하는 것 – 옮긴이

기계)에서 실행되거나 원격으로 실행될 수도 있다(예를 들어, 간호사실에서).

- **관리자 서비스**: 관리자 콘솔을 위한 인터페이스를 제공한다. 시스템 관리자는 관리자 콘솔을 새로운 애플리케이션을 설치 또는 제거하거나, 장비 데이터베이스에 장비를 추가하거나, 시스템의 성능을 모니터링하는 데 사용할 수 있다.

1.3.5 스마트 알람과 임상 의사결정 지원 시스템

임상 의사결정 지원clinical decision support, CDS 시스템은 근본적으로 물리적 구동이 있는 MCPS로, 시각화에 한정해 특화된 형태의 MCPS다. CDS는 생명 신호, 실험실 시험 결과값, 환자 이력 같은 여러 종류의 데이터 스트림을 입력받은 후 어떤 형태의 분석을 거치게 해 그 분석 결과를 의료인에게 출력한다. 스마트 알람smart alarm은 가장 간단한 형태의 의사결정 지원 시스템이며, 다중의 데이터 스트림을 분석해 의료인을 위해 1개의 알람을 만들어낸다. 좀 더 복잡한 시스템에서는 경향 분석, 신호 분석, 온라인 통계 분석 또는 이미 구축된 환자 모델을 이용할 수 있으며, 더욱 상세하게 시각화된 정보를 만들어낼 수도 있다.

더 많은 의료 장비가 연속적인 생명 신호를 기록할 수 있게 되고, CDS 시스템은 의료 시스템들의 상호 운용성이 증대되면서 의료인이 환자 데이터를 처리하고, 해석하고, 분석할 수 있게 해주는 필수 도구로 발전할 것이다. 임상 환경에서 CDS 시스템이 폭넓게 채택되는 데는 몇 가지 당면 과제가 있지만, 이러한 시스템들을 구축하려는 현재의 노력은 임상적 효용성을 보여줄 것이며, 그런 과제들을 극복할 추진력을 제공할 것이다.

1.3.5.1 노이즈 많은 집중 치료 환경

병원의 중환자실intensive care unit, ICU에서는 환자 치료를 위해 다양한 의료 장비를 사용하고 있다. 환자의 신체에서 나오는 다양한 물리적, 화학적 신호를 감지하는 센서들은 이러한 의료 장비의 일부다. 이 센서들은 의료인(의사, 간호 및 그 외 의료 종사자)이 환자의 현재 상태를 더 잘 파악할 수 있게 한다. 이러한 센서들로는 자동 혈압 측정 띠, 체온계, 심장 박동 모니터, 맥박 산소 측정기, 뇌파 측정기, 자동 혈당 측정기, 심전도 측정기 등이 있다. 이 센서들은 매우 단순한 것부터 기술적으로 매우 복잡한 것들에 이르기까지 그 범위가 넓다. 그리고 전통적인 기술과 함께 디지털 기술에 의해 새로운 센서들이 개발되고 의료용으로 검토되고 있다.

이 의료 장비들 중 매우 많은 수가 독립적으로 운용된다. 즉, 특정 신호를 읽고 그 신호의 결과를 어떤 형태의 시각화 기술로 출력함으로써 의료인이 볼 수 있게 한다. 어떤 장비는 사용의 편의를 위해 데이터를 중앙 집중식 시각화 시스템(침상 모니터 또는 간호 스테이션 등[Phillips10, Harris13])으로 스트리밍한다. 그러나 모든 신호들이 여전히 독립적으로 표시되고 있으며, 환자의 실제 상태를 판단하기 위해 표시된 정보를 종합하는 것은 의료인에게 달려 있다.

많은 의료 장비들은 환자의 상태가 나빠지면 의료인에게 경고를 주도록 설정할 수 있다. 현재 사용 중인 센서들의 대부분은 측정 중인 특정 생명 신호가 미리 정한 임계값threshold을 넘으면 발효되는 임계 알람threshold alarm으로만 설정할 수 있다. 임계 알람이 응급 상태를 제 시간에 포착하는 데 있어서 분명히 중요할 수 있지만, 과학적 근거를 갖고 계산된 것이 아니며[Lynn11], 종종 환자 생명 신호의 중요하지 않은 무작위 변동이나 외부 자극으로 인한 노이즈에 기인하는 알람 오류의 비율이 높다[Clinical07]. 예를 들어, 환자가 움직이면 센서가 움직이거나, 눌리거나, 떨어질 수 있다. 이러한 장비들이 내는 알람 오류가 많아지면 알람 피로, 즉 의료인이 알람을 무시하게 만드는 알람 둔감화를 초래한다[Commission13]. 알람 오류를 줄이기 위한 시도로서 의료인이 모니터에서 설정을 부적절하게 다시 맞추거나 알람을 완전히 꺼버릴 수도 있다[Edworthy06]. 두 가지 행위 모두 진짜 알람을 놓치게 하고 치료의 질을 떨어뜨릴 수 있다[Clinical07, Donchin02, Imhoff06].

알람 피로를 줄이기 위해 다양한 시도가 이뤄졌다. 이 전략들은 일반적으로 워크플로를 개선하고, 임계값을 환자별로 맞춤 설정하며, 알람이 임상적으로 적절하지 않은 상황을 파악하는 것에 집중돼 있다[Clifford09, EBMWG92, Oberli99, Shortliffe79]. 그러나 독립된 임계 알람은 알람 오류를 완전히 제거하는 데 필요한 환자 상태에 관한 섬세한 부분을 잡아낼 수 없다. 그리고 이 알람들은 단순히 의료인에게 어떤 임계값을 넘었다는 사실을 알려줄 뿐이며, 환자가 고통을 받는 근본 원인을 밝히는 데 도움이 될 만한 환자의 현재 상태에 대한 생리적 또는 진단적 정보를 제공하지 못한다.

대부분의 의료인은 환자의 상태를 파악하기 위해 보통 여러 가지의 생명 신호들을 함께 사용한다. 예를 들어, 서맥bradycardia이어도 정상이며 건강할 수 있다. 그러나 서맥이 비정상 혈압 또는 혈류 산소 농도 저하와 함께 발생하면 우려하는 일이 발생할 수 있다. 따라서 알람을 울리기 전에 여러 가지의 생명 신호를 종합해 검토하는 스마트 알람 시스템을 개발하는 것이 적절해 보인다. 스마트 알람 시스템은 알람 오류를 줄여주고, 알람 정밀도를 높이며, 알람 피로를 줄여, 결국 치료의 질을 개선할 수 있다.

이와 같은 스마트 알람 시스템은 CDS 시스템의 단순한 버전일 수도 있다[Garg05]. 임상 의사결정 지원 시스템은 여러 출처에서 나온 환자 정보와 기존의 지식을 결합해 의료인이 더 많은 정보를 바탕으로 의사결정을 내릴 수 있도록 지원한다. 잘 설계된 CDS 시스템은 단지 알람 오류를 줄이는 것뿐만 아니라 의료인이 환자의 상태를 파악하기 위해 데이터를 더 잘 활용할 수 있게 함으로써 환자 치료를 극적으로 개선할 수 있는 잠재력을 지니고 있다는 것이 반복적으로 밝혀지고 있다.

1.3.5.2 핵심 기능의 문제들

CDS 시스템이 MCPS의 특별한 형태이므로 CDS 시스템의 개발도 사이버 물리 시스템 개발의 핵심 기능features을 만족시켜야 한다. 사실, 이러한 기능들이 없으면 CDS 시스템의 개발은 불가능하다. CDS 시스템이 아직 널리 사용되지 못하는 현재 상황은 병원 환경에서 이 기능들을 구축할 때 직면하는 어려움을 부분적으로 반영하고 있다.

이 요건들 중 가장 근본적인 것은 장비의 상호 운용성을 달성하는 것이다. 가장 단순한 CDS 시스템(스마트 알람 시스템 같은 것)조차도 환자에게 부착돼 있는 여러 의료 장비들로부터 수집되는 실시간 생명 신호에 접근할 수 있어야 한다. 필요한 생명 신호를 수집하는 장비들이 이 데이터를 얻기 위해서는 상호 운용성이 있어야 한다(상호간이 아니라면 중앙 데이터 저장소와). 이 저장소에서는 데이터가 수집되고, 시간 동기화되며, 분석되고 시각화된다.

과거에는 장비의 상호 운용성을 달성하는 것이 주요 장애물이었다. 비용의 증가, 엄청나게 커지는 규제적 어려움, 제한적 상호 운용성 기능의 장비 일체를 판매할 때의 수익 잠재력 등으로 인해 개별 장비 제조사에게는 장비가 상호 운용성을 갖게 만들 유인 요인이 현재로선 거의 없다. 장비 통신을 위한 상호 운용성 플랫폼을 개발하면 MCPS가 여러 장비들로부터 실시간 의료 정보를 스트리밍할 수 있게 될 것이다.

많은 다른 과제들이 존재한다. 예를 들면, CDS 시스템의 안전성과 효과성은 네트워크 신뢰성이나 메시지의 실시간 전달 보장 같은 다른 요인들에 의존한다. 현재 병원 시스템의 네트워크는 흔히 애드혹^ad hoc23이고, 매우 복잡하며, 수십 년에 걸쳐 구축됐기 때문에 그러한 신뢰성은 거의 없다.

다른 과제로서 데이터 스토리지가 있다. CDS 시스템의 코어에 있는 계산 지능의 파라미터들은 높은 정확도를 달성하기 위해 대규모의 과거 데이터를 이용해 튜닝돼야 한다. 그러므로 CDS 시스템의 개발에 있어서 빅데이터를 다루는 것은 핵심 구성 요소다. 병원은 이 문제를 다루기 위해 환자 데이터를 수집해 저장하는 일의 가치를 알아야 하며, 일상적인 워크플로의 일부로서 데이터를 저장하고 접근하기 위한 병원 전용 인프라^infrastructure를 개발해야 한다.

CDS 시스템은 일정 수준의 상황 인지적 계산 지능이 필요하다. 정보는 여러 의료 장비 데이터 스트림들로부터 추출되고 걸러져야 하며, 환자의 상황 인지적 임상 현황을 생성하기 위해 환자 모델과 함께 사용돼야 한다. 상황 인지적 계산 지능을 구축할 수 있는 주요 방법에는 세 가지가 있다. 병원 지침서를 전산화하는 것, 의료인의 개념 모델^mental model을 만드는 것 그리고 의료 데이터의 머신 러닝에 기반을 둔 모델을 만드는 것이다. 의료인의 개념 모델을 만드는 일에는 많은 수의 의료인을 대상으로 그들의 의사결정 과정에 대해 인터뷰하는 것, 인터뷰에서 수집된 지식을 바탕으로 수작업으로 알고리즘을 만드는 것이 포함된다. 이것은 고된 과정이며, 의료인이 생각하는 것을 소프트웨어로 계량화하기 어려울 수 있고, 다른 의료인들로부터 얻은 결과들과 조화시키기 어려울 수도 있다. 머신 러닝을 이용해 모델을 만드는 것은 종종 가장 손쉬운 접근 방법이 된다. 그러나 이러한 모델들을 학습시키기 위해서는 대규모의 과거 환자 데이터와 정확한 결과값을 필요로 하는데, 둘 다

---

23 통신 인프라가 없거나 구축하기 곤란한 상황에서 이동 노드들 간의 자율적인 경로 설정, 수정, 의사소통이 가능한 네트워크를 말한다. – 옮긴이

입수하기 어려울 수 있다. 이러한 데이터 세트가 있는 경우에도, 알고 보면 노이즈가 많고 누락된 값이 많은 경우가 흔하다. 학습 기법을 선택하는 것도 어려운 일이다. 알고리즘의 투명성이 좋은 척도지만(의료인이 내부 절차를 이해할 수 있게 하고 불투명한 블랙박스를 없앨 수 있으므로), 모든 시나리오에 대해 최적인 한 가지 학습 기법이란 없다.

1.3.5.3 사례 연구: CABG 환자를 위한 스마트 알람 시스템

심장 동맥 우회로 조성술coronary artery bypass graft, CABG을 받은 환자는 생리적으로 불안정해 질 수 있는 위험이 있으므로 환자의 생명 신호를 항상 지속적으로 모니터링해야 한다. CABG의 목적은 생리적 변화를 감지하면 의료인이 적시에 개입해 수술 후유증을 방지하고자 하는 것이다. 앞에서 논의했듯이, 생명 신호 지속 관찰용 모니터는 보통 단순한 임계 값 기반의 알람 기능만 있으므로 이러한 환자들의 빠르게 변화하는 수술 후 상태와 결부되면, 많은 알람 오류를 유발할 수 있다. 예를 들면, 환자가 중환자실로 옮겨지는 도중 맥박 산소 측정기pulse oximeters에 연결된 손가락 클립 센서가 떨어지거나 치료 환경 내 인공 조명의 변화로 측정 오류가 발생하는 것은 흔한 일이다.

이러한 오류들과 잘못된 알람을 줄이기 위해 외과계 중환자실surgical ICU, SICU에서 일반적으로 수집하는 네 가지 생명 신호인 혈압blood pressure, BP, 심장 박동 수heart rate, HR, 호흡 수respiratory rate, RR 그리고 혈중 산소 포화도blood oxygen saturation, SpO2를 결합하는 스마트 알람 시스템이 개발됐다. 각 생명 신호를 몇 개의 서열 집합ordinal set으로 나누는 (예를 들어, 혈압이 107mmHg보다 높으면 "높음"으로 분류할 수 있게 "낮음", "정상", "높음", "매우 높음") 적절한 구간을 정하기 위해 ICU 간호사들을 인터뷰했다. 이러한 방법으로 생명 신호를 분류함으로써 각 환자의 기저 생명 신호별로 맞춘 규칙들을 구축하는 데 있어서의 어려움을 극복할 수 있었다. 분류 기준은 예를 들어 안정 심장 박동 수가 매우 낮으나 "정상"인 환자의 경우처럼, 특정한 환자를 다루기 위해 전체 규칙을 재작성하지 않고도 수정할 수 있다.

이후로는 주의해야 할 상태의 원인이 될 생명 신호들의 조합을 식별하기 위해 간호사들과 협업해 일련의 규칙들을 개발했다. 스마트 알람 시스템은 환자의 네 가지 생명 신호를 모니터링하고, 그것들이 서열 집합의 어느 구간에 속하는지 분류하며, 규칙 테이블에서 출력할 해당 알람 수준을 찾는다. 네트워크 또는 센서 장애로 인한 누락 데이터를 처리하기 위해 갑자기 영으로 떨어지는 생명 신호는 신호 하락 시간 동안 "낮음"으로 분류된다.

이 스마트 알람 시스템은 임상 환경에서 CDS 시스템들이 일반적으로 부딪치는 많은 문제를 피해 갔다. 선택된 생명 신호들은 매우 제한적이었으며, 동일한 의료 장비로 흔히 수집되고 동기화되는 신호들만 포함시켰다. 스마트 알람 시스템의 "지능"이 의료인의 개념 모델에 기반을 둔 단순한 규칙 테이블이었기 때문에 보정calibration을 위해 많은 양의 과거 데이터가 필요하지 않았으며, 투명하고 의료인이 이해하기 쉬웠다. ICU에서 운용되는 이러한 시스템의 관심사는 네트워크의 신뢰성인데, 누락된 값을 "낮음"으로 분류함으로써 잠깐의 네트워크 장애에 대한 보수적인 대비책을 줬다. 더 나아가 시스템을 실시간 미들웨어에서 실행하면, 필요한 데이터의 전달을 보장해 시스템의 안전성을 보장할 수 있을 것이다.

이 시스템의 성능을 평가하기 위해 CABG 수술 직후 ICU에서 회복 중인 27명의 환자를 관찰했다. 관찰하는 동안 27명의 환자들 중에서 9명의 생명 신호 샘플을 병원 IT 시스템에 저장했다. 각 환자들은 26분에서 127분까지 총 751분 동안 관찰됐다. 모니터 알람과 CABG 스마트 알람의 성능을 비교하기 위해 1분마다 환자의 생리적 상태 샘플들을 UPHSUniversity of Pennsylvania Health System 데이터 저장소에서 소급해(관찰 후) 가져왔다. 가져온 데이터에 스마트 알람 알고리즘을 적용해 스마트 알람이 환자 침상 옆에 있었다면 생성됐을 스마트 알람 출력의 궤적을 계산했다. 환자가 악화될 수 있는 속도와 치료 스태프의 대응 시간 기대값이 상대적으로 느리기 때문에 의료진 개입 후 10분 이내에 발생한 개입 알람은 스마트 알람에 의해 처리되는 것으로 간주했다.

전체적으로 스마트 알람 시스템이 더 적은 알람을 발생시켰다. 연구 기간 중 표준 모니터 알람이 발생한 시간의 55%에 스마트 알람이 발생했으며, 관찰하는 시간 동안 10개의 개입 알람 중 9개가 스마트 알람에 의한 것이었다. 중요한 알람은 거의 같게 "중요함"으로 보였는데, 이것은 관측된 생명 신호의 값 자체 때문이 아니라 그 추세에 기인한 것이었다. 이 스마트 알람 시스템의 개선 버전은 각 생명 신호의 추세와 관련된 규칙들도 포함할 것이다.

1.3.6 폐회로 시스템

의료 장비들이 사람의 특정 생리 과정을 제어하는 것을 목표로 하고 있다면, 그것들을 장비와 환자 간의 폐회로closed-loop로 볼 수 있다. 이 절에서는 이러한 관점에서 임상 시나리오를 논한다.

1.3.6.1 더 높은 수준의 지능

임상 시나리오는 제어 회로로 볼 수 있다. 즉, 환자는 설비, 제어기는 센서(예: 침상 모니터)로부터 정보를 수집하며, 설정 명령을 액추에이터(예: 주입 펌프)에게 보낸다[Lee12]. 전통적으로 대부분의 시나리오에서 의료인은 제어기로서 활동한다. 일반적으로 의료인 한 사람이 여러 환자를 돌보며 각 환자를 산발적으로만 점검할 수 있기 때문에 이 역할이 의료인에게는 의사결정상의 큰 부담이 된다. 환자의 상태가 지속적인 감시 상태에 있게 되는 지속 모니터링은 연구가 활발한 분야다[Maddox08]. 그러나 환자의 안전을 더 개선하기 위해서는 시스템이 환자 상태의 변화에 지속적으로 대응할 수 있어야 한다.

　앞 절에서 논의한 스마트 알람 시스템과 의사결정 지원 시스템은 임상 정보의 통합과 해석을 촉진해 의료인이 더 효율적으로 의사결정을 할 수 있게 도와준다. 폐회로 시스템은 더 높은 수준의 지능 달성을 목표로 한다. 이러한 시스템에서 소프트웨어 기반의 제어기는 생리 데이터를 자동으로 수집하고 해석하며, 치료 전달 장비를 제어한다. 많은 안전 필수적 시스템들이 자동 제어기를 활용하고 있다(예: 항공기의 자동 조종 장치autopilot, 자동차의 적응형 순항 제어 장치adaptive cruise control, ACC). 환자 치료에 있어서 제어기는 환자의 상태를 지속적으로 모니터링하며, 환자의 상태가 정해진 동작 범위 내에서 유지되면 액추에이터를 자동으로 재설정할 수 있다. 환자의 상태가 안전 범위에서 벗어나기 시작하면 제어기는 알람을 발생시키고 제어를 의료인에게 넘길 것이다. 이와 같은 임상 폐회로 시스템은 의료인의 업무 부하를 분담해 의료인이 더 중요한 일을 처리하는 데 집중할 수 있게 하며, 궁극적으로 환자의 안전을 개선시킨다. 그리고 소프트웨어 제어기는 인간이 계산하기에는 너무 복잡한 첨단 의사결정 알고리즘(예: 혈당 조절에서의 모델 예측 제어[Hovorka04])을 이용할 수 있으며, 이것은 환자의 안전과 효과성을 높일 수 있다.

폐회로 제어의 개념은 이미 의료 응용에 도입돼 있다(예: 삽입형 제세동기와 같은 삽입형 장비나 특수 목적의 독립 장비들). 임상 폐회로 시스템은 주입 펌프와 생명 신호 모니터와 같은 기존 장비를 네트워킹해 구축될 수도 있다. 네트워크 임상 폐회로 시스템은 VMD로 모델링할 수 있다.

1.3.6.2 폐회로 시스템의 위험성

네트워크 폐회로 시스템 환경은 환자의 안전을 저해할 수 있는 새로운 위험을 불러온다. 이러한 위험을 체계적으로 식별하고 완화해야 한다. 특히, 폐회로 MCPS는 안전 공학에 대해 몇 가지 특별한 과제를 야기했다.

첫째, 설비(즉, 환자)는 일반적으로 큰 변화와 불확실성을 보이는 매우 복잡한 시스템이다. 임상 모델링은 생의학 엔지니어들과 의료 전문가들에게 있어 10여 년간 지속돼온 과제이며, 이 분야는 아직도 과학의 미개척 분야로 남아 있다. 일반적으로 임상 모델은 고성능 우선주의 모델들high-fidelity-first-principle models을 이론적인 제어기 설계에 바로 적용할 수 있는 기계 공학 또는 전자 회로 설계와 같은 여러 공학 분야와는 달리, 보통 비선형적이며, 개인별로 매우 다른, 시간에 따라 변하는 그리고 가용한 기술로 쉽게 파악할 수 없는 파라미터들을 포함하고 있다. 이러한 특성은 시스템 수준의 안전성 추론은 물론 제어 설계에 큰 부담을 준다.

둘째, 폐회로 의료 장비 시스템에서는 연속적인 환자의 생리, 제어 소프트웨어 그리고 네트워크의 불연속적인 동작들 간에 복잡한 상호작용이 일어난다. 대부분의 폐회로 시스템은 사용자(의료인 또는 환자 자신)에 의한 감독이 필요하므로 안전성 논증에는 인간의 행동이 고려돼야 한다.

셋째, 제어 회로는 센서 액추에이터 및 통신 네트워크로 인한 불확실성의 영향을 받기 쉽다. 예를 들면, 어떤 신체 센서는 환자의 움직임에 매우 민감하며(예: 생명 신호 모니터는 맥박 산소 측정기의 손가락 클립이 떨어지면 잘못된 알람을 낼 수 있다), 기술적인 제약 때문에 어떤 생체 센서들은 올바르게 사용될 때조차도 무시할 수 없는 정도의 오차를 갖고 있다(예:

연속 혈당 측정기)[Ginsberg09]. 네트워크의 동작 또한 환자 안전에 중대한 영향을 미친다. 즉, 중요한 제어 명령을 운반하는 패킷들이 네트워크 중간에서 사라지면, 환자는 액추에이터에 의해 손상을 입을 수 있다.

1.3.6.3 사례 연구: 폐회로 PCA 주입 펌프

폐회로 시스템이 직면하는 과제들을 체계적으로 해결하는 한 가지 방법은 1.3.3절에서 개괄적으로 설명한 것과 비슷한 모델 기반 접근 방법을 채택하는 것이다. 이 시도에는 위험의 식별과 완화에 기반을 둔 고신뢰 접근 방법을 장비들과 환자로 구성된 시스템으로 확장시키는 것이 포함된다.

이 절에서는 1.3.3.3절에서 소개한 PCA 주입 펌프를 사용한 통증 제어를 위한 생리적 폐회로의 이용에 대한 사례 연구를 설명한다. 통증 제어를 위한 PCA 펌프의 사용과 관련해 발생하는 가장 큰 안전 관련 사항은 호흡 장애를 유발할 수 있는 오피오이드 진통제 과투약의 위험이다. PCA 펌프에 마련된 기존 안전 장치에는 주입 시작 전에 의료인이 직접 설정하는 볼러스 투약량 한도, 반복 볼러스 투약 사이의 최소 시간 간격 같은 것들이 있다. 그리고 간호 매뉴얼에서는 비록 이 모든 방법들이 가능한 시나리오를 처리하기에 불충분하다고 판단되기는 하지만, 간호사가 환자 상태를 주기적으로 점검하도록 규정하고 있다[Nuckols08].

사례 연구[Pajic12]에서는 1.3.4절에서 설명한 것처럼 온디멘드 MCPS로 구현된 PCA 주입 펌프의 안전 인터록 설계를 설명한다. 맥박 산소 측정기는 심장 박동 수와 혈중 산소 포화도를 지속적으로 모니터링한다. 제어기는 맥박 산소 측정기로부터 측정값을 받으며, HR 및 SpO2 값이 호흡 활동이 위험하게 감소하는 것을 가리키면, PCA 주입을 정지시켜 과투약을 방지할 수 있다.

그림 1.7에 나타나 있듯이, 이 시스템에 대한 안전 요건은 2개의 센서가 보내는 환자의 가능 상태 공간에서의 두 영역에 기반을 두고 있다. 위험 영역은 환자에게 위험이 임박했고, 항상 예방해야 하는 상태며, 알람 영역은 위험이 임박하지는 않았지만 임상적 주의를 요구하는 상태다.

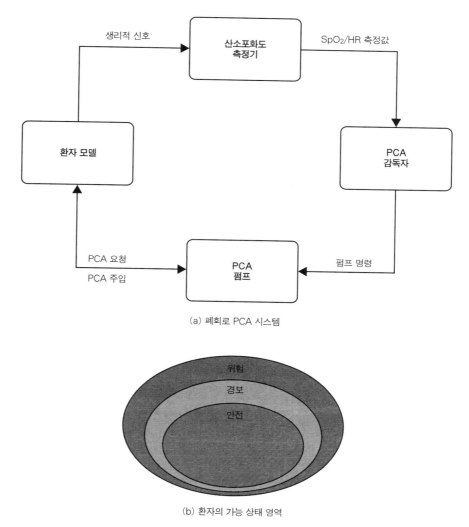

(a) 폐회로 PCA 시스템

(b) 환자의 가능 상태 영역

그림 1.7 PCA 안전 인터록 설계

안전 인터록의 제어 정책은 환자가 알람 영역에 들어가자마자 주입 펌프를 정지시키는 것일 수도 있다. 그러면 환자가 위험 영역에 들어가기 전에 펌프를 멈출 수 있도록 알람 영역을 충분히 크게 설정하는 것이 과제가 된다. 이와 동시에 통증 제어의 효과를 필요 없이 떨어뜨리는 알람 오류를 방지하기 위해 영역의 크기가 너무 커서도 안 된다. 올바른 균형점을 찾아 두 영역의 정확한 경계를 정하는 것은 사례 연구의 범위 밖이었다.

사례 연구의 목표는 폐회로 시스템이 환자의 요건을 충족시킨다는 것을 검증하기 위한 것이었다. 이 목표를 달성하기 위해서는 주입 펌프, 맥박 산소 측정기, 제어 알고리즘 그리고 환자의 생리에 대한 모델이 필요하다.

환자 모델링은 이 사례의 가장 중요한 측면이다. 생리학의 약동학적pharmacokine-tic 측면과 약역학적pharmacodynamics 측면이 모두 고려돼야 한다[Mazoit07]. 약동학은 혈액 내 약물의 농도로 표시되는 환자의 초기 상태가 주입률에 따라 어떤 영향을 받는지를 명시한다. 약역학은 환자의 초기 상태가 모델의 관측 가능한 출력에 어떤 영향을 미치는지, 즉 약물 농도와 산소 포화도 수준 사이의 관계를 명시한다. 사례 연구에서 택한 개념 증명proof-of-concept 접근법은 [Bequette03]의 단순 약역학 모델을 따른다. 모델의 파라미터는 모델을 폭넓은 환자 모집단에 적용할 수 있게 하기 위해 고정값이 아닌 범위값을 갖게 했다. 약역학의 복잡성을 피하기 위해 약물 농도와 환자의 생명 신호 사이에 선형적 관계가 있는 것으로 가정했다.

제어 회로의 타이밍에 대한 검증에 노력을 집중했다. 환자가 알람 영역에 들어간 이후, 제어기가 위험을 감지하고 동작을 취하는 데는 시간이 걸린다. 센서 값을 읽고, 측정값을 맥박 산소 측정기에서 제어기로 전달하고, 제어 신호를 계산하고, 신호를 펌프로 전달하고, 마지막으로 펌프 모터를 정지시키기까지 시간 지연이 발생한다. 검증 결과에 대한 신뢰도를 강화하기 위해 환자 모델의 연속적 동특성continuous dynamics을 이용해 t_{crit}을 도출했다. 여기서 t_{crit}은 환자가 알람 영역에 들어간 시점에서 위험 영역에 들어가는 시점으로 지나갈 수 있는 모델 파라미터 값들의 모든 조합들에 대해 구한 최소 시간을 나타낸다. 이 접근 방법으로 검증을 연속적 동특성에서 생략할 수 있으므로 문제를 크게 단순화할 수 있다. 시스템 구성 요소들의 타이밍 모델을 사용함으로써 펌프 정지에 걸리는 시간이 항상 t_{crit}보다 작다는 것을 검증할 수 있다.

1.3.6.4 그 밖의 도전적 요인들

PCA 시스템은 비교적 단순하지만 유용한 폐회로 의료 장비의 한 사례다. 이에 비해, 다른 형태의 폐회로 시스템들은 그들의 기능성과 요건에 기인하는 새로운 엔지니어링 과제를 유발할 수도 있다. 예를 들어, 당뇨 환자의 혈당 제어는 엔지니어링과 임상 집단에서 많은 관심을 받았으며, 폐회로 또는 준폐회로 시스템의 다양한 개념들이 제시됐다[Cobelli09, Hovorka04, Kovatchev09]. PCA 시스템과 비교해 폐회로 혈당 제어 시스템은 근본적으로 더 복잡하며 새로운 연구를 위한 많은 기회를 열어줬다.

PCA 시스템의 안전 모드fail-safe mode는 임상적인 목적과 깊이 관련돼 있다. 즉, 과투약이 주요 관심사다. PCA가 멈추면 환자의 고통이 더 커지겠지만, 적어도 합리적인 시간 동안 주입을 중단하는 것이 안전한 행동이라고 판단된다. 이런 종류의 안전 모드가 다른 임상 시나리오에는 없을 수 있다. 예를 들어, 혈당 제어 시스템에서는 혈당 수준을 목표 구간 내에 있게 하는 것이 목표다. 이 경우, 혈당이 높은 상태 또한 해로우므로 인슐린 펌프를 정지시키는 것이 기본 안전 조치가 아니다.

PCA 시스템의 안전 기준은 환자 모델의 상태 공간에서 영역(앞의 사례 연구의 위험 영역 같은 것)을 구분하는 것으로 정의된다. 그러면 안전 위반은 환자 생명 신호 흐름에서 임계값을 초과할 때 감지된다. 이와 같은 임계값 기반의 간결한 규칙은 종종 지나치게 단순화된 것이다. 생리적 시스템은 일정 수준의 회복력resilience을 지니고 있으며, 보건 위험과 생리적 변수들 사이의 정확한 관계는 아직 완전히 파악되지 않았다. 노출 시간 또한 중요하다. 즉, 약물 농도가 짧은 순간에 올랐다 내리는 것은 낮은 수준의 과투약 상태가 지속되는 것보다 덜 해로울 수 있다.

맥박 산소 측정기(PCA 시스템에 사용되는 센서)는 의료인이 의사결정을 내리는 데 고려해야 할 측정값의 범위에 있어서 비교적 정확한 편이다. 그러나 다른 시나리오에서의 센서 부정확성은 무시할 수 있는 요인이 아니다. 예를 들어, 혈당 센서는 상대적으로 큰 15% 정도의 오차를 갖는다[Ginsberg09]. 따라서 목표 구간이 상대적으로 좁으면, 이와 같은 오차는 시스템 동작에 중대한 영향을 미치며, 안전성 논증에서 구체적으로 고려돼야 한다.

센서가 완벽히 정확해도, 충분히 예측 가능적이지 않을 수 있다. 예를 들면, 호흡 장애를 감지하기 위해 산소 포화도를 이용할 수 있는데, 이 값이 이미 환자에게 손상이 간 이후로 늦게까지 내려가지 않을 수도 있다. 환자 호기(날숨)의 이산화탄소 농도를 측정하는 호기말 이산화탄소 분압 측정capnography 데이터를 문제의 조기 감지에 이용할 수 있지만, 이 기법은 비용이 더 높고 맥박 산소 측정기에 비해 삽입 기술을 포함하고 있다. 이 사례는 감지 지연의 원인을 파악하는 데 이용될 수 있는 더 정확한 약역학적 데이터가 환자 모델에 포함돼야 한다는 점을 강조하고 있다.

폐회로 의료 장비 시스템에서의 또 다른 중요한 요인은 인간 사용자의 행동이다. PCA 시스템에서는 사용자의 행동이 비교적 단순하다. 즉, 어떤 조건이 발생하면 의료인에게 경고를 하며, 대부분의 경우 의료인이 제어 회로의 동작에 개입할 필요가 없다. 그러나 더 복잡한 요건의 다른 사례에서는 사용자가 제어에 직접 손을 쓰는 역할을 요구할 수도 있다. 예를 들어, 혈당 제어 사례에서 혈당 수준이 범위를 크게 벗어나면 사용자가 통제권을 되찾아와야 할 필요가 있을 것이다. 즉, 자동 제어기가 돌고 있더라도, 여러 가지 이유로 인해 특정 제어 동작들을 거부할 수도 있다(예: 환자가 대량 인슐린 투약을 납득하지 않을 수 있다). 이러한 종류의 더 복잡한 사용자 상호작용 유형은 모델 기반 검증과 확인에 있어 새로운 과제를 낳는다.

1.3.7 보증 케이스

최근 들어, 시스템의 관련 당사자들 사이에서 안전성 케이스safety case는 안전 필수 시스템에 대한 아이디어와 정보를 교환하는 보편적이고 무난한 방법이다. 의료 장비 영역에서 FDA는 의료 주입 펌프 제작자가 출시 전 제출사항과 함께 안전성 케이스를 반드시 제출해야 한다는 내용의 지침서 초안을 발표했다[FDA10]. 이 절에서는 안전성 케이스의 개념과 그것을 기술하기 위한 표기법에 대해 간략히 소개한다. 실무적으로 유용하게 만들 수 있는 안전성 케이스의 세 가지 측면을 논의한다. 즉, 안전성 케이스 구축의 촉진, 안전성 논증에 신뢰성이 충분하다는 것의 증명 그리고 규제와 인증을 위한 안전성 케이스 평가를 위한 프레임워크다.

안전성 케이스 유형들은 장비 제조 업체와 규제 기관이 신뢰도를 개선하고 장비의 앱이 FDA 승인을 받는 데 걸리는 시간을 단축하면서 안전성 케이스를 더 효율적으로 구축하고 검토하는 데 도움을 줄 수 있다. 장비에 대한 신뢰를 갖고 있다는 것에 대해 계량적 추론보다는 정성적 추론이 안전성 케이스의 본질적 주관성과 더 합치한다. 안전성 논증과 신뢰성 논증을 분리함으로써 핵심 안전성 논증의 크기를 줄일 수 있다. 결과적으로 이 구조는 안전성 케이스의 개발 및 검토 절차를 촉진할 것으로 판단된다. 구축된 신뢰성 케이스는 [Ayoub13, Cyra08, Kelly07]에 설명된 것처럼 보증 케이스에 대한 평가 절차에 활용될 수 있을 것이다.

안전성 케이스의 주관적 성격 때문에 사람을 대체할 검토 방법을 찾는 것은 기대하기 힘들 것이다. 그 대신, 검토 절차는 안전성 케이스 검토자가 평가 절차를 거치도록 유도하는 프레임워크를 형성한다. 결론적으로 말하면, 안전성 케이스 검토 절차의 결과는 항상 주관적이다.

1.3.7.1 안전성 보증 케이스

의료 장비의 안전성은 커다란 공적 관심사다. 많은 이러한 시스템이 정부 규제에 맞춰야 하거나 전문 협회에서 인증을 받아야 한다는 사실에서 나타난다[Isaksen97]. 예를 들어, 미국 내에서 판매되는 의료 장비들은 FDA의 규제를 받는다. 주입 펌프 같은 의료 장비들은 FDA의 승인을 받기 전에는 유통될 수 없다. 다양한 이해 당사자들(예: 의료 장비 제조사, 규제 기관)과 함께 소통하고, 검토하며, 시스템의 신뢰성trustworthiness에 대해 논의해야 한다.

보증 케이스는 의료 장비의 적합성adequacy을 증명하는 데 사용될 수 있다. 보증 케이스는 일련의 증거evidence가 주장claim을 증명한다는 것을 논증argument하는 수단이다. 안전성을 다루는 보증 케이스는 **안전성 케이스**safety case라고 한다. 안전성 케이스는 시스템이 제시된 상황에서 사용될 때 용인할 만큼 안전하다는(일련의 증거로 뒷받침되는) 논증을 제시한다[Menon09]. 안전성 케이스에 대한 개념은 유럽의 여러 산업 부문(예: 항공, 철도, 원자력)에서 채택하고 있다. 최근 미국 FDA는 의료 주입 펌프 제작자는 출시 전 제출사항과 함께 안전성 케이스를 제출해야 한다는 것을 규정하는 지침서의 초안을 발표했다[FDA10]. 따라서 주입 펌프 제조사는 안전성을 구현해야 할 뿐 아니라 안전성이 확립됐다는 점을 제출된 안전성 케이스를 통해 규제 기관에 납득시켜야 할 것으로 예상된다[Ye05]. 제조사의 역할은 안전성 케이스를 개발하고 규제 기관에 제출해 의도하는 상황에서 작동될 때 자사의 제품이 용인할 만큼 안전하다는 것을 보이는 것이다[Kelly98]. 규제 기관의 역할은 제출된 안전성 케이스를 평가하고 해당 시스템이 정말 안전한지를 확인하는 것이다.

안전성 케이스의 구성과 표현에는 다른 접근 방법이 있을 수 있다. 목표 구조화 표기법 Goal Structuring Notation, GSN은 안전성 케이스를 구축하는 데 유용한 기술이다[Kelly04]. GSN은 요크 대학에서 개발된 그래프를 사용한 논증 표기 방법이다. GSN 도표에는 목표, 논증 전략, 상황, 가정, 증명 그리고 증거를 나타내는 요소들이 있다. GSN 목표 구조의 주요 목적은 목표가(즉, 직사각형 요소들 내에 글로 명시된 시스템에 대한 주장이) 타당하고 신빙성 있는 논증에 의해 어떻게 뒷받침되는지를 보여주는 것이다. 이 목적을 위해 목표들은 함축적 또는 명시적 전략을 통해 차례대로 하위 목표들로 분해된다. 목표의 분해는 주장들이 가용한 증거들에 의해 직접적으로 뒷받침되고, 해답이 원형 도형 내의 글로 명시된 해답에 도달할 때까지 계속된다. 분해 접근법decomposition approach의 이론적 근거를 정의하는 가정/증명은 타원형으로 표시되고 목표의 서술은 옆이 둥근 사각형으로 표시된다.

많이 쓰이는 또 다른 기술 기법은 CAEClaims-Arguments-Evidence 표기법이다[Adelard13]. 이 표기법이 GSN보다는 덜 표준화됐지만, GSN과 동일한 요소 형태들을 공유하고 있다. 주요 차이점은 전략 요소가 논증 요소로 교체됐다는 것이다. 이 연구에서는 안전성 케이스를 설명하는 데 GSN 표기법을 사용한다.

1.3.7.2 증명과 신뢰

안전성 케이스 개발 절차의 목적은 설계 및 엔지니어링 관련 의사결정에 대해 증명 가능한 이론적 근거를 제공하며, 설계 관련 의사결정(시스템의 동작 측면에서)에 대한 신뢰를 이해 당사자들(예: 제조사와 규제 기관)에게 심어주는 것이다. 보증 케이스를 채택하면 적절한 검토 메커니즘이 반드시 있어야 한다. 이 메커니즘은 보증 케이스의 구축, 신뢰 그리고 검토 같은 보증 케이스의 주요 측면들을 다룬다.

보증 케이스의 세 가지 측면 모두 나름의 과제를 낳는다. 안전성 케이스가 실질적으로 유용하기 위해서는 이 과제들이 해결돼야 한다.

- **보증 케이스의 구축**: 6단계 방법Six-Step method[Kelly98a]은 안전성 케이스를 체계적으로 구축하는 데 널리 사용되는 방법이다. 6단계 방법을 따르거나 다른 방법을 따른다고 해서 개발자가 주장에서 증거로 건너뛰는 것과 같은 흔한 실수를 저지르지 않는 것은 아니다. 설사 그렇다고 하더라도, 안전성 케이스에서 사용될 성공적인(즉, 설득력 있는 또는 견실한) 논증을 찾아내고 새로운 안전성 케이스의 구축에 재활용하는 것은 안전성 케이스 개발 과정에서 발생하는 실수를 최소화할 수 있다. 논증의 재활용에 대한 필요성은 안전성 케이스 구축에 있어 유형pattern의 개념(여기서 유형은 전형archetype으로 이용되는 모델이나 기본형original을 의미한다) 사용을 촉진한다. 사전에 정의된 유형은 종종 새로운 안전성 케이스 개발에 대한 영감이나 출발점을 제공하기도 한다. 유형을 사용하는 것은 성숙도와 완성도를 개선하는 데 도움을 줄 수도 있다. 결과적으로 유형은 의료 장비 제조사가 안전성 케이스를 완성도 측면에서 더욱 효율적으로 구축하는 데 도움을 줄 수 있으며, 그렇게 함으로써 개발 기간을 단축할 수 있다. 안전성 케이스 유형의 개념은 안전성 케이스에서의 우수 사례들을 찾고 재사용하는 방법으로서 [Kelly97]에 정의돼 있다. 우수 사례는 기업 전문가들, 성공적으로 인증받은 접근 방법들 그리고 품질을 보증하는 알려진 다른 수단들을 포괄한다. 예를 들어, 특정 제품에 대한 안전성 케이스에서 추출된 유형은 유사한 절차를 거쳐 개발되는 다른 제품들에 대한 안전성 케이스 구축에 재사용될 수 있다. 우수 사례를 찾기 위해 많은 안전성 케이스 유형들이 [Alexander07, Ayoub12, Hawkins09, Kelly98, Wagner10, Weaver03]에 소개됐다.
- **보증 케이스에 대한 신뢰**: 용인할 만한 안전성에 대한 전반적인 주장을 가용한 증거가 어떻게 뒷받침하는지는 구조적 논증이 구체적으로 설명하지만, 논증 자체가 좋다(즉, 목적을 위해 충분하다)거나 증거가 충분하다는 것을 보장할 수는 없다. 안전성 논증에는 전형적으로 몇 가지 약점이 있어서 그들 자체로는 완전히 신뢰받을

수 없다. 다시 말해, 안전성 케이스에 대한 신뢰성이 충분하다는 것을 필수적으로 증명해야 하는 안전성 논증 및 인용된 증거에 대한 신뢰의 수준에 대해 항상 의구심이 있다. [Bloomfield07, Denney11]처럼 안전성 케이스에 대한 신뢰성을 계량적으로 측정하려는 시도들도 있었다.

개발을 촉진하고 구축된 케이스에 대한 신뢰성을 높이기 위해 구체적인 안전성 케이스를 만들려고 하는 새로운 시도가 [Hawkins11]에 소개됐다. 이 접근 방법은 기본적으로 안전성 케이스의 주요 구성 요소들을 안전성 논증과 신뢰성 논증으로 나눈다. 안전성 논증은, 예를 들어 어떤 특정 위험이 발생하지 않을 것 같다는 충분한 이유를 설명하는 것과 증거로서의 결과들을 시험해 이 주장을 논증하는 것과 같은 대상 시스템의 안전성에 직결된 논증과 증거에 국한된다. 신뢰성 논증은 별도로 주어지며, 안전성 논증에 신뢰성이 충분하다는 것을 증명하고자 한다. 예를 들어, 주어진 시험 결과 증거에 대한 신뢰 수준에 대한 의구심(예: 시험은 하나도 빠뜨리지 않고 철저히 했는지 여부)은 신뢰성 논증에서 처리돼야 한다. 이 두 요소는 구체적이고 분리돼 제시되며, 안전성 구성 요소의 개별적 측면들에 대해 충분한 신뢰성이 있다는 증명이 분명해지고 바로 이용할 수 있지만, 안전성 요소 자체와는 혼동되지 않도록 상호 연관된다.

안전성 논증에 대한 완벽한 신뢰를 가로막는 어떤 빈틈을 보장 결함^{assurance deficit}이라고 한다[Hawkins11]. 신뢰성 논증을 위한 논증의 유형들이 [Hawkins11]에 제시돼 있다. 이 유형들은 안전성 논증에 충분한 신뢰성이 있다는 것을 보여주기 위해 보증 결함의 식별과 관리를 기반으로 정의된다. 이러한 목적을 위해서는 보증 결함들을 가능한 한 실무적으로 완벽히 식별할 필요가 있다. 체계적인 접근 방법([Ayoub12a]에 제시된 것 같은 방법)을 따르면, 보증 결함을 효과적으로 식별하는 데 도움이 될 것이다. [Menon09, Weaver03]에서는 논증에 대한 신뢰도를 결정하는 데 고려해야 할 주요 요인들의 목록이 정의돼 있다. 각 요인들에 대한 충분성을 결정할 때 고려해야 할 의문사항들 또한 제시돼 있다.

안전성 논증에 대한 충분한 신뢰성을 보여주기 위해 신뢰성 논증의 개발자는 이 논증에 대한 신뢰도의 수준에 대한 모든 관련 사항들을 우선 탐색하며, 그리고 나서 이 관련 사항들이 처리됐다는 주장들을 만든다. 만일 주장이 믿을 만한 증거로 뒷받침될 수 없으면, 결함으로 식별된다. 인지된 보증 결함들의 목록은 나머지 결함들은 용인할 만하다는 것을 보이기 위해 [Hawkins11]에 제시된 신뢰성 유형을 인스턴스화할 때 사용할 수 있다.

- **보증 케이스의 검토**: 안전성 케이스 논증은 거의가 증명 가능한 연역적 논증이 아니며, 일반적으로 귀납적이다. 이에 반해, 안전성 케이스는 성격상 대개 주관적이다[Kelly07]. 따라서 안전성 케이스 평가의 목적은 주관적 입장에 대해 상호간에 용인되는 부분이 있는지를 평가하는 것이다. 사람의 마음은 안전성 논증에서 흔한 불확실한 지식적 근거를 바탕으로 하는 복잡한 추론을 잘 처리하지 못한다[Cyra08]. 그러므로 검토자는 안전성 케이스의 기본적인 요소에 대해서만 그들의 의견을 피력해야 한다. 안전성 케이스 전반적인 충분성에 관한 메시지를 전달하기 위해서는 메커니즘이 안전성 케이스의 기본 요소들에 대한 검토자들의 의견을 종합하는 방법을 제공해야 한다.

보증 케이스 평가에 대한 접근 방법 몇 가지가 제안됐다. [Kelly07]의 연구에서는 주로 보증 케이스 논증이 제공하는 보증 수준에 대한 평가에 집중함으로써 보증 케이스 검토에 대한 구조적 접근 방법을 제시한다. [Goodenough12]의 연구에서는 보증 케이스 주장의 진실성에 대한 신뢰성 증명을 위한 프레임워크의 개요를 보여준다. 이 프레임워크는 소거 귀납법eliminative induction 개념, 즉 어떤 주장에 대해 그 진실성을 의심케 하는 이유가 확인되고 제거되면서 진실성에 대한 신뢰가 증가한다는 원칙에 기반을 두고 있다. 반면, 논파자defeater는 의심에 대한 가능성 있는 이유를 제공한다. 그리고는 보증 케이스의 신뢰도에 대한 척도measure를 제공하기 위해 얼마나 많은 논파자가 식별되고 제거됐는지에 기반을 두고 있는 베이컨적 확률Baconian probability이 이용된다.

[Ayoub13]에 안전성 케이스의 충분성 및 비충분성 수준을 평가하기 위한 구조적 방법의 개요가 있다. 그리고 검토자 평가와 그들이 종합한 결과들은 댐스터–셰이퍼 모델Dempster-Shafer model[Sentz02]에 설명돼 있다. [Kelly07]에 제안된 단계별 검토 접근 방법에

서 안전성 논증의 전반적 충분성을 다루는 마지막 단계에 주어지는 의문에 답을 주기 위해 [Ayoub13]에 제시된 평가 메커니즘이 함께 사용될 수 있다. 다시 말해 [Kelly07]의 접근 방법은 체계적 검토 과정의 뼈대를 제공한다. 반면, [Ayoub13]의 메커니즘은 안전성 논증의 충분성 및 불충분성을 측정하는 체계적 절차를 제공한다. 댐스터-셰이퍼 모델을 사용해 신뢰 케이스를 평가하는 평가 메커니즘은 [Cyra08]에 제시돼 있다.

마지막으로 [Cyra08]에는 검토자의 전문가적 의견과 종합의 결과를 표현하는 수단으로서 언어적 등급linguistic scale을 소개하고 있다. 언어적 등급은 숫자보다 인간의 본성에 더 가까우며 그러한 맥락에서 호소력이 있다. 이 언어적 등급은 "높음", "낮음" 그리고 "매우 낮음"과 같은 정성적인 값에 기반을 두고 있으며, 평가 구간들로 매핑mapping돼 있다.

1.3.7.3 사례 연구: GPCA 안전성

이 절은 1.3.3.3절에 제시됐던 GPCA 주입 펌프에 대한 사례 연구를 바탕으로 작성됐다. 의료 장비에 대한 보증 케이스는 [Weinstock09]에서 논의됐다. [Weinstock09]의 연구는 GPCA 안전성 케이스 구축의 출발점으로 이용될 수 있다. [Jee10]에 제시된 안전성 케이스는 GPCA 사례 연구에서 사용된 것과 유사한 모델 기반 접근법에 따라 개발된 심장 박동 조율기를 대상으로 구축됐다.

안전성 케이스 유형

개발 접근 방법의 유사성은 안전성 논증의 유사성으로 이어질 가능성이 높다. 이러한 이해에 따라 논증들 간의 유사성을 포착하는 수단으로서 안전성 케이스 유형pattern들이 제안됐다[Kelly97]. 유형을 이용하면 공통적인 논증 구조들을 장비 특정적 세부사항에 따라 정교하게 다듬을 수 있다. 모델 기반 방식으로 개발된 시스템들에 대한 논증 구조를 포착하기 위해 *from_to* 유형이라는 안전성 케이스 유형이 제안됐다[Ayoub12]. 이 절에서는 *from_to* 유형을 설명하고 GPCA 참조 구현에 대해 예시한다.

GPCA 참조 구현에 대한 안전성 케이스는 PCA 구현 소프트웨어가 의도된 환경에서 사용되는 동안 시스템 위험성에 기여하지 않는다고 주장할 것이다. 이러한 주장을 해결하기 위해서는 PCA 구현 소프트웨어가 의도된 환경에서 GPCA 안전 요건을 충족시킨다는 것을 보여야 한다. 이것이 유형에 있어서의 출발점이다. 이 주장의 문맥은 GPCA 요건이 GPCA 위험성을 완화하기 위해 정의됐으며, 안전성 케이스의 다른 부분에서 별도로 논증된다.

그림 1.8은 제안된 *from_to* 유형의 GSN 구조를 나타낸다. 여기서 {to}는 시스템 구현, {from}은 이 시스템의 모델을 의미한다. 구현의 정확성(즉, 어떤 특성의 충족[C1.3 참조])에 대한 주장(G1)은 검증(G4에서 S1.2까지)에 의해서뿐만 아니라 모델의 정확성에 대한 논증(G2에서 S1.1까지) 그리고 모델과 이를 기반으로 만들어진 구현 간의 일관성에 대한 논증(G3에서 S1.1까지)에 의해서도 증명된다. 모델의 정확성(즉, G2에 대한 후속 개발)은 모델 검증을 통해 보장된다(즉, 모델 기반 접근 방법의 두 번째 단계). 모델과 구현 간의 일관성(즉, G3에 대한 후속 개발)은 검증된 모델로부터 생성된 코드에 의해 뒷받침된다(즉, 모델 기반 접근 방

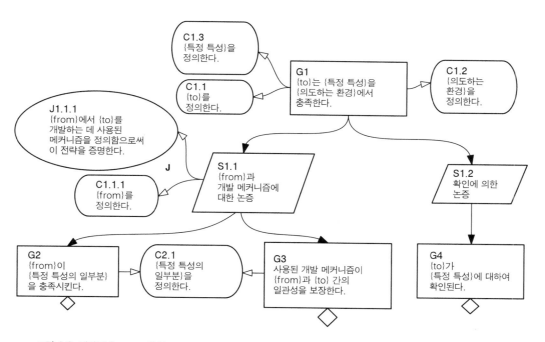

그림 1.8 제안된 *from_to* 유형

A. Ayoub, B. Kim, I. Lee, O. Sokolsky. *Proceedings of NASA Formal Methods: 45th International Symposium*, pp. 141–146. With permission from Springer

법의 세 번째 단계). 모델과 구현 간의 추상화 수준의 차이 때문에 관심 특성의 일부분만이 (C2.1 참조) 모델 수준에서 검증될 수 있다. 그러나 검증 논증(S1.2)은 전체 관심 특성을 포함한다(C1.3 참조). 추가 증명(S1.1에 주어짐)은 최상위 수준 주장(G1)의 보장성을 높여준다.

그림 1.9는 PCA 안전성 케이스의 일부인 이 유형의 예시를 보여준다. [Kim11]에 따르면, 이 유형의 예시에서 {to} 부분은 PCA 구현 소프트웨어(C1.1 참조)이며, {from} 부분은 GPCA 타임드 오토마타 모델(C1.1.1 참조)이고, GPCA 안전성 요건(C1.3 참조)은 관심 특성을 나타낸다. 이 케이스에서 정확한 PCA 구현이란, PCA 안전성을 보장하기 위해 정

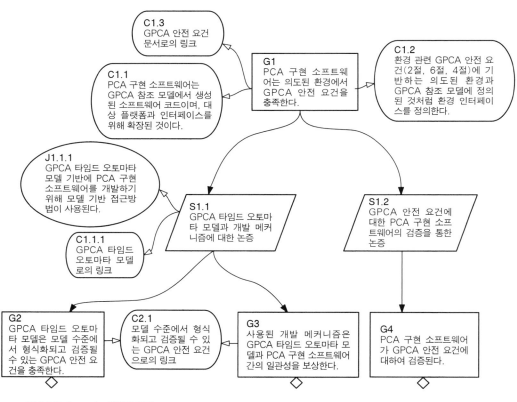

그림 1.9 *from_to* 유형의 예시

A. Ayoub, B. Kim, I. Lee, O. Sokolsky. *Proceedings of NASA Formal Methods: 45th International Symposium*, pp. 141–146. With permission from Springer

의된 GPCA 안전 요건을 충족시키는 것을 의미한다. 구현 수준에서의 GPCA 안전 요건의 충족은(G1) 2개의 전략으로 분해된다(S1.1과 S1.2). S1.1의 논증은 GPCA 타임드 오토마타 모델(G2)의 정확성에 의해서뿐만 아니라 모델과 구현(G3) 간의 일관성에 의해 뒷받침된다. GPCA 타임드 오토마타 모델(즉, G2에 대한 후속 개발)의 정확성은 형식화될 수 있는(C2.1 참조) GPCA 안전 요건에 대해 UPPAAL 모델 검사기를 적용함으로써 증명된다. 모델과 구현 간의 일관성(즉, G3에 대한 후속 개발)은 검증된 GPCA 타임드 오토마타 모델로부터의 코드 합성으로 뒷받침된다.

모든 GPCA 안전 요건(C1.3 참조)이 GPCA 타임드 오토마타 모델에 대해 검증될 수 있는 것이 아니라는 것에 주목하기 바란다[Kim11]. C2.1에 언급된 부분만이 모델 수준에서 형식화되고 검증될 수 있다(예: "파워온 자체 진단 중에는 볼러스 투약이 실행되면 안된다."). 다른 요건들은 모델의 주어진 상세 수준에 대해 형식화되거나 검증될 수 없다(예: "볼러스 투약의 유속은 프로그래밍이 가능해야 한다."는 모델 수준에서 의미 있게 형식화되고 검증될 수 없다).

노트

일반적으로 안전성 케이스 유형을 사용한다고 해서 구축된 안전성 케이스가 충분한 설득력을 가질 것이라는 것이 반드시 보장되지는 않는다. 따라서 *from_to* 유형을 예시할 때, 구축된 안전성 케이스가 충분히 설득력이 있다는 것을 각 예시 결정이 보장한다는 것을 증명해야 할 필요가 있다. 안전성 논증의 구축 과정 전반에 걸쳐 보장 결함이 확인돼야 한다. 보장 결함이 확인되면, 그 결함이 용인할 만하다거나 용인할 만하게 처리될 것이라는 것을 보여줘야 한다. 잔여 보장 결함이 용인할 만하다고 판단되는 이유에 대해서도 구체적인 증명이 제시돼야 한다. 이것은 ACARP(As Confident As Reasonably Practical)[Hawkins09a]와 같은 적절한 접근 방법을 채택함으로써 가능할 수 있다.

보장 결함의 예

1.3.3.3절에서 논의되고 그림 1.3에 나타난 것처럼, GPCA Simulink/Stateflow 모델은 동등한 GPCA 타임드 오토마타 모델로 변환됐다. Simulink/Stateflow로 작성된 원래의 GPCA 모델을 UPPAAL 타임드 오토마타 모델로 변환하는 것이 비교적 손쉽기는 하지만, 두 모델이 의미 체계 수준에서 동등한지를 보여주는 구체적인 증거는 없

다. GPCA 타임드 오토마타 모델(그림 1.9에서 C1.1.1의 내용)과 연관된 잠재적인 보장 결함은 "Simulink/Stateflow와 UPPAAL 타임드 오토마타 모델 간에는 의미 체계상의 상이함이 있다."라고 표현될 수 있다. 이 잔여 보장 결함을 완화하기 위해서는 GPCA Simulink/Stateflow 모델과 GPCA 타임드 오토마타 모델 간의 철저한 일치성 테스트를 하는 것이면 충분할 수도 있다.

1.4 실무자들의 시사점

MCPS에서의 이해 당사자 그룹들은 다음과 같이 구별될 수 있다.

- MCPS 개발자 – 의료 장비 개발사와 의료 정보 기술 시스템 통합자를 포함한다.
- MCPS 관리자 – MCPS의 도입과 운영의 책임이 있는 병원의 임상 공학 기사들
- MCPS 사용자 – MCPS를 이용해 치료를 시행하는 의료인들
- MCPS 대상자 – 환자들
- MCPS 규제 기관 – MCPS의 안전에 관해 인증하거나 의료적 목적에 관해 승인하는 기관들

미국에서는 FDA가 의료 장비의 안전성 및 효과성에 대한 평가와 특정 목적에 관한 승인을 책임지고 있는 규제 기관이다.

이해 당사자 그룹들 모두 MCPS 안전에 대해 기득권을 갖고 있다. 그러나 각 그룹들은 임상 환경에서 MCPS를 설계 또는 도입할 때 고려해야 하는 추가 동인들을 갖고 있다. 이절에서는 각 이해 당사자 그룹과 그들에게 적용되는 특정 관심사 및 그들이 제기하는 특유의 과제들에 대해 알아본다.

1.4.1 MCPS 개발자 관점

MCPS의 소프트웨어 의존성과 의료 장비에서 소프트웨어의 복잡성은 지난 30년간 지속적으로 증가돼왔다. 최근 들어, 의료 장비 산업계는 소프트웨어 관련한 리콜로 애를 먹

었으며, 미국 내 의료 장비 리콜 중 19%는 소프트웨어 문제와 관련돼 있다[Simone13].

항공과 원자력 같이 안전 규제가 있는 다른 산업들은 상대적으로 긴 설계 주기를 갖고 움직인다. 반면, 의료 장비 회사들은 그들 제품에 빨리 새로운 기능(feature)을 추가하라는 강한 시장 압력을 받고 있다. 이와 동시에 의료 장비는 도입된 새로운 기능에 대한 철저한 검증과 확인을 위한 자원이 부족한 비교적 소규모의 회사들에 의해 개발되는 경우가 흔하다. 1.3.3절에 설명된 것 같은 모델 기반의 개발 기법은 더욱 효율적인 검증과 확인을 약속하며 개발 주기를 단축시켜준다.

이와 동시에 많은 의료 장비 회사들이 FDA와 외국의 유사 규제 기관들에 의해 부과되는 강력한 규제의 부담에 불만을 나타내고 있다. 모델 기반 개발 접근 방법에 의해 제시되는 형식적 모델들과 검증 결과들은 MCPS가 안전하다는 증거를 제공한다. 이 증거를 안전성 논증으로 체계화하는 보증 케이스와 결합하면, 이 엄격 개발 방법론들은 MCPS 개발자들의 규제 부담을 덜어주는 데 도움을 줄 수 있을 것이다.

1.4.2 MCPS 관리자 관점

병원의 임상 공학 기사들은 환자 치료에 사용되는 MCPS를 구성하는 다양한 의료 장비를 운영 관리하는 책임을 맡고 있다. 오늘날 대부분의 임상 시나리오에는 여러 가지 의료 장비들이 포함된다. 의료 공학 기사는 환자 치료에 사용되는 장비들이 모두 함께 동작할 수 있다는 것을 보장해야 한다. 만일 치료가 개시된 이후에 비호환성이 발견되면 환자가 해를 입을 수 있다. 1.3.4절에서 논의한 상호 운용성 기법들은 더 많은 장비들 간의 호환성을 보장하고 재고 관리와 임상 시나리오 조립의 업무를 더 쉽게 하는 데 도움이 될 수 있다. 이것은 결과적으로 치료 오류를 줄이고, 환자의 결과를 개선하며, 동시에 병원의 비용을 줄여준다.

1.4.3 MCPS 사용자 관점

의료인은 MCPS를 환자 치료 전달의 일부로서 사용한다. 대부분의 경우, 특정 치료는 다른 판매자들로부터 구입한 유사한 장비들을 사용해 구현한 다른 MCPS로 시행된다. 여기서 주된 관심사는 의료인이 다른 구현들에 대해 똑같이 익숙하다는 것을 보장하는 것이다. 임상 시나리오와 3.4절에 소개된 가상 의료 장비의 개념은 MCPS를 구현하기 위해 사용된 특정 장비에 관계 없는 공통 사용자 인터페이스를 구축하는 데 도움이 될 것이다. 이와 같은 인터페이스는 이 장비들을 사용할 때 발생하는 임상 오류를 줄여줄 것이다. 더욱이 [Masci13]에 제시된 바와 같이 사용자 인터페이스는 MCPS 모델에 대한 분석의 일부로서 검증될 수 있다.

MCPS의 개발에서는 기존의 치료 기준을 고려해야 한다. 의료 종사자는 시나리오 모델이 해당 치료에 관한 현 임상 지침에 부합되는지 그리고 의료인이 사용하기에 직관적인지를 확인하기 위해 시나리오 모델의 분석에 참여해야 한다.

의료인이 직면하는 과중한 업무량은 현대 보건 의료에서의 특별한 과제다. 의료인은 대부분 여러 환자들을 치료하며 각 환자에 대해 여러 정보 발생원을 계속 파악하고 있어야 한다. 온디맨드 MCPS는 환자 정보에 대한 지능적 표현 또는 스마트 알람 기능을 제공하는 가상 의료 장비를 제공함으로써 의료인의 인지적 과부하를 제어할 수 있는 잠재력을 지니고 있다. 개별 장비들로부터 나오는 알람을 연관짓거나 우선순위를 정할 수 있는 스마트 알람은 환자 상태에 대한 더욱 정확한 현황을 제공하고 알람 오류 빈도를 낮춰줌으로써 의료인에게 큰 도움을 줄 수 있다[Imhoff09].

1.4.4 환자 관점

모든 이해 당사자 그룹 중에서 MCPS의 도입에 따라 가장 많은 혜택을 보는 것은 환자들이다. 개별 장비들의 고신뢰성을 통해 성취되는 치료 안전성에 있어서 기대되는 개선 외에도 환자들은 치료 자체의 개선으로 인한 혜택을 받을 수 있을 것이다. 이러한 개선은 여러 분야에서 이뤄질 수 있다.

한편 MCPS는 항상 여러 환자들을 돌봐야만 하는 것이 그들 업무 중 일부인 의료인들이 스스로 할 수 없는 지속 모니터링을 제공할 수 있다. 임상 지침은 종종 의료인에게 고정된 시간 주기(예: 매 15분마다)로 환자 데이터를 확인할 것을 요구한다. MCPS는 환자 데이터를 각 센서가 가능한 만큼 자주 수집하며, 환자 상태의 변화를 의료인에게 미리 알려주고, 그렇게 함으로써 환자 상태의 변화가 심각한 상태에 도달하기 전에 의료인이 개입할 수 있게 해준다. 더 나아가 지속 모니터링은 1.3.5절에서 논의한 시스템과 유사한 예측적 의사결정 지원 기능과 결합해 반응적 치료가 아닌 능동적 치료를 가능하게 한다.

환자 치료의 질에 있어 가장 큰 개선은 아마도 특정 환자 모집단의 모든 환자에게 적용되는 일반 치료 지침에서 환자의 개인적 필요에 따라 치료를 맞춤화하고 그 또는 그녀의 특성을 고려하는 개인화된 접근 방법으로 전환되면서 이뤄질 것이다. 그러나 개인화 치료는 상세한 환자 모델 없이는 실효성이 없다. 이러한 모델들은 환자 기록에 저장될 수 있으며 치료하는 동안 MCPS에 의해 해석될 수 있다.

1.4.5 MCPS 규제 기관 관점

의료 장비 산업의 규제 기관은 MCPS의 안전성과 효과성을 평가하는 책임을 맡고 있다. 이들 규제 기관이 직면하는 두 가지 관심사는 평가의 질을 개선하는 것과 평가 수행에 투입 가능한 제한된 자원의 활용을 최대화하는 것이다. 이 두 가지 관심사는 독립적이지 않은데, 왜냐하면 더 효율적인 평가 수행 방법은 규제 기관으로 하여금 더 깊이 있는 평가를 위해 더 많은 시간을 쓸 수 있게 해줄 수도 있기 때문이다. 1.3.7절에서 논의된 안전성 케이스 기술들이 두 가지 모두에 도움이 될 수 있다. 증거 기반의 평가를 지향하는 움직임은 규제 기관으로 하여금 더 정확하고 신뢰성 있는 평가를 할 수 있게 한다. 이와 동시에 증거를 논리 정연한 논증으로 체계화함으로써 이 평가들을 더 효율적으로 수행할 수 있게 한다.

1.5 요약 및 열린 도전 과제

이 장에서는 MCPS의 동향에 대한 개요를 폭넓게 설명하고 이 동향들이 제시하는 설계상의 과제에 대해 살펴봤다. 이러한 과제들을 해결하기 위해 사용할 수 있는 접근 방법들을 최근의 MCPS 연구 결과들을 바탕으로 논의했다.

첫 번째 과제는 현대 MCPS에서 환자 안전에 대한 보증을 훨씬 더 어렵게 만드는 소프트웨어 기반 기능의 유행과 관련돼 있다. 모델 기반의 개발 기법은 시스템의 안전성을 보장할 방법을 제공한다. 모델 기반의 개발이 의료 장비 업계에서 점차 더 많은 지지를 받고 있다. 그렇다고 하더라도, 최근 몇 년간 발생한 의료 장비에 대한 수많은 리콜은 장비의 안전성에 대한 문제가 해결되려면 아직 멀었다는 것을 실증하고 있다.

다음 수준의 과제들은 집합체로서의 장비들이 복잡한 임상 시나리오에 있는 환자를 처리할 수 있도록 개별 장비들을 상호 접속된 장비들의 시스템으로 체계화할 필요성에서 생겨난다. 이와 같은 다중 장비 MCPS는 새로운 방식의 치료를 제공할 수 있으며, 의료인에게 향상된 피드백을 제공하고 환자의 안전을 개선할 수 있다. 이와 동시에 통신 장애나 장비들 간의 상호 운용성 부족으로 인한 추가 위험이 발생할 수도 있다. 가용한 장비들로 침상에서 조립되는 온디맨드 MCPS의 안전성에 대한 추론은 새로운 규제적 과제를 발생시키며, 의료 애플리케이션 플랫폼, 즉 장비들 간의 정확한 상호작용을 보장할 수 있는 신뢰도 높은 미들웨어가 필요하다. 이러한 미들웨어의 연구 원형이 현재 개발되고 있는 중이지만, 그 효과성은 앞으로 더 평가해봐야 할 것이다. 더욱이 온디맨드 MCPS에 대한 상호 운용성 표준은 앞으로 더 개선돼야 하며, 더 넓은 지지를 받을 필요가 있다.

다중 장비 MCPS에 내재된 가능성을 충분히 활용하기 위해서는 여러 센서들에서 나오는 환자 데이터를 처리하고 통합하며, 의료인에게 더 나은 의사결정을 지원하고, 더 정확하고 의미 있는 알람을 생성하는 등 새로운 알고리즘들이 개발돼야 한다. 이 필요성은 두 가지의 공개된 과제를 낳는다. 한편으로는 다중의 풍부한 데이터 발생원들을 결합함으로써 사용할 수 있게 되는 새로운 정보를 활용할 최선의 방법을 판단하기 위해 추가적인 임상 연구는 물론 데이터 분석이 수행돼야 한다. 다른 한편으로는 새로운 의사결정 지원 및 시각화 알고리즘의 신속한 원형 개발과 도입을 촉진하기 위한 새로운 소프트웨어 도구들이 필요하다.

MCPS는 다양한 종류의 임상 폐회로 시스템을 가능하게 하며, 여러 센서들로부터 수집된 환자 상태에 대한 정보는 처리 절차 또는 MCPS의 파라미터들을 조절하는 데 이용될 수 있다. 이와 같은 폐회로 제어 알고리즘에 대한 연구가 부각되고 있으며, 특히 당뇨 환자의 혈당 제어를 개선하는 수단으로서 탁월함을 보이고 있다. 그러나 환자 생리를 더 잘 이해하고 각 환자에게 개인화된 치료를 전달할 수 있는 적응형 제어 알고리즘을 개발하기 위해서는 많은 연구가 수행돼야 할 것이다.

이 모든 애플리케이션들 중에서 환자의 안전과 치료의 효과성이 가장 중요한 두 가지 관심사다. MCPS 제작자들은 그들이 제작한 시스템이 안전하며 효과적이라는 것을 규제 기관에 납득시켜야 한다. 커지는 MCPS의 복잡성, 높은 상호 연계성 그리고 소프트웨어 기반 기능의 유행은 이러한 시스템의 안전성에 대한 평가를 매우 어렵게 만든다. MCPS 에 대한 효과적인 보장 케이스의 구축은 일반적인 CPS와 더불어 향후 연구가 필요한 과제들로 남아 있다.

참고문헌

[Adelard13]. Adelard. "Claims, Arguments and Evidence (CAE)." http://www.adelard.com/asce/choosing-asce/cae.html, 2013.

[Alexander07]. R. Alexander, T. Kelly, Z. Kurd, and J. Mcdermid. "Safety Cases for Advanced Control Software: Safety Case Patterns." Technical Report, University of York, 2007.

[Amnell03]. T. Amnell, E. Fersman, L. Mokrushin, P. Pettersson, and W. Yi. "TIMES: A Tool for Schedulability Analysis and Code Generation of Real-Time Systems." In *Formal Modeling and Analysis of Timed Systems*. Springer, 2003.

[Arney09]. D. Arney, J. M. Goldman, S. F. Whitehead, and I. Lee. "Synchronizing an X-Ray and Anesthesia Machine Ventilator: A Medical Device Interoperability Case Study." *Biodevices*, pages 52 – 60, January 2009.

[ASTM09]. ASTM F2761-2009. "Medical Devices and Medical Systems— Essential Safety Requirements for Equipment Comprising the Patient-Centric Integrated Clinical Environment (ICE), Part 1: General Requirements and

Conceptual Model." ASTM International, 2009.

[Ayoub13]. A. Ayoub, J. Chang, O. Sokolsky, and I. Lee. "Assessing the Overall Sufficiency of Safety Arguments." Safety Critical System Symposium (SSS), 2013.

[Ayoub12]. A. Ayoub, B. Kim, I. Lee, and O. Sokolsky. "A Safety Case Pattern for Model-Based Development Approach." In *NASA Formal Methods*, pages 223 – 243. Springer, 2012.

[Ayoub12a]. A. Ayoub, B. Kim, I. Lee, and O. Sokolsky. "A Systematic Approach to Justifying Sufficient Confidence in Software Safety Arguments." International Conference on Computer Safety, Reliability and Security (SAFECOMP), Magdeburg, Germany, 2012.

[Becker09]. U. Becker. "Model-Based Development of Medical Devices." *Proceedings of the Workshop on Computer Safety, Reliability, and Security (SAFECERT)*, Lecture Notes in Computer Science, vol. 5775, pages 4 – 17, 2009.

[Behrmann04]. G. Behrmann, A. David, and K. Larsen. "A Tutorial on UPPAAL." In *Formal Methods for the Design of Real-Time Systems*, Lecture Notes in Computer Science, pages 200 – 237. Springer, 2004.

[Bequette03]. B. Bequette. *Process Control: Modeling, Design, and Simulation*. Prentice Hall, 2003.

[Bloomfield07]. R. Bloomfield, B. Littlewood, and D. Wright. "Confidence: Its Role in Dependability Cases for Risk Assessment." 37th Annual IEEE/IFIP International Conference on Dependable Systems and Networks, pages 338 – 346, 2007.

[Carr03]. C. D. Carr and S. M. Moore. "IHE: A Model for Driving Adoption of Standards." *Computerized Medical Imaging and Graphics*, vol. 27, no. 2 – 3, pages 137 – 146, 2003.

[Clarke07]. M. Clarke, D. Bogia, K. Hassing, L. Steubesand, T. Chan, and D. Ayyagari. "Developing a Standard for Personal Health Devices Based on 11073." 29th Annual International Conference of the IEEE Engineering in

Medicine and Biology Society, pages 6174 – 6176, 2007.

[Clifford09]. G. Clifford, W. Long, G. Moody, and P. Szolovits. "Robust Parameter Extraction for Decision Support Using Multimodal Intensive Care Data." *Philosophical Transactions of the Royal Society A: Mathematical, Physical and Engineering Sciences*, vol. 367, pages 411 – 429, 2009.

[Clinical07]. Clinical Alarms Task Force. "Impact of Clinical Alarms on Patient Safety." *Journal of Clinical Engineering*, vol. 32, no. 1, pages 22 – 33, 2007.

[Cobelli09]. C. Cobelli, C. D. Man, G. Sparacino, L. Magni, G. D. Nicolao, and B. P. Kovatchev. "Diabetes: Models, Signals, and Control." *IEEE Reviews in Biomedical Engineering*, vol. 2, 2009.

[Commission13]. The Joint Commission. "Medical Device Alarm Safety in Hospitals." *Sentinel Event Alert*, no. 50, April 2013.

[Cyra08]. L. Cyra and J. Górski. "Expert Assessment of Arguments: A Method and Its Experimental Evaluation." International Conference on Computer Safety, Reliability and Security (SAFECOMP), 2008.

[Denney11]. E. Denney, G. Pai, and I. Habli. "Towards Measurement of Confidence in Safety Cases." International Symposium on Empirical Software Engineering and Measurement (ESEM), Washington, DC, 2011.

[Dias07]. A. C. Dias Neto, R. Subramanyan, M. Vieira, and G. H. Travassos. "A Survey on Model-Based Testing Approaches: A Systematic Review." *Proceedings of the ACM International Workshop on Empirical Assessment of Software Engineering Languages and Technologies*, pages 31 – 36, 2007.

[Dolin06]. R. H. Dolin, L. Alschuler, S. Boyer, C. Beebe, F. M. Behlen, P. V. Biron, and A. Shvo. "HL7 Clinical Document Architecture, Release 2." *Journal of the American Medical Informatics Association*, vol. 13, no. 1, pages 30 – 39, 2006.

[Donchin02]. Y. Donchin and F. J. Seagull. "The Hostile Environment of the Intensive Care Unit." *Current Opinion in Critical Care*, vol. 8, pages 316 – 320, 2002.

[Edworthy06]. J. Edworthy and E. Hellier. "Alarms and Human Behaviour:

Implications for Medical Alarms." *British Journal of Anaesthesia*, vol. 97, pages 12 – 17, 2006.

[EBMWG92]. Evidence-Based Medicine Working Group. "Evidence- Based Medicine: A New Approach to Teaching the Practice of Medicine." *Journal of the American Medical Association*, vol. 268, pages 2420 – 2425, 1992.

[FDA10]. U.S. Food and Drug Administration, Center for Devices and Radiological Health. "Infusion Pumps Total Product Life Cycle: Guidance for Industry and FDA Staff." Premarket Notification [510(k)] Submissions, April 2010.

[FDA10a]. U.S. Food and Drug Administration, Center for Devices and Radiological Health. "Infusion Pump Improvement Initiative." White Paper, April 2010.

[Garg05]. A. X. Garg, N. K. J. Adhikari, H. McDonald, M. P. Rosas- Arellano, P. J. Devereaux, J. Beyene, J. Sam, and R. B. Haynes. "Effects of Computerized Clinical Decision Support Systems on Practitioner Performance and Patient Outcomes: A Systematic Review." *Journal of the American Medical Association*, vol. 293, pages 1223 – 1238, 2005.

[Ginsberg09]. B. H. Ginsberg. "Factors Affecting Blood Glucose Monitoring: Sources of Errors in Measurement." *Journal of Diabetes Science and Technology*, vol. 3, no. 4, pages 903 – 913, 2009.

[Goldman05]. J. Goldman, R. Schrenker, J. Jackson, and S. Whitehead. "Plug-and-Play in the Operating Room of the Future." *Biomedical Instrumentation and Technology*, vol. 39, no. 3, pages 194 – 199, 2005.

[Goodenough12]. J. Goodenough, C. Weinstock, and A. Klein. "Toward a Theory of Assurance Case Confidence." Technical Report CMU/ SEI-2012-TR-002, Software Engineering Institute, Carnegie Mellon University, Pittsburgh, PA, 2012.

[Harris13]. Harris Healthcare (formerly careFX). www.harris.com.

[Hatcliff12]. J. Hatcliff, A. King, I. Lee, A. Macdonald, A. Fernando, M. Robkin, E. Vasserman, S. Weininger, and J. M. Goldman. "Rationale and

Architecture Principles for Medical Application Platforms." *Proceedings of the IEEE/ACM 3rd International Conference on Cyber- Physical Systems (ICCPS)*, pages 3 – 12, Washington, DC, 2012.

[Hawkins09]. R. Hawkins and T. Kelly. "A Systematic Approach for Developing Software Safety Arguments." *Journal of System Safety*, vol. 46, pages 25 – 33, 2009.

[Hawkins09a]. R. Hawkins and T. Kelly. "Software Safety Assurance: What Is Sufficient?" 4th IET International Conference of System Safety, 2009.

[Hawkins11]. R. Hawkins, T. Kelly, J. Knight, and P. Graydon. "A New Approach to Creating Clear Safety Arguments." In *Advances in Systems Safety*, pages 3 – 23. Springer, 2011.

[Henzinger07]. T. A. Henzinger and C. M. Kirsch. "The Embedded Machine: Predictable, Portable Real-Time Code." *ACM Transactions on Programming Languages and Systems (TOPLAS)*, vol. 29, no. 6, page 33, 2007.

[Hovorka04]. R. Hovorka, V. Canonico, L. J. Chassin, U. Haueter, M. Massi-Benedetti, M. O. Federici, T. R. Pieber, H. C. Schaller, L. Schaupp, T. Vering, and M. E. Wilinska. "Nonlinear Model Predictive Control of Glucose Concentration in Subjects with Type 1 Diabetes." *Physiological Measurement*, vol. 25, no. 4, page 905, 2004.

[Imhoff06]. M. Imhoff and S. Kuhls. "Alarm Algorithms in Critical Care Monitoring." *Anesthesia and Analgesia*, vol. 102, no. 5, pages 1525 – 1536, 2006.

[Imhoff09]. M. Imhoff, S. Kuhls, U. Gather, and R. Fried. "Smart Alarms from Medical Devices in the OR and ICU." *Best Practice and Research in Clinical Anaesthesiology*, vol. 23, no. 1, pages 39 – 50, 2009.

[Isaksen97]. U. Isaksen, J. P. Bowen, and N. Nissanke. "System and Software Safety in Critical Systems." Technical Report RUCS/97/TR/062/A, University of Reading, UK, 1997.

[ISO/IEEE11073]. ISO/IEEE 11073 Committee. "Health Informatics—Point-of-Care Medical Device Communication Part 10103: Nomenclature—

Implantable Device, Cardiac." http://standards.ieee.org/findstds/standard/11073-10103-2012.html.

[Jackson07]. D. Jackson, M. Thomas, and L. I. Millett, editors. *Software for Dependable Systems: Sufficient Evidence?* Committee on Certifiably Dependable Software Systems, National Research Council. National Academies Press, May 2007.

[Jee10]. E. Jee, I. Lee, and O. Sokolsky. "Assurance Cases in Model-Driven Development of the Pacemaker Software." 4th International Conference on Leveraging Applications of Formal Methods, Verification, and Validation, Volume 6416, Part II, ISoLA'10, pages 343 – 356. Springer-Verlag, 2010.

[Jeroeno4]. J. Levert and J. C. H. Hoorntje. "Runaway Pacemaker Due to Software-Based Programming Error." *Pacing and Clinical Electrophysiology*, vol. 27, no. 12, pages 1689 – 1690, December 2004.

[Kelly98]. T. Kelly. "Arguing Safety: A Systematic Approach to Managing Safety Cases." PhD thesis, Department of Computer Science, University of York, 1998.

[Kelly98a]. T. Kelly. "A Six-Step Method for Developing Arguments in the Goal Structuring Notation (GSN)." Technical Report, York Software Engineering, UK, 1998.

[Kelly07]. T. Kelly. "Reviewing Assurance Arguments: A Step-by-Step Approach." Workshop on Assurance Cases for Security: The Metrics Challenge, Dependable Systems and Networks (DSN), 2007.

[Kelly97]. T. Kelly and J. McDermid. "Safety Case Construction and Reuse Using Patterns." International Conference on Computer Safety, Reliability and Security (SAFECOMP), pages 55 – 96. Springer-Verlag, 1997.

[Kelly04]. T. Kelly and R. Weaver. "The Goal Structuring Notation: A Safety Argument Notation." DSN 2004 Workshop on Assurance Cases, 2004.

[Kim11]. B. Kim, A. Ayoub, O. Sokolsky, P. Jones, Y. Zhang, R. Jetley, and I. Lee. "Safety-Assured Development of the GPCA Infusion Pump Software." *Embedded Software (EMSOFT)*, pages 155 – 164, Taipei, Taiwan, 2011.

[Kim12]. B. G. Kim, L. T. Phan, I. Lee, and O. Sokolsky. "A Model-Based I/O Interface Synthesis Framework for the Cross-Platform Software Modeling." *23rd IEEE International Symposium on Rapid System Prototyping (RSP)*, pages 16 – 22, 2012.

[King09]. A. King, S. Procter, D. Andresen, J. Hatcliff, S. Warren, W. Spees, R. Jetley, P. Jones, and S. Weininger. "An Open Test Bed for Medical Device Integration and Coordination." *Proceedings of the 31st International Conference on Software Engineering*, 2009.

[Kovatchev09]. B. P. Kovatchev, M. Breton, C. D. Man, and C. Cobelli. "In Silico Preclinical Trials: A Proof of Concept in Closed-Loop Control of Type 1 Diabetes." *Diabetes Technology Society*, vol. 3, no. 1, pages 44 – 55, 2009.

[Lee06]. I. Lee, G. J. Pappas, R. Cleaveland, J. Hatcliff, B. H. Krogh, P. Lee, H. Rubin, and L. Sha. "High-Confidence Medical Device Software and Systems." *Computer*, vol. 39, no. 4, pages 33 – 38, April 2006.

[Lee12]. I. Lee, O. Sokolsky, S. Chen, J. Hatcliff, E. Jee, B. Kim, A. King, M. Mullen-Fortino, S. Park, A. Roederer, and K. Venkatasubramanian. "Challenges and Research Directions in Medical Cyber-Physical Systems." *Proceedings of the IEEE*, vol. 100, no. 1, pages 75 – 90, January 2012.

[Lofsky04]. A. S. Lofsky. "Turn Your Alarms On." *APSF Newsletter*, vol. 19, no. 4, page 43, 2004.

[Lublinerman09]. R. Lublinerman, C. Szegedy, and S. Tripakis. "Modular Code Generation from Synchronous Block Diagrams: Modularity vs. Code Size." *Proceedings of the 36th Annual ACM SIGPLAN-SIGACT Symposium on Principles of Programming Languages (POPL 2009)*, pages 78 – 89, New York, NY, 2009.

[Lynn11]. L. A. Lynn and J. P. Curry. "Patterns of Unexpected In-Hospital Deaths: A Root Cause Analysis." *Patient Safety in Surgery*, vol. 5, 2011.

[Maddox08]. R. Maddox, H. Oglesby, C. Williams, M. Fields, and S. Danello. "Continuous Respiratory Monitoring and a 'Smart' Infusion System Improve Safety of Patient-Controlled Analgesia in the Postoperative Period." In K.

Henriksen, J. Battles, M. Keyes, and M. Grady, editors, *Advances in Patient Safety: New Directions and Alternative Approaches. Volume 4 of Advances in Patient Safety*, Agency for Healthcare Research and Quality, August 2008.

[Masci13]. P. Masci, A. Ayoub, P. Curzon, I. Lee, O. Sokolsky, and H. Thimbleby. "Model-Based Development of the Generic PCA Infusion Pump User Interface Prototype in PVS." *Proceedings of the 32nd International Conference on Computer Safety, Reliability and Security (SAFECOMP)*, 2013.

[Mazoit07]. J. X. Mazoit, K. Butscher, and K. Samii. "Morphine in Postoperative Patients: Pharmacokinetics and Pharmacodynamics of Metabolites." *Anesthesia and Analgesia*, vol. 105, no. 1, pages 70 – 78, 2007.

[McMaster13]. Software Quality Research Laboratory, McMaster University. Pacemaker Formal Methods Challenge. http://sqrl.mcmaster.ca/pacemaker.htm.

[MDCF]. Medical Device Coordination Framework (MDCF). http://mdcf.santos.cis.ksu.edu.

[MDPNP]. MD PnP: Medical Device "Plug-and-Play" Interoperability Program. http://www.mdpnp.org.

[Menon09]. C. Menon, R. Hawkins, and J. McDermid. Defence "Standard 00-56 Issue 4: Towards Evidence-Based Safety Standards." In *Safety-Critical Systems: Problems, Process and Practice*, pages 223 – 243. Springer, 2009.

[Nuckols08]. T. K. Nuckols, A. G. Bower, S. M. Paddock, L. H. Hilborne, P. Wallace, J. M. Rothschild, A. Griffin, R. J. Fairbanks, B. Carlson, R. J. Panzer, and R. H. Brook. "Programmable Infusion Pumps in ICUs: An Analysis of Corresponding Adverse Drug Events." *Journal of General Internal Medicine*, vol. 23 (Supplement 1), pages 41 – 45, January 2008.

[Oberli99]. C. Oberli, C. Saez, A. Cipriano, G. Lema, and C. Sacco. "An Expert System for Monitor Alarm Integration." *Journal of Clinical Monitoring and Computing*, vol. 15, pages 29 – 35, 1999.

[Pajic12]. M. Pajic, R. Mangharam, O. Sokolsky, D. Arney, J. Goldman, and I. Lee. "Model-Driven Safety Analysis of Closed-Loop Medical Systems." *IEEE Transactions on Industrial Informatics*, PP(99):1 – 1, 2012.

[Phillips10]. Phillips eICU Program. http://www.usa.philips.com/ healthcare/ solutions/patient-monitoring.

[Rae03]. A. Rae, P. Ramanan, D. Jackson, J. Flanz, and D. Leyman. "Critical Feature Analysis of a Radiotherapy Machine." International Conference of Computer Safety, Reliability and Security (SAFECOMP), September 2003.

[Sapirstein09]. A. Sapirstein, N. Lone, A. Latif, J. Fackler, and P. J. Pronovost. "Tele ICU: Paradox or Panacea?" *Best Practice and Research Clinical Anaesthesiology*, vol. 23, no. 1, pages 115 – 126, March 2009.

[Sentz02]. K. Sentz and S. Ferson. "Combination of Evidence in Dempster-Shafer Theory." Technical report, Sandia National Laboratories, SAND 2002-0835, 2002.

[Shortliffe79]. E. H. Shortliffe, B. G. Buchanan, and E. A. Feigenbaum. "Knowledge Engineering for Medical Decision Making: A Review of Computer-Based Clinical Decision Aids." *Proceedings of the IEEE*, vol. 67, pages 1207 – 1224, 1979.

[Simone13]. L. K. Simone. "Software Related Recalls: An Analysis of Records." *Biomedical Instrumentation and Technology*, 2013.

[UPenn]. The Generic Patient Controlled Analgesia Pump Model. http://rtg. cis.upenn.edu/gip.php3.

[UPenn-a]. Safety Requirements for the Generic Patient Controlled Analgesia Pump. http://rtg.cis.upenn.edu/gip.php3.

[UPenn-b]. The Generic Patient Controlled Analgesia Pump Hazard Analysis. http://rtg.cis.upenn.edu/gip.php3.

[Wagner10]. S. Wagner, B. Schatz, S. Puchner, and P. Kock. "A Case Study on Safety Cases in the Automotive Domain: Modules, Patterns, and Models." *International Symposium on Software Reliability Engineering*, pages 269 – 278, 2010.

[Weaver03]. R. Weaver. "The Safety of Software: Constructing and Assuring Arguments." PhD thesis, Department of Computer Science, University of York, 2003.

[Weinstock09]. C. Weinstock and J. Goodenough. "Towards an Assurance Case Practice for Medical Devices." Technical Report, CMU/SEI-2009-TN-018, 2009.

[Ye05]. F. Ye and T. Kelly. "Contract-Based Justification for COTS Component within Safety-Critical Applications." PhD thesis, Department of Computer Science, University of York, 2005.

02

에너지 사이버 물리 시스템

마리야 일릭[Marija Ilic1]

이 장은 에너지 사이버 물리 시스템[cyber-physical systems, CPS]에서 새로운 모델링, 분석 그리고 설계상의 도전 과제[challenges] 및 기회[opportunities]와 관련해 광역 에너지 시스템의 구축에 있어 스마트 그리드[smart grid2]의 역할에 특별히 중점을 둬 논의한다. 이 장에서는 오늘날의 시스템 운영에 대한 개요를 간단히 설명하고, 빠르게 변화하는 기술과 전력 수요를 고려할 때 가능할 수 있는 것들과 비교한다. 그런 다음, 전기 에너지 시스템을 위한 지속가능 종단간 CPS[sustainable end-to-end CPS]의 기반으로서 동적 모니터링 및 의사결정 시스템[Dynamic Monitoring

---

[1] 이 장은 카네기 멜론 대학 전기 에너지시 스템 그룹(Electric Energy Systems Group, EESG) 연구자들의 연구 성과를 바탕으로 작성했다.

[2] 지능형 전력망. 보통은 스마트 그리드로 표시한다. 스마트 그리드를 특정하지 않고 일반적인 전력망을 나타낼 때는 그리드 대신 망으로 표기하기로 한다. — 옮긴이

and Decision System, DyMonDS이라는 새로운 패러다임에 대해 설명한다. 운영자 및 계획자가 시스템 사용자들과의 능동적이며 결속적인 정보 교환을 기반으로 의사결정을 하기 때문에 이 시스템들은 근본적으로 다르다. 이 접근 방법은 시스템에서 가치 선택의 이유를 알려주며, 동시에 어려운 사회적 목표를 충족시킬 수 있게 한다. 의사결정이 먼 미래에 대해 또는 거의 실시간적으로 내려지기 때문에 정보 교환은 주기적으로 반복된다.

DyMonDS를 이용함으로써 모두에게 유익한 상황이 되도록 절차가 진행되며, 미래의 불확실성은 이해 관계자들의 부담 가능한 위험과 채택된 기술의 기대 가치에 따라 많은 이해 관계자들에게 분산된다. 궁극적으로 이 접근 방법은 신뢰성 있고, 효율적이며, 깨끗하고 질적으로 새로운 서비스와 정부 보조금 단계를 벗어나 존속할 수 있는 가치를 가져다주는 기술들로 이끌 것이다. 제안된 CPS를 구현하기 위해서는 지속가능 에너지 처리를 지원하는 다계층 대화식 정보 처리multilayered interactive information processing에 적합한, 질적으로 다른 모델링, 평가 및 의사결정 방법이 필요하다. 이와 같은 새로운 접근 방법의 기본 원칙에 대해 논의하고자 한다.

2.1 서론 및 동기

전력 산업은 핵심 국가 기반 시설의 하나다. 미국 경제의 큰 부분을 차지하고 있으며(산업 규모 2,000억 달러 이상), 동시에 현재 국가 탄소발자국carbon footprint3의 주요 원인 중 하나다. 전력 산업은 사이버 기술의 가장 큰 사용자 중 하나가 될 잠재력을 지니고 있으며, 더 일반적으로 보면 산업화된 경제는 저비용 전력 서비스에 의존한다. 전력망은 순조롭게 작동하고 있고, 근본적인 혁신이 그리 많이 필요하지 않다는 것이 일반적인 생각인데, 몇 가지 드러나지 않은 현재의 주요 문제들은 반드시 해결돼야 한다.

---

3 사람의 활동이나 상품을 생산, 소비하는 전 과정을 통해 직·간접적으로 배출되는 온실가스 배출량을 이산화탄소(CO_2)로 환산한 총량 또는 발생하는 이산화탄소(CO_2)의 총량을 말한다. 2006년 영국의회과학기술처(POST)에서 처음 사용한 용어로, 제품 생산 시 발생한 이산화탄소의 총량을 탄소발자국으로 표시하게 함으로써 유래됐다. 표시 단위는 무게 단위인 kg 또는 우리가 심어야 하는 나무 수로 나타낸다[한경경제용어사전] – 옮긴이

- 늘어난 공급 중단의 빈도 및 지속 시간(손실이 수십 억 달러로 추산됨)
- 오늘날 시스템의 숨겨진 주요 비효율성들(연방에너지규제위원회FERC에 따르면, 경제 비효율의 25%로 추산되며, 다른 사례 연구들에서도 나타났다)
- 시스템이 과거처럼 운영되고 계획되면 지속 불가능해지는 고속 침투 재생 에너지 high-penetration renewable resources 도입의 운영 및 계획
- 교통 시스템의 원활한 전력화 부진

보다 일반화해 얘기하면, 장기적인 전원 믹스resource mix는 그것을 통해 국가의 장기 전력 수요 요구를 잘 충족시켜야 하지만, 지금 시점에서는 이러한 성과를 성취할 수 있을지 불분명하다. 특히, 앞에서 언급한 모든 문제들은 단순히 발전 그리고/또는 송배전transmission and distribution, T&D 용량을 증설한다고 해서 해결되기 어려운 시스템 유형의 문제이며, 그 대신 전력 산업계가 접근 방법에 대해 근본적으로 다시 생각해야 할 문제다. 기존 하드웨어를 보다 잘 활용하고 새로운 전력 자원들을 종래의 전력망과 효과적으로 종단간 통합end-to-end integration시키기 위해서는 기본적으로 사이버 물리 시스템에서의 혁신이 필요하다. 전력 산업에서 하드웨어와 소프트웨어 사이의 경계는 매우 모호해졌다. 이것은 사이버 기술이 단편적인 방식으로 구현되고 시스템 수준의 목표를 갖고 설계되지 않고 있는 오늘날 전력 산업에서의 주요 오류들에 관한 질문을 던지게 한다.

2.2 시스템 설명과 운영 시나리오

현재, 산업계의 다양한 이해 관계자를 그들의 가치가 최대화되도록 통합하고 운영하기 위해 필요한 합의된 성과 지표는 없다. 전통적인 유틸리티들을 일방으로 보고, 전기 사용자, 발전 사업자 및 배전 사업자들을 다른 일방으로 볼 때, 쌍방 간의 권리, 규칙 및 책임을 정의하는 것은 이제 겨우 진행 중이다. 이러한 상황은 그들의 최대 가치를 실현하기 위해 신기술을 도입하는 데 큰 장애가 되고 있다.

이 문제를 생각하는 또 다른 방법은 발전 사업자, 사용자 그리고 유틸리티 내의 송배전

사업자(최종 사용자에게 전기를 판매하는 회사)의 다양한 목적에 맞게 인터페이스할, 그리고 이를 위해 광범위한 지역에 걸친 전력망에 연결돼 있는 유틸리티들 간에 인터페이스할 IT 기반의 원활한 프로토콜이 없다는 점에 주목하는 것이다. 이러한 조정^{coordination}의 결여는 대규모 풍력 및 태양열 발전 시스템들이 어떻게 구축되고 활용되고 있는지에 대해서는 물론 이러한 새로운 전력 자원들을 도입하고 활용하기 위해 필요한 인프라에 대해 시사하는 바가 크다. 그리고 산업계의 여러 이해 관계자와 계층들 간의 통합된 프로토콜의 부재로 인해 가치에 따라 시스템 요구사항에 대응하도록 고객에게 인센티브를 주는 것이 어려워진다. 특히, 광역 시스템 수준의 수급 균형에 참여하고자 하는 전기 자동차, 스마트 빌딩 그리고 주거 고객 그룹을 포함시키는 것이 대체로 보류 상태다.

최근에 정부가 이 새로운 미개발 자원들의 소규모 준비 상태에 대한 개념 증명$^{proof-of-concept}$을 시연하기 위한 파일럿 실험들에 투자했으나 명확하고 계량화 가능한 목표에 따라 신기술들을 대규모로 통합하기 위해 있어야 하는 프로토콜의 설계에 중점을 둔 정부 지원 연구 개발 프로젝트는 없다. 이 기술들의 장기적인 대규모 통합을 지원하기 위한 초고압$^{extra-high-voltage, EHV}$ 송전 계획과 관련한 몇 가지 시도가 진행되고 있다. 불행히도, 최근의 계획 연구들은 장기적으로 지속가능한 해결책을 장려하기 위한 구체적인 IT 프로토콜을 다루지 않는 시나리오 분석 유형의 연구들이 주를 이루고 있다. 마찬가지로 이 연구들은 더 효율적이고, 더 신뢰성 높으며, 더 깨끗한 전력망의 운영을 가능하게 하는 데 있어 사이버 기술의 역할과 가치에 대해서도 구체적으로 고려하고 있지 않다. 특히, 시스템 영역 내의 거대한 불확실성을 고려한 동적 의사결정을 지원하기 위해 정보를 탐지하고 처리할 주요 기회들을 이용하지 않고 있다.

이 장의 목적을 위해서는 기존 시스템의 성능을 향상시키기 위해서뿐만 아니라 새로운 자원들을 통합하기 위해서도 사이버 기술을 체계적으로 활용할 필요가 있다는 것을 인식하는 것이 중요하다. 그리고 오래된 물리 시스템과 변화하는 물리 시스템에서 산업의 목표는 다를 수 있다. 특히, 새로운 시스템 수준의 목표는 시스템 사용자들의 하위 목표에 의해 크게 달라질 수 있다는 것이다.

IT에 의존하는 전력망의 운영은 시간이 흐르면서 발전해왔다. 이는 전력망에 대한 공학적 통찰력과 인간 운영자에 의해 권고 방식으로 사용되는 특정 목적의 컴퓨터 알고리즘을 신중히 결합한 결과물이다. 현재, 대부분의 현대적 유틸리티 제어 센터는 수요와 공급이 시간적으로 변하는 시스템을 위한 가장 저렴한 예상 가능 전력 발전을 추산하고 스케줄링하기 위해 모델 기반 피드포워드 기법model-based feed-forward technique으로 개발된 컴퓨터 애플리케이션들을 일상적으로 사용하고 있다. 유틸리티 수준의 폐회로 피드백closed-loop feedback으로 조정coordinate되는 유일한 방식은 고속 응답 발전 설비 조정기governor들의 설정값을 조절함으로써 준정적quasi-static이며 예측하기 어려운 실제 전력량 예측값과의 편차에 균형을 맞추는 일을 전담하는 자동 발전 제어automatic generation control, AGC뿐이다. 이 조정기들과 다른 기본적 제어기들(예: 자동 전압 조정기automatic voltage regulators, AVRs), 몇몇 송배전 제어 가능 장비(예: 변압기와 축전지 뱅크)들의 제어 논리는 주파수 및 전압의 지역 안정성이 설정값setpoint을 유지하도록 보장한다. 예측 가능한 전력 불균형을 위한 유틸리티 수준의 전력 스케줄링, 주파수 조절을 위한 준정적 AGC 그리고 발전기와 송배전 설비의 지역 기본 제어의 이러한 조합은 오늘날 계층적 전력망 제어의 근간이 되고 있다[Illic00].

더 두드러진 점은 전력망은 복잡하고 대규모이며 동적인 네크워크라는 것이다. 이들의 효과적인 운영과 계획을 위해서는 전력망을 에너지와 정보 처리가 복잡하게 얽혀 있는 복잡 시스템complex systems으로 봐야 한다. 불확실성하에서의 대규모 동적 최적화를 보장할 수 있는 일반 CPS에서 사용할 수 있는 준비된 도구들이 없을 뿐만 아니라 신뢰성을 위해 요구되는 성능 명세를 동특성이 충족시킬 것이라는 것을 보장할 수단도 없다. 많은 일반 CPS 개념들이 적용 가능하지만, 더 일반적인 CPS 개념들을 적용할 목적으로 유틸리티의 문제들에 대한 형식적 정의formal definition를 만들어내는 것은 어렵다. 이 장에서는 이와 같은 형식화 관련 사례들을 제시하고자 한다.

아마도 가장 큰 과제는 전력망에서 봤듯이, 이와 같이 고도로 복잡한 시스템에서 입증 가능한 성능을 보장하는 것이며, 이것은 시스템 엔지니어링에 있어 첨단 기술 전반에 대한 큰 과제를 야기한다. 특히, 전력 산업에 있어 시스템의 동특성은 고도로 비선형적이다. 수용할 만한 성능이 요구되는 시간·공간에 대한 척도는 방대해 수밀리세컨드에서 수십 년까지이며, 어플라이언스appliance나 건물에서부터 미국 동부 또는 서부 전력망 연결부까지 이른다. 고속 저장 장치는 아직 드물고 비싸고 쉽게 이용할 수 없으며, 이것은 망의 제어성을 제한하는 요소다. 그리고 현재 시스템은 동적으로 관찰할 수 없다. 고성능 컴퓨터를 이용한 계산에 효과적인 알고리즘의 도입을 목표로 하는 시도가 현재 진행 중이지만, 전력망에 내재된 불확실성하에서의 대규모 최적화는 주요 과제로 남아 있다.

2.3 핵심 설계 동인 및 품질 속성

현재 우리는 조정된 복잡 시스템의 국가적 규모의 통합과 관련해 커다란 기회와 엄청난 도전의 출현을 목격하고 있다. 전력 산업에서 이러한 추세에는 물리적 에너지 시스템(전력망, 전력 전자, 에너지 자원), 통신 시스템(하드웨어 및 프로토콜), 제어 시스템(알고리즘 및 대규모 컴퓨팅) 그리고 경제와 정책 시스템(규제 및 부양)에 있어서의 혁신들이 포함돼 있다. 이들 혁신에 대한 온라인 IT 구현만으로도 다음과 같은 이득이 있을 것으로 추정되고 있다.

- 20% 정도의 국가 경제 효율 상승(FERC 추정)
- 재생 에너지원과 탄소배출 감축의 비용 효과적 통합
- 서비스의 기본적 신뢰성을 희생하지 않고도 차별화된 서비스 품질quality of service, QoS
- 원활한 정전 사태 방지
- 최대 수익과 최소 침입을 위한 인프라 확대(예: 발전, 송배전, 수요 측면)

지금까지는 온라인 IT를 통한 전력망 성능 향상의 커다란 잠재력에 대해 널리 인식되지 않고 있었다. 이 장에서는 일부나마 이러한 공백을 메우고자 한다.

　복잡한 전력망에서 온라인 IT를 구현함으로써 시스템 수준의 목표를 달성한다는 것은 엄청난 지적 도전 과제다. 따라서 이것은 학문을 위해 평생 한 번 있는 기회를 제공하는 학계 주도의 변혁이 돼야 한다. 이기종 기술적이고, 사회적이며, 제도적 복잡 시스템으로서의 미래 전기 에너지 시스템의 문제를 정의하고 설계하려는 시도는 이미 오래전에 시작됐어야 했다. 이 공백을 채우기 위해서는 이 시스템들이 내포하고 있는 다층적이며 다각적인 동적 상호작용을 충분히 상세하게 나타낼 필요가 있다. 시스템들은 자주 어긋나는 사회적 요구와 다양한 이해 관계자 집단의 요구에 의해 주도되며, 선택과 가치로 그들을 통합할 에너지 시스템의 역량에 의해 제약을 받는다. 통신, 제어 그리고 컴퓨터를 사용한 방법을 포함하는 기존의 물리적 에너지 시스템은 종종 상충하는 목표들을 조화시키기 위해 선택하고 다각적으로 상호작용할 준비가 돼 있지 않다. 그 대신 송배전 운영을 위한 지능을 설계하는 것이 중요하다. 이를 통해 목표들을 조정하고, 결과적으로 가용 자원을 최대한으로 이용하며, 동시에 주요 불확실성에 대한 탄력적 대응을 포함하는 수용 가능한 QoS를 제공할 수 있게 될 것이다.

새로운 센서들과 액추에이터들이 종래 전력망에 도입되면서 기존 시스템을 새로운 시스템으로 전환하는 데 있어 CPS 기술이 핵심적인 역할을 하게 될 것이다. 이 장에서는 종래 전력망에 스마트 센서와 스마트 액추에이터를 도입하는 최근의 추세가 어떻게 과제와 기회를 창출하는지 살펴볼 것이다. 이 수많은 과제들은 사이버 기술의 주요 측면에서 궁극적으로 유용하도록 설계되고, 구현되고 그리고 입증됐는지에 대해 시스템적으로 사고할 것을 요구한다.

2.3.1 핵심 시스템 원칙

물리적 전력망과 사이버 물리 인프라의 설계를 지원하기 위한 기본 원칙을 정의하는 한 가지 방법은 지속가능한 에너지 서비스를 가능하게 하는 그 역할을 통해 이 시스템을 바라보는 것이다[Ilic11, Ilic11a]. 주로 망 중심적인 오늘날의 설계는 빠르게 시대에 뒤처지고 부적합해지고 있다. 유틸리티가 계속 변하는 조건 및 고객 선호도에 효과적으로 대응하고 있으며, 유틸리티 수준의 수요 공급 불균형을 형성하는 간헐적 에너지 자원의 영향을 설명할 수 있을 만큼 충분히 세밀하게 수요를 예측하고 관리할 수 있다고 가정하는 것은 더이상 가능하지 않다. 유사하게, 빠르게 증가하고 있으며 규모가 작고 광범위하게 퍼져 있는 저전압 배전망에 연결된 분산 에너지 자원distributed energy resource, DER들에 대해 모든 것을 파악하고 제어할 수 있다고 가정하는 것도 더 이상 가능하지 않다.

그 대신 주어진 다른 기술 개발자와 소유자에 대해 사이버 "스마트" 기술이 장착된 DER

들의 기능에 대한 정보를 교환하기 위한 계획 및 운영 프로토콜을 도입해야 할 것이다. 이러한 환경에서 전력망 산업의 참여자는 보통 빌딩과 스마트 빌딩, 고속 충전 전기 자동차(EV)와 스마트 충전 전기 자동차(EV), 스마트 전선과 수동형 전선 등의 영향을 구별할 수 있어야 한다. 유틸리티 수준에서 보면, 발전, 수요 또는 전력 배전 구성 요소들의 내부적인 세부사항을 더 이상 알 수 없게 될 것이다. 이러한 관찰을 기반으로 가능성 있는 미래 스마트 그리드(물리적 인프라 및 사이버 인프라) 설계의 통합 원칙을 다음에서 논의한다.

2.3.1.1 지속가능한 사회 생태적 에너지 시스템

사회 생태적 에너지 시스템socio-ecological energy systems, SEES은 자원, 사용자 그리고 거버넌스를 포괄하는 여타 사회 생태적 시스템들과 유사하다고 볼 수 있다[Ostrom09]. 스마트 그리드는 시간적, 공간적 그리고 상황적 특성의 관점에서 정의되는 SEES의 자원, 사용자 및 거버넌스 시스템의 특성들을 조화시키는 핵심적인 포괄 기능을 갖고 있다. 이 특성들이 더 밀접하게 조화될수록 시스템은 더 지속가능해질 것이다[Ostrom09, Ilic00][4]. 특히, 자원, 사용자 그리고 거버넌스 시스템은 내부적으로 분산된 방법으로 또는 인간이 만든 물리적 전력망과 그것의 사이버 시스템 간의 상호작용을 관리함으로써 이 특성들을 조화시킬 수 있다는 것이다.

이러한 방식으로 지속가능한 SEES을 위한 CPS 설계의 문제를 제기함으로써 설계를 위한 의미 있는 수행 명세performance specifications를 도입하는 단계가 마련된다. 서로 다른 SEES 아키텍처의 수행 목표는 근본적으로 다르다. 따라서 질적으로 다른 사이버 설계를 요구한다. 표 2.1은 몇 가지 대표적인 SEES 아키텍처들을 보여준다.

표 2.1에서 아키텍처 1과 2는 시스템의 주요 에너지 자원들이 최대 용량으로 일정한 전력을 생산하는 원자력 같은 대규모 시스템을 나타낸다. 해당 거버넌스는 에너지 서비스를 공익과 사회적 권리로 간주한다. 즉, 이러한 시스템은 비교적 수동적인 에너지 사용자들에 대한 무조건적인 서비스를 중심으로 전개된다. 그림 2.1은 아키텍처 1을 나타내고 있다.

---

[4] 지속가능성(sustainability)에 대한 개념은 아직 표준화되지 않았다. 여기서는 [Ostrom09]에서와 같은 개념을 사용하며, 이것은 적정 QoS와 경제적이고 친환경적이며 현재 사회 생태적 시스템(SEES)의 구성원이 바라는 사업 목표를 지속할 수 있는 역량의 조합을 의미한다. 이것은 절대적 척도가 아니며, 그보다 지속가능성은 정부 규칙 내에서 SEES 구성원들에 의해 정의된다.

표 2.1 **사회 생태적 에너지 시스템의 아키텍처**

아키텍처	설명	운용 환경
1	대규모 SEES	규제
2	대규모 SEES	구조조정
3	하이브리드 SEES	구조조정
4	완전 분산 SEES	개발도상국
5	완전 분산 SEES	개발도상국

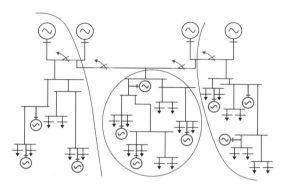

그림 2.1 SEES 아키텍처 1과 2. 맨 위의 물결 무늬 원은 발전소, 화살표는 사용자, 연결선은 제어 가능한 전력선을 나타낸다.

© 2011 IEEE. Reprinted, with permission, from *Proceedings of the IEEE*(vol. 99, no. 1, January 2011).

이 그림 상단의 큰 원들은 통상적인 대규모 전력 자원을 나타내며, 작은 원들은 DER (재생 에너지 발전, 집단적 응답 부하aggregate responsive loads) 그리고 연결선들은 송전망을 나타낸다. 아키텍처 1과 2는 거버넌스 시스템의 관점에서 주요 차이가 있다. 아키텍처 2에서는 에너지 자원이 일반적으로 사유이고 제어된다. 그리고 에너지는 전력 시장의 준비 과정을 거쳐 제공된다.

그림 2.2의 아키텍처 3은 하이브리드 자원(대규모 완전 제어 가능 발전과 일정 비율의 간헐 발전 자원들)들의 조합, 수동적 및 응답 수요의 혼합, 고품질 에너지 서비스를 요구하는 거버

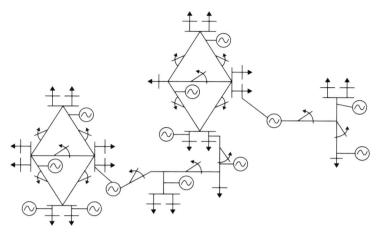

그림 2.2 SEES 아키텍처 3. 원은 이미 제어 가능한 발전소, 화살표는 사용자, 연결선은 제어 가능한 전력선을 나타낸다.

© 2011 IEEE. Reprinted, with permission, from *Proceedings of the IEEE*(vol. 99, no. 1, January 2011).

넌스 그리고 엄격한 탄소배출 규제 준수를 나타낸다.

그림 2.3의 아키텍처 4와 5는 독립형 배전 수준 마이크로 그리드distribution-level micro-grid를 구성한다(예: 섬, 대형 컴퓨터 데이터 센터, 군대, 해군 또는 공군 기지, 지역 유틸리티와 완전히 분리된 쇼핑몰). 이러한 종류의 SEES는 많은 소규모의 간헐적이며 변동성 높은 DER들, 즉 지붕형 태양광PVs, 생물 자원bioresources, 소규모 풍력 발전 그리고 소규모 양수 발전 등에 의해 전력을 공급받는다. 그리고 이러한 시스템들은 종종 스마트 EV 자동차에 쓰이는 고도로 반응적인 전력 저장 장치에 의존한다. 여기서의 거버넌스는 완전히 사적이며 모든 실무적 목적에 대해서 규제받지 않는다. 아키텍처 4와 5는 신뢰성과 효율성에 대해서 질적으로 다른 수행 목표를 갖는다. 아키텍처 4는 전형적으로 아키텍처 1에서 3까지보다 QoS에 대한 요구 수준이 높으며 비용 최소화는 중요하지 않은 것이 특징이다. 이에 비해 아키텍처 5는 개발도상국에서 흔히 볼 수 있는 전형적인 저비용, 저QoS 시스템이며, 여기서 목표는 전력 사용자의 재정적 제약 내에서 전기 서비스를 제공하는 것이다.

표 2.2는 규제받는 대규모 전력 에너지 시스템에서 사이버 물리 시스템의 목표와 진화

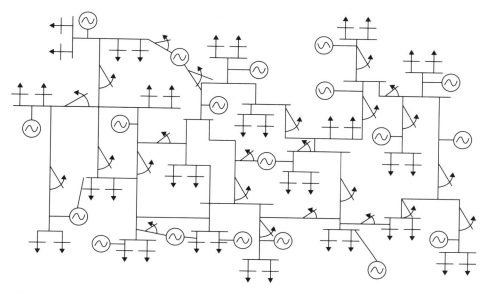

그림 2.3 SEES 아키텍처 4, 5

© 2011 IEEE. Reprinted, with permission, from *Proceedings of the IEEE*(vol. 99, no. 1, January 2011).

표 2.2 SEES 아키텍처들의 질적으로 다른 수행 목표들

아키텍처 1과 2의 수행 목표	아키텍처 3~5의 수행 목표
주어진 수요를 충족시키기 위한 공급	수요와 공급 양측의 선호도 존재(입찰)
정해진 요금 체계를 전제로 전력 공급	대가 지불 의향이 있으면 QoS 제공
정해진 탄소배출 기준에 따라 전력 공급	탄소배출 관련 지불 의향이 있으면 QoS 제공 (선호동)
주어진 전력망 제약조건에 따라 주어진 수요를 충족시키기 위해 전력 공급	가격별 차등 공급을 포함한 QoS
급변하는 수요 공급 균형을 위해 저장 장치 사용	안정적 서비스에 대한 사용자 선호도를 고려하여 저장 장치 구축
수요 예측을 위한 새로운 망 구성 요소 구축	장기 사전 서비스 계약에 따라 새로운 망 구성 요소 구축

하는 하이브리드 및 분산 에너지 시스템의 목표 간의 주요 차이점들을 조명한다. 아키텍처 3에서 5까지에서 시스템 수행 목표는 전체로서 시스템 사용자의 필요와 선호도를 반영한다. 반면에 아키텍처 1에서 그리고 아키텍처 2의 약간 적은 부분에서는 전력망의 수행 목표가 유틸리티 및 거버넌스 시스템에 의해서 하향식으로 정의된다.

2.3.1.2 중요 시스템 수준 특성

시스템 자원, 사용자 그리고 거버넌스 시스템을 고려하면, 인간이 만든 스마트 그리드는 가능한 한 지속가능한 에너지 서비스를 할 수 있도록 설계돼야 한다. 주어진 SEES는 사용자, 자원 그리고 거버넌스 시스템의 특성이 더 밀접하게 정렬될 때 더욱 지속가능해진다. 이러한 관계가 이해되면, 스마트 그리드 설계를 위한 사이버 물리 시스템의 기본 원칙에 도달할 수 있게 된다. 스마트 CPS 전력망은 표 2.2에 나타난 특정 수행 목표들을 달성하기 위해 사이버 기술이 사용되는 물리적 전력망이다. 표 2.2에서 대규모 전력 시스템(즉, 아키텍처 1)의 지속가능성은 왼쪽 열에 열거된 많은 제약 사항에 따라 시스템 수준에서 수급 균형을 최적화하는 것에 달려 있다. 반면, 아키텍처 3에서 5까지는 사용자와 전력 자원이 더 분산적으로 스스로 관리하고 시스템 수준 기능에 대한 참여를 특성화하도록 하기 위해서 CPS가 필요해진다. 아키텍처 2에서는 사회적 목표가 거버넌스 시스템(규제 기관)에 의해서 정의되며, 시스템 사용자 입찰bids에서 확인된 명세에 기반을 두고 시스템 운영자, 계획자 그리고 전기 시장에 의해서 구현된다.

그림 2.3에 나타난 부상 중인 아키텍처 4와 5는 시스템 사용자와 자원 자체에 의해 정의되는데, 그것은 거버넌스 시스템에 의해서 규제받거나 전통적인 유틸리티에 의해서 운영되지 않기 때문이다. 이 진화하는 아키텍처의 소규모 시스템에 대한 설명이 그림 2.4에 나타나 있다. 검은색 선은 기존 시스템을 나타내며, 옅은 회색 선은 기존 시스템에 연결될 신기술들을 나타낸다. 이러한 진화하는 시스템에 대한 종단간 CPS 설계는 새로 추가된 구성 요소들과 기존 시스템의 시간적, 공간적 그리고 상황적 특성이 함께 잘 동작하도록 개발돼야 한다.

시간적 특성을 맞춘다는 것은 기본적으로 수요와 공급이 항상 균형을 이뤄야 한다는 것을 의미한다. 자원과 사용자에 이와 같은 특성이 없으면 저장 장치가 필수적critical이 된다.

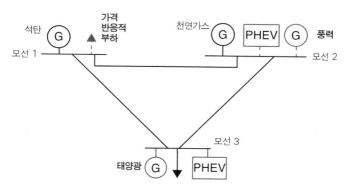

그림 2.4 진화하는 SEES의 소규모 시스템 설명도

예를 들면, 아키텍처 1의 기저 부하$^{base-load}$ 발전소는 시간에 따라 변하는 시스템 부하 변동을 따라갈 수 없다. 이러한 문제는 고속 발전 설비 또는/그리고 고속 저장 장치를 추가해 해결할 수 있다. 유사하게, 공간적 특성을 맞춘다는 것은 공급이 사용자가 있는 곳으로 전달될 수 있어야 한다는 것이다. 전기 에너지 시스템은 최소한의 이동성을 가지므로 이 원칙에 맞추기 위해서는 근본적으로 사용자와 자원을 연결할 전력망이 필요하다. 끝으로 상황적 특성을 맞춘다는 것은 SEES 참여자들의 서로 다른 수행 목표를 맞추기 위한 요구 사항들을 개발하는 것을 의미한다. 예를 들어, 유틸리티는 자체적인 목표가 있으며 표 2.2에 표시된 목표들을 달성하기 위해 맞춤화된 하드웨어와 소프트웨어의 지원을 받는다. 마찬가지로 사용자들은 비용, 환경 그리고 QoS 성능의 조합으로 구성된 그들만의 하부 목표가 있다. 표 2.2에 이와 같은 상황적 선호 사항에 대한 추가 예들이 있다. 거버넌스 특성이 질적으로 다르기 때문에 아키텍처 유형이 상황적 선호 사항들을 대부분 결정한다는 것을 아는 것이 중요하다.

여러 SEES 아키텍처의 CPS 설계 목표들 간의 이러한 약간 미묘한 차이점들을 이해하는 것이 인간이 만든 스마트 그리드들의 다양한 요구에 어떤 기술이 가장 잘 맞는지를 이해하는 데 필수적이다. 다음은 다른 아키텍처들의 최첨단 사이버 측면을 살펴보고 표 2.2에 제시된 목표들을 충족시키기 위해 특정 아키텍처에 어떤 개선이 필요한지를 확인할 것이다.

2.3.2 아키텍처 1의 수행 목표

완전히 규제된 유틸리티 거버넌스의 관리하에 운영된다는 것을 감안할 때, 아키텍처 1의 주요 수행 목표는 네트워크 중심적이다. 즉, 각 유틸리티는 가능한 한 최저 가격에 에너지를 사용자에게 항상 공급해야 한다는 것이다.

이 성과는 주어진 용량 한계 내에서 제어 가능한 설비에 의해 생산된 가용 발전량 P_G를 계획하고 이 전력을 시스템 수준의 유틸리티 부하에 공급함으로서 달성된다. 이 부하는 기상 조건 및 시간 주기(즉, 일별, 주별, 계절별)에 따라 달라지므로 예측돼야 한다. 장기적으로 유틸리티는 장기적인 부하 증가에 맞춰 충분한 에너지를 공급할 수 있도록 발전 용량 K_G를 증설하고/증설하거나 오래돼 오염 물질을 방출하는 기존 발전소를 폐기/중단하는 계획을 수립해야 한다. 단기적 스케줄링과 장기적 전력망 투자 모두에 대해 부하는 완전히 외인성이며 무응답성 시스템 입력으로 가정한다. 그리고 유틸리티는 새로운 발전 설비가 망에 연결돼도 신뢰성 있는 전력 공급이 보장되도록 필요한 물리적 송전 용량 K_T를 향상시킬 책임이 있다. 스케줄링 및 용량 투자의 근간을 이루는 수학적 알고리즘은 전력망의 제약 조건과 모든 설비의 물리적 및 제어적 한계에 대한 대규모 최적화 방법이다. 최적화 목표와 근본적인 제약 조건에 대한 수학적 공식화를 위해서는 [Ilic98]의 2장과 [Yu99]를 참조하라.

이론적인 공식에서 K_G, K_T, P_G는 모두 동등하게 유효한 결정 변수가 될 수 있으나 주어진 장기 시스템 부하 예측에 대해서 발전 용량 증설 K_G를 먼저 계획한 다음 배전의 타당성을 위해 충분한 송전 용량 K_T를 구축하는 것이 일반적이다. 송전 투자 결정은 종종 최악의 시나리오에 대한 분석을 기반으로 하며 최적화되지 않는다[Ilic98, Chapter 8]. 특히 유틸리티는 수요 효율 개선 K_D에 대한 자본 투자를 위한 사전 계획을 세우지 않고 있으며, 이러한 투자의 효과를 발전 용량 K_G를 증설할 때의 효과와 비교하지 않는다. 그 대신 시스템 수요 P_D가 알려져 있는 것으로 가정하고, K_G와 K_T의 계획은 1~2개의 대형 발전기 그리고/또는 송전 설비가 망에서 분리되는 최악의 설비 장애가 발생하는 중에도 충분한 용량을 갖도록 수립된다. 이러한 사례를 $(N-1)$ 또는 $(N-2)$ 신뢰도 기준이라고 한다.

특히, 소위 성능 기반 규제performance-based regulation, PBR는 고객의 QoS 기대값을 충족시키

면서 전반적인 서비스 원가를 절감하는 데 도움이 될 수 있는 혁신을 고려하도록 유틸리티 사업체를 장려하기 위한 노력을 나타낸다[Barmack03, Hogan00]. PBR의 기본 개념은 유틸리티 규제 기관이 주기적으로(예를 들어, 매 5년마다) 서비스 제공 시 발생하는 총비용을 평가하고 전반적인 비용 절감에 따라 전력세를 인상할 수 있게 하는 것이다. 불행히도, 복합 에너지 네트워크를 위한 PBR 설계는 현재 열린 과제로 남아 있다.

2.3.2.1 아키텍처 1의 시스템 이슈

오늘날 시스템 운영 및 계획의 근간을 이루는 몇 가지 근본적인 가정들이 사이버 기술을 통한 시스템 수준의 성능 향상을 방해할 수 있다. 이것은 다음과 같이 분류될 수 있다.

- **비선형적 동특성 관련 문제**: 정상 운영과 비정상 조건 모두에서 원하는 성능을 보장하기 위해 필요한 센서 및 액추에이터 로직을 지원하는 비선형 모델은 아직 없다.

- **불안정성을 적응적으로 제어하지 못하는 모델의 사용**: 모든 제어기가 고정 게인constant gain 및 분산형(지역형)이다. 시스템이 완전 제어 가능하거나 관찰 가능하지 않다.

- **시공간 네트워크의 복잡성 관련 문제**: 주요 설비의 정지에 이어지는 급격한 동적 불안정성을 보수적 자원 스케줄링을 써서 회피하고자 할 때 문제가 발생한다. 시스템은 일반적으로 대용량 장비가 고장나는 경우만을 대비해 고속 예비 발전 설비를 대기시키기 때문에 비효율적으로 운영된다.

제어기를 튜닝할 때 동적 구성 요소들 간의 상호 연결성이 약하며, 따라서 빠른 응답이 지역적으로만 가능하다고 가정한다. 네트워크가 선형적 네트워크 흐름을 가지며 비선형적 제약 조건의 영향이 주요 플로 게이트flow gate를 통한 전력 전송에 대한 프록시 열 제한proxy thermal limit을 정의해 근사화된다는 가정하에서 조정된 경제적인 스케줄링이 실행된다. 결과적으로 예비 발전 설비는 항상 최악의 설비 장애 상황에도 중단 없이 부하를 서비스할 수 있도록 계획된다. 이러한 설비의 장애 시 데이터 기반 온라인 자원 스케줄링에 대한 의존도는 거의 없다(제로에 가깝다). 이는 충분한 자원 용량을 계획하는 것이지만, 가용한 자원을 비효율적으로 운영하는 셈이며, 동적 수요 대응, 다른 가용한 제어 가능 발전 설비 및 송배전 설비에 대한 설정값 스케줄링, 망 재설정 등 같은 것을 신뢰하지 않는 셈이다. 그렇게 함으로써 정전 사태를 막을 수 있다고 해도 전형적인 정전 사태 시나리오의 초기 단계에서 연쇄적 현상이 발생하지 않도록 하는 체계적인 조정이 이뤄지지 않는다[Ilic05a].

오늘날 모델들의 근간인 계층적^{hierarchical} 제어 시스템은 전력망 내의 상위 수준과 하위 수준 간의 상호작용을 지원하지 않는다. 예를 들어, 스케줄링은 예측 수요를 실제 수요로 모델링해 수행되며, 따라서 이러한 시스템은 대응적 수요나 새로운 분산 에너지 자원의 영향을 통합하는 데 적합하지 않다. 자동 발전 제어(AGC)는 스케줄링이 잘돼 있고 고속의 시스템 동특성이 안정적이라는 가정하에 이 예측값의 준정적 편차를 관리하도록 설계됐다. 주 제어기는 예상되는 최악의 상황에 대해서 한 번 조정되지만, 운영 조건 그리고/또는 연구되지 않은 영역에서 위상^{topology}이 변하면 불안정해지는 것으로 알려져 있다.

이러한 컴퓨터의 산업용 애플리케이션은 재고할 필요가 있다. 왜냐하면, 미래의 전력망은 망과 그 계층적 제어가 설계된 조건에서 동작할 것으로 예상되지 않기 때문이다. 유연성을 통한 탄력성과 효율을 높여주는 새로운 기술들을 통합하는 것은 필수적이지만, 절대 쉽지 않다. 업계는 일반적으로 새로운 최선의 해결책을 받아들이지 않으며 오히려 신뢰성 있는 운영에 대한 위협으로 간주한다.

2.3.2.2 아키텍처 1 시스템의 향상된 사이버 능력

일반적으로 유틸리티는 고객의 부하 프로파일^{load profile}에 대해서 더 많은 세부사항을 파악할 필요가 있다. 스마트 발전 그리고/또는 스마트 배전 및 소비에 투자하기 시작함으로써 기존 시스템을 CPS 기반의 미래 시스템으로 전환하는 데 필요한 높은 자본 비용 투자를 상쇄하도록 해야 하며, 적어도 불확실성하에서의 서비스를 더 잘 관리할 수 있게 될 때까지 이러한 투자를 미뤄야 한다. AMI^{Advanced metering infrastructures}는 이러한 방향을 향한 최근의 움직임이다. AMI를 사용해 수집된 정보는 고객과 유틸리티 모두에게 이익이 되는 적응형 부하 관리adaptive load management, ALM를 구현하는 데 적용할 수 있으며, 유틸리티가 대규모 자본 투자와 필요 사이버 기술의 비용 간의 균형을 보다 잘 관리할 수 있게 한다 [Joo10]. 시스템 수요가 예측하기 어려워짐에 따라 적시just-in-time, JIT 및 적소just-in-place, JIP 수급 균형을 가능하게 하는 CPS의 가치는 계속 증가할 것이다[Ilic00, Ilic11].

사이버 기술을 이용한 온라인 자원 관리의 필요성을 인식하는 것이 특히 중요하다. 예를 들어, 많은 우발적 위기 상황은 시간 필수적time-critical이지 않다. 다양한 부하 조건에 따라 제어 가능한 다른 설비들을 조정하기 위한 강건한robust5 상태 예측기state estimator, SE 와 스케줄링 소프트웨어가 있으면 신뢰성 있는 서비스를 제공하기 위해 필요하다고 여겨지고 있는 대규모 설비에 대한 높은 자본 비용을 회피하거나 적어도 상쇄하는 데 큰 도움이 될 수 있다. 궁극적으로 유틸리티는 시간 필수적 설비의 장애 시에도 시스템의 동특성을 안정화시킬 수 있는 초고속 전력전자적 스위칭 자동화를 구현할 수 있어야 한다 [Cvetkovic11, Ilic12]. 이러한 자동화에 따른 예상 잠재 이득은 정상 가동 중에 저비용 청정 연료를 사용하는 것과 매우 드물게 발생하는 "반드시 가동해야 하는" 발전을 회피하는 것에서 생기는 누적된 비용 절감을 기반으로 한다.

2.3.2.3 아키텍처 1을 위한 CPS 설계상의 과제

아키텍처 1을 위한 CPS 기반의 향상이 가능하다는 것은 어느 정도 분명하지만, 이 분야에서의 혁신과 새로운 사이버 기반 솔루션의 채택은 다소 느리다. 데이터 기반 운영에는 향상된 유틸리티 수준의 상태 예측기SE가 필요한데, 새로운 SCADASystem Control and Data Acquisition System가 지원되는 상태 예측기가 온라인으로 사용할 수 있게 되듯이, 제어 가능한 발전 및 송배전 설비의 가장 효과적인 조정을 계산하기 위한, 계산적으로 강건한robust 최적화 도구와 이 설비를 조정하기 위한 원격 제어가 그것이다. 계산상의 주요 어려움 중하나는 대규모 전력망 내의 시간적 공간적 복잡성이 서로 얽혀 있다는 것이다. 제어 가능 설비는 자체적인 동특성을 갖고 있으며 전력망은 공간적으로 복잡하고 비선형적이다. 현재, 전형적인 아키텍처 1에서 일반적으로 볼 수 있는 전력망의 복잡성을 위해 도입할 준

---

5 시스템에서 입력값의 오류나 처리 과정의 오류에도 대응할 수 있는 능력을 말한다 - 옮긴이

비가 돼 있고, 그러한 애플리케이션에서 입증된 성능을 제공하는 범용 대규모 소프트웨어 애플리케이션은 없다.

2.3.2.4 아키텍처 2를 위한 CPS 설계상의 과제

아키텍처 2의 시스템 수준 목표는 아키텍처 1의 시스템 수준 목표와 매우 유사하다. 그러나 이러한 유형의 시스템에서 발전 비용은 비유틸리티 소유 입찰non-utility-owned bids에 기인하며 실제 발전 비용과 같지 않을 수 있다. 입찰자는 당연히 과도한 위험에 노출되지 않으면서 자신의 이익을 최적화하려고 한다. 또한 적어도 원칙적으로는 부하 지원 유틸리티들이 오늘날의 유틸리티와의 경쟁으로 형성되고 있으며, 도매 시장에 참여함으로써 소규모 사용자 그룹에게 서비스를 제공하겠다고 제안하고 있다. 이 시나리오에서 이러한 부하 지원 사업자load-serving entities, LSE의 목표는 지원하는 부하의 관리를 통한 이익의 극대화다.

아키텍처 2의 주요 과제는 전력 시장이 전력망 운영과 일관성을 유지하도록 보장하는 사이버 설계를 개발하는 것이다.

2.3.2.5 아키텍처 3~5를 위한 CPS 설계상의 과제

새롭게 떠오르고 있는 아키텍처 3~5의 시스템 수준 목표는 현재 잘 정의돼 있지 않다. 아키텍처 4와 5는 기본적으로 그린필드 설계green-field design6 단계에 있다. 즉, 이 아키텍처들은 새로운 기술이 연구되면서 진화하고 있다. 특히 대규모 전력 사용자가 유틸리티 망에서 분리돼 효과적으로 독립형 마이크로 그리드가 되는 경향이 뚜렷하다. 이러한 경향은 스마트 데이터센터, 군 기지 그리고 해군 및 공역통제센터에서 발생한다. 또한 에너지 서비스 제공자energy service provider, ESP가 관리하는 상대적으로 소규모 사용자로 구성된 일부 지방 자치 단체 및 기타 그룹은 독립형 자원의 이점을 고려하고 지역 유틸리티 제공자에 대한 의존도를 낮추기 시작했다.

아키텍처 3에서 5까지는 아키텍처 1 및 2와는 달리 그림 2.2와 2.3에서 나타낸 것처럼

---

6 건설 분야에서 사용되던 용어로, 개발된 적이 없는 미개발 지역에 대한 개발을 의미한다. 따라서 철거나 재정비의 필요가 없다. 소프트웨어의 개발의 경우 이전의 작업을 고려할 필요가 없는 프로젝트를 말한다. - 옮긴이

독립형 자체 관리 소규모 전력망이다. 이들은 전력 백본망^{backbone power grid}에서 완전히 분리될 수 있으며, 자체 자원이 충분하지 않거나 너무 비싼 경우에는 안정적인 서비스를 보장하기 위해서 전력 백본망에 연결될 수 있다. 이러한 아키텍처들을 총체적으로 마이크로 그리드[Lopes06, Xie09]라고 한다. 이전에 유틸리티에서 서비스를 받던 사용자가 자신의 소규모 자원을 백본망에 연결하는 프로세스가 현재 진화하고 있다. 여전히 최후 수단의 제공자로 남아 있어야 한다는 요구를 받는 유틸리티들로서는 증가하는 마이크로 그리드들에 대해서 계획하고 이들과 상호 운용하는 것이 어렵다는 것을 알게 됐다.

새롭게 부상 중인 아키텍처들에 대한 형식적 수학적 모델링은 복잡한 대규모 동적 시스템으로서 거의 수행되지 않았다[Doffler14, Smart14]. 그 대신, 풍력 발전소, 스마트 빌딩, 태양광 발전소 그리고 지역 제어기 및 센서와 같은 독립형 구성 요소(그룹)의 모델링에 많은 노력을 기울여왔다. 모델의 부족은 결과적으로 새로운 자원의 존재와 시스템에 대한 그들의 가치를 설명하는 데 필요한 체계적인 평가, 통신 그리고 제어 설계를 위한 방법의 부족을 가져왔다. 예를 들어, EV의 스마트 충전 방법이 부족하면 계획 단계의 유틸리티에서는 더 큰 전력 피크를 겪을 수 있다. 증가된 이 수요는 적어도 두 가지의 바람직하지 못한 영향을 미친다. 즉, 종종 오염 물질을 배출하는 새로운 발전소를 건설할 필요성과 유틸리티 부하를 줄이기 위해서 필요한 EV에 대한 경제적 인센티브의 부족이다.

이러한 문제는 근본적으로 시스템 사용자 간의 종단간 다방면 정보 교환이 원활하지 못해 발생하며, 다양한 기술 및 유형의 시스템 사용자들(풍력 발전소, 태양광 발전소, 스마트 건물 그리고 다른 응답 수요의 사용자)에서 볼 수 있다. 송배전망 소유자와 최종 사용자에게 궁극적인 서비스를 제공할 책임이 있는 시스템 운영자 간의 행동의 조정이 실패할 때도 이와 똑같은 문제가 발생한다. 제어 가능 전압 설비의 송배전망 소유자는 가장 효율적이고 깨끗한 전력 발전의 배전 및 활용을 지원하는 이러한 제어기의 설정값을 온라인으로 조정하지 않는다. 더 일반적으로는 다방향 정보 교환 없이는 스마트 그리드에 대한 인센티브를 제공해 다양한 이해 관계자의 목표 또는 시스템의 목표를 전체적으로 충족시키도록 돕는 것이 불가능하다.

2.3.3 전진할 수 있는 방법

미래 전력망이 진정 탄력적이고 효율적으로 운영되도록 지원하기 위해서는 한 가지 방법만으로는 충분하지 않을 것이다. 마찬가지로 하나의 마법의 사이버 아키텍처가 최적이 될 수 없다. 그 대신, 스마트 DER이 기존의 물리 망 및 자원과 연동할 수 있게 하기 위해 기존의 사이버 기술, 새로운 임베디드 센서 및 액추에이터 그리고 최소한의 다층 간 상호작용하는 온라인 정보 교환 프로토콜의 다양한 조합이 필요할 것이다. 이 장의 앞부분에서 설명한 것처럼 얼마나 많은 센싱, 얼마나 않은 구동 그리고 어떤 정보 교환 프로토콜 유형이 필요할지는 변화하는 거버넌스 및 사회적 목표뿐만 아니라 근본적으로 기존 자원 및 사용자가 종래의 기존 전원 시스템 내에서 얼마나 잘 정렬돼 있는지에 달려 있다. 특히, 다양한 이해 관계자의 권리, 규칙, 책임이 변화하고 있으며, 이러한 변화는 진화하는 시스템 운영을 지원하는 데 필요한 사이버 물리 시스템에 큰 변화를 가져올 것으로 보인다[Ilic09]. 보다 일반적으로는 환경 및 경제적인 이유로 전력 사용자가 전력망의 수급 균형에 적극적으로 참여함으로 말미암아 전력 회사가 과거에 사용하던 동일한 시스템 수요 예측 기법과 발전 스케줄링에 의존하는 것이 거의 불가능해질 것으로 보인다.

새로운 IT 회사들이 출현하면서 시스템 사용자의 데이터의 수집과 처리를 대신하는 사업을 시작하고 있다[helio14, nest14]. 더 많은 DER이 비유틸리티non-utility 이해 관계자에 의해 소유되고 운영되면, 전기 서비스에 대한 궁극적인 책임, 특히 설비 장애 발생 시 서비스에 관한 큰 문제를 야기하게 된다. 정상 작동 중에 자족하는 많은 DER 및 대규모 발전 사업체는 자체 자원을 사용할 수 없는 경우, 여전히 유틸리티의 지원을 요청할 수 있다. 이러한 양상은 전기 서비스에 있어 최후 수단의 제공자로서 유틸리티에게 큰 압박을 준다. 아이러니하게도 유틸리티의 효율성은 대규모 전력 생산과 상대적으로 완만한 시스템 부하에 의해 뒷받침되는 규모의 경제를 기반으로 하고 있다. 소규모 DER들이 지역적이고 종종 극적인 휘발성 부하를 제공하는 이러한 패러다임은 새롭게 부상하는 전기 공급 패턴의 전반적인 효율성에 관한 문제를 야기한다. 효율성과 강건성을 유도하기 위해서는 사이버 기반의 자원 통합이 필수적이 될 것이다.

이 장의 나머지 부분에서는 변화하는 전력 에너지 시스템에서의 새로운 모델링, 평가 그리고 의사결정상의 과제에 대한 우리의 접근 방법을 설명한다. 사례와 참고 문헌은 주로 카네기 멜론 대학의 전기 에너지 시스템 그룹Electric Energy Systems Group, EESG의 연구 결과를 기반으로 하고 있으며, 따라서 이것이 최신 기술을 완전히 설명하는 것은 아니다.

2.4 지속가능한 SEES를 위한 사이버 패러다임

이 절에서는 하나의 가능한 모델링, 추정 및 의사결정 패러다임인 DyMonDS를 소개하고, 전력 산업에 있어서 앞에서 설명한 문제들을 극복하기 위한 새로운 사이버 설계 및 구현의 기초로서 고찰하고자 한다. 먼저 이 프레임워크의 기본 원칙은 앞서 설명한 모든 물리적 아키텍처들에 대해서 동일하다는 점을 지적한다. 이에 대해서는 그림 2.5[Ilic00, Ilic11]에 표시된 전형적인 전기 에너지 시스템과 내장된 지능을 살펴보라. 2개의 서로 다른 CPS 프로세스를 관찰할 수 있다. (1) 자체적인 지역 DyMonDS가 있는 물리적 구성 요소(그룹)들, (2) 구성 요소(그룹)들 간의 정보 및 에너지의 흐름(화살표 있는 점선으로 표시).

DyMonDS는 임베디드 센싱, 시스템 신호 학습 그리고 지역 의사결정 및 제어 기능을 갖춘 물리적 구성 요소(그룹)를 효과적으로 나타낸다. 구성 요소는 공통 목표를 공유하며, 목표를 달성하기 위해서 복잡한 전기 에너지 시스템 내에서 (협력하며) 함께 경쟁한다. 또한 사전 합의된 결속 정보binding information 신호에 응답하고 잘 정의된 프로토콜에 따라 사전 합의된 정보를 시스템에 다시 보낸다. 특히, 내장된 사이버 및 정보 교환 설계는 견실한 물리 기반 모델과 잘 정의된 수행 목표를 기반으로 한다. 스마트하고 강력한 망은 지원해야 하는 SEES 아키텍처의 유형에 크게 좌우된다. 그림 2.6은 [Ostrom09]에 소개된 일반적인 사회 생태 시스템socio-ecological system, SES의 개념도다. 그림 2.7은 사회 생태적 에너지 시스템socio-ecological energy system, SEES의 지속가능성을 가능하게 하는 우리가 제안하는 DyMonDS 기반 CPS 망의 개념도다[Ilic00, Ilic11]. 기본 SEES 아키텍처에 따라 종단간 CPS 설계 스마트 그리드의 필요성이 달라진다. 그럼에도 불구하고 기본 원칙은 동일하다. 즉, 시간적, 공간적, 상황적 특성을 자원, 사용자, 거버넌스 시스템의 목표와 가능한 한 가깝게 정

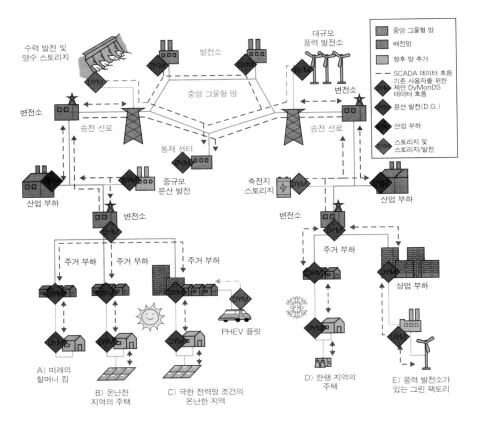

그림 2.5 CPS 전기 에너지 시스템과 임베디드 DyMonDS〔Ilic11, Ilic11a〕

© 2011 IEEE. Reprinted, with permission, from *Proceedings of the IEEE* (vol. 99, no. 1, January 2011).

렬시키는 것이다. 이것이 이해되면, 잘 정의된 목표로 CPS 망을 설계할 수 있게 되며, 다양한 망 기술의 가치가 정량화될 수 있다.

2.3.1절에서 물리 망 사용자(그룹)의 시간적, 공간적, 상황적 속성이 보다 잘 정렬될 때 주어진 SEES가 (모든 측정 기준에서) 더 지속가능할 것이라고 한 것을 상기하라. 이 결과는 두 가지의 질적으로 다른 방식으로 실현될 수 있다. 즉, 지역 지능을 망 사용자 자체에 포함시키거나 정렬되지 않은 망 사용자를 조정함으로써 구현할 수 있다. 간략히 말하면, 전

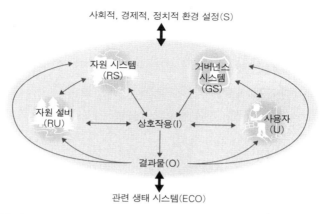

그림 2.6 사회 생태 시스템(SES) 분석을 위한 프레임워크에서 코어 시스템〔Ostrom09〕

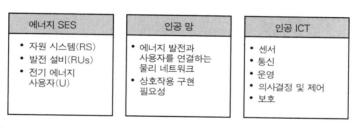

그림 2.7 스마트 그리드: 지속가능한 SEES를 가능하게 하기 위한 종단간 CPS〔Ilic00, Ilic11〕

력 사용자가 매우 불안정하고 응답적이지 않은 경우, 전력 공급을 위해 더 빠른 고속 발전을 구축하거나 나머지 시스템으로부터 나오는 외부 정보에 대응해 사용자가 응답하고 조정할 수 있도록 해야 한다. 이렇게 하지 않으면 상호 연결된 망이 사용자의 요구를 충족시키지 못할 수 있다. 즉, 신뢰할 수 없는 QoS로 특징지어지는 상황이 된다. 자원의 전반적인 활용도가 매우 비효율적일 수도 있다.

지속가능한 SEES의 문제가 복잡한 동적 시스템에서 사이버 디자인의 문제로 그려질 때, 이 시스템이 다양한 외부 입력과 교란 요인들에 의해 움직인다는 것을 이해하기 시작한다. 이 시스템 상태의 동특성은 자원, 사용자 그리고 송배전망의 자연스러운 응답과 내장된 DyMonDS 및 그들 간의 상호작용에 따라 매우 다양한 속도로 진화한다. 제어기는 관련 시스템 출력이 예상 궤도에서 이탈하는 것에 대한 정보 업데이트에 응답한다. 유사하게, 망의 상태(전압, 전류, 전력 흐름)에 대한 외부 시스템의 공간적 영향은 매우 복잡하고 변화가 많다. 마지막으로 전력망의 다양한 사용자 (그룹)의 수행 목표는 매우 다양하며, 이 장의 앞부분에서 설명한 진화하는 에너지 시스템의 일반적 상황적 복잡성을 고려할 때, 때때로 상충된다.

2.4.1 SEES를 위한 CPS의 물리 기반 구성

근간을 이루는 복잡한 네트워크 시스템의 오랜 이론적 문제들 중 하나는 하부 네트워크의 체계적 구성에 관한 것이다. 이 문제는 물리적 디자인과 사이버 디자인 모두에 공통적이다[Lee00, Zecevic09]. 이 절에서는 물리적 에너지 시스템을 지원하는 사이버 네트워크 구성에 대한 새로운 물리 기반의 접근 방식을 제안한다. 물리적 모듈과 그 상호작용의 동특성은 외부 입력에 대한 자연스러운 응답에 의해 변동된다. 외부 입력 자체는 일반적으로 복잡한 SEES 내의 물리적 변화와 사이버 변화의 혼합이다. 예를 들어, 발전기는 물리적 변수(전압, 주파수)의 편차와 제어기(예: 조정기 및 여자기)의 설정값 변경에 응답한다. 풍력 발전소는 풍속의 외생적 변화뿐만 아니라 제어기의 설정값(예: 블레이드 위치 및 전압) 변화에 의해서도 변동된다.

일반화를 위해서 SEES 내의 각 CPS 모듈은 그림 2.8에 나타난 일반적인 구조를 갖는 것으로 생각할 수 있다[Ilic14]. 각 물리적 모듈의 동특성은 모듈의 상태 변수 $x_i(t)$와 상태의 수 n_i, 지역 주제어기가 주입하는 입력 신호 $u_i(t)$, 외부 교란 요인 $M_i(t)$, 상호작용 변수 $z_i(t)$로 특징지어질 수 있다. 구성 과제는 모든 모듈들을 복잡한 상호 연결된 시스템으로 결합하는 것이다. 이 과제는 각 모듈의 상호작용 변수가 다른 모듈들의 동특성에 종속적이기 때문에 발생한다. 상호 연결된 SEES의 개회로open-loop 동특성은 외부로부터 모든 모듈로의 입력 $M_i(t)$와 모든 모듈의 초기 상태 $x_i(0)$에 의해서 결정된다. 이 프로세스들에는 모듈 상태의 변화(그림 2.8에서 가장 밝은 회색 화살표)를 반영하는 이산적discrete 이벤트들이 중첩돼 있다. 폐회로closed-loop 동특성은 이에 더해 지역 제어기 설정값 $u_i^{ref}(t)$의 변화와 지역 출력 $y_i(t) = C_i x_i(t)$ 및 상호작용 변수 $z_i(t)$의 예상값과의 편차 조합에 응답하는 지역 제어

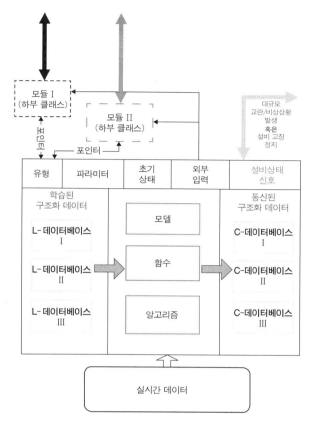

그림 2.8 SEES 내에서 CPS 모듈에 대한 일반적인 개념

신호 $u_i(t)$에 의해서 유도된다. 앞서 설명한 다섯 가지 아키텍처에서 시스템 통제와 지역 제어 설계는 많이 다르다. 이것들은 스카다와 함께 SEES를 위한 사이버 네트워크를 구성한다.

사이버 네트워크의 체계적인 구성을 형식화하기 위해서 우리는 먼저 상태 $x_i(t)$의 실제 연속적 동특성이 물리 기반의 구조를 갖고 있음을 주시한다. 특히, 주어진 어떤 모듈의 동특성은 인접 상태neighboring state의 동특성에만 명시적으로 의존하며 멀리 떨어진 모듈의 상태에는 의존하지 않는다[Prasad80]. 분리 관찰 상태 공간observation-decoupled state space, ODSS

주파수 모델링, 추정 그리고 제어에 대한 개념은 이 고유한 구조를 기반으로 오래전에 소개됐다[Whang81]. 더 최근에는 완전 결합^{fully-coupled} 전압 주파수의 동특성에 대해서 새로운 물리 기반 상태 공간 모델이 도입됐다[Xie09]. 각 모듈에 대해 변환된 상태 공간은 나머지 $(n_i - 2)$개의 상태와 상호작용 변수를 포함한다. 여기서 상호작용 변수는 모듈에 저장된 순에너지와 그 모듈과 시스템의 나머지 부분 간에 교환되는 저장 에너지의 비율이라고 물리적으로 해석된다. 새롭게 변환된 이 상태 공간에서 모듈화된 동특성의 다층적 구성은 최하위 계층을 형성하는 내부의 나머지 물리적 상태의 동특성과 축소된 상위 계층을 형성하는 상호작용 변수의 동특성에 의해서 특징지어질 수 있다. 이는 결과적으로 복잡한 망의 동특성을 특성화하는 데 필요한 최소한의 관련 사이버 변수를 정의한다.

이러한 다층적 표현이 그림 2.9에 나와 있다. 이 모델에서 각 확대 모듈에 대해 그림 2.8에서 학습된 변수는 인접 모듈의 상호작용 변수이며, 모듈과 시스템 나머지 부분 간에 소통된 변수는 모듈 자체의 상호작용 변수다. 이 모델링 단계는 전기 에너지 시스템을 진정한 사이버 물리 시스템으로 볼 수 있게 만든다. 전기 에너지 시스템의 물리적 특성은 사이버 구조(알려지고 통신돼야 하는 변수들)를 정의하고, 사이버 성능은 물리적 성능을 지원하도록 설계된다. 개회로 동특성은 상호작용 변수에 대한 정보를 교환해 구성할 수 있다. 이 상호작용은 CPS 없이는 매우 복잡한 망을 시뮬레이션하는 데 필요한 효율적인 수치 해석적 방법을 지원한다[Xie09].

폐회로 CPS의 설계는 동일한 동적 구조를 기반으로 한다. 내부 상태를 안정적으로 유지하기 위해 각 모듈이 충분히 제어된다면, 가장 손쉬운 분산 제어가 내부 변수와 상호작용 변수의 동특성의 조합에 응답한다. 이것은 변환된 상태 공간 사용 시 완전 분산 경쟁 제어에 해당한다. 사이버적인 측면은 종종 하이 게인^{high-gain}의 지역 제어와 무통신 상태를 지원하는 고속 샘플링에 해당할 것이다. 전체 시스템의 동기화가 이 방법으로 달성될 수 있다[Ilic12a]. 이 사이버 구조는 전선을 포함한 모든 동적 구성 요소가 전형적으로 고속의 전력 전자식 스위칭 제어기를 갖는 아키텍처 4와 같은 이상적인 환경에서는 매우 효과적일 것이다[Doffler14, Lopes06]. 이전에 설명한 다른 물리적 아키텍처 중 어느 것도 그렇게 많은 분산 제어 기능을 갖고 있지 않으며, 설령 있다고 해도 제어 포화로 인해 매우 실

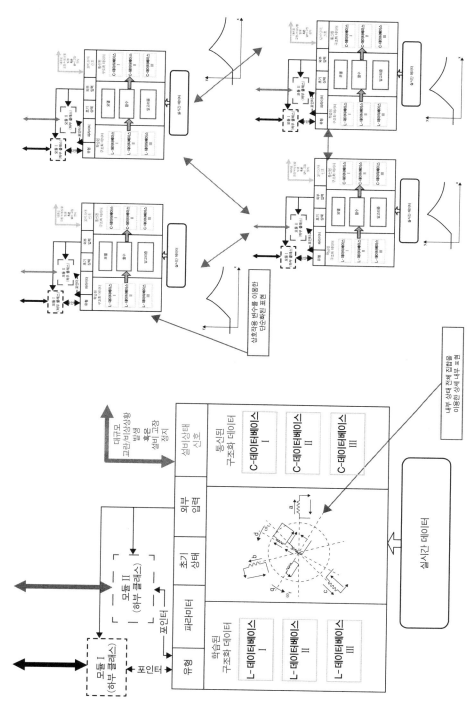

그림 2.9 SEES 내에서 상호작용 변수 기반의 CPS 구성

질적인 문제가 발생할 수 있다. 그러므로 보다 현실적인 사이버 설계를 위해서는 일반적으로 기술 표준/프로토콜이 필요하다[Ilic13].

2.4.2 SEES의 CPS를 위한 DyMonDS 기반 표준

동적 모니터링 및 의사결정 시스템[DyMonDS] 프레임워크는 모듈이 내부 및 상호작용 변수에 의해서 특징지어지는 새로운 모델링 접근법을 사용하면 가장 잘 이해할 수 있다. 물리적 모듈에 내장된 DyMonDS(그림 2.5 참조)에서는 모듈들이 표준을 충족하는 한, 즉 전기 에너지 시스템에서 의도하는 시간 동안 동특성에 의한 문제를 야기하지 않는 한, 설계를 통해서 플러그 앤 플레이 방식으로 기존 망에 모듈들을 삽입할 수 있다. 다층 모델링 및 제어 설계 접근 방식은 다른 모듈이 맞춰야 하는 표준의 기반을 설정한다.

가장 간단한 방법은 각 모듈이 동특성 표준을 충족하도록 요구해 나머지 시스템과의 상호작용이 폐회로 동특성에서 상쇄되도록 하는 것이다. 이 접근법은 많은 수의 소규모 분산 구성 요소들로 구성되며, 각 구성 요소는 지역 사이버 구조를 갖고 있는 아키텍처 4와 5에서 아마도 수용 가능할 것이다. 예를 들어, PV 패널에는 지역 시스템 저장 장치와 시스템의 나머지 부분에서 PV로 오는 저장 에너지 교환(상호작용 변수들)의 영향을 상쇄시킬 수 있는 지역 저장 장치와 고속 전력 전자 장치가 있을 수 있다. 이러한 PV는 적어도 시스템의 나머지 부분에서 볼 때는 이상적인 AC 전압 소스로 작동할 수 있는 충분한 제어 및 저장 장치를 갖추고 있을 것이다. [Doffler14, Lasseter00]에서 상정된 마이크로 그리드 설계들은 모두 이렇게 매우 강한 가정을 전제로 하고 있다. 반면, 아키텍처 1에서 3까지는 플러그 앤 플레이 동특성에 대한 더 복잡한 표준을 요구한다. 여기서 주목할 점은 이러한 아키텍처의 동적 구성 요소가 모두 제어기를 갖는 것은 아니라는 것이다.

우리는 이러한 시스템에서의 동특성에 대한 표준을 제안했으며, 그 표준은 개별 모듈에 의해서가 아니라 모듈 그룹에 의해 충족돼야 한다[Baros14, Ilic13]. 이 표준은 각 모듈 그룹 내에서 협조적이고 조정된 제어를 요구하며, 그룹 간의 조정에 대해서는 최소한으로 하거나 전혀 요구하지 않는다. 사용자 그룹에 대한 준정적[quasi-static] 표준의 실제 예는 제어 영역의 개념이다. 두 제어 영역 간의 상호작용은 비의도적 에너지 교환[inadvertent energy exchange,

^{IEE}으로 측정되며, IEE는 영역 제어 오류$^{area\ control\ error,\ ACE}$ 전력 불균형에 의해 결정된다. 이것이 오늘날 AGC의 기반이다[Ilic00]. 불안정성 문제가 없다는 것을 보장하는 책임을 지는 구성 요소 그룹들과 관련된 동적 상호작용 변수는 이 개념을 더 일반화한 것이다. 이러한 상호작용 변수의 동특성은 상호작용 변수 자체와 인접 모듈들의 특정 상태에 의해 결정된다는 것이 세부적인 전개를 통해 밝혀졌다[Cvetkovic11, Ilic00, Ilic12, Ilic12a]. 따라서 상호작용 변수를 분산된 방식으로 센싱하고 제어하는 것이 가능해지는데, 이것은 그들의 동특성이 지역적으로 측정 가능한 변수들에 의해서 완전히 결정되기 때문이다.

2.4.2.1 데이터 기반 동적 집단화의 역할

앞의 논의에 따르면, 각 계층이 원하는 성능을 위한 사이버 요소의 설계가 전적으로 분산된 방식으로 수행될 수 있다는 결론을 내릴 수 있다. 불행히도, 이 주장이 항상 옳은 것은 아니다. 일반적으로 상호작용 변수의 영향이 지역 모듈들의 동특성 영향을 압도하면, 상호작용을 상쇄하고 모듈들이 그들의 폐회로 동특성의 결합이 약화된 것처럼 동작하도록 만들기 위해서 복잡한 하이 게인 제어기를 로컬에서 설계할 필요가 있게 된다. 이 방법은 일반적으로 많은 양의 지역 센싱과 고속 제어가 가능한 저장 장치를 필요로 하며, 실질적으로 통신이 필요 없다. 이 설계와 전력 시스템의 통상적인 계층적 제어의 차이점은 모듈들이 그들의 목표를 얼마나 잘 충족시키고 상호 연결된 시스템의 목표와 얼마나 밀접하게 조화를 이루는지를 통해서 측정되는 증명 가능한 성능을 가질 수 있게 된다는 것이다.

엄청난 복잡성은 회로를 폐쇄하고 모듈과 계층을 자족하게$^{self-sufficient}$ 만듦으로써 관리된다. 사용자 그룹이 스스로 공통 목표를 가진 모듈을 형성할 때 집단화를 통해 어느 정도의 절감이 달성되기는 하지만, 이 시나리오에서 모듈들은 경쟁 상태에 있게 된다. 이것은 그러한 CPS의 시스템 수준의 효율성과 관련해 매우 까다로운 시스템 관련 의문을 제기한다. 여기서 다시, 종래의 계층적 제어를 생각하는 사람은 이 접근법이 모듈들 간의 조정이 있을 때보다 덜 효율적인 해결책을 줄 것이라고 제안할 것이다. 실제로는 이러한 결론은 더 이상 자동으로 그렇게 되지 않는데, 그것은 모듈의 경계가 복잡한 시스템 내의 관리적 구분을 기반으로 사전 정의되는 것이 아니기 때문이다. 그 대신, 모듈로 집단화하는 데 따른 보상이 거의 없을 때까지 구성 요소 스스로에 의해서 상향식으로 집단화해 형성된다. 만일 이러한 집단화가 데이터 중심적이고 협업 모듈들의 경계가 변화하는 시스템 조건에 따라 동적으로 형성되면, 이러한 모듈들은 실제 작동에서 분리된 방식으로 운영될 수 있다. 즉, 오늘날의 계층적 시스템에서 흔히 볼 수 있듯이, 상호작용 변수의 조정이 미리 결정된 경계를 가진 모듈에 대해 수행되는 것처럼, 이들도 동등하게 우수한 성능을 얻을 수 있다.

모듈의 최적 크기는 모듈 자체에 속한 구성 요소들의 자연스러운 동특성과 모듈들 간의 상호 연결 강도에 따라 달라진다. 물리적 특성은 궁극적으로 지역 사이버 구조^{DyMonDS}의 복잡성과 조정하는 상호작용 변수들에 대한 통신 요구사항 간의 최적에 가까운 균형을 결정하는 역할을 한다. 최근의 연구 결과는 이러한 다층 전기 에너지 시스템과 SEES를 최선으로 지원하는 데 필요한 물리적 설계와 사이버 설계 간의 상호의존성에 대한 우리의 지식에 흠집을 내기 시작했다.

2.4.2.2 사전 정의된 하부 시스템이 있는 시스템에서의 조정

오늘날 사용자 그룹의 폐회로 동특성이 다른 사용자 그룹들과 매우 느슨하게 결합되도록 사용자 그룹을 동적으로 상향식 집단화를 하는 것은 매우 어렵다. 전력 시스템이 대형 발전기 또는 송전 선로를 잃을 때, 이와 관련된 모델은 본질적으로 비선형적이다. 결과적으로 시스템의 집단화가 수행될 수 있는지 여부에 대한 모든 가능성이 없어지므로 이러한 위상 변화$^{topological\ change}$의 영향이 장애와 떨어져 있는 곳에서는 보이지 않는다. 한 가지 가능한 솔루션은 폐회로에서 선형적으로 나타나고, 따라서 미분 계수가 상수가 되는 시스템 같은 적응형 하이 게인 제어를 나머지 구성 요소에 대해서 사용하는 것이다[Miao14, Murray95]. 큰 구성 요소의 장애에 뒤이어 전기 기계적^{electromechanical} 시스템을 동기화된 상태로 유지하기 위해서 전력 전자적 제어를 통해 제어 가능 저장 장치를 킬로헤르츠^{kHz} 속도로 스위칭하는 것이 이 해법을 구현하는 가능성 높은 한 가지 방법이다. 이러한 기술적 해법은 고전압 전력 전자의 획기적인 발전과 정확하고 빠른 CPS 동기화 기술의 개발로 인해 최근에야 실현 가능성이 높아졌다[Cvetkovic11, Ilic12].

대규모 고속 전력 전자 스위칭 저장 장치를 갖춘 상호 연결된 전력 시스템에 대한 수학 이론은 탐구할 만한 가치가 있다. 자연스럽게 이 기술은 제어되는 장치의 내부 상태에 대한 폐회로 동특성을 더 고속화하며, 회전 기계의 전기 기계적 동특성을 구성하는 모듈들의 느린 상호작용과 분리되게 한다. 따라서 장애의 영향이 시스템의 백본을 통해 전파되는 것을 막아 완전히 분산된 안정화가 가능해진다. 저장 장치 비용을 최소화하기 위해 여러 구성 요소를 단일 지능형 지역 조정 기관intelligent balancing authority, iBA7으로 동적 집단화하는 방법이 주요 과제다[Baros14, Ilic00]. FACTSFlexible AC Transmission System의 응답성 구성 요소에서 아주 작은 저장 용량을 차지하는 기존의 고속 제어기가 다양한 배터리 및 플라이휠과 같은 실제 전력 에너지 저장 장치로 보완돼야 하는 때를 결정하는 것은 현재 매우 까다로운 제어 설계상의 문제다[Bachovin15]. 그럼에도 불구하고 이러한 접근법을 구현하기 위한 첫 번째 단계가 진행되고 있다.

더 많은 진전이 이뤄지면서 이러한 iBA의 동특성에 대한 표준을 정의할 수 있게 되고, 시스템은 약결합weakly coupled iBA에 의해 플러그 앤 플레이 방식으로 작동될 수 있게 된다[Baros14, Ilic00]. 그림 2.10은 IEEE 24 노드nodes RTS 시스템[Baros14]과 iBA 기반 하이 게인 제어(고정 게인 AVR 및 PSS)가 있거나 없는 노드 1에서의 발전기 손실에서 가까운 영역의 전력 흐름의 동적 응답을 보여준다. 그림 2.11은 신중하게 집단화된 iBA가 있는 시스템의 응답을 보여준다. 동일한 오류에 대해 폐회로 비선형 제어기로 인한 동적 응답도 표시돼 있다. 발전기 손실에 대한 시스템의 응답은 자동 전압 조정기automatic voltage regulators, AVR 및 고정 게인 전력 시스템 안정기power system stabilizers, PSS와 같은 기존의 여자 제어기excitation controller와 진동하지만, 하이 게인 비선형 피드백 선형화feedback-linearizing 여자 제어기는 iBA 내 발전소의 폐회로 동특성을 안정화시킬 것이며, 시스템의 나머지 부분과의 영역 내 진동을 거의 완전히 제거할 것이다.

---

7 NERC(North American Electric Reliability Corporation)에 의한 정의: 지역 조정 기관(Balancing Authority)이란, 대규모 전력 시스템에서 신뢰성 있는 계획과 운영에 기여하는 지역 기능으로서 선행적으로 자원 계획을 통합하고 전력 자원과 전력 수요의 균형을 실시간으로 유지시킨다. - 옮긴이

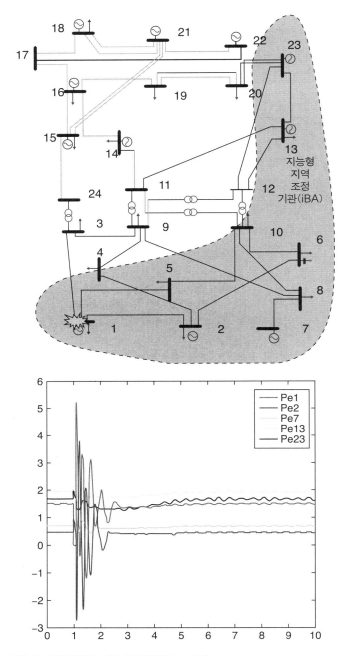

그림 2.10 하이 게인 iBA 분산 제어에 따른 동적 응답〔Baros14〕

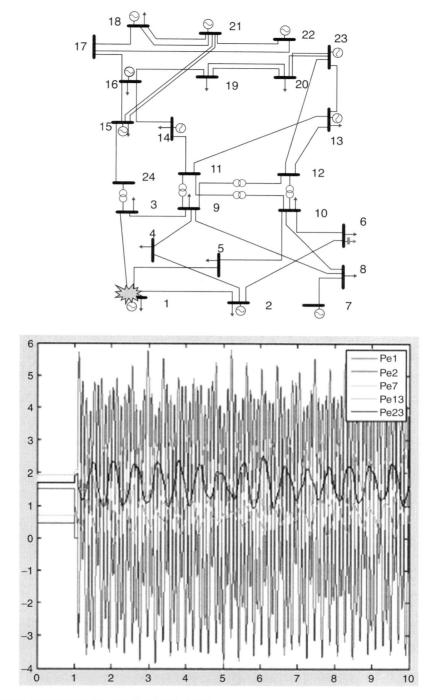

그림 2.11 종래 제어기가 있는 시스템에서 영역 내 진동

시스템이 동기 상태를 잃어버릴 위험에 처했을 때 입증 가능한 성능을 보장하기 위해서 하이 게인 전력 전자 스위칭 제어기를 설계할 때는 많은 작업을 해야 한다. 최근에는 이러한 조건하에서 시스템을 동기화된 상태로 유지하기 위한 에너지 함수energy function의 선택이 중요하다는 것이 밝혀졌다. 여기에서도 에너지 함수의 선택은 근본적으로 물리적 특성에 기초하고 있다. 모듈 제어기가 설계될 때 남은 시스템의 엑트로피ectropy[8]가 가장 좋은 에너지 함수다[Cvetkovic11, Ilic12]. 그러므로 모듈의 하이 게인 제어기의 동작이 시스템의 나머지에서 장애를 최소화하면 상호 연결된 시스템들은 교란의 영향을 알지 못한다. 그림 2.12와 2.13은[Cvetkovic11, Ilic12]에서 제안된 비선형 제어기의 유무에 따른 시스템의 단락 오류가 발생한 작은 예를 보여준다.

어느 SEES 아키텍처의 동특성을 표현하기 위해 사용자(그룹)의 다양하고 고유한 특성을 표현하는 하위 계층의 상세 모델을 사용해 모델링하거나 상호작용만을 나타내는 상위 계층 모델을 사용해 모델링하는 일반적인 다층 모델링 접근법은 하이 게인 제어 및 고속 저장 장치에 대한 필요성을 낮추기 위해 필요한 경우 상호작용 변수들을 조정 제어하는 데 사용될 수 있다. 시스템 교란이 연속적으로 발생하면 오늘날의 잘 정립된 계층적 전력 시스템 모델링은 효과적으로 대처할 수 없다. 이러한 시스템은 전형적으로 상위 계층이 준

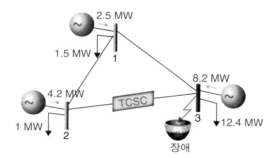

그림 2.12 소규모 전력 시스템에서의 단락 장애(Cvetkovic11, Ilic12)

---

[8] Negative entropy, negentropy 또는 syntropy라고도 한다. 생물학적 의미로는 자신의 엔트로피를 낮추기 위해, 즉 더 질서 있는 상태가 되기 위해 내보내는 엔트로피로서 수리 열역학적으로는 대규모 동적 시스템이 유용한 일을 하고 더욱 조직화되려는 성향에 대한 척도로 정의된다. – 옮긴이

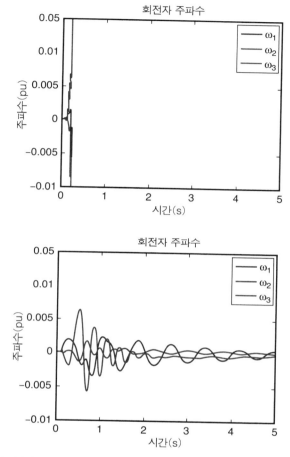

그림 2.13 엑트로피 기반 제어기 유무에 따른 주파수 응답(Cvetkovic11, Ilic12)

정적quasi-stationary이고 하위 계층만이 정말로 동적이라는 강한 가정에 기초한다. 이러한 조건이 더 이상 유지되지 않으면 복잡한 시스템 전체가 구성 요소의 시간적 및 공간적 동적 상호작용에 의해 구동된다고 보는 것이 핵심이 된다.

그러면 사이버 구조의 상위 계층은 서로 다른 시스템 모듈 간의 상호작용 변수의 동 특성을 센싱하고 통신한다. 필요한 정보 교환은 이러한 상호작용 변수를 통해서 정의된다. 지역 변수와 지역 제어기는 상호작용의 효과가 분산 모듈의 지역 동특성을 압도하지 않는 한 근본적으로 분산돼 있다. 그림 2.14는 주어진 상호작용 변수에 대한 지역 분산 DyMonDS의 확대된 모습과 모듈의 상위 레벨 조정에 대한 축소된 모습을 보여준다.

작은 변화perturbations에 대한 안정적인 주파수 응답을 보장하기 위한 여러 가지 통신 및 제어 설계를 [Ilic12a]에서 찾아볼 수 있다. 이러한 설계는 계단형 교란step disturbance에 대응해 주파수 편차가 0으로 돌아가도록 하거나 풍력 변동으로 인한 지속적인 작은 교란에 대응해 수용 가능한 임계값 이내로 유지되도록 보장한다. 이 디자인은 시스템을 조정 계층과 구성 요소 수준 계층으로 모듈화하는 것을 기반으로 하는 구조 보존 모델링structure-preserving modeling 프레임워크를 사용한다. 각 계층에 대한 제어 책임을 결정하기 위한 이와 같은 체계적인 프레임워크는 시스템이 지속적인 장애를 겪는 경우에도 향상된 분산 및 조정 제어기를 통해 시스템 수준의 안정성을 보장하는 데 필수적이다. 조정에 필요한 통신 복잡성, 지역 제어기의 복잡성 그리고 QoS 간의 절충에 대한 흥미로운 평가는 [Ilic12a]를 참조하기 바란다. 연구자들은 현재 대규모 장애 그리고/또는 갑작스런 큰 진폭의 바람 변화에 대응해 복잡한 전력망의 순간 안정성transient stability을 보장하기 위한 다층 구조 접근법의 일반화를 연구하고 있다. 이 접근법은 시스템 주파수 및 전압의 안정화를 위해 전력 전자 스위칭 제어기를 체계적으로 통합하는 데 결정적일 수 있다[Baros14].

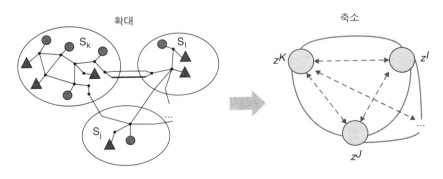

그림 2.14 상호작용의 조정을 위한 다층적 접근법(Illic12a)

2.4.3 상호작용 변수 기반의 자동 모델링 및 제어

대규모 전력 시스템에서 종사하는 모든 사람은 관심 있는 물리적 현상을 충분히 자세하게 포착하는 동적 모델을 유도하는 것이 오랫동안 주요 과제였음을 잘 알고 있다. 미래 에너지 시스템이 다층 대화형 모듈 시스템으로 구성될 것이라는 관점을 채택함으로써 고도로 다양한 모듈과 그들의 지역 DyMonDS를 원하는 만큼 상세하게 표현하고 상호 연결된 시스템의 동특성의 형태를 잡아주는 모듈들 간의 상호작용 변수로 입력/출력 기능을 정의할 수 있게 된다. 상호작용 변수의 조정에는 일반적으로 훨씬 더 거친coarse 모델이 필요하다.

우수한 모델링의 필요성을 충족시키기 위해 라그랑주 공식Lagrangian formulation을 사용해 전력 시스템의 표준 상태 공간 모델을 기호 모델symbolic model로 유도하는 자동화된 접근법이 최근 [Bachovchin14]에서 소개됐다. 시스템 제어 설계자에게 건네주게 되는 상태 공간 모델을 유도하는 것이 종종 대규모 시스템, 특히 전력 시스템에서 주요 장애물이었다는 점에서 이러한 자동화된 접근 방법은 가치가 있다. 왜냐하면 주요 방정식governing equations이 복잡하고 비선형이기 때문이다. 전력 시스템에 대한 주요 방정식이 비선형이기 때문에 [Ilic12a]에서 설명한 바와 같이 라그랑주 공식을 사용하는 대규모 전력 시스템의 상태 공간 모델의 기호적 해를 구하는 것은 매우 계산 집약적일 수 있다.

이러한 이유로 [Bachovin14]에서 설명한 것처럼 상태 공간 모델을 유도하기 위해 자동화 모듈 방식의 접근법이 구현됐다. 이 접근법을 사용하면 시스템이 모듈들로 나뉜다. 즉, 각 모듈의 상태 공간 모델은 별도로 결정되며, 각 모듈에 속한 상태 공간 모델들이 자동화된 절차에 의해 결합된다. 대규모 시스템에는 동일한 유형의 구성 요소가 많기 때문에 이 모듈식 접근 방법은 전력 시스템에 특히 유용하다.

그리고 이 방법은 제어 설계에 적합한 동적 모델을 구하는 데 사용될 수 있다. 특히, 해밀턴 동역학Hamiltonian dynamics을 포함하는 모델을 유도하는 데 사용될 수 있다. 결과로 얻어지는 모델은 총 누적 에너지인 해밀터니안Hamiltonian 같은 관심 대상 출력의 동특성을 명시적으로 포착해 제어기 설계를 크게 단순화한다.

전력 시스템의 몇 가지 공통적인 구성 요소들의 동역학 방정식이 [Bachovchin14]에 나와 있다. 이러한 동역학 방정식은 라그랑주 접근법을 사용해 찾을 수 있거나 전기적 및 기계적 하부 시스템들 간의 결합을 결정하기 위해 에너지 보존과 힘의 법칙을 결합시켜 사용함으로써 계산할 수 있다. 가장 최근에는 전력망이 유도형 풍력 발전소와 동기화되는 것을 보장하기 위해 급속한 전력 불균형이 길어지는 것에 취약한 플라이휠의 전력 전자 제어 스위치를 설계하는 데 이 자동화된 모델링 접근 방법이 사용됐다.

일반적으로 주목할 점은 여기에 설명된 지속가능한 전기 에너지 시스템에 대한 전체 상호작용 변수 기반 모델링과 사이버 설계는 진행 중인 연구라는 것이다. 바야흐로 우리는 거친coarse 상호작용 변수들을 통한 지속가능성 모델링을 물리적 전력망으로 더욱 강력하고 스마트하게 만들도록 해주는 모델링과 연관시키기 시작했다. 초기 아이디어가 매력적이었음에도 이 방향으로는 겨우 첫걸음밖에 나아가지 못했지만, 지속가능성을 위한 사이버 물리 시스템을 효과적으로 설계하기 위해서는 근간을 이루는 물리적 특성에 대한 깊은 이해가 뒷받침돼야 한다는 것이 분명해지고 있다.

2.5 실무자의 시사점

이 장에서 설명하는 새로운 SCADA는 오늘날의 SCADA와 근본적으로 다르다. 새로운 프레임워크를 통해 운영자와 계획자는 시스템 사용자와의 주도적 결속 정보 교환을 기반으로 의사결정을 내린다. 이것은 가치에 기반을 둔 선택을 설명하는 동시에 어려운 사회적 목표를 충족시킬 수 있게 한다. 의사결정이 매우 먼 미래에 대해 내려지거나 실시간에 가깝게 내려지므로 정보 교환은 주기적으로 반복된다. 모두에게 유익한 상황이 되도록 절차가 진행되며, 미래의 불확실성은 이해 관계자들의 부담 가능한 위험과 채택된 기술의 기대 가치에 따라서 많은 이해 관계자들에게 분산된다. 궁극적으로 이 접근 방법은 신뢰성 있고, 효율적이며, 깨끗한 질적으로 새로운 서비스와 정부 보조금 단계를 넘어 존속할 수 있는 가치를 가져다주는 기술들로 이끌 것이다.

2.5.1 성능 목표의 IT 기반 진화

앞에서 설명한 것처럼 상호작용 변수를 조정해야 하는 다계층 모델링은 공동 목표를 가진 협업 구성 요소(그룹)들의 경계가 주어진다고 가정한다. 또한 복잡한 시스템 내의 정보 교환 패턴은 다양한 관리 규칙, 권리 그리고 책임에 의해 제약을 받는다. 장기간에 걸쳐 일반적인 목표를 최적화하기 위해서뿐만 아니라 시스템 성능에 대한 규칙의 영향과 관련해 거버넌스 시스템에 정량화 가능한 피드백을 제공할 수 있도록 상향식 대화형 동적 집단화를 고려할 수도 있다. 이러한 접근 방법을 사용해 성능 목표는 상호작용을 통해 형성되며 시스템은 보다 더 지속가능한 SEES로 진화한다. 상호작용 변수 기반 모델링 및 설계를 확장해 전력 산업의 거버넌스 시스템, 시스템 사용자의 선호도 그리고 송배전망의 응답성에 있는 가치대로 영향을 미치기 위해서는 많은 연구가 이뤄져야 한다.

2.5.2 분산 최적화

이 장에서는 고도로 불확실한 환경에서 자원을 최적화하고 시간적 및 공간적 종속성(제약성)이 고려됐다는 것을 보장하는 것은 계산적으로 지극히 어려운 일이라는 사실을 강조했다. 이러한 복잡성을 극복하기 위해서 제어 가능한 발전 및 전송이 필요에 따라 응답하지 못하게 만드는 시간 척도 및 불확실성 관련 복잡성을 DyMonDS 프레임워크를 사용해 내부화할 수 있다. 특히, 이 모델은 유틸리티 센터의 온라인 자원 관리에 필요한 제어 가능 장비의 기능을 시간 제약이 없이 가능하게 하기 위해서 불확실성에 직면한 지역 DyMonDS에 순차적 의사 결정을 포함시킬 것을 제안한다.

가장 간단한 예는 시스템 운영자에게 순간 변화율ramp rate을 지키도록 요구하지 않고 생산할 수 있는, 시간적으로 변동하는 전력 용량 한도 범위에 집중하는 발전소일 것이다. 순간 변화율은 실행이 이뤄질 때 알려지고 내부화된다. 수요 반응에 참여하는 전기 사용자도 똑같이 할 수 있다. 시간intertemporal 복잡성과 불확실성을 내부화함으로써 분산된, 그러한 관리의 이론적 토대에 대해서는 [Ilic13a, Joo10]을 참조하라. 시스템 사용자와 시스템 운영자 간의 상호작용은 점별^{pointwise9} 또는 함수적^{functional10}일 수 있다. 대부분의 분산 최적화 접근법은 본질적으로 점별이다. 각 사용자는 가정된 시스템 조건에 대해 필요한 최적화를 수행하고 최적의 전력량을 요청한다. 그다음에는 시스템 운영자가 사용자가 최적화한 요청을 수집하고 결과로 나타나는 전력 불일치를 계산한다. 그에 따라 전기 가격이 갱신된다. 공급 부족이 커질수록 시스템 가격은 다음 반복 단계에서 높아진다. 이와 반대로 공급 초과가 클수록 가격은 다음 반복 단계에서 낮아진다.

강한 볼록면^{convexity11} 가정하에서 이 과정은 시스템 전체에 걸쳐 최적의 결과를 가져오는 것으로 알려져 있다[Joo10]. 그러나 점별 분산형 수급 균형 기능을 구현하려면 시스템 사용자와 운영자 간에 많은 의사소통이 필요하다. 대안으로서 DyMonDS 프레임워크는 계층 간 기능 교환(송전까지도 포함한 발전에 대한 수요 및 공급 기능)을 기반으로 한다[Ilic11, Ilic11a]. 이 접근법은 모듈 간에 반복을 여러 번 할 필요를 없애며, 비교적 빠른 속도로 합의에 도달할 수 있다. 그림 2.5는 DyMonDS가 내장된 새로 제안된 SCADA를 보여준다.

2.6 요약 및 열린 도전 과제

공간적 제약으로 인해 새롭게 떠오르고 있는 전기 에너지 시스템에 대한 CPS의 여러 측면에 대해 간략하게나마 논의할 수 없다. 우리는 독자가 많은 대상 후보 기술를 통합하고 그것들의 가치를 최대로 실현시키기 위해서는 종단간 CPS를 설계하는 시스템적 접근법이 매우 중요하다는 사실을 깨닫기 바란다. 대략적으로 말해 모든 기술은 시스템에 가치가 있으며, 이는 명시된 결정 시간 동안에 관심 있는 후보 기술의 유무에 관계없이 원하는 시스템 성능의 누적 개선을 통해 측정될 수 있다. 대부분의 사이버 기술은 불확실한 운

---

⁹ 입력된 실제 데이터에 기반하는 추정값에 의한 상호작용 – 옮긴이

¹⁰ 입력에 대해 수학적으로 유도된 함수에 의해 출력이 정해지는 상호작용 – 옮긴이

¹¹ 함수가 정의역 내에서 볼록면을 갖는다는 것으로서 전역해(global optimum)를 갖기 위한 중요한 성질이다. – 옮긴이

영 조건에서 필수적인 유연성을 제공하며 용량 투자 절감에 기여한다. 그림 2.15는 소규모 시스템의 CPS 표본이 어떻게 나타나는지 보여주며, 미래에 대한 우리의 비전을 간략하게 보여준다. 다양한 센서(예: PMU, DLR)가 적절한 위치에 내장돼 있어서 현재보다 시스템을 더 잘 관찰할 수 있으며, 보유한 시스템을 최대한 활용하기 위해 물리 자원을 조정할 수 있도록 상태를 온라인으로 추정할 수 있다.

불확실한 환경에서 최대한 많은 정보를 획득하기 위해 필요한 센서의 수와 위치를 결정하는 체계적 방법론을 사용할 수 있게 되기까지는 해야 할 일이 많다. 과거 데이터 및 수신 데이터를 기반으로 하는 상태 추정은 시스템에 대한 상황 인식을 훨씬 넓게 만들 것으로 기대된다[Weng14]. 그럼에도 불구하고, 스마트 와이어, 제어기 그리고 잘 알려진 종단간 기능을 갖춘 고속 저장 장치의 통합에 대해 많은 의문점이 있다. 이러한 종류의 시스템에 대한 일반적인 교란 요인은 그림 2.16에 나와 있다. 이러한 신호를 예측 가능한 구성 요소들로 분해함으로써 더 느리고 비용이 적게 드는 자원을 모델 예측적 피드 포워드 방식으로 제어할 수 있으며, 고속 자동화 및 저장을 필요로 하는 예측하기 힘든 잔여 교란 신호의 처리는 얼마나 잘 예측되는지에 크게 좌우될 것이다. 데이터 기반, 온라인, 다층 학

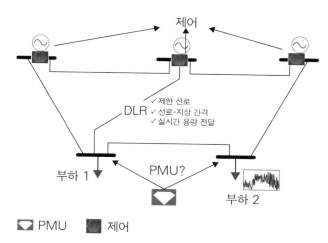

그림 2.15 지속가능한 SEES를 위한 미래의 CPS

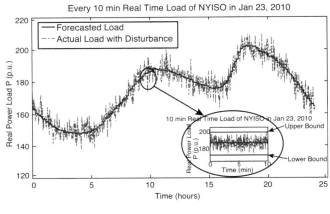

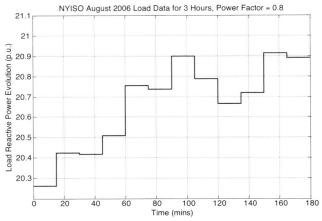

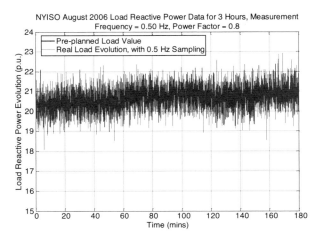

그림 2.16 실제 신호: 얼마나 많이 학습할 수 있고, 얼마나 예측 불가능한가?

습 그리고 동적 집단화는 지속가능한 에너지 서비스를 지원하는 주요 사이버 도구가 될 것이다. 그럼에도 불구하고 남아 있는 가장 큰 과제는 아마도 물리 기반 지식을 데이터 기반 학습과 결합하고 미래 전기 에너지 시스템에서 장래에 사용 가능하게 되는 것들을 최대한 활용할 수 있도록 하는 것이다.

전력 흐름의 타당성을 분산적으로 평가하고 타당한 전력 흐름을 보장하기 위해 복잡한 전력망의 스마트 와이어를 조정하는 것과 같이 이전에는 생각할 수 없었던 개념은 실제로 의미가 있을 수 있으며, 시장에 나올 수 있다. 또한 물리 기반 다계층 대화형 전력망의 근간을 이루는 본질적 구조에 관한 논의는 덜 복잡한 사이버 요건의 형태로 혁신을 이끌 수 있다. 전기 에너지 시스템은 압도적인 복잡성과 다양성으로 인해 앞으로 한동안 CPS의 최첨단 기술에 대한 도전을 계속 보여줄 것이다.

참고문헌

[Bachovchin14] K. D. Bachovchin and M. D. Ilic. "Automated Modeling of Power System Dynamics Using the Lagrangian Formulation." EESG, Working Paper No. R-WP-1-2014, February 2014. *International Transactions on Electrical Energy Systems*, 2014.

[Bachovchin15] K. Bachovchin. "Design, Modeling, and Power Electronic Control for Transient Stabilization of Power Grids Using Flywheel Energy Storage Systems." PhD Thesis, ECE Carnegie Mellon University, June 2015.

[Barmack03] M. Barmack, P. Griffes, E. Kahn, and S. Oren. "Performance Incentives for Transmission." *Electricity Journal*, vol. 16, no. 3, April 2003.

[Baros14] S. Baros and M. Ilic "Intelligent Balancing Authorities (iBAs) for Transient Stabilization of Large Power Systems." IEEE PES General Meeting, 2014.

[Cvetkovic11] M. Cvetkovic and M. Ilic. "Nonlinear Control for Stabilizing Power Systems During Major Disturbances." IFAC World Congress, Milan, Italy, August 2011.

[Doffler14] F. Doffler. "LCCC Presentation." Lund, Sweden, October 2014.

[helio14] HelioPower. http://heliopower.com/energy-analytics/. [Hogan00] W. W. Hogan. "Flowgate Rights and Wrongs." Kennedy School of Government, Harvard University, 2000.

[Ilic05] M. Ilic. "Automating Operation of Large Electric Power Systems Over Broad Ranges of Supply/Demand and Equipment Status." In *Applied Mathematics for Restructured Electric Power Systems*. Kluwer Academic Publishers, pages 105 – 137, 2005.

[Ilic09] M. Ilic. "3Rs for Power and Demand." *Public Utilities Fortnightly Magazine*, December 2009.

[Ilic11] M. Ilic. "Dynamic Monitoring and Decision Systems for Enabling Sustainable Energy Services." *Proceedings of the IEEE*, January 2011.

[Ilic13] M. Ilic. "Toward Standards for Dynamics in Electric Energy Systems." PSERC Project S-55, 2013 – 2015.

[Ilic14] M. Ilic. "DyMonDS Computer Platform for Smart Grids." *Proceedings of Power Systems Computation Conference*, 2014.

[Ilic05a] M. Ilic, H. Allen, W. Chapman, C. King, J. Lang, and E. Litvinov. "Preventing Future Blackouts by Means of Enhanced Electric Power Systems Control: From Complexity to Order." *Proceedings of the IEEE*, vol. 93, no. 11, pages 1920 – 1941, November 2005.

[Ilic12a] M. D. Ilic and A. Chakrabortty, Editors. *Control and Optimization Methods for Electric Smart Grids*, Chapter 1. Springer, 2012.

[Ilic12] M. Ilic, M. Cvetkovic, K. Bachovchin, and A. Hsu. "Toward a Systems Approach to Power-Electronically Switched T&D Equipment at Value." IEEE Power and Energy Society General Meeting, San Diego, CA, July 2012.

[Ilic98] M. Ilic, F. Galiana, and L. Fink. *Power Systems Restructuring: Engineering and Economics*. Kluwer Academic Publishers, 1998.

[Ilic11a] M. Ilic, J. Jho, L. Xie, M. Prica, and N. Rotering. "A Decision-Making Framework and Simulator for Sustainable Energy Services." *IEEE Transactions on Sustainable Energy*, vol. 2, no. 1, pages 37 – 49, January

2011.

[Ilic13a] M. D. Ilic, X. Le, and Q. Liu, Editors. *Engineering IT-Enabled Sustainable Electricity Services: The Tale of Two Low-Cost Green Azores Islands.* Springer, 2013.

[Ilic00] M. Ilic and J. Zaborszky. *Dynamics and Control of Large Electric Power Systems.* Wiley Interscience, 2000.

[Joo10] J. Joo and M. Ilic. "Adaptive Load Management (ALM) in Electric Power Systems." 2010 IEEE International Conference on Networking, Sensing, and Control, Chicago, IL, April 2010.

[Lasseter00] R. Lasseter and P. Piagi. "Providing Premium Power Through Distributed Resources." *Proceedings of the 33rd HICSS*, January 2000.

[Lee00] E. A. Lee and Y. Xiong. "System-Level Types for Component- Based Design." Technical Memorandum UCB/ERL M00/8, University of California, Berkeley, 2000.

[Lopes06] J. A. P. Lopes, C. L. Moreira, and A. G. Madureira. "Defining Control Strategies for MicroGrids Islanded Operation." *IEEE Transactions on Power Systems*, May 2006.

[Murray95] R. Murray, M. Rathinam, and W. Sluis. "Differential Flatness of Mechanical Control Systems: A Catalog of Prototype Systems." ASME, 1995.

[nest14] Nest Labs. https://nest.com/.

[Ostrom09] E. Ostrom, et al. "A General Framework for Analyzing Sustainability of Socio-ecological Systems." *Science*, vol. 325, page 419, July 2009.

[Prasad80] K. Prasad, J. Zaborszky, and K. Whang. "Operation of Large Interconnected Power System by Decision and Control." IEEE, 1980. [Smart14] Smart Grids and Future Electric Energy Systems. Course, 18-618, Carnegie Mellon University, Fall 2014.

[Weng14] W. Yang. "Statistical and Inter-temporal Methods Using Embeddings for Nonlinear AC Power System State Estimation." PhD Thesis, Carnegie Mellon University, August 2014. [Whang81] K. Whang, J. Zaborszky, and K. Prasad. "Stabilizing Control in Emergencies." Part 1 and Part 2, IEEE,

1981.

[Xie09] L. Xie and M. D. Ilic. "Module-Based Interactive Protocol for Integrating Wind Energy Resources with Guaranteed Stability." In *Intelligent Infrastructures*. Springer, 2009.

[Yu99] C. Yu, J. Leotard, M. Ilic. "Dynamics of Transmission Provision in a Competitive Electric Power Industry." In *Discrete Event Dynamic Systems: Theory and Applications*. Kluwer Academic Publishers, 1999.

[Zecevic09] A. Zecevic and D. Siljak. "Decomposition of Large-Scale Systems." In *Communications and Control Engineering*. Springer, 2009.

무선 센서 네트워크 기반의
사이버 물리 시스템

존 에이 스탠코빅^{John A. Stankovic}

이 장에서는 사이버 물리 시스템^{cyber-physical systems, CPS} 연구에서 발견되는 몇 가지 주요 주제에 중점을 두고, 무선 센서 네트워크^{wireless sensor network, WSN} 기술을 논의한다. 이러한 주제에는 물리적 세계에 대한 의존성, CPS의 학제 간^{interdisciplinary} 특성, 개방형 시스템, 시스템의 시스템^{systems of systems} 그리고 폐회로 내 인간^{humans in the loop, HITL1}이 포함된다. 이러한 기술의 이면에 있는 동기를 이해하기 위해 여러 가지 운영 시나리오가 주어지며, 각 시나리오를 그것이 만들어낸 해당 기술과 관련짓는다. 예를 들면, 매체 접근 제어^{medium access}

---

1 인간과의 상호작용이 요구되는 모델을 말한다. 기계나 컴퓨터 시스템이 어떤 문제에 대해 답을 낼 수 없을 때 인간이 개입하게 되는 프로세스를 의미한다. HITL이 발생하면 인간에 의한 추가 정보는 의사 결정 과정에 통합되며, 향후 특정 동작을 자동으로 처리하기 위해 컴퓨터 알고리즘에 반영된다. — 옮긴이

control, MAC, 라우팅routing, 정위localization, 클록 동기화clock synchronization 그리고 전원 관리power management를 위해 WSN에 존재하는 기본적인 결과들이 포함된다. 이 주제들은 WSN에서 발견되는 핵심 서비스로 간주된다. 이 장에 제시된 결과는 포괄적이지 않지만, WSN을 CPS 이슈들과 관련짓기 위해 선택됐다. 그리고 이 분야의 연구자들이 그들 업무에 대한 지침으로 사용하는 기준을 독자가 이해할 수 있도록 핵심 동인과 품질 속성을 제시한다. 이러한 요인들에는 실시간 동작real-time operation, 런타임 검증runtime validation 및 보안security 같은 시스템의 전통적인 측면뿐만 아니라 실제 세계에 대한 사이버 세계의 의존성 같은 측면이 포함된다. 마지막으로 이 장에서는 프로그래밍 추상화와 관련해 실무자에게 미치는 영향에 관해 설명한다.

3.1 서론 및 동기

적시에 적합한 기술들이 융합되면 파괴적 혁신disruptive innovations과 변형적 혁신transforming innovations을 일으킬 수 있다. 사이버 물리 시스템이 그런 경우다[Stankovic05]. 현재의 많은 시스템이 CPS로 간주될 수 있지만, 저비용 센싱 및 구동actuation, 무선 통신 그리고 진정한 혁신적인 CPS로 이어질 잠재력을 지닌 유비쿼터스 컴퓨팅 및 네트워킹의 결합에 대한 전망이 매우 흥미롭다. 이러한 기술의 조합은 수년 동안 무선 센서 네트워킹 커뮤니티에서 개발 중에 있다. 결과적으로 중요한 CPS 도메인 하나가 무선 센서 네트워크를 기반으로 하는 CPS 인프라로서 구축되고 있는 것이다.

CPS 연구의 핵심 이슈는 사이버 세계가 물리적 세계에 어떻게 의존하며, 역으로는 어떠한지에 관한 문제다. 물리적 세계는 사이버 세계에서 안전하고 실시간적 방식으로 다뤄져야 하며, 종종 적응적이고 진화적인 접근 방법을 요구하는 어렵고 불확실한 상황들을 피할 수 없게 한다. CPS가 더 개방됨에 따라 환경 영향에 대한 더 나은 설명과 이를 처리해야 하는 소프트웨어가 사용할 수단에 대한 필요성이 커지고 있다. 이는 하드웨어-소프트웨어 인터페이스 이슈라기보다는 환경-하드웨어-소프트웨어 인터페이스 이슈다. 신뢰할 수 있고 안전한 CPS를 구축하려면 다학문적multidisciplinary 전문성과 적어도 컴퓨터 과학, 무선 통신, 신호 처리, 임베디드 시스템, 실시간 시스템 그리고 제어 이론 같은 분야의 전문가들을 통합하는 새로운 기술 커뮤니티가 필요하다는 점도 잘 인식돼 있다. CPS 솔루션은 종종 둘 또는 그 이상의 이들 분야에 대한 아이디어 또는 결과의 조합에 의존한다.

WSN이 확산되면서 대부분의 일상생활에 WSN이 나타나기 시작하고 있다. 이러한 네트워크는 환경, 인터넷, 다른 시스템 그리고 사람들과 동적으로 상호작용한다는 의미에서 개방돼 있다. 이러한 개방성은 시스템의 시스템과 폐회로 내 인간을 다루는 다른 핵심적인 기술적 문제를 발생시킨다.

3.2 시스템 해설 및 운영 시나리오

지난 10년 동안, WSN은 많은 면에서 큰 발전을 이뤘다. WSN은 CPS를 구축할 수 있는 중요한 플랫폼을 제공한다. 따라서 이 절에서는 WSN의 주요 기능 중 일부를 설명하는 데 실제 세계가 이러한 기능에 어떤 영향을 미치는지에 중점을 둘 것이다. 특히, 매체 접근 제어, 라우팅, 정위, 클록 동기화 및 전원 관리에 대해 논의한다. 이 모든 경우에 대해 WSN은 멀티 홉multi-hop 무선 네트워크로 구성된 많은 노드들로 구성돼 있다고 가정한다. 각 노드는 하나 이상의 센서 액추에이터, 이웃 노드와의 통신에 사용하는 하나 이상의 무선 통신 트랜시버transceivers, 연산 기능(일반적으로 마이크로컨트롤러), 메모리 및 전원(배터리, 에너지 획득 하드웨어 또는 때때로 벽 콘센트).

WSN에 구축된 CPS는 다양한 방식으로 사용된다. 이러한 시스템의 사용 방식에 대한 전반적인 시각을 제공하기 위해서 가정 보건, 감시 및 추적 그리고 환경 과학 응용 분야의 운영 시나리오를 제시한다. 이러한 시나리오를 제시할 때 시스템의 감지, 네트워킹 및 구동 측면을 고려한다. 물론 각 영역마다 많은 변형이 가능하다.

- **가정 보건**home health care: 모션 센서 및 온도 센서는 가정의 각 방에 설치된다. 접촉 센서는 문, 캐비닛 및 가전 기기에 설치된다. 가속도계 및 압력 패드가 침대 위에 설치된다. 적외선 센서는 입구 및 출구에 설치된다. 약물 센서와 RFID 태그 및

리더가 선택적으로 설치된다. 시각 디스플레이 장치, 알람 발생기 및 조명이 액추에이터 역할을 한다. 처음에는 식사, 수면 및 화장실 같은 일상생활에서의 정상적인 활동들에 대해서 학습하기 위해 데이터가 수집된다. 시스템이 사람의 정상적인 행동을 학습하고 나면 비정상 상태^{anomaly}를 모니터링한다. 이상이 감지되면 시스템은 개입(구동)으로서 디스플레이에 메시지를 전송한다. 시스템은 또한 낙상 사고를 방지하거나 분위기를 향상시키는 데 도움이 되도록 조명을 활성화할 수 있다. 안전하지 않은 조건이 감지되면 경보기가 알람을 울린다. 작은 집 또는 아파트에서 무선 통신은 단일 홉^{hop}일 수 있다. 더 큰 환경에서는 멀티 홉 네트워크가 필요할 수 있다. 그림 3.1은 건강 관리를 위한 이러한 종류의 "스마트 홈"을 나타낸다.

- **감시 및 추적**^{Surveillance and tracking}: 모션, 근접, 음향, 자기^{magnetic}, 온도 그리고 카메라 센서는 매우 넓은 지역(예: 항구, 국경, 숲 또는 먼 계곡)에 신속하게 배치될 수 있다. 일단 배치되면 노드는 적절한 정위 프로토콜을 통해 위치를 결정하고 무선 멀티 홉 네트워크로 자체 구성한다. 이어서 다중 모드 센서^{multimodal sensor}는 움직이는 물체의 감지, 추적 및 분류를 처리한다. 분류된 물체가 잘못 들어온 트럭, 국경

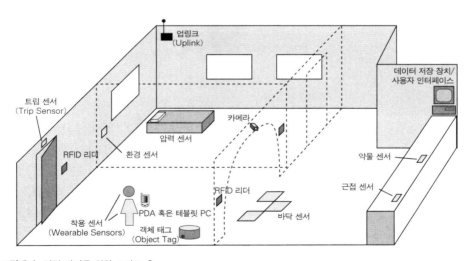

그림 3.1 건강 관리를 위한 스마트 홈

156

에너지 효율적 감시 시스템

1. 무인항공기(UAV)가 모우트(motes) 배치

Zzz...

경비병

3. 센서 네트워크가
차량 탐지 후
센서 노드 시동

2. 모우트가
전원 관리를 포함한
센서 네트워크 구축

그림 3.2 감시, 추적 및 구동

을 넘은 사람들, 숲의 화재, 계곡에 진입하는 탱크와 같이 관심 대상인 경우, 구동 actuation이 시작된다. 구동에는 경찰, 소방관 또는 병사 파견이 포함될 수 있다. 그림 3.2는 이러한 종류의 에너지 효율적인 감시 시스템을 보여준다.

- **환경 과학**Environmental science : 수위 센서는 (저수지) 댐에 설치되고 유속 센서는 저수지로 유입되는 각 강 및 소하천에 설치된다. 기지국 노드의 제어기는 현재의 수위와 모든 유입 경로에서 얻은 수치를 기반으로 배수량을 예측한다. 유속 센서는 고정 멀티 홉 네트워크를 통해 데이터를 기지국으로 전송한다.

3.2.1 매체 접근 제어

매체 접근 제어medium access control, MAC 프로토콜은 공유 채널을 통해 인접 노드의 동작을 조정한다. 가장 일반적으로 발견되는 MAC 솔루션은 경합 기반contention-based이다. 경합 기반의 MAC에 대한 일반적인 접근법은 전송할 메시지가 있는 노드가 채널이 사용 중인지를 테스트하게 하는 것이다. 사용 중이 아니면 노드는 데이터를 전송한다. 사용 중이면 노드는 대기하고 나중에 다시 시도한다. 둘 이상의 노드가 데이터를 전송하고 메시지들이 충돌하는 경우, 그 노드들은 패킷을 재전송하기 전에 무작위 시간 동안 대기함으로써 후속 충돌을 피하려고 한다. 에너지 절감을 위해 일부 무선 MAC 프로토콜은 절약 모드doze mode도 구현하는 데, 일정한 시간 동안 패킷을 송신 또는 수신하지 않는 노드는 슬립 모드sleep mode로 들어간다. 이 기본 MAC 방식에는 많은 변형variant이 존재한다.

많은 MAC 프로토콜, 특히 유선 및 애드혹 네트워크adhoc networks용의 MAC 프로토콜은 일반적인 경우와 임의의 통신 유형 및 작업 부하에 최적화돼 있다. 그러나 WSN에는 좀 더 집중적인 요건들이 있다. 그것은 지역 유니캐스트unicast 또는 브로드캐스트broadcast를 포함하며, 트래픽은 일반적으로 광범위하게 분산된 노드에서 하나 또는 몇 개의 싱크sink로 가고(여기부터는 대부분의 트래픽이 한 방향으로 간다), 주기적이거나 간헐적 이벤트 기반의 통신이 특징이며, 에너지 소비가 주요 요인이다. 결과적으로 무선 센서 네트워크를 위한 효과적인 MAC 프로토콜은 전력 소비가 적고, 충돌을 피하며, 작은 크기의 코드codes2 및 소요 메모리로 구현되고, 단일 애플리케이션에 효율적이어야 하며, 변동하는 무선 주파수radio-frequency와 노이즈 수준 및 간섭 패턴 같은 물리적 네트워킹 조건의 변동에 견딜 수 있어야 한다.

사실, 이것을 어려운 CPS 문제로 만드는 것은 이러한 물리적 세계에서의 이슈들이다. 물리적 세계는 장치가 옥내 또는 옥외에 있는지, 장치가 어디에 위치하는지(예: 공중, 지상, 인체), 어떤 장애물들(예: 사람, 차량, 가구)이 노드들 사이를 가로막는지, 동일 지점에 설치된 co-located 다른 시스템에서 나오는 동적으로 변화하는 간섭 패턴은 무엇인지 그리고 날씨는 어떠한지 등과 같이 대표적인 요인들 외에도 수많은 요인으로 인해 무선 통신이 불확실한 방식으로 수행되게 만든다. 환경이 역동적이고 불확실하기 때문에 MAC 솔루션에서의 사이버 기술은 이러한 조건에 적응적adaptive이고 강건robust해야 한다.

---

2 코드(codes)와 프로그램(program)은 구별된다. 코드는 몇 개의 프로그래밍 언어 구문으로 돼 있다. 여러 개의 코드가 모여 프로그램을 구성한다. 일반적으로 프로그램은 자체적으로 실행 가능한 코드이며, 하나의 구문이나 단순 함수를 코드라고 한다. - 옮긴이

무선 센서 네트워크를 위한 우수한 MAC 프로토콜의 예는 B-MAC[Polastre04]이다. B-MAC은 고도로 설정 가능하며configurable 적은 메모리와 몇 줄의 코드만으로 구현할 수 있다. 특정 애플리케이션에서 필요에 따라 다양한 기능을 인터페이스를 통해 동적으로 선택할 수 있다. B-MAC은 CCAClear Channel Assessment, 패킷 백오프packet backoff, 링크 계층 확인link layer acknowledgments 및 저전력 대기low-power listening의 네 가지 주요 부분으로 구성된다. CCA의 경우, B-MAC은 채널이 유휴 상태일 때 배경 노이즈를 평가하고 유효한 패킷과의 충돌을 효율적으로 탐지하기 위해 샘플의 가중 이동 평균을 사용한다. 이것은 사이버 세계가 물리적 세계의 특성을 처리하도록 구현된다는 명백한 예며, 시스템은 변화하는 노이즈 수준에 적응할 수 있다. 패킷 백오프 시간은 설정 가능하며, 일반적으로 다른 분산 시스템에서 사용되는 지수 백오프exponential backoff 방식에 의존하기보다는 선형 범위에서 선택된다. 이 방법은 무선 센서 네트워크에서 발견되는 전형적인 통신 패턴 때문에 지연 및 작업량을 줄여준다. 또한 B-MAC은 패킷별packet-by-packet 링크 계층 확인을 지원하므로 중요한 패킷만 추가 승인ACK 비용을 지불하면 된다. 노드가 어웨이크awake와 슬립sleep 상태 사이를 순환하도록 저전력 대기 방식이 사용된다. 어웨이크 상태에 있는 동안 어웨이크 상태로 있어야 하는지 또는 슬립 모드로 돌아갈 수 있는지를 평가하기 위해 충분한 시간 동안 전문preamble을 대기한다. 이 계획 방안은 상당한 양의 에너지를 절약한다.

많은 비WSN MAC 프로토콜은 송신 요구request to send, RTS 및 송신 준비 완료clear to send, CTS 형태의 상호작용을 사용한다. 이 접근법은 패킷 크기가 큰 (수천바이트) 애드혹 메시 네트워크ad hoc mesh network에 잘 맞는다. 그러나 패킷 크기가 50바이트 정도인 무선 센서 네트워크에서는 패킷 전송을 준비하는 데 필요한 RTS-CTS 패킷의 오버 헤드를 수용할 만하지 않다. 따라서 B-MAC은 RTS-CTS 형식을 사용하지 않는다.

다채널 무선 센서 네트워크를 지원하기 위한 방법들 또한 연구자들의 관심을 끌었다. 이러한 시스템에서는 MAC 프로토콜을 다채널 MAC으로 확장해야 한다. 이러한 프로토콜 중 하나가 무선 센서 네트워크를 위한 다중 주파수 매체 접근 제어multifrequency media access control for wireless sensor networks, MMSN이다[Zhou06]. MMSN의 세부사항은 복잡하므로 여기서는 설명하지 않는다. 다채널 프로토콜은 B-MAC 같은 프로토콜에 있는 모든 기능을 지원해야 하지만, 각 전송에 주파수를 할당해야 한다. 따라서 다중 주파수 MAC 프로토콜은 일반적으로 채널 할당과 접근 제어의 두 단계로 구성된다. 미래에는 무선 센서 네트워크의 수가 증가하고, 따라서 CPS는 다채널(주파수)을 사용하게 될 것이다. 다채널 MAC 프로토콜의 장점은 패킷 처리량throughput이 더 크고, 동일한 물리적 영역에서 시스템의 시스템systems of systems 상호작용으로 인해 발생할 수 있는 광범위한 혼잡 상태에서조차도 전송할 수 있다는 것이다.

3.2.2 라우팅

멀티 홉 라우팅은 WSN에 필수적인 서비스다. 결과적으로 수많은 연구가 이 주제를 다뤘다. 먼저, 다수의 라우팅 알고리즘을 발전시킨 두 가지 다른 시스템, 즉 인터넷과 무선 모바일 애드혹 네트워크mobile ad hoc network, MANET 시스템을 살펴보자. 인터넷 라우팅 기술은 WSN에서 성능이 좋지 않다. 이 라우팅은 패킷 오류가 거의 발생하지 않도록 신뢰성이 높은 유선 연결을 사용할 수 있다고 가정한다. 개방 환경(물리적 세계)에서 무선 통신이 발생하면 패킷 오류가 거의 없다는 가정이 WSN에는 적용되지 않는다. 무선 MANET 시스템의 경우, 다수의 라우팅 솔루션이 인접 노드들 간의 대칭 링크symmetric link에 의존하는데 (즉, 노드 A가 노드 B에 신뢰성 있게 도달할 수 있고 노드 B가 노드 A에 도달할 수 있다면), 이것 역시 WSN에서는 맞지 않다. 비대칭성은 CPS 라우팅 프로토콜 소프트웨어에서 해결해야 하는 물리적 세계의 또 다른 제약 조건이다.

　WSN의 경우, 종종 애드혹 방식으로 배포되는데, 라우팅은 일반적으로 인접 노드 검색으로 시작한다. 노드들은 메시지(패킷)을 서로 주고받으며 지역 인접 노드 테이블을 만든다. 이들 테이블에는 최소한 각 인접 노드들의 ID와 위치가 포함된다. 따라서 노드는 인접 노드 검색 전에 자신의 지리적 위치(물리적 특성)를 알아야 한다. 이 테이블에서 일반적으로 볼 수 있는 기타 정보로는 노드의 잔여 에너지(물리적 특성), 그 노드를 통한 지연(물리적 환경에 부분적으로 의존하며 재시도가 필요할 수 있다) 그리고 링크 품질 추정값(환경, 전력 수준 및 기타 요인들의 함수)이 있다. 라우팅 테이블이 갖춰지면, 많은 WSN 라우팅 알고리즘에서 메시지는 ID가 아닌 지리적 좌표를 기반으로 출발지source에서 목적지destination로 보내진다.

일반적인 WSN 라우팅 알고리즘은 지리적 전달geographic forwarding, GF이다[Karp00]. GF 에서 노드는 자기 위치를 알고 있으며, 메시지에는 목적지 (지리적) 주소가 들어 있다. 수 신 노드는 기하학적인 거리 공식을 사용해 어느 인접 노드가 목적지에 가장 가까이 접근 하는지를 계산한다. 그런 다음, 메시지를 그 다음 홉으로 전달한다. GF에는 많은 변형이 있다. 예를 들어, 다음 홉을 선택하는 노드는 시간 지연, 링크의 신뢰성 및 잔여 에너지를 고려할 수 있다.

WSN을 위한 또 다른 중요한 라우팅 패러다임은 통제 확산directed diffusion이다[Intana-gonwiwat00]. 이 솔루션은 라우팅routing, 쿼리query 및 집계aggregation를 통합한다. 이 방법 을 사용하면 원격 노드의 데이터에 대한 관심을 나타내는 쿼리가 네트워크 전체에 전파된 다. 적절한 요청된 데이터가 있는 노드는 속성·값 쌍으로 응답한다. 이 속성·값 쌍은 쿼 리 전파 및 응답 중에 설정 및 갱신되는 그레이디언트gradient를 기반으로 요청자requester 방 향으로 나온다. 출발지에서 목적지까지의 경로를 따라가며 데이터를 집계해 통신 비용을 줄일 수 있다. 데이터는 여러 경로를 통해 이동할 수도 있으므로 라우팅의 강건성이 향상 된다. 통제 확산은 생성적 프레임워크generic framework이므로 동적 링크 품질, 비대칭 링크 그리고 무효화voids와 같이 환경으로 인해 발생하는 많은 CPS 문제를 해결하는 소프트웨 어를 구현하는 데 사용될 수 있다.

WSN의 라우팅은 다음과 같은 여러 문제를 동시에 해결한다.

- 신뢰성
- 슬립/웨이크 스케줄과의 통합
- 유니캐스트, 멀티캐스트 및 애니캐스트 의미 체계 지원
- 실시간 요건 충족
- 노드 이동성 처리
- 무효화 처리

WSN에 구축된 대부분의 CPS는 이러한 모든 이슈를 전체론적으로 처리하는 라우팅 솔

루션을 필요로 한다. 여기서 신뢰성 및 무효화 관련 이슈를 간단히 논의하고자 하는데, 그것은 이것들이 몇 가지 중요한 CPS 문제를 보여주기 때문이다.

- **신뢰성**reliability: 메시지가 여러 홉을 이동하기 때문에 각 링크에서 높은 신뢰성을 갖는 것이 중요하다. 그렇지 않으면 종단간end-to-end 수신 확률이 허용할 수 없을 만큼 낮아질 것이다. 수신 신호 강도, 링크 품질 지수('오류' 기준으로) 그리고 패킷 전달 비율 같은 척도를 사용해 신뢰할 수 있는 링크를 식별하기 위한 중요한 연구가 수행됐다. 그런 다음, 고품질 링크를 이용해 다음 홉이 선택된다. 필요하다면 노드는 전력을 높이거나 이전의 열악한 링크가 양호해지는 것처럼 환경이 변화될 때까지 대기할 수도 있다. 또한 재시도는 홉별hop-by-hop 안정성을 향상시킨다. 그러나 버스트burst 손실의 물리적 현상을 인식하고 있는 일부 솔루션은 다시 시도하기 전에 잠시 대기한다. 즉, 버스트 손실을 일으키는 조건이 끝나기를 기다린다.
- **무효화**voids: WSN 노드는 제한된 전송 범위를 가지므로 라우팅 경로에 있는 일부 노드 중에는 메시지가 이동해야 하는 방향으로 전달할 노드가 없을 수 있다. 이러한 종류의 무효화는 장애, 통신을 차단하는 일시적인 장애물 또는 수면 상태에 있는 노드로 인해 발생할 수 있다. GPSR Greedy Perimeter Stateless Routing[Karp00a] 같은 프로토콜은 무효화를 우회하는 경로를 찾기 위해 올바른 방향이 아닌 다른 노드를 선택함으로써 이 문제를 해결한다. 예를 들어, GPSR은 새 경로를 찾기 위해 왼손 규칙을 사용한다. 무효화는 물리적인 실제 상황이라는 것에 주목하기 바란다. 즉, 무효화가 발생하고 라우팅 프로토콜(사이버 요소)이 무효화를 설명하지 않으면 시스템이 실패한다. 이러한 실패의 경우, 라우팅 프로토콜(사이버)이 무효화의 물리적 특성을 인식하지 못한다고 말할 수 있다.

3.2.3 노드 정위

WSN에서 노드 정위node localization는 시스템의 각 노드의 지리적 위치를 결정하는 문제다. 정위는 WSN에 있어서 해결돼야 하는 가장 근본적이고 어려운 문제 중 하나다. 이것은 많은 파라미터parameters들과 요건의 함수이며, 이것은 잠재적으로 그 해결을 매우 복잡하게 만든다. 예를 들어, 다음과 같은 문제들을 노드 정위의 일부로서 고려해야 한다. 추가 정위 하드웨어 비용은 얼마인가? 비콘beacon(자신의 위치를 알고 있는 노드들)이 있는가? 있다면 통신 범위는 어떻게 되고 몇 개나 되는가? 어느 정도의 위치 정확도가 필요한가? 시스템이 옥내인가 옥외인가? 노드 사이에는 시야가 확보되는가? 정위 문제가 2D 또는 3D인가? 에너지 예산(메시지 수)은 얼마인가? 정위하는 시간이 얼마나 걸려야 하는가? 클록이 동기화됐는가? 시스템이 적대적이거나 우호적인 지역에 위치하는가? 어떤 오류 가정error assumption을 전제했는가? 시스템이 보안 공격의 대상이 되는가?

요건과 이슈의 일부 조합에 대해서는 정위 문제가 쉽게 해결될 수 있다. 예를 들어, 비용 및 폼 팩터form factor가 주요 관심사가 아니고 수 미터의 정확도를 수용 가능하다면, 대부분의 실외 시스템에서 각 노드에 GPS 기능을 장착하는 것이 간단한 해답이다. 시스템이 한 번에 한 노드씩 수동으로 배포되면 배포자가 소지한 간단한 GPS 노드가 워킹 GPSwalking GPS[Stoleru04]라는 솔루션을 통해 각 노드를 차례대로 자동 정위할 수 있다. 워킹 GPS 솔루션은 간단하지만 우수하며 각 노드의 위치를 수동으로 입력하지 않아도 된다. CPS의 강건성 요건을 해결하기 위해서 워킹 GPS 솔루션은 필요한 경우 인접 노드와의 협력을 통해 누락된 위성 신호를 처리한다.

WSN에서 정위를 위한 대부분의 솔루션은 범위 기반range based이거나 범위 무관range free이다. 범위 기반 기법은 다양한 기술을 사용해 노드들 사이의 거리(범위)를 먼저 측정한 후 간단한 기하학적 원리를 이용해 노드의 위치를 계산한다[Stoleru05]. 거리를 측정하기 위해서 일반적으로 별도의 하드웨어가 사용된다(예: 음파 및 전파 도달 시간차를 감지하는 하드웨어). 그런 다음, 이 차는 거리 측정으로 변환될 수 있다. 그러나 물리적 현실 세계에서는 종종 거리 추정값의 품질이 좋지 않으며, 어떤 방법으로든 해결해야 할 문제다.

범위 무관 방식에서는 거리가 직접 측정되지 않으며, 대신 홉 수hop count를 사용한다[Bulusu00]. 홉 수가 결정되면 노드 간의 거리는 홉당 평균 거리를 이용해 추정된다. 이 평균 거리값을 기반으로 간단한 기하학적 원리가 위치 계산에 사용된다. 범위 무관 솔루션은 범위 기반 솔루션만큼 정확하지 않으며, 종종 더 많은 메시지를 요구하므로 에너지가 더 많이 소비된다. 그러나 모든 노드에 대해서 별도의 하드웨어나 시야 확보가 필요 없다.

　노드들의 위치는 다양한 시스템 기능들(예: 라우팅, 인접 노드들 간의 그룹 센서 융합, 슬립 스케줄링)과 애플리케이션 의미 체계(예: 이벤트 추적, 위치 파악)에 사용된다. 따라서 노드 정위는 WSN의 핵심 서비스다. 많은 정위 솔루션이 신호 강도와 거리 간의 관계 같은 물리적 세계 특성의 정확한 처리가 필요하다.

3.2.4 클록 동기화

WSN에서 각 노드의 클록은 엡실론^{epsilon} 오차 범위 내에서 동일한 시간을 읽고 그렇게 유지하고 있어야 한다. 클록의 정확도는 시간이 지남에 따라 편류^{drift}하기 쉽기 때문에 주기적으로 재동기화해야 한다. 매우 높은 정확도가 요구되는 어떤 경우에는 동기화 주기 사이의 클록 편류조차도 고려하는 것이 중요해진다. 클록 동기화는 여러 가지 이유에서 중요하다. WSN에서 이벤트가 발생하면 언제, 어디서 발생했는지 알 필요가 종종 있다. 클록은 또한 많은 시스템 및 애플리케이션 작업에 사용된다. 예를 들어, 슬립/웨이크 일정, 일부 정위 알고리즘 그리고 센서 융합은 흔히 동기화된 클록에 의존하는 서비스 중 일부이며, 속도 계산 및 추적 같은 애플리케이션 작업도 마찬가지다.

　인터넷에서 클록을 동기화하는 데 사용되는 네트워크 시간 프로토콜$^{Network\ Time\ Protocol,}$ ^{NTP}[Mills94]은 WSN에게 너무 무겁다. 마찬가지로 모든 노드에 GPS 기능을 제공하는 것은 종종 비용이 너무 많이 든다. 대안으로서 RBS$^{Reference\ Broadcast\ Synchronization}$[Elson02], TPSN$^{Timing\text{-}Sync\ Protocol\ for\ System\ Networks}$[Ganeriwal03], FTSP$^{Flooding\ Time\ Synchronization\ Protocol}$[Maroti04] 같이 대표적인 클록 동기화 프로토콜들이 특별히 WSN용으로 개발됐다.

　RBS에서는 참조 시간$^{reference\ time}$ 메시지가 인접 노드로 브로드캐스트된다. 수신 노드는 메시지가 수신된 시간을 기록한다. 그런 다음, 노드는 시간 기록을 교환하고 클록을 조정해 동기화한다. 이 프로토콜은 타임 스탬프가 수신자 측에서만 구현되기 때문에 송신자 측 비결정성$^{non\text{-}determinism}$ 문제를 겪지 않는다. 정확도는 1홉당 약 30마이크로초다. RBS는 멀티 홉 시스템의 가능성을 다루지 않지만, 이러한 시스템을 포괄하도록 확장시킬 수 있다.

TPSN에서는 전체 네트워크에 대해서 스패닝 트리^{spanning tree}가 생성된다. 이 솔루션은 스패닝 트리 내의 모든 링크들이 대칭적이라고 가정한다. 쌍방향 동기화는 루트에서 시작해 트리의 엣지^{edge3}를 따라 수행된다. RBS와 달리 브로드캐스트가 없으므로 TPSN은 비용이 많이 든다. 이 프로토콜의 핵심 속성은 MAC 계층에서 발신 메시지에 타임 스탬프가 삽입돼 비결정성을 줄이는 것이다. 정확도는 17마이크로초 범위다.

FTSP에서는 장애 및 토폴로지 변경에 대해 강건한 프로토콜을 만들기 위한 무선 계층 타임 스탬프, 선형 회귀에 의한 스큐 보정 그리고 정기적 플러딩이 있다. 메시지의 전송 및 수신은 모두 무선 계층에서 타임 스탬프 처리되며, 이 시간들의 차이는 클록 오프셋을 계산하고 조정하는 데 사용된다. 정확도는 1~2마이크로초 범위다.

클록 편류의 양을 측정하는 것과 사이버 기술이 동기화 시간 사이의 편류를 처리해야 하는지 여부를 결정하는 것은 CPS 이슈다. 필요 시 구현되는 경우, 이러한 솔루션의 강건성뿐만 아니라 솔루션의 정확도와 비용 간의 절충도 주요 CPS 연구 과제다.

3.2.5 전원 관리

WSN에서 사용되는 많은 센서 장치가 2개의 AA 배터리로 작동한다. 노드의 활성도^{activity level}에 따라 전원 관리 체계가 사용되지 않으면 배터리 수명이 며칠 정도밖에 안 될 수도 있다. 대부분의 시스템은 훨씬 긴 수명을 요구하므로 노드의 기능적 요건을 충족시키면서 노드의 수명을 늘리기 위한 중요한 연구가 수행됐다. 하드웨어 수준에서 태양 전지를 추가하거나 움직임^{motion}이나 바람 같은 다양한 방법으로 에너지 획득 방법을 추가할 수 있다. 배터리도 개선되고 있다. 폼 팩터가 문제되지 않는다면 노드의 수명을 연장하기 위해 배터리를 더 추가할 수도 있다. 저전력 회로 및 마이크로컨트롤러의 기능 및 신뢰성이 향상되고 있다. 대부분의 하드웨어 플랫폼은 장치의 각 구성 요소(각 센서 무선, 마이크로컨트롤러)에 대해서 여러 절전 상태(꺼짐^{off}, 휴식^{idle}, 켜짐^{on})를 허용한다. 이러한 옵션이 있는 경

---

3 노드들 간의 연결선(link)을 의미하며, 모서리, 변, 가장자리 등은 뉘앙스 차이 때문에 용어로 사용하기에 적합하지 않다고 생각돼 발음대로 표기한다. - 옮긴이

우, 특정 시간에 필요한 구성 요소만 활성화돼야 한다. 소프트웨어 수준에서는 메시지 전송 및 수신이 에너지 비용이 많이 드는 작동이라는 점을 고려해 전원 관리 솔루션은 통신을 최소화하는 것과 노드 또는 노드의 특정 구성 요소에 대한 슬립/웨이크 스케줄을 생성하는 것을 목표로 한다.

메시지 수를 최소화하는 것은 크로스커팅cross-cutting4 이슈다. 예를 들어, 우수한 MAC 프로토콜은 충돌 및 재시도를 줄여줄 것이다. 우수한 라우팅, 고품질 링크상의 짧은 경로 그리고 혼잡 회피를 통해 충돌을 줄일 수 있으며, 결과적으로 보내는 메시지의 수를 최소화할 수 있다. 효율적인 인접 노드 검색, 시간 동기화, 정위, 쿼리 전파 그리고 플러딩은 모두 메시지의 수를 줄여 노드의 수명을 늘릴 수 있다.

슬립/웨이크 스케줄을 생성하기 위해 제안된 솔루션은 매우 다양하다. 많은 솔루션이 센트리sentry라고 불리는 깨어 있는 노드들의 수를 최소화하려고 하는데, 센트리는 필요한 감지 범위를 제공하면서 다른 모든 노드가 슬립 상태에 있도록 해준다. 에너지 소비의 균형을 위해서 주기적으로 교대가 이뤄지며 새로운 센트리가 다음 기간을 위해 선택된다. 일반적으로 사용되는 다른 슬립/웨이크 스케줄링 기술은 듀티 사이클duty-cycle 노드들에 의존한다. 예를 들어, 한 노드가 초당 200밀리초 동안 작동해 20%의 듀티 사이클을 갖게 할 수 있다. 선택된 듀티 사이클 비율은 애플리케이션의 요구사항에 따라 다르지만, 최종 결과는 보통 매우 중요한 에너지 절감이 된다. VigilNet 군사 감시 시스템[He06, He06a]에서 한 것처럼 듀티 사이클과 센트리 솔루션을 결합시킬 수 있다는 것에 주목하라.

전원 관리 솔루션의 사이버 측면은 에너지 잔량, 작동에 필요한 최소 배터리 에너지 그리고 에너지 소비의 불확실성을 측정하는 물리적 현실을 고려해야 한다.

---

4 대조적인 장면을 삽입하는 영화 편집 기술. 그러나 소프트웨어 분야에서의 의미는 아주 달라서 다른 부분에 의존하거나 다른 여러 부분에 영향을 미치는 프로그램의 한 부분을 뜻한다. – 옮긴이

3.3 핵심 설계 동인과 품질 속성

다수의 핵심 설계 이슈가 센서 네트워크에서 CPS 솔루션의 동인driver으로서 작용한다. 각 동인 이슈와 관련된 것으로서 특정 설계에 의해 달성된 만족도를 설계자가 정량화할 수 있게 하는 일련의 품질 속성이 있다. 이 절에서는 몇 가지 중요한 동인들에 대해서 설명한다. 이것들을 '인식적aware' 관련 사항이라고 부른다. 폐회로 내 인간HITL이 있는 열린 환경에서 WSN에 CPS를 구축하기 위해서는 그리고 CPS가 기능을 진화시키고 오랫동안 작동하기 위해서는 많은 특성을 지닌 포괄적인 사이버 솔루션이 필요하다. 예를 들어, 소프트웨어는 물리 인식적physically aware, 실시간 인식적real-time aware, 검증 인식적validate aware 그리고 보안 인식적security aware이어야 한다(주요 속성들 중 일부만 예로 들었다). 종속성의 감지와 해결을 위한 런타임 적응 및 명시적 지원이 지원돼야 한다. 이것은 어려운 주문이다.

3.3.1 물리 인식적

아마도 CPS의 핵심 이슈는 물리 인식적인 사이버 기술을 개발하는 것일 것이다. '물리 인식적'이란, (하드웨어가 아닌) 환경에 대한 인식을 갖고 있는 것을 의미한다. CPU, 센서 그리고 액추에이터는 하드웨어 구성 요소이며, 물론 사이버 기술은 이러한 구성 요소들을 인식하고 있어야 한다. 그러나 이러한 하드웨어 인식은 임베디드 시스템 연구 분야에서 잘 알려져 있다. 환경이 시스템의 사이버 측면에 미치는 영향은 더욱 복잡하고 범위가 열려 있으며, 비교적 관심을 적게 받았다. 이 영향은 새로운 CPS 연구의 중심이 돼야 한다.

이 점을 설명하기 위해 앞서 언급한 두 가지 예를 다시 생각해보자. 일부 MANET 멀티 홉 라우팅 프로토콜의 사이버 환경은 많은 애드혹 메시 네트워크에서 잘 동작한다. 그러나 대부분의 경우 사이버 세계는 환경이 임의의 두 노드 사이에 대칭적 통신을 지원한다고 가정한다. 노드 A가 노드 B에 메시지를 보낼 수 있으면 그 반대도 참이다. 많은 WSN에서 대칭성을 가정할 수 없으므로 MANET(사이버) 솔루션은 이러한 물리적 특성을 인식하지 못한다고 말할 수 있다. 두 번째 예로 사이버 요소가 물리적 세계 속성을 알고 있는 경우를 생각해보자. 특히, GPSR은 사이버 구성 요소가 잠재적인 무효화(목적지 방향에 현재 다음 홉 노드가 없는 영역)를 인식하는 멀티 홉 라우팅 프로토콜이며, GPSR에는 이 물리적 세계의 문제를 해결하는 코드가 있다. 따라서 GPSR은 물리적으로 무효화를 인식한다고 말할 수 있다. CPS는 결합된 사이버 물리 시스템의 정확성과 성능에 영향을 미칠 수 있는 모든 중요한 물리적 세계 특성을 물리적으로 인식해야 한다.

이러한 사례 외에도 많은 CPS가 무선 통신, 감지 그리고 구동을 채택할 것이므로 이것들의 물리적 세계 측면이 사이버에서 처리돼야 한다. 무선 통신의 경우 거리, 전원, 날씨, 간섭, 반사, 회절 등의 영향을 포함해 환경이 통신에 미치는 영향이 완전히 파악된다. 감지 및 구동에 대해서는 문제의 범위가 더욱 열려 있다. 모든 경우에 있어서 환경 이슈를 파악하고, 이를 해결할 수 있는 사이버 기반 솔루션을 지원할 수 있는 방법론이 필요하다. 이러한 솔루션을 사용하려면 환경을 모델링하고, 그 모델들을 시스템 설계 및 구현에서 우선 순위 일등급 항목으로 만들어야 할 것이다. 그리고 기능, 구성 요소의 수 및 유형(하드웨어 및 소프트웨어 구성 요소가 시스템에 자주 추가 또는 제거될 수 있다) 그리고 현재 상태의 측면에서 지속적으로 발전하는 개방형 시스템의 정확성^{correctness}을 정의하는 것이 중요하다.

3.3.2 실시간 인식적

개방형 환경에서 복잡한 CPS는 종종 연성 실시간$^{soft\ real-time5}$에서부터 안전 필수적$^{safety-critical}$에 이르기까지 다양한 타이밍 제약 조건을 나타낸다. 불확실한 환경, 그러한 환경 및 시스템 자체의 변화하는 조건 그리고 폐회로 내 인간의 중대한 영향은 모두 실시간 보장이라는 새로운 개념의 필요성을 야기한다. 이전의 대부분의 실시간 연구는 호출, 최악의 경우 런타임 그리고 (제한된) 상호작용에 대한 엄격한 가정하에 정적이며 선험적으로 알려진 일련의 작업들을 가정했다. 이러한 실시간 스케줄링 결과는 잘 제어되고, 작고 폐쇄된 시스템에는 매우 유용하지만 WSN을 기반으로 구축된 CPS에는 매우 부적합하다.

---

5 작업 실행에 대한 시간 제약이 있지만, 이를 지키지 못하더라도 전체 시스템에 큰 영향을 미치지 않는 시스템을 말한다. 그 예로 동영상을 들 수 있다. 초당 일정한 프레임 이상의 영상을 재생해야 한다는 제약이 있으나, 통신 부하나 시스템의 다른 작업으로 인해 프레임을 건너뛰어도 동영상을 재생하고 있던 시스템에는 큰 영향을 미치지 않는다(위키백과). – 옮긴이

CPS의 실시간 이슈를 처리하는 방법을 위한 몇 가지 초기 연구가 시작됐다. RAP[Lu02]는 시간과 거리를 모두 고려한 속도 단조 알고리즘velocity monotonic algorithm을 사용하며, 평균 종단간 최종 손실률average end-to-end deadline miss ratio 측면에서 이전의 프로토콜의 성능을 능가한다. 개별 스트림에 대한 보장은 제공되지 않지만, 단일 싱크를 갖는 연성 실시간 데이터 스트림에 적합하다. SPEED[He05]라는 또 다른 실시간 프로토콜은 피드백 제어와 비결정적 지리적 전달을 결합해 센서 네트워크 전반에서 요구되는 전달 속도를 유지한다. 이 프로토콜은 AODVAd hoc on-demand Distance Vector Routing[Perkins99], GPSRGreedy Perimeter Stateless Routing[Karp00] 그리고 DSRDynamic Source Routing[Johnson96]의 성능을 종단간 최종 손실율 측면에서 능가한다. 그럼에도 불구하고 SPEED는 임의의 스트림에 적합하지 않다. 오히려 단일 소스 또는 단일 목적지가 있는 스트림을 지원한다.

RI-EDFRobust Implicit Earliest Deadline First[Crenshaw07]는 EDF 규칙을 활용해 네트워크 스케줄을 도출함으로써 실시간 보장을 제공하는 MAC 계층 프로토콜이다. 그러나 이 경우 네트워크가 완전히 연결돼야 한다. 즉, 모든 노드가 다른 모든 노드의 전송 범위 내에 있어야 하는데, 이것은 현실 시스템에서는 실용적이지 않다.

[Bui07]에서 설명된 다른 MAC 계층 프로토콜은 패킷 충돌을 피함으로써 연성 실시간 및 대역폭 보장을 제공한다. 다중 채널을 사용하며, 센서 모두가 그 채널을 사용하지 못할 수 있다. 이 프로토콜은 또한 무선 링크가 전파 방해jamming 또는 전자기 간섭EMI에 의해 영향을 받지 않는다고 가정하므로 전송이 실패할 수 있는 유일한 방법은 다른 스트림의 간섭으로 인한 것이다.

[Abdelzaher04]는 무선 센서 네트워크에서 실시간 스트림의 스케줄링 가능성을 위한 충분 조건을 제안한다. 이 연구는 WSN에서 보장 지연을 달성하는 것의 한계에 대한 중요한 통찰력을 제공한다. [Li05]는 실시간 로봇 센서 애플리케이션의 홉 단위 적시성 제한timeliness constraints을 기반으로 명시적으로 충돌을 피하고 메시지를 스케줄링함으로써 멀티 홉 스트림에 대한 적시성 보장을 제공한다. 불행하게도 이 솔루션은 대규모 네트워크에는 적합하지 않다. [Chipara07]에 제시된 또 다른 전송 스케줄링 알고리즘은 실시간 성능과 처리량 측면에서 시분할 다중 접속TDMA 기반 프로토콜보다 뛰어나다. 이 알고리즘은

주로 스트림의 목적지가 하나인 기지국의 쿼리 및 그 응답을 스케줄링하는 데 적합하다. [He06b]에서는 계층적 분해hierarchical decomposition 방식을 사용해 복잡한 멀티 홉 군용 감시 애플리케이에 대한 실시간 분석이 수행된다.

마지막으로 피드백 제어 아이디어를 사용해 최종 손실deadline miss을 모니터링하고 최종 손실률을 작은 (목표) 수치로 유도하는 많은 솔루션이 제안됐다. 피드백 제어는 강건성 및 민감도 분석을 포함하기 때문에 CPS 실시간 처리를 위한 유망한 방향인 것으로 보인다.

3.3.3 런타임 검증 인식적

CPS 기술은 비상 사태 대응, 인프라 모니터링, 군사 감시, 운송 그리고 의료 애플리케이션을 포함한 광범위한 임무 필수적mission-critical 애플리케이션에 적용할 수 있다. 이러한 애플리케이션은 시스템 장애와 관련된 비용이 높기 때문에 안정적이고 지속적으로 작동해야 한다. 하드웨어 성능 저하와 환경 변화로 인해 WSN을 지속적이며 안정적으로 작동시키는 것은 어려우며, 일부는 원래 시스템 설계자가 예측하기 불가능한 것이었다. 이는 개방 환경에서 작동하는 CPS에 해당한다.

지난 50년 동안 많은 내장애성fault tolerance 및 신뢰성 기술이 개발돼왔으며, 그중 많은 기술이 WSN에 적용됐다[Clouqueur04, Paradis07, Ruiz04, Yu07]. 높은 신뢰도로 작동해야 하는 모든 WSN 또는 CPS는 이러한 방식들 중 많은 것을 활용할 수 있을 것 같다. 그러나 eScan[Zhao02] 및 혼잡 감지 및 회피Congestion Detection and Avoidance, CODA[Wan03] 같은 기존의 접근 방법 대부분은 개별 시스템 구성 요소의 강건성을 향상시키는 것을 목표로 한다. 결과적으로 애플리케이션의 상위 수준의 기능을 전체적으로 검증하기 위해서 이러한 방법을 사용하기는 어렵다. 이와 유사하게, 자기 치유self-healing 애플리케이션은 지속적인 시스템 작동을 제공하려 하지만, 시스템이 상위 수준의 기능 요건을 충족시킬 수 없거나 적어도 이것을 실증하는 데 사용된 적이 없다.

WSN 연구에서 LiveNet[Chen08], Memento[Rost06] 그리고 MANNA[Ruiz03] 같은 상태 모니터링 시스템health-monitoring systems은 스니퍼sniffers 또는 특정 내장 코드를 사용해 시스템의 상태를 모니터링한다. 그러나 이러한 애플리케이션은 상위 수준의 애플리케이션 요구사항이 아닌 시스템의 하위 수준 구성 요소들을 모니터링한다. 이러한 것들이 도움이 되고 필요하기는 하지만, 시스템의 수명 기간 동안 애플리케이션 요구사항이 충족 되는지, 충족되지 않는지를 결정하는 데는 부족하다.

WSN에 기반하는 미래의 CPS는 개방 환경에서 작동할 것이므로 환경과 기능이 진화 하듯이 이들 시스템에는 시간이 지나면서 많은 변화가 발생할 것이다. 이러한 변화를 따 라잡기 위해서는 하위 수준 시스템 모니터링 이상의 기능을 필요로 한다. 즉, 지속적 또는 주기적인 런타임 검증runtime validation 접근 방식이 필요하다.

WSN 연구에서 런타임 보증runtime assurance, RTA[Wu10]에 대한 상당한 연구가 수행됐다. 이 접근 방법에서는 상위 수준의 검증이 런타임에 수행된다. 검증은 원래 설계와 배포된 이후에 발생한 작동 조건 및 시스템 상태의 변경 사항과 관계없이 상위 수준의 애플리케이 션 요구사항을 충족시킨다는 측면에서 WSN이 올바르게 작동할 것이라는 것을 보여주려 한다. 기본적인 접근 방법은 런타임에 WSN의 자동 테스트를 용이하게 하기 위해 프로그 램 분석 및 컴파일러 기법을 사용하는 것이다. 개발자는 상위 수준 명세high-level specification 를 사용해 애플리케이션 요구사항을 기술하는데, 이 명세는 WSN에서 애플리케이션을 실행할 코드와 애플리케이션의 올바른 작동을 반복적으로 확인하는 데 사용할 수 있는 입 출력 테스트 세트로 컴파일된다. 그러면 테스트 입력은 주기적으로 또는 요청에 의해 런 타임에 WSN이 제공된다. WSN은 출력값과 동작을 생성하는 데 필요한 모든 계산, 메 시지 전달 및 기타 분산 작업을 수행하며, 여기서 출력값은 예상 출력과 비교된다. 이 테 스트 프로세스는 필수적인 시스템 기능 부분만의 부분적이지만 허용 가능한 수준의 종단 간 검증을 생성한다.

RTA는 노드 또는 경로 오류와 같은 하위 수준의 하드웨어 장애를 감지하고 보고하는 네트워크 상태 모니터링과 다르다. RTA에 사용되는 종단간 애플리케이션 수준 테스트 는 상태 모니터링에 사용되는 개별 하드웨어 구성 요소 테스트에 비해 두 가지 주요 이점 이 있다.

- **더 적은 긍정 오류**false positive **:** RTA는 올바른 시스템 작동에 필요하지 않은 노드, 논 리 또는 무선 링크를 테스트하지 않으며, 따라서 상태 모니터링 시스템보다 유지

관리 작업이 적다.

- **더 적은 부정 오류**false negative: 네트워크 상태 모니터링 시스템은 모든 노드가 살아 있고 기지국에 대한 경로가 있다는 것만을 검증하지만, 토폴로지 변화, 클록 편류 또는 환경에 나타나 통신 또는 감지를 차단하는 새로운 장애 요소와 같은 장애의 더 미묘한 원인을 테스트하지 않는다. 이와 반대로 RTA 접근법은 애플리케이션 이 종단간 테스트를 사용하기 때문에 상위 수준의 요구사항을 충족시키지 못할 수 있는 여러 가지 경로를 테스트한다.

RTA의 목표는 올바른 애플리케이션 수준의 작동에 대한 긍정적 확신을 제공하는 것이다. CPS를 위해서는 시스템 안전을 더 직접적으로 처리하고 보안 공격이 있는 경우에도 작동 하도록 RTA가 더욱 개선돼야 한다.

3.3.4 보안 인식적

개방 환경에서 CPS가 보급되고, 접근이 무선으로 가능해지면서 CPS는 보안 공격에 더 욱 취약해진다. 많은 CPS가 중요한 작동과 안전을 포함하므로 기밀성confidentiality, 무결 성integrity, 신빙성authenticity, 식별identification, 인가authorization, 접근 제어access control, 가용성 availability, 감사 가능성auditability, 변조 방지tamper resistance, 부인 방지non-repudiation와 같은 표준 보안 속성을 지원해야 한다. 모든 시스템에서 적절한 보안을 달성하는 것은 매우 어렵지 만 CPS에서는 특히 그렇다. 이들 장치는 종종 전원, 메모리 및 처리 용량 그리고 실시간 요구사항이 제한적이며, 물리적으로도 취약할 수 있다. 이러한 어려움의 결과로 개발자는 WSN에 보안 솔루션을 적용하는 데 있어 제한적으로만 성공했다. 특히, WSN의 물리, 네트워킹 그리고 미들웨어 계층에서 단편적인 솔루션들이 제안됐다.

물리 계층에서 가장 단순한 유형의 공격은 서비스 거부denial of service, DoS를 생성해 장치 를 완전히 파괴하거나 불능화하려는 것이다. 이러한 파괴는 종종 내장애성 프로토콜을 사 용해 완화될 수 있다. 예를 들어, 메시 네트워크는 남아 있는 연결된 노드가 라우팅을 대 신하도록 함으로써 장치 일부가 파괴되더라도 계속 작동할 수 있다. 내부 속성을 해체하기 위해 물리적 장치를 탐색하는 것도 또 다른 유형의 공격이다. 메모리 셀의 내용을 읽음으로써 보안 키를 복구한 후 다른 장치에 프로그래밍할 수 있는데, 완전히 가장해 원본처럼 보일 수는 있지만 여전히 공격자 제어하에 있는 것이다. 이 복제본clone에서 비롯된 메시지는 완전히 신빙성을 얻은 것이며, 이전에는 접근할 수 없던 트랜잭션에 적극적으로 참여할 수 있다.

물리 계층에서의 또 다른 유형의 공격에서는 데이터 의존적인 계산이 전력 소비와 회로 타이밍에 영향을 미치므로 작동의 이러한 측면에 대한 여러 번에 걸친 통계적 분석을 통해 키의 비트 패턴을 알아낼 수 있다[Ravi04]. 전자기 방출은 전력 소비와 유사하게 검사될 수 있다. 제안된 솔루션으로는 변조 방지 패키징[Anderson96], 향상된 공격 탐지, 장애 복구 메커니즘 그리고 외부 구성 요소에 대한 신뢰 축소[Suh03]가 있다. 예를 들어, 장치가 변조 시도를 감지할 수 있으면, 민감한 데이터가 노출되지 않도록 메모리를 지울 수 있다. 회로는 다이die들 간에 통해 논리적 구성 요소를 분산시킴으로써 차폐될 수 있고, 버스 트래픽은 암호화될 수 있으며, 데이터 값과 타이밍은 부채널 공격side-channel attack을 막기 위해 무작위화randomize 또는 보이지 않게blinded 할 수 있다.

장치의 무선 통신 사용 또한 전파 교란radio jamming에 의한 서비스 거부 공격에 취약하게 만들며, 이 공격은 장거리에서 눈에 띄지 않게 저지를 수 있다. [Xu05]는 전파 교란으로부터 물리적으로 멀리 떨어지도록 채널 호핑hopping과 후퇴retreat를 제안한다. 이 접근법은 애드혹 네트워크에 가장 적합한데, 그것은 센서 장치에 실질적으로 사용하기에는 너무 많은 에너지를 소비할 수 있기 때문이다. [Law05]는 대책으로 데이터 블러팅data blurting과 전송 스케줄 변경을 제안한다. 전파 교란을 피할 수 없을 때 또 다른 접근법은 노드들이 협력적으로 매핑하고 영역을 회피함으로써 대규모 네트워크에서 전파 교란되는 영역의 범위를 알아내는 것이다[Wood03].

물리 계층 위에도 많은 보안 문제가 존재한다. 예를 들어, 모든 통신 및 미들웨어 프로토콜이 공격받을 수 있다. 각 프로토콜에 보안 솔루션을 통합하는 것은 종종 타당성이 없다. 다른 접근 방법은 현재 진행 중인 공격 유형을 기반으로 동적 적응dynamic adaptation을 사용하는 것이다. 예를 들어, 라우팅을 위한 다음 접근 방법들을 생각해보자.

SIGF^{Secure Implicit Geographic Forwarding}[WS06]는 공격이 발생하지 않을 때는 매우 가볍게 작동하고 공격이 감지되면 오버 헤드와 응답 지연을 희생하더라도 더 강력히 방어할 수 있게 하는 WSN을 위한 라우팅 프로토콜 제품군이다. SIGF의 기본 솔루션에는 라우팅 테이블이 없다. 따라서 라우팅 테이블 변경에 기반을 둔 공격은 불가능하다. 그러나 결탁 공격^{Sybil attack} 같은 다른 유형의 공격이 발생할 경우, SIGF 솔루션은 이 공격을 탐지하는 능력에 의존하며(항상 좋은 가정은 아니다) 해당 유형의 공격에 탄력적인 다른 형태의 SIGF를 동적으로 호출한다. 시스템이 위협을 감지하고 대응하는 데 필요한 시간 동안 발생하는 피해는 예방되지 않는다.

수명이 긴 CPS에서는 시스템이 진화함에 따라 시스템을 다시 프로그래밍해야 할 필요가 있다. 네트워크를 거치는^{over-the-network} 재프로그래밍은 심각한 보안 문제를 야기한다. 공격자가 노드의 프로그램을 자기가 만든 코드로 대체할 수 있게 하는 결함에 의해 다른 모든 하드웨어 및 소프트웨어 방어가 무너질 수 있다. [Deng06]은 WSN에서 코드를 안전하게 배포하기 위한 관련 방안을 제안한다. 첫 번째 방안은 해시 체인을 사용하는데, 여기서 각 메시지는 코드의 세그먼트 i와 세그먼트 $i + 1$의 해시[6]를 포함한다. 메시지를 수신하면 이전 코드 세그먼트를 즉시 효율적으로 확인할 수 있다. 체인을 부트스트랩^{bootstrap}하기 위해 제1 해시 값의 에러 정정 코드^{error-correcting code, ECC} 서명이 기지국의 개인 키를 사용해 계산된다. 이 방법은 메시지 손실이 거의 없고 패킷이 대부분 순서대로 수신되는 경우에 적합하다. 두 번째 계획은 해시 트리를 사용해 모든 해시를 미리 배포하며, 따라서 순서가 잘못된 패킷을 빠르게 확인할 수 있다. 패킷이 손상된 경우, 패킷을 저장할 필요가 없으므로 이 전략을 사용하면 서비스 거부 공격에 대한 내성이 향상된다.

CPS 때문에 많은 보안 문제가 악화되지만, 보안 솔루션을 도울 수 있도록 시스템의 물리적 속성을 활용할 수도 있다. 예를 들어, 모바일 노드는 현실적인 속도로만 이동할 수 있으므로 위치를 인위적으로 변경해 너무 멀리, 너무 빠르게 노드를 이동시키는 공격을 쉽게 감지할 수 있다. 가속도계를 사용해 노드가 물리적으로 움직이지 않아야 할 때 움직이

---

⁶ 세그먼트 i의 해시는 포함하지 않는다. – 옮긴이

는지를 감지할 수 있다. 무선 주파수^{RF} 전송의 전자 지문$^{electronic\ fingerprints}$은 노드가 주장하는 바에 대한 신뢰를 제공할 수 있다. CPS는 사이버 공간 하나에서만 작동하는 것이 아닌 이러한 기술과 기타 기술을 개발할 수 있는 기회를 제공한다.

3.4 실무자의 합의

센서 네트워크의 특정 기능은 개발의 여러 측면에 영향을 미치지만, 가장 중요한 요소 중 하나는 아마도 프로그래밍 추상화일 것이다.

WSN과 이어서 CPS를 효율적이고 올바른 방법으로 프로그래밍하는 것은 중요한 공개 연구 이슈다. 많은 연구 프로젝트가 WSN 프로그래밍을 용이하게 하는 방법을 다뤘으며, 그 결과로 나온 많은 솔루션이 그룹 추상화를 기반으로 한다. 그러나 이러한 그룹 추상화에는 CPS에서의 적용성^{applicability}을 제한하는 몇 가지 단점이 있다. 예를 들어, 후드^{Hood} [Whitehouse04]는 주어진 한 노드가 물리적 거리 또는 무선 홉 수 같은 파라미터를 사용해 지정된 주변 노드 부분 집합^{subset}과 데이터를 공유할 수 있게 해주는 인접 프로그래밍 추상화다. 후드는 다른 네트워크에 속하거나 이기종 통신 플랫폼을 사용하는 노드는 그룹화할 수 없다. 모바일 그룹 구성원이 다른 네트워크로 이동하면 그것은 해당 그룹에 더 이상 속하지 않는다. 그리고 모든 노드는 동일한 코드를 공유해야 하며, 액추에이터는 지원되지 않으며, 그룹 지정은 컴파일 타임에 정해지며, 후드의 각 인스턴스는 대상 노드에 대해서 컴파일 및 배포되는 특정 코드가 필요하다.

두 번째 예로서[Welsh04]의 추상 영역은 후드와 유사한 추상화다. 지리적 위치 또는 무선 연결에 따라 노드 그룹을 정의할 수 있게 하며, 인접 데이터를 공유하고 줄일 수 있게 해준다. 추상 영역은 다양한 수준의 에너지 소비, 대역폭 소비 그리고 정확도를 구하기 위해 튜닝 파라미터를 제공한다. 그러나 각 영역의 정의는 전용 구현이 요구된다. 따라서 각 영역은 어떻게든 다른 영역과 분리돼 있으며, 결합될 수 없다. 후드 솔루션과 마찬가지로 추상 영역은 다른 네트워크의 센서를 그룹화할 수 없으며, 액추에이터, 이기종 장치 또는 모바일 장치를 처리할 수도 없다.

CPS의 경우, 이러한 단점을 극복하기 위해 번들Bundle[Vicaire10, Vicaire12]이라는 프로그래밍 추상화가 설계됐다. 다른 프로그래밍 추상화와 유사하게, 번들은 감지 장치들의 논리적 모음collection을 만든다. 이전의 추상화는 WSN에 초점을 맞췄으며, CPS의 주요 측면을 다루지 않았다. 번들은 서로 다른 관리 도메인에 의해 제어되는 여러 CPS를 포함하는 애플리케이션을 프로그래밍할 수 있게 함으로써 프로그래밍 도메인을 단일 WSN에서 복잡한 시스템의 시스템systems of systems으로 끌어올린다. 그리고 CPS 내 및 CPS 간의 이동성을 지원한다. 번들은 센서뿐만 아니라 액추에이터를 완벽하게 그룹화할 수 있으며, 이것들은 CPS의 구성하는 중요 부분이다. 번들은 세분화된 접근 권한 제어 및 충돌 해결 메커니즘을 사용해 다중 사용자 환경에서 프로그래밍할 수 있게 해준다. 번들은 애플리케이션의 요구사항에 따라 모트motes, PDA, 랩톱 그리고 액추에이터 같은 이기종 장치를 지원한다. 이것들은 서로 다른 애플리케이션이 동일한 센서와 액추에이터를 동시에 사용할 수 있게 한다. 다른 사용자들 간의 충돌은 리졸버resolvers라는 장치 관련 프로그램을 통해 관리된다. 또한 번들은 동적 멤버십 갱신과 현재 멤버의 피드백을 기반으로 한 요구사항 재구성을 통해 피드백 제어 메커니즘을 용이하게 한다. 번들은 자바Java로 구현돼 있어서 이러한 추상화를 통한 프로그래밍의 용이성과 간결성에 기여한다.

번들 추상화의 중요한 기능은 동적 측면이다. 번들 멤버십은 멤버십 명세를 존중하도록 주기적으로 갱신된다. 이 기능은 많은 CPS에 내재하는 적응의 필요성을 지원한다. 번들은 각 액추에이터에 대해 상태state 개념을 사용한다. 상태를 사용해 액추에이터를 조작하는 것은 원격 메서드 호출remote method invocation, RMI과 매우 다르다. 예를 들어, 조명을 켜는 경우를 생각해보자. RMI를 통한 원격 메서드 호출은 애플리케이션을 원격 조명 액추에이터에 직접 연결하고 장치를 켠다. 이에 반해, 번들에서 애플리케이션은 단순히 조명을 켜라는 요구를 생성하며, RMI가 이것을 협상자negotiator에게 보낸다. 조명 액추에이터의 협상자는 원격 조명 액추에이터를 켬으로써 이 요구를 충족시키려고 한다. 액추에이터의 다음 주기 갱신에서 요구가 아직 충족되지 않았다는 것이 협상자에게 알려지면, 협상자는 동작이 성공할 때까지 원격 메서드 호출을 재시도한다. 또한 애플리케이션 수준에서 타임아웃 구간값timeout interval을 지정해 협상자가 타임아웃 구간값이 만료될 때까지만 원격 메서드 호출을 계속 재시도하도록 할 수 있다. 요구사항이 실제로 충족될 때까지 협상자에 있는 액추에이터 상태는 변경되지 않는다는 것에 주목하라. 협상자는 애플리케이션이 요구를 취소(또는 종료)하지 않는 한, 이 요구를 저장하고 있다. 또한 협상자는 이러한 여러 가지 요구사항을 저장할 수 있으며, 노드 소유자가 지정한 규칙에 따라 어떤 요구사항을 충족시켜야 하는지 결정할 수 있다. 프로그래머는 언제든지 요구사항이 충족되는지 확인하고 적절한 조치를 취할 수 있다.

번들은 CPS 프로그래밍의 주요 이슈들을 해결한다. 불행히도, 정확성 의미 체계, 종속성 감지 및 해결 그리고 실시간 및 환경 추상화에 대한 명시적 지원의 분야에서는 부족하다.

또 다른 유망한 접근법은 코드가 자동으로 생성되는 모델 기반 설계를 이용하는 것이다. 그러나 WSN에 구축된 CPS의 물리적 세계의 현실성, 제약 조건, 불확실성 그리고 이기종 및 분산 속성을 충족시키는 방식의 하향식top down으로 코드를 자동으로 생성하기는 아직 불가능하다.

3.5 요약 및 열린 도전 과제

WSN을 기반으로 하는 CPS는 많은 애플리케이션 영역에서 큰 잠재력을 지니고 있다. CPS의 보급 증가, 인간과의 밀접한 상호작용, 무선 속성 그리고 인터넷에 대한 무선 접근이 모두 결합돼 개방형 시스템이 된다. 개방성은 상당한 이점을 제공하지만, 문제가 없는 것은 아니다(예: 개인 정보 보호 및 보안 보장, 정확성 입증). 제어되지 않는 환경, 폐회로 내 인간HITL 요소 그리고 시스템의 시스템이 가져오는 중요한 선결 문제들을 해결할 새로운 사이버 물리 솔루션이 필요하다. 오늘날의 폐쇄형 임베디드 시스템 기술, 고정 실시간 시스템 이론 그리고 전기 기계 법칙에 기반을 둔 피드백 제어는 이러한 솔루션을 제공하기에 부족하다. 이러한 단점들을 해결하기 위해서는 새롭고 흥미로운 다학제적 연구 분야가 필요하며, 실제로 이미 등장하고 있다.

이 분야의 잠재력이 완전한 결실을 맺는 것을 보려면 많은 과제를 해결해야 한다.

- 시스템의 시스템으로 쉽게 상호 운용할 수 있는 효과적인 감지, 결정 그리고 제어 아키텍처
- 실시간 보장 기능을 갖춘 새로운 다채널 MAC 프로토콜
- 무선 및 모바일 노드의 현실을 해결하는 라우팅
- 네트워크의 많은 노드들 사이에서 높은 정밀도와 정확성, 낮은 전력 요건 그리고 작은 정확도 오차로 실내에서 작동하는 정위 솔루션
- 대규모 네트워크에서 작동할 수 있는 효율적이고 고도로 정확한 클록 동기화
- 매우 제한적이고 종종 비현실적인 가정하에서만 올바르게 작동하는 허술한 사이버(소프트웨어)를 피하기 위해 물리적 세계의 사이버 세계에 대한 영향을 확인하는 기술
- 많은 CPS 애플리케이션에서 발견되는 타이밍 필수적 및 안전 필수적 제약 조건을 충족시킬 수 있다는 것을 보장하는 솔루션
- 지속적인 또는 정기적인 재인증recertification이 가능하게 하는 수명이 긴 CPS에 대한 새로운 런타임 검증 솔루션
- 많은 CPS 장치가 제한된 감지, 계산, 메모리 그리고 전원을 보유하고 있으므로 제한된 자원을 갖는 시스템을 위한 보안 솔루션
- 애플리케이션의 성능 및 의미 체계에 관해 정확성을 표시하는 데 필요한 정보는 보존하면서 프로그래밍 용이성 및 세부사항 숨기기의 필요성을 해결하는 상위 수준 프로그래밍 추상화

참고문헌

[Abdelzaher04]. T. Abdelzaher, S. Prabh, and R. Kiran. "On Real-Time Capacity Limits of Multihop Wireless Sensor Networks." IEEE Real-Time Systems Symposium (RTSS), December 2004.

[Anderson96]. R. Anderson and M. Kuhn. "Tamper Resistance: A Cautionary

Note." Usenix Workshop on Electronic Commerce, pages 1–11, 1996.

[Bui07]. B. D. Bui, R. Pellizzoni, M. Caccamo, C. F. Cheah, and A. Tzakis. "Soft Real-Time Chains for Multi-Hop Wireless Ad-Hoc Networks." Real-Time and Embedded Technology and Applications Symposium (RTAS), pages 69–80, April 2007.

[Bulusu00]. N. Bulusu, J. Heidemann, and D. Estrin. "GPS-less Low Cost Outdoor Localization for Very Small Devices." *IEEE Personal Communications Magazine*, October 2000.

[Chen08]. B. Chen, G. Peterson, G. Mainland, and M. Welsh. "LiveNet: Using Passive Monitoring to Reconstruct Sensor Network Dynamics." In *Distributed Computing in Sensor Systems*. Springer, 2008.

[Chipara07]. O. Chipara, C. Lu, and G.-C. Roman. "Real-Time Query Scheduling for Wireless Sensor Networks." IEEE Real-Time Systems Symposium (RTSS), pages 389–399, December 2007.

[Clouqueur04]. T. Clouqueur, K. K. Saluja, and P. Ramanathan. "Fault Tolerance in Collaborative Sensor Networks for Target Detection." *IEEE Transactions on Computers*, 2004.

[Crenshaw07]. T. L. Crenshaw, S. Hoke, A. Tirumala, and M. Caccamo. "Robust Implicit EDF: A Wireless MAC Protocol for Collaborative Real-Time Systems." *ACM Transactions on Embedded Computing Systems*, vol. 6, no. 4, page 28, September 2007.

[Deng06]. J. Deng, R. Han, and S. Mishra. "Secure Code Distribution in Dynamically Programmable Wireless Sensor Networks." *Proceedings of ACM/IEEE International Conference on Information Processing in Sensor Networks (IPSN)*, pages 292–300, 2006.

[Elson02]. J. Elson, L. Girod, and D. Estrin. "Fine-Grained Network Time Synchronization Using Reference Broadcasts." Symposium on Operating Systems Design and Implementation (OSDI), December 2002.

[Ganeriwal03]. S. Ganeriwal, R. Kumar, and M. Srivastava. "Timing-Sync Protocol for Sensor Networks." ACM Conference on Embedded Networked

Sensor Systems (SenSys), November 2003.

[He06]. T. He, S. Krishnamurthy, J. Stankovic, T. Abdelzaher, L. Luo, T. Yan, R. Stoleru, L. Gu, G. Zhou, J. Hui, and B. Krogh. "VigilNet: An Integrated Sensor Network System for Energy Efficient Surveillance." *ACM Transactions on Sensor Networks*, vol. 2, no. 1, pages 1–38, February 2006.

[He05]. T. He, J. Stankovic, C. Lu, and T. Abdelzaher. "A Spatiotemporal Communication Protocol for Wireless Sensor Networks." *IEEE Transactions on Parallel and Distributed Systems*, vol. 16, no. 10, pages 995–1006, October 2005.

[He06a]. T. He, P. Vicaire, T. Yan, Q. Cao, L. Luo, R. Stoleru, L. Gu, G. Zhou, J. Stankovic, and T. Abdelzaher. "Achieving Long Term Surveillance in VigilNet." INFOCOM, April 2006.

[He06b]. T. He, P. Vicaire, T. Yan, L. Luo, L. Gu, G. Zhou, R. Stoleru, Q. Cao, J. Stankovic, and T. Abdelzaher. "Achieving Real-Time Target Tracking Using Wireless Sensor Networks." IEEE Real-Time and Embedded Technology and Applications Symposium (RTAS), May 2006.

[Intanagonwiwat00]. C. Intanagonwiwat, R. Govindan, and D. Estrin. "Directed Diffusion: A Scalable Routing and Robust Communication Paradigm for Sensor Networks." ACM MobiCom, August 2000.

[Johnson96]. D. B. Johnson and D. A. Maltz. "Dynamic Source Routing in Adhoc Wireless Networks." In *Mobile Computing*, pages 153–181. Kluwer Academic, 1996.

[Karp00]. B. Karp. "Geographic Routing for Wireless Networks." PhD dissertation, Harvard University, October 2000.

[Karp00a]. B. Karp and H. T. Kung. "GPSR: Greedy Perimeter Stateless Routing for Wireless Sensor Networks." IEEE MobiCom, August 2000.

[Law05]. Y. W. Law, P. Hartel, J. den Hartog, and P. Havinga. "Link-Layer Jamming Attacks on S-MAC." *Proceedings of International Conference on Embedded Wireless Systems and Networks (EWSN)*, pages 217–225, 2005.

[Li05]. H. Li, P. Shenoy, and K. Ramamritham. "Scheduling Messages with

Deadlines in Multi-Hop Real-Time Sensor Networks." Real-Time and Embedded Technology and Applications Symposium (RTAS), 2005.

[Lu02]. C. Lu, B. Blum, T. Abdelzaher, J. Stankovic, and T. He. "RAP: A Real-Time Communication Architecture for Large-Scale Wireless Sensor Networks." Real-Time and Embedded Technology and Applications Symposium (RTAS), June 2002.

[Maroti04]. M. Maroti, B. Kusy, G. Simon, and A. Ledeczi. "The Flooding Time Synchronization Protocol." ACM Conference on Embedded Networked Sensor Systems (SenSys), November 2004.

[Mills94]). D. Mills. "Internet Time Synchronization: The Network Time Protocol." In *Global States and Time in Distributed Systems*. IEEE Computer Society Press, 1994.

[Paradis07]. L. Paradis and Q. Han. "A Survey of Fault Management in Wireless Sensor Networks." *Journal of Network and Systems Management*, June 2007.

[Perkins99]. C. E. Perkins and E. M. Royer. "Ad-Hoc on Demand Distance Vector Routing." Workshop on Mobile Computer Systems and Applications (WMCSA), pages 90 – 100, February 1999.

[Polastre04]. J. Polastre, J. Hill, and D. Culler. "Versatile Low Power Media Access for Wireless Sensor Networks." ACM Conference on Embedded Networked Sensor Systems (SenSys), November 2004.

[Ravi04]. S. Ravi, A. Raghunathan, and S. Chakradhar. "Tamper Resistance Mechanisms for Secure, Embedded Systems." *Proceedings of the 17th International Conference on VLSI Design*, page 605, 2004.

[Rost06]. S. Rost and H. Balakrishnan. "Memento: A Health Monitoring System for Wireless Sensor Networks." IEEE SECON, September 2006.

[Ruiz03]. L. Ruiz, J. Nogueira, and A. Loureiro. "MANNA: A Management Architecture for Wireless Sensor Networks." *IEEE Communications Magazine*, February 2003.

[Ruiz04]. L. Ruiz, I. Siqueira, L. Oliveira, H. Wong, J. Nogueira, and A.

Loureiro. "Fault Management in Event Driven Wireless Sensor Networks." Modeling, Analysis and Simulation of Wireless and Mobile Systems (MSWiM), October 2004.

[Stankovic05]. J. Stankovic, I. Lee, A. Mok, and R. Rajkumar. "Opportunities and Obligations for Physical Computing Systems." *IEEE Computer*, vol. 38, no. 11, pages 23 – 31, November 2005.

[Stoleru04]. R. Stoleru, T. He, and J. Stankovic. "Walking GPS: A Practical Localization System for Manually Deployed Wireless Sensor Networks." IEEE Workshop on Embedded Networked Sensors (EmNets), 2004.

[Stoleru05]. R. Stoleru, T. He, J. Stankovic, and D. Luebke. "A High Accuracy, Low-Cost Localization System for Wireless Sensor Networks." ACM Conference on Embedded Networked Sensor Systems (SenSys), November 2005.

[Suh03]. G. Suh, D. Clarke, B. Gassend, M. van Dijk, and S. Devadas. "AEGIS: Architecture for Tamper-Evident and Tamper-Resistant Processing." *Proceedings of ICS*, pages 168 – 177, 2003.

[Vicaire12]. P. Vicaire, E. Hoque, Z. Xie and J. Stankovic. "Bundle: A Group Based Programming Abstraction for Cyber Physical Systems." *IEEE Transactions on Industrial Informatics*, vol. 8, no.2, pages 379 – 392, May 2012.

[Vicaire10]. P. A. Vicaire, Z. Xie, E. Hoque, and J. Stankovic. "Physicalnet: A Generic Framework for Managing and Programming Across Pervasive Computing Networks." IEEE Real-Time and Embedded Technology and Applications Symposium (RTAS), 2010.

[Wan03]. C. Wan, S. Eisenman, and A. Campbell. "CODA: Congestion Detection and Avoidance in Sensor Networks." ACM Conference on Embedded Networked Sensor Systems (SenSys), November 2003.

[Welsh04]. M. Welsh and G. Mainland. "Programming Sensor Networks Using Abstract Regions." Symposium on Networked Systems Design and Implementation (NSDI), pages 29 – 42, 2004.

[Whitehouse04]. K. Whitehouse, C. Sharp, E. Brewer, and D. Culler. "Hood: A Neighborhood Abstraction for Sensor Networks." MobiSYS, pages 99–110, 2004.

[Wood06]. A. Wood, L. Fang, J. Stankovic, and T. He. "SIGF: A Family of Configurable, Secure Routing Protocols for Wireless Sensor Networks." ACM Security of Ad Hoc and Sensor Networks, October 31, 2006.

[Wood03]. A. Wood, J. Stankovic, and S. Son. "JAM: A Jammed-Area Mapping Service for Sensor Networks." *Proceedings of IEEE Real-Time Systems Symposium (RTSS)*, page 286, 2003.

[Wu10]. Y. Wu, J. Li, J. Stankovic, K. Whitehouse, S. Son and K. Kapitanova. "Run Time Assurance of Application-Level Requirements in Wireless Sensor Networks." International Conference on Information Processing in Sensor Networks (IPSN), SPOTS Track, April 2010.

[Xu05]. W. Xu, W. Trappe, Y. Zhang, and T. Wood. "The Feasibility of Launching and Detecting Jamming Attacks in Wireless Networks." *Proceedings of MobiHoc*, pages 46–57, 2005.

[Yu07]. M. Yu, H. Mokhtar, and M. Merabti. "Fault Management in Wireless Sensor Networks." IEEE Wireless Communications, December 2007.

[Zhao02]. Y. Zhao, R. Govindan, and D. Estrin. "Residual Energy Scan for Monitoring Sensor Networks." IEEE Wireless Communications and Networking Conference (WCNC), March 2002.

[Zhou06]. G. Zhou, C. Huang, T. Yan, T. He, and J. Stankovic. "MMSN: Multi-Frequency Media Access Control for Wireless Sensor Networks." INFOCOM, April 2006.

Part **2**

기초

사이버 물리 시스템을 위한 기호적 합성

마티어스 렁거Matthias Rungger, 앤트완 지라드Antoine Girard, 파울로 타부아다Paulo Tabuada

사이버 물리 시스템cyber-physical systems, CPS은 센서와 액추에이터를 통해 상호작용하는 사이버 및 물리적 구성 요소로 구성된다. 따라서 CPS의 동작은 사이버 구성 요소(예: 소프트웨어 및 디지털 하드웨어)의 동작을 설명하는 이산 역학discrete dynamics과 물리적 구성 요소(예: 온도 위치 및 속도의 시간적 변화)의 동작을 설명하는 연속 역학continuous dynamics의 조합으로 표현된다. '이산' 또는 '연속'이라는 용어는 관심의 대상이 되는 양quantity이 존재하는 영역을 나타낸다. 예를 들면, 사이버 구성 요소를 모델링하는 데 사용되는 양은 일반적으로 유한 집합에 속하는 반면, 물리적 구성 요소를 모델링하는 데 사용되는 양은 일반적으로 실수real value이며, 따라서 무한 집합에 속한다. 이러한 하이브리드적 성격은 CPS의 모델링, 분석 그리고 설계가 그토록 어려운 주요 이유들 중 하나다.

이 장에서 우리는 정확한 CPS를 설계하는 것이 CPS의 정확성을 검증하는 것보다 쉽다는 견해를 갖고 있다. 예측 가능하고 정확한 시스템이 되게 하는 현명한 선택을 설계할 때는 할 수 있다는 것이 핵심적인 견해다. 그러나 검증할 때가 왔을 때 그러한 선택이 이미 내려졌고, 또 그것이 만일 잘못된 것이라면 예측 불가능하거나 계산상 매우 어려운 검증의 문제가 발생할 수 있다. 우리가 따르는 접근 방법은 사이버 구성 요소를 표현하는 데 사용된 동일한 모델로 물리적 구성 요소를 표현할 수 있게 하는 물리적 구성 요소의 추상화에 의존한다. 이것이 완료되면 사이버 시스템의 반응적 합성reactive synthesis에 대한 기존의 결과를 활용해 기대 명세desired specifications를 시행하는 제어기를 합성할 수 있다. 이 장 전반에 걸쳐 이러한 접근법을 가정 및 한계와 함께 제시할 것이다.

4.1 서론 및 동기

이 장에서 제시하는 합성 방법은 크게 세 단계로 진행된다. 첫 번째 단계에서는 흔히 기호 모델symbolic model 또는 이산 추상화discrete abstraction라는 물리적 구성 요소의 유한 추상화finite abstraction를 계산한다. 두 번째 단계에서는 물리적 구성 요소에 대한 유한 추상화로 사이버 구성 요소에 대한 유한 모델을 결합composition함으로써 얻은 CPS의 유한 모델을 위한 제어기를 기존의 반응적 합성 알고리즘을 사용해 합성한다. 세 번째이자 마지막 단계에서는 기대 명세를 CPS에서 시행하기 위해 물리적 구성 요소에 작용하는 제어기가 되도록 합성된 제어기를 개량한다.

제어기 설계에 적합한 연속 시스템의 기호 모델 구축에 대한 초기 개념은 [Caines98, Forstner02, Koutsoukos00, Moor02]에서 찾을 수 있다. 예를 들어, [Koutsoukos00, Moor02]에서는 기호 모델을 위한 제어기를 디자인하기 위해 감독 제어 기법supervisory control technique이 추상 수준에서 사용된다. 설계 절차의 정확성은 기호 모델의 특정 특성을 활용해 보장된다. 합성 방법의 정확성을 보장하기 위한 보다 현대적인 접근 방법은 소위 시뮬레이션 또는 교차 시뮬레이션 관계alternating simulation relations를 기반으로 하고 있다 [Alur98, Milner89]. 정확성을 직접적으로 증명하는 대신 기호 모델과 원래의 CPS가 교차 시뮬레이션 관계와 관련돼 있다는 것을 보여주며, 이로부터 제어기 개량^{refinement}의 정확성이 증명된다[Tabuada09]. 이 장에서는 이 추론의 흐름을 따른다.

4.2 기본 기법

이 절에서는 먼저 시스템의 동작과 검증할 특성의 명세를 표현하기 위한 기본적인 모델링 기법을 소개한다. 뒤이어 몇 가지 예와 함께 합성 문제의 정의를 설명한다.

4.2.1 사전 지식

$\mathbb{N}$, $\mathbb{Z}$, $\mathbb{R}$은 각각 자연수(0 포함), 정수 그리고 실수를 나타낸다. 주어진 집합 A에 대해 A^n과 2^A는 각각 n차 카테시안 곱$^{n\text{-fold Cartesian product}}$과 A의 모든 부분 집합의 집합을 나타낸다. $x \in \mathbb{R}^n$의 유클리드 놈$^{\text{Euclidean norm}}$은 $|x|$로 표시한다.

$[a, b]$, $]a, b[$ 그리고 $[a, b[$ 및 $]a, b]$은 각각 $\mathbb{R}$에서의 닫힌 구간, 열린 구간 그리고 두 가지 반열린 구간을 나타낸다. $\mathbb{Z}$에서의 구간은 각각 $[a; b]$, $]a; b[$ 그리고 $[a; b[$ 및 $]a; b]$로 표시한다.

주어진 함수 $f : A \rightarrow B$ 와 $A' \subseteq A$에 대해 f에 의한 A'의 상^{image}을 $f(A') := \{f(a) \in B \mid a \in A'\}$로 정의한다. 집합값 함수 또는 A에서 B로의 사상^{mapping}은 $f : A \rightrightarrows B$로 표시한다. 각 집합값 사상 $f : A \rightrightarrows B$는 $A \times B$에서의 이진 관계를 정의한다. 즉, $(a, b) \in f$이면 $b \in f(a)$이다. 집합값 사상 f의 역사상$^{\text{inverse mapping}}$ f^{-1}와 정의역 $\mathrm{dom}f$는 $f^{-1}(b) = \{a \in A \mid b \in f(a)\}$와 $\mathrm{dom}f = \{a \in A \mid f(a) \neq \varnothing\}$이다. id는 항등 함수$^{\text{identity function}}$를 나타낸다. 즉, $id : A \rightarrow A$이며 모든 $a \in A$에 대해 $id(a) = a$이다.

거리^{metric} d를 갖는 거리 공간 (X, d)의 부분 집합 $A \subseteq X$에 대해 $A + \varepsilon\mathbb{B}$는 팽창 집합$^{\text{inflated set}}$ $\{x \in X \mid \exists_{a \in A} : d(a, x) \leq \varepsilon\}$을 나타낸다. 집합 A의 경계는 ∂A로 표시하고 두 집합 A와 B의 차집합은 관행대로 $A \setminus B = \{a \in A \mid a \notin B\}$로 표시한다.

임의의 집합 A에서 열^{sequence} $a : [0;T] \rightarrow A$, $T \in \mathbb{N} \cup \{\infty\}$에 대해 a_t는 t 번째 원소

를 나타내며 $a_{[0;t]}$는 a가 구간 $[0;t]$에 제한되는 것을 나타낸다. 모든 유한 열의 집합은 A^*로 표시한다. 모든 무한 열의 집합은 A^ω로 표시된다. A가 거리 d를 갖고 B가 A^ω의 부분 집합이면 $B + \varepsilon\mathbb{B}$는 집합 $\{a \in A^\omega \mid \exists_{b \in B}, \forall_{t \in \mathbb{N}} : d(a_t, x_t) \leq \varepsilon\}$을 나타낸다.

4.2.2 문제의 정의

이 절에서는 우리 분석의 기반을 이루는 CPS의 수학적 모델을 소개하고 선형 시간 논리 linear temporal logic 명세에 대한 합성의 문제를 논의한다.

4.2.2.1 시스템 모델링

CPS의 풍부한 동작을 담아낼 수 있도록 시스템의 일반 개념을 사용한다.

정의 1: 시스템 S는 다음으로 구성된 튜플 $S = (X, X_0, U, \rightarrow, Y, H)$이다.

- 상태 집합 X
- 초기 상태 집합 $X_0 \subseteq X$
- 입력 집합 U
- 전이 관계 $\rightarrow \subseteq X \times U \times X$
- 출력 집합 Y
- 출력 사상 $H : X \rightarrow Y$

S의 내부 동작 ξ는 $\xi_0 \in X_0$이고, 모든 $t \in \mathbb{N}$에 대해 $(\xi_t, v_t, \xi_{t+1}) \in \rightarrow (\xi_t \xrightarrow{v_t} \xi_{t+1}$로도 표시됨)이 성립하는 무한 열 $v \in U^\omega$이 존재하는 무한 열 $\xi \in X^\omega$이다. S의 모든 내부 동작 ξ는 S의 외부 동작 ξ를 유발한다. 즉, 모든 $t < \mathbb{N}$에 대해 $\xi_t = H(\xi_t)$를 만족하는 Y에서의 무한 열을 유발한다. $B(S)$는 S의 모든 외부 동작의 집합을 표시한다.

정의 2: 대체 정의로서 Y가 거리 공간이면 시스템 S는 거리 metric라고 한다. 또는 X와 U가 유한 집합이면 시스템 S가 유한하다고 한다. 그렇지 않으면 S는 무한 시스템이라고 한다.

다음은 도입된 시스템 개념의 유용성을 설명하는 두 가지 예다. [Tabuada09]의 1.3절에 주어진 것처럼 유한 상태 시스템으로 시작한다.

예: 통신 프로토콜

이 예에서는 통신 프로토콜을 정의 1에 따른 시스템으로 모델링한다. 이상이 있는 채널을 통해 메시지를 교환하는 발신자와 수신자를 놓고 생각한다. 발신자는 버퍼에서 데이터를 처리해 수신자에게 전송한다. 메시지가 전송된 후, 발신자는 수신된 메시지를 확인 응답 acknowledging하는 수신자의 확인 메시지confirmation message를 기다린다. 확인 메시지에 메시지가 부정확하게 전송됐다고 표시되면 발신자는 마지막 메시지를 다시 전송한다. 정확한 송신의 경우, 송신기는 버퍼에서 다음 메시지로 계속 진행한다.

이 동작은 그림 4.1에 나타낸 유한 상태 오토마톤에 의해 설명된다. 원은 상태state를 나타내고, 화살표는 전이transition를 나타낸다. 각 원의 상단에는 상태가 표시되고, 하단에는 출력이 표시된다. 전이에는 입력이 표시된다.

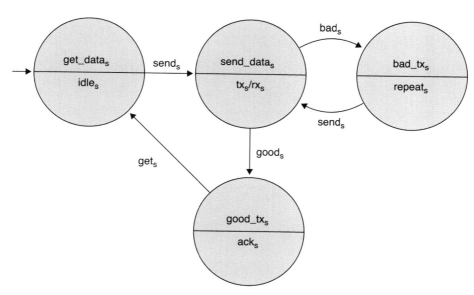

그림 4.1 발신자를 유한 상태 시스템으로 모델링한 도표

메시지는 통신 채널을 통해 성공적으로 또는 비성공적으로 전송될 수 있다. 수신된 메시지가 정확하면 수신자는 메시지의 오류 없음error-free을 확인하기 위한 확인 메시지를 보낸다. 그렇지 않은 경우에는 반복 요청이 발신자에게 전송된다. 수신자의 동적 동작은 그림 4.2에 설명돼 있다.

전체 시스템 S는 두 시스템의 구성composition에 의해 주어진다. 여기서는 시스템 구성 방법에 대한 자세한 내용을 제시하지 않으며, 관심 있는 독자는 [Tabuada09]를 참조하기 바란다. S가 유한 시스템이라는 것은 명백하다. 발신자의 몇 가지 가능한 외부 동작은 다음과 같다.

$$idle_s \rightarrow tx_s/rx_s \rightarrow ack_s \rightarrow get_s \rightarrow \dots$$
$$idle_s \rightarrow tx_s/rx_s \rightarrow repeat_s \rightarrow tx_s/rx_s \rightarrow \dots$$

이제 수학적 시스템 모델이 전환 시스템switched system과 같은 연속 제어 시스템에도 적합하다는 것을 보인다.

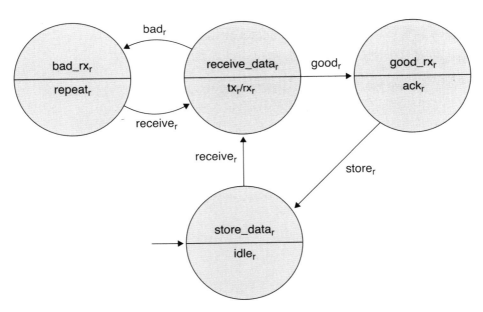

그림 4.2 수신자를 유한 상태 시스템으로 모델링한 도표

예: DC-DC 부스트 컨버터

이 예에서는 그림 4.3에 시스템으로 표시된 DC-DC 부스트 컨버터^{boost converter}를 모델링
한다. DC-DC 부스트 컨버터는 소스 전압에 비해 부하 단에서 더 높은 전압을 만드는 데
사용되는 스텝업 컨버터^{step-up converter}다. 컨버터는 두 가지 모드로 동작한다.

스위치가 닫히면 전기 에너지가 인덕터의 자기장으로 저장되고, 스위치가 열리면 인덕
터는 제2 소스로 동작하고 전압이 부하 단의 소스 전압과 더해진다. DC-DC 부스트 컨
버터는 종종 하이브리드 제어(예: [Beccuti06, Buisson05, Senesky03] 참조)의 관점에서 그
리고 추상화 기반 제어기 설계[Girard10, Girard12, Reisig13]와 관련해 문헌상으로 많
은 연구가 있다.

시스템의 상태는 $x(t) = [i_l(t), v_c(t)]^T$에 의해 주어지며, 여기서 $i_l(t)$와 $v_c(t)$는 각각 시
간 t에서 인덕터를 통과하는 전류와 커패시터^{capacitor}에 걸리는 전압을 나타낸다. 동적 동
작은 전환 선형 시스템^{switched linear system}에 의해 설명된다.

$$\dot{x}(t) = A_{g(t)}x(t) + b \tag{4.1}$$

이 시스템에서 $A_i \in \mathbb{R}^{2\times2}$, $i \in [1;2]$와 b는 다음과 같이 주어진다.

$$A_1 = \begin{bmatrix} -\dfrac{r_l}{x_l} & 0 \\ 0 & -\dfrac{1}{x_c}\dfrac{1}{r_0+r_c} \end{bmatrix}, \quad A_2 = \begin{bmatrix} -\dfrac{1}{x_l}\left(r_l + \dfrac{r_c r_0}{r_c+r_0}\right) & -\dfrac{1}{x_l}\dfrac{r_0}{r_0+r_c} \\ \dfrac{1}{x_c}\dfrac{r_0}{r_0+r_c} & -\dfrac{1}{x_c}\dfrac{1}{r_0+r_c} \end{bmatrix}, \quad b = \begin{bmatrix} \dfrac{v_s}{x_l} \\ 0 \end{bmatrix}$$

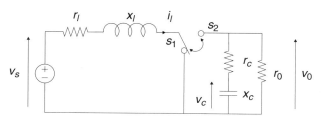

그림 4.3 DC-DC 부스트 컨버터

시스템 행렬 A_i는 상태의 변화를 나타내는데 사용되며, 스위치 $g(t) \in [1:2]$의 위치에 의존한다.

4.2.4절에서는 부하에 걸리는 전압을 조절하기 위해 상태 의존형 제어기state-dependent controller를 설계한다. 샘플링 시간 $\tau \in \mathbb{R}_{>0}$로 샘플링 후 유지sample-and-hold 방식으로 구현된다. 그리고 목표 설정값setpoint 근방의 상태 공간의 부분 집합 $K \subseteq \mathbb{R}^2$로 관심 대상을 국한한다. 식 (4.1)에서 샘플링된 동작을 다음 시스템처럼 K에 주입한다.

$$S_\tau = (K, K, [1; 2], \underset{\tau}{\rightarrow}, \mathbb{R}^2, id)$$

전이 관계transition relation는 다음과 같이 정의된다.

$$x \xrightarrow[\tau]{g} x' :\Leftrightarrow x' = \xi_{x,g}(\tau)$$

여기서 $\xi_{x,g}(\tau)$는 스위치의 위치 $g \in [1; 2]$에 대한 시간 τ에서의 미분 방정식 (4.1)의 해다. 시스템 S_τ는 거리 시스템이다. 외부 동작은 내부 동작과 일치하며, 식 (4.1)에 의해 정의된 샘플링된 연속 시간 동작에 해당한다.

예를 더 이상 제시하지는 않지만, 관심 있는 독자는 네트워크 제어 시스템[Borri12]과 확률적 제어 시스템[Zamani14]을 표현하기 위해 정의 1에 따른 시스템 개념이 사용된 [Tabuada09]과 그 밖의 최근 논문을 참조하기 바란다.

4.2.2.2 선형 시간 논리

이 절에서는 시스템의 기대 동작을 지정하는 데 어떻게 선형 시간 논리linear temporal logic, LTL가 사용될 수 있는지를 돌이켜 생각해본다. 논리는 단위 명제atomic propositions 집합 $\mathcal{P}$에 대해 정의되며, 출력 집합 Y의 부분 집합 P_i, $i \in [1;p]$의 유한 집합으로 주어진다. 즉, 모든 i에 대해 다음이 사용된다.

$$P_i \subseteq Y \tag{4.2}$$

직관적으로 단위 명제들은 특정의 기대 시스템 동작에 관련된 집합을 나타낸다.

정형적으로 기대 시스템 동작의 명세는 단위 명제의 집합 $\mathcal{P}$에 대한 명제 결합자 propositional connectives(그리고 "∧", 부정 "¬")들과 여기에 추가된 시간 연산자temporal operators1 의 다음 "X", 항상 "G", 결국 "F"로 구성되는 LTL[2] 공식 φ를 통해 주어진다. LTL 공식은 $2^{\mathcal{P}}$의 무한 열 π에 대해 계산된다. φ가 다음 시간 단계, 모든 시간 단계 또는 미래 시간 단계에서 참이면, 열 π는 각각 $X\varphi$, $G\varphi$ 또는 $F\varphi$를 만족시킨다고 말한다. 주어진 LTL 공식 φ를 만족시키는 열 π의 정확한 정의는 6장, '하이브리드 시스템의 논리적 정확성'에 나와 있으며, [Baier08, Vardi96]을 비롯한 여러 참조 문헌에서 찾을 수 있다.

$h(y) = \{P \in \mathcal{P} \mid y \in P\}$인 열 $h \circ \zeta$가 φ를 만족시키면 Y의 열 φ는 공식 φ를 만족시킨다고 하며 $\zeta \models \varphi$라고 표시한다. LTL 공식을 만족시키는 Y의 모든 열의 집합은 다음과 같이 나타낸다.

$$B(\varphi) = \{\zeta : \mathbb{N} \to Y \mid \zeta \models \varphi\} \tag{4.3}$$

S의 모든 외부 동작이 φ를 만족시키면 시스템 S는 LTL 공식 φ를 만족시킨다고 하며, $S \models \varphi$라고 표시한다.

$$B(S) \subseteq B(\varphi) \tag{4.4}$$

다음에는 광범위하게 사용되는 명세를 설명하고 주어진 시스템의 외부 동작에 대한 의미를 해석한다.

안전

안전safety 특성은 가장 간단하고 널리 사용되는 특성 중 하나다. 이것은 시스템이 어떤 특정한 불량한 상태에 도달해서는 절대 안 된다는 것을 표현한다. 이러한 기대 동작은, 예를 들어 다음 LTL 공식에 의해 주어진다.

---

1 간결한 설명을 위해 "까지(until)" 연산자 U를 생략했으며, 전체 LTL 중 일부분에 집중한다.

2 번역문이 오히려 혼동을 줄 수 있을 것 같아 시간 연산자를 다시 한 번 나열한다. X: 다음(next), G: 항상(always, globally), F: 결국(eventually, in the future) – 옮긴이

$$\varphi = GP$$

이 공식에서 $P \subseteq Y$는 안전 출력의 집합이다. 불량한 시스템 상태는 $Y \setminus P$로 표시된다. 시스템 S가 GP를 만족시키면 항상 G 연산자는 모든 외부 동작 $\zeta \in B(S)$가 항상 양호한 상태로 유지된다는 것을 의미한다. 즉, 모든 $t \in \mathbb{N}$에 대해 $\zeta_t \in P$다.

앞서 소개한 통신 프로토콜의 예를 다시 살펴보자. 다음과 같은 안전 공식을 사용할 수 있다.

$$\varphi = G\neg(ack_s \wedge repeat_r)$$

이것은 수신자가 반복 요청으로 응답하는 동안에는 메시지가 성공적으로 전송됐다는 것을 발신자가 절대로 믿지 말아야 한다는 요구사항을 나타낸다. 즉, 발신자와 수신자는 출력 ack_s와 $repeat_r$을 동시에 갖는 상태에 있어서는 안 된다.

도달 가능성과 종료

시스템 S의 또 다른 기본 특성은 결국 연산자^{eventually operator}로 표현된다.

$$\varphi = FP$$

이 식은 유한 수의 단계 후에 집합 $P \subseteq Y$에 도달해야 함을 나타낸다. 즉, 모든 외부 행동 $\zeta \in B(S)$는 어떤 $t \in \mathbb{N}$에 대해 $\zeta_t \in P$를 만족시킨다. 예를 들어, S가 컴퓨터 프로그램을 나타내고 $P \subseteq Y$가 종료 조건에 해당하면, 즉 $H(x) \in P$가 프로그램이 종료됐음을 의미하면 $S \vDash FP$는 S가 결국 종료함을 의미한다.

이끌림(제약 조건하에서)

제어 시스템의 맥락에서 점근 안정성^{asymptotic stability}은 가장 보편적인 명세 중 하나다. 안정성은 위상학적 특성이므로 다음 논의에서 S는 $Y = X$ 및 $H = id$를 갖는 거리 시스템이라고 가정한다. 따라서 X는 거리 공간이다. 평형 상태 $x^* \in X$에 대한 점근 안정성은 안정성^{stability}과 이끌림^{attractiveness}의 두 가지 특성으로 표현된다. 안정성은 평형 상태의 모든 이웃^{neighborhood} N에 대해 초기 상태의 집합을 N', 즉, $X_0 \subseteq N'$으로 제한하면 모든 동작은 모든 시간 동안 N에 남아 있는, 즉, 모든 $t \in \mathbb{N}$에 대해 $\xi_t \in N$인 균형 상태의 이웃 N'을 찾을 수 있다는 것을 의미한다. 이끌림은 모든 동작이 결국 균형 상태에 수렴한다는 것을 말한다. 즉, $\lim_{t \to \infty} \xi_t = x^*$이다. LTL에서는 안정성을 표현할 수 없다. 그러나 다음 공식으로 이끌림의 실용적인 변형^{variant}을 공식화할 수 있다.

$$\varphi = FGQ$$

이것은 φ를 만족하는 시스템 S의 모든 동작 ξ가 결국 Q에 도달해 이후로도 Q에 머물러 있다는 것을 의미한다. 즉, 모든 $t' \geq t$에 대해 $\xi_{t'} \in Q$를 갖는 $t \in \mathbb{N}$가 존재한다. 이 특성에 덧붙여 과도^{transient} 시스템이 동작하는 동안 모든 $t \in \mathbb{N}$에 대해 $\xi_t \in P$를 의미하는 특정 제약 조건 $P \subseteq Y$를 다음 식으로 쉽게 부과할 수 있다.

$$\varphi = FGQ \wedge GP$$

예: DC-DC 부스터 컨버터에서 상태 조절

이전 절에서 소개한 DC-DC 부스트 컨버터를 생각해보자. 앞서 언급했듯이 DC-DC 컨버터용 제어기의 목표는 부하에 걸리는 출력 전압을 조절하는 것이다. 이는 일반적으로 참조 상태$^{\text{reference state}}$ $x_{ref} = [i_{ref}, v_{ref}]^T$를 중심으로 상태 $[i_l(t), v_c(t)]^T$를 조절함으로써 이뤄진다. LTL에서 기대 동작을 표현하기 위해 단위 명제 $Q = [1.1, 1.6] \times [1.08, 1.18]$을 도입한다. LTL 공식 FGQ를 사용해 시스템이 결국 참조 상태의 이웃에 도달해야 하며, 이후로도 그곳에 머물러 있어야 한다는 개념을 표현한다. 또한 $P = [0.65, 1.65] \times [0.99, 1.19]$로 안전 제약 조건 GP를 부과해 다음과 같은 최종 명세를 얻는다.

$$\varphi = FGQ \wedge GP$$

안전 제약 조건은 두 가지 목적을 위해 사용된다. 첫째, 안전 특성을 사용해 DC-DC 컨버터가 과도한 동작을 하는 중에도 특정 물리적 한계를 절대 초과하지 않도록 보장한다. 예를 들어, GP를 적용하면 전류가 항상 [0.65, 1.65]에서 유지되도록 보장한다. 안전 제약 조건의 두 번째 목적은 문제 영역을 유한 기호 모델의 계산을 용이하게 하는 상태 공간의 유계 부분 집합bounded subset으로 제한하는 것이다.

4.2.2.3 합성 문제

이제 합성 문제의 정의로 넘어가자. 제어기 개념의 도입부터 시작한다. 일반적으로 시스템 S용 제어기는 다시 시스템 S_C이고, 폐회로 시스템 $S_C \times_I S$는 상호 연결 관계 I에 대해 시스템 S_C와 S의 구성에 의해 얻어진다[Tabuada09]. 그러나 이 책에서는 다음과 같은 형태의 비교적 단순한 안전성과 도달 가능성reachability 문제에 초점을 맞춘다.

$$\varphi = GP \text{ and } \varphi = FQ \wedge GP \tag{4.5}$$

여기서 P와 Q는 Y의 부분 집합이다. 이러한 명세들에 대해 비기억memoryless 또는 상태 피드백 제어기가 존재한다는 것이 잘 알려져 있다[Tabuada09]. 시스템 S용 제어기 C를 집합값 사상으로 정의한다.

$$C : X \rightrightarrows U$$

이 제어기는 시스템 S의 가능한 입력을 제한하는 데 사용된다. 폐회로 시스템 S/C는 다음과 같은 식에 의한 S와 C의 구성에서 나온다.

$$S/C = (X_C, X_{0,C}, U, \underset{C}{\rightarrow}, H, Y)$$

수정된 상태 공간 $X_C = X \cap domC$, $X_{0,C} = X_0 \cap domC$ 그리고 수정된 전이 관계는 다음 식으로 주어진다.

$$\left(x, u, x'\right) \in \underset{C}{\rightarrow} :\Leftrightarrow \left(\left(x, u, x'\right) \in \rightarrow \wedge u \in C\left(x\right)\right)$$

예: DC–DC 부스트 컨버터에 대한 샘플링된 데이터의 동특성

DC-DC 부스트 컨버터 S_τ의 샘플링된 데이터의 동특성에 대한 제어기 C는 다음과 같은 식으로 주어진다.

$$C : \mathbb{R}^2 \rightrightarrows \{1, 2\}$$

폐회로 시스템에 대한 설명이 그림 4.4에 있다. 샘플링 시간들 t_τ, $t \in \mathbb{N}$에서 제어기는 현재 상태 ξ_t를 기반으로 유효한 입력 $\nu_t \in C(\xi_t)$를 제공한다. 입력 ν_t는 샘플링 구간 $[t_\tau, (t+1)\tau[$에서 일정하다.

디지털 기기에서 제어기 C를 구현할 때 어떤 선택 기준에 따라 임의의 입력 $\nu_t \in C(\xi_t)$를 선택할 수 있다.

폐회로 시스템에 대한 정확한 개념을 써서 합성 문제를 다음과 같이 공식화한다.

문제 1: 시스템 S와 식 (4.5)에 나타난 형태의 LTL 명세가 주어지면 $\mathcal{B}(S/C) \neq \emptyset$과 S/C가 명세를 만족시키도록 제어기 C를 찾을 수 있다(존재한다면). 즉, $S/C \vDash \varphi$다(식 (4.5)). 형태의 명세를 사용하면 이끌림 명세와 같은 좀 더 일반적인 문제를 해결할 수도 있다.

설명 1: S의 출력 사상 H가 단사injective라고 가정해보자. $Q \subseteq P$인 두 집합 Q, $P \subseteq Y$를 생각해보자. C_1과 C_2를 2개의 S용 제어기라고 하면,

$$S/C_1 \vDash GQ$$
$$S/C_2 \vDash FQ' \wedge GP$$

여기서 $Q' = H(dom\ C_1)$이다. 그러면 다음과 같이 제어기를 정의한다.

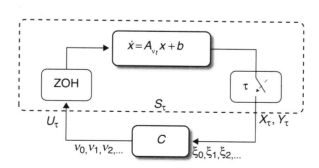

그림 4.4 폐회로 시스템 Sτ/C

$$C(x) := \begin{cases} C_1(x) & \text{if } x \in dom\ C_1 \\ C_2(x), & \text{otherwise} \end{cases}$$

우리는 $S/C \models FGQ \wedge GP$라고 주장한다. 만일 $x \in dom\ C_1$이면 초기 상태가 x인 S의 모든 외부 동작 ζ는 영원히 Q(그리고 P)에 머물며, 따라서 ζ는 $FGQ \wedge GP$를 만족시킨다. 만일 $x \in dom\ C_2 \setminus dom\ C_1$이면 초기 상태가 x인 모든 외부 동작은 유한한 시간 내에 Q'에 도달한다. $t \in \mathbb{N}$을 $\zeta_t \in Q'$인 첫 번째 시간이라고 가정해보자. H가 단사이므로 이것은 해당하는 내부 동작이 $\zeta_t \in Q'$를 만족시킨다는 것을 의미하고, 그 다음에 제어기 C_1은 Q 내부의 동작을 유지하기 위해 사용되며, 이것은 ζ가 $FGQ \wedge GP$를 만족시킨다는 것을 나타낸다.

4.2.3 합성 문제의 해결

이 장 앞부분의 개요에서 설명했듯이 CPS와 제어 시스템은 일반적으로 무한 시스템이며, 제어기 합성을 위한 일반적인 알고리즘(예: [Pnueli89, Vardi95])들을 직접 적용할 수 없다. 그럼에도 불구하고 유계 정의역$^{bounded\ domain}$에서의 무한 시스템을 추상화하는 유한 상태 시스템을 이용함으로써 이러한 알고리즘들을 사용해 제어기를 합성할 수 있다. 이 접근법의 정확성은 원래 시스템과 유한 근사값 사이의 소위 근사 시뮬레이션 관계[Girard07], 즉, 기호 모델을 구축함으로써 보장된다. 이 절에서는 근사 시뮬레이션 관계에 대한 정확한 정의를 소개하고, 이 개념이 어떻게 기호 모델용으로 찾아낸 제어기를 원래 시스템용 제어기로 전환(또는 개량^{refinement})하는 것을 용이하게 해주는지 보여준다. 여기서는 [Tabuada08]과 [Girard12]에서 개발된 접근 방법을 따른다.

4.2.3.1 근사 시뮬레이션 관계

근사 시뮬레이션 관계$^{approximate\ simulation\ relations}$는 일반적으로 출력 공간은 동일하지만 [Girard07] 입력 공간은 다를 수 있는 2개의 거리 시스템에 대해 정의된다. 논의를 단순화하기 위해 더 제약된 상황을 상정하고, 두 시스템이 동일한 출력 공간을 갖는 거리 공간이며, 동일한 입력 공간을 갖고 있다고 가정한다. 이 경우, 근사 (이중) 시뮬레이션 관계 approximate (bi)simulation relations의 정의는 다음과 같다.

정의 3: S와 $\hat{S}$을 $U = \hat{U}$, $Y = \hat{Y}$ 거리 d를 갖는 2개의 거리 시스템이라고 가정해보자. 파라미터 $\varepsilon \in \mathbb{R}_{\geq 0}$에 대해 생각해보자. 관계

$$R \subseteq X \times \hat{X}$$

는 다음이 참이면 S에서 $\hat{S}$으로의 엡실론 근사 시뮬레이션 관계 ε-approximate simulation relation, ε-aSR라고 한다.

- 모든 $x_0 \in X_0$에 대해 $(x_0, \hat{x}_0) \in R$이며, 임의의 $(x, \hat{x}) \in R$에 대해 다음의 조건을 만족하는 $\hat{x}_0 \in \hat{X}_0$가 존재한다.
  - $d(H(x), \hat{H}(\hat{x})) \leq \varepsilon$
  - $x \xrightarrow{u} x'$이면 $(x', \hat{x}') \in R$인 $\hat{x} \xrightarrow{u} \hat{x}'$가 존재한다는 것을 의미한다.

$\hat{S}$은 S를 근사 시뮬레이션한다고 하거나 S는 $\hat{S}$에 의해 근사 시뮬레이션된다고 하며, S에서 $\hat{S}$으로의 ε-aSR이 존재하면 다음과 같이 나타낸다.

$$S \preccurlyeq_\varepsilon \hat{S}$$

R이 S에서 $\hat{S}$으로의 ε-aSR이고 R^{-1}이 $\hat{S}$에서 S로의 ε-aSR이면 R은 S와 $\hat{S}$ 간의 엡실론 근사 이중 시뮬레이션 관계 ε-approximate bisimulation relation, ε-BSR라고 한다. S는 $\hat{S}$에 엡실론 근사 이중 유사 ε-approximate bisimilar하다고 하며 S와 $\hat{S}$ 간에 ε-BSR이 존재하면 다음과 같이 나타낸다.

$$S \simeq_\varepsilon \hat{S}$$

다음 정리는 근사 (이중) 유사가 근사 동작 (동등성) 포함 approximate behavioral (equivalence) inclusion을 뜻한다는 것을 보여준다. 이 정리는 [Tabuada09]의 명제 9.4에서 온 것이다.

정리 1: S와 $\hat{S}$을 $U = \hat{U}$, $Y = \hat{Y}$ 거리 d를 갖는 2개의 거리 시스템이라고 가정해보자.

S에서 $\hat{S}$으로의 $\varepsilon\text{-}aSR$이 존재한다고 가정해보자. 그러면 S의 모든 외부 동작 ζ에 대해 다음과 같은 $\hat{S}$의 외부 동작 $\hat{\zeta}$이 존재한다.

$$d\left(\zeta_t, \hat{\zeta}_t\right) \le \varepsilon, \ \forall t \in \mathbb{N} \tag{4.6}$$

동등하게, 다음이 성립한다.

$$S \preccurlyeq_\varepsilon \hat{S} \Rightarrow B(S) \subseteq B(\hat{S}) + \varepsilon \mathbb{B} \tag{4.7}$$

만일, S와 $\hat{S}$이 엡실론 근사 이중 유사면 다음이 성립한다.

$$B(S) \subseteq B(\hat{S}) + \varepsilon \mathbb{B} \text{ and } B(\hat{S}) \subseteq B(S) + \varepsilon \mathbb{B} \tag{4.8}$$

아래의 논의에서 시스템 S와 $\hat{S}$를 엡실론 근사 시뮬레이션하는 유한 시스템 $\hat{S}$이 주어졌다고 가정해보자. 정리 1에 의해 추상화 $\hat{S}$을 사용해 S에 대한 유효성 검증에 (근사적으로) 답할 수 있다. S가 안전 특성 $\varphi = GP$를 만족시키는지 알고 싶다고 가정하자. 오토마타 이론의 잘 알려진 알고리즘[Vardi96]을 이용해 $\hat{S}$이 $P_\varepsilon := P \setminus (\partial P + \varepsilon \mathbb{B})$에 대해 $\breve{\varphi}_\varepsilon = GP_\varepsilon$를 만족시키는지 확인할 수 있다. 공식 $\breve{\varphi}_\varepsilon$는 φ의 더 제약적인 변형variant을 나타내며 $B(\breve{\varphi}_\varepsilon) \subseteq B(\varphi)$가 성립한다는 의미에서 식 (4.7)의 근사 동작 포함approximate behavioral inclusion을 설명한다. $\hat{S}$이 $\breve{\varphi}_\varepsilon$를 만족시키면 식 (4.7)로부터 S가 φ를 만족시킨다는 것을 추론할 수 있다. 이 사실을 다음과 같이 기호로 나타낸다.

$$S \preccurlyeq_\varepsilon \hat{S} \wedge \hat{S} \vDash \varphi_\varepsilon \Rightarrow S \vDash \varphi$$

그러나 $S \preccurlyeq_\varepsilon \hat{S}$에서 역의 결론을 도출할 수는 없다는 것에 주목하라. 즉, $\hat{S} \nvDash \breve{\varphi}_\varepsilon$가 $S \nvDash \varphi$를 뜻하지 않는다. 역방향 추론을 위해서는 이중 유사성에 대한 더 강한 개념이 필요하다. $S \simeq_\varepsilon \hat{S}$이 주어지면 식 (4.8)에서 $\hat{S} \nvDash \breve{\varphi}_\varepsilon$는 $\breve{\varphi}_\varepsilon = G(P + \varepsilon \mathbb{B})$와 함께 $\hat{S} \nvDash \varphi$를 뜻하며, 양 방향에 대해 다음과 같은 식을 얻는다.

$$S \simeq_\varepsilon \hat{S} \wedge \hat{S} \vDash \breve{\varphi}_\varepsilon \Rightarrow S \vDash \varphi$$
$$S \simeq_\varepsilon \hat{S} \wedge \hat{S} \nvDash \hat{\varphi}_\varepsilon \Rightarrow S \nvDash \varphi$$

$\check{\varphi}$에 반해 수식 $\hat{\varphi}$는 수식 φ의 느슨한 변형을 나타내며, 근사 이중 유사 모델에 기반을 둔 결정 과정에는 "간격^{gap}"이 존재한다. 그러나 4.2.4절에서 알게 되겠지만, 적합한 안정성 가정하에 이 간격은 임의로 작게 만들 수 있다.

4.2.3.2 제어기 개량

이제 다음 상황을 고려해보자. 시스템 S, 명세 φ 그리고 S에 근사 이중 유사한 유한 모델 $\hat{S}$이 있다고 가정해보자. 또한 폐회로 시스템 $\hat{S}/\hat{C}$이 $\check{\varphi}$를 만족하도록 $\hat{S}$용 제어기 $\hat{C}$을 구했다. $\check{\varphi}$는 S에 대한 명세를 나타내며, φ로부터 유도된다. 이러한 제어기는, 예를 들어 [Pnueli89, Vardi95] 또는 [Tabuada09]에 설명된 알고리즘으로 계산할 수 있다.

이 절에서는 $\hat{S}$용 제어기 $\hat{C}$를 S용 제어기 C로 개량하는^{refine} 방법을 보여준다. 현재 사용 중인 특정 명세에 따라 다른 개량 전략을 사용한다. 이중 시뮬레이션 관계에 기반을 둔 일반 명세를 위한 제어기 개량은 [Tabuada08]에서 찾을 수 있다. 이 장에서 검토된 특수한 경우는 [Girard12]에 보고돼 있다.

안전 명세 $\varphi = GP$에 대한 간단한 개량 전략부터 시작한다. R을 S와 $\hat{S}$ 사이의 $\varepsilon\text{-}aBSR$이라고 가정해보자. 그런 다음, $\hat{S}$용 제어기 $\hat{C}_s$를 S용 제어기 C_s로 개량한다.

$$C_s(x) := \left(\hat{C}_s(R(x)) \right) \tag{4.9}$$

원래 시스템의 상태 x에서 사용 가능한 제어 입력은 관련된 상태 $R(x) \subseteq \hat{X}$에서 기호 모델에 사용 가능한 제어 입력들의 합집합으로 제공된다.

도달 가능성 명세 $\varphi = GP \wedge FQ$에 대한 개량 전략은 $\hat{S}$용 제어기 $\hat{C}$와 연관된 최소 시간 함수 $T_{\hat{C}_r} : \hat{X} \to \mathbb{N} \cup \{\infty\}$으로 공식화된다. 함수는 P에 머물며, 집합 Q에서 초기 상태 $\hat{x} \in \hat{X}$인 $\hat{S}/\hat{C}_r$의 모든 외부 동작의 진입 시간에 대한 최소 상한$^{least\ upper\ bound}$으로 정의된다.

$$T_{\hat{C}_r}(\hat{x}) := inf\{t \in \mathbb{N} \mid \forall_{\zeta \in B(\hat{S}/\hat{C}_r)} : \hat{\zeta}_0 = \hat{H}(\hat{x}), \hat{\zeta}_t \in Q, \ \forall_{t' \in [0;t]} \hat{\zeta}_{t'} \in P\} \tag{4.10}$$

$\hat{S}/\hat{C}_r$이 유한하므로 함수는 최단 경로$^{shortest\text{-}path}$ 알고리즘으로 반복적으로 계산할 수 있다.

도달 가능성 명세에 대한 개량 전략은 다음과 같이 얻을 수 있다. R을 S와 $\hat{S}$ 간의 ε-$aBSR$ 이라 하고, $\hat{C}_r$을 $\hat{S}$용 제어기라고 가정해보자. 이 식 (4.10)에 의해 주어진다고 가정해보자. 그러면 S용 제어기 C_r을 다음과 같이 정의한다.

$$C_r(x) := \hat{C}_r \left(\underset{\hat{x} \in R(x)}{argmin}\, T_{\hat{C}_r}(\hat{x}) \right) \tag{4.11}$$

여기서 관행에 따라 $inf_{x \in A}\, f(x) = \infty$에 대해 $argmin_{x \in A}\, f(x) = \varnothing$를 쓴다. 원래 시스템의 상태 x에서 사용 가능한 제어 입력은 $T_{\hat{C}_r}$에 최솟값이 되는 관련된 상태 $\hat{x} \in R(x)$와 연관된 제어 입력들에 의해 주어진다. 기본적으로 기호 모델 $\hat{S}/\hat{C}_r$이 집합 Q에 가장 빨리 도달하게 하는 기호 상태 $\hat{x}$과 연관된 입력을 선택한다.

다음 정리에서는 제시된 개량 과정의 정확성을 보장하는 [Girard12]의 정리 1과 정리 3을 요약한다. 또한 기호 모델에 대한 명세가 실현 불가능할 경우, 즉, 폐회로 시스템이 명세를 충족시키는 제어기가 없는 경우에 대한 서술을 제공한다. 이 서술은 제시된 개량 전략의 대칭성에 따른 결론이다. 즉, 원래 시스템용 제어기는 시스템과 기호 모델의 역할을 뒤바꿈으로써 기호 모델용 제어기로 개량될 수 있다.

정리 2: S와 $\hat{S}$를 $U = \hat{U}$, $Y = \hat{Y}$이고, 거리 d를 갖는 2개의 거리 시스템이라고 가정해보자. R을 S에서 $\hat{S}$로의 ε-$aBSR$이라고 가정해보자. 집합 P, $Q \subseteq Y$와 이것들의 근사식

$$\check{P}_\varepsilon := P \setminus (\partial P + \varepsilon \mathbb{B}), \quad \hat{P}_\varepsilon := P + \varepsilon \mathbb{B},$$

$$\check{Q}_\varepsilon := Q \setminus (\partial Q + \varepsilon \mathbb{B}), \quad \hat{Q}_\varepsilon := Q + \varepsilon \mathbb{B}$$

를 고려하면 다음 관계가 성립한다.

$$\hat{S}/\hat{C}_s \vDash G\,\check{P}_\varepsilon \Rightarrow S/C_s \vDash GP$$

$$\hat{S}/\hat{C}_r \vDash G\,\check{P}_\varepsilon \wedge F\,\check{Q}_\varepsilon \Rightarrow S/C_r \vDash GP \wedge FQ$$

여기서 S용 제어기 C_i, $i \in \{s, r\}$는 각각 식 (4.9)와 (4.10)에 따라 $\hat{S}$용 제어기들 $\hat{C}_i$로부터 개량된다.

또한 $G\hat{P}_\varepsilon$(또는 $G\hat{P}_\varepsilon \wedge F\hat{Q}_\varepsilon$)이 $\hat{S}$에 대해 실현 불가능하면, GP(또는 $GP \wedge FQ$)는 S에 대해 실현 불가능하다.

4.2.4 기호 모델의 구축

이 절에서는 제어 시스템에 대한 기호 모델을 계산하는 방법을 보여준다. [Girard10]에 제시된 접근 방법을 따른다. 이 방법들에 대해 비교적 쉽게 소개하고자 하므로 [Girard10]에 개략적으로 제시된 일반적인 방안의 특수한 경우에 초점을 맞춘다. 특히, 다음과 같은 형태의 전환 아핀 시스템^{switched affine system}인 $\Sigma = (K, G, A_g, b_g)$를 고려한다.

$$\dot{\xi}(t) = A_g \xi(t) + b_g \tag{4.12}$$

여기서 제어 입력 $g \in G = [1;k]$, $k \in \mathbb{N}$, 시스템 상태 $\xi(t) \in K \subseteq \mathbb{R}^n$ 그리고 시스템 행렬과 아핀 항들은 각각 $A_g \in \mathbb{R}^{n \times n}$와 $b_g \in \mathbb{R}^n$으로 주어진다.

초기 상태 $x \in \mathbb{R}^n$ 및 상수 입력 $g \in G$와 연관된 Σ의 궤적^{trajectory}은 다음과 같은 식으로 주어진다.

$$\xi_{x,g}(t) = e^{A_g t} x + \int_0^t e^{A_g(t-s)} b_g \, ds$$

여기서 e^A는 급수 $\sum_{k=0}^{\infty} \frac{1}{k!} A^k$에 의해 정의되는 행렬 지수를 나타낸다. Σ의 샘플링된 동작을 포착하는 시스템을 정의하자. 주어진 샘플링 시간 $\tau \in \mathbb{R}^{>0}$에 대해 $S_\tau(\Sigma)$를 다음과 같이 정의한다.

$$S_\tau(\Sigma) = (K, K, G, \underset{\tau}{\rightarrow}, id, \mathbb{R}^n) \tag{4.13}$$

전이 관계는 다음과 같이 정의된다.

$$(x, g, x') \in \underset{\tau}{\rightarrow} :\Leftrightarrow x' = \xi_{x,g}(\tau)$$

다음 절에서는 $S_\tau(\Sigma)$에 대한 기호 모델을 구축한다.

4.2.4.1 안정성 가정

기호 모델의 구축은 확실한 점증적 안정성^{incremental stability} 가정을 기반으로 한다 [Angeli02]. 이러한 가정들 중 하나의 변형은 전환 시스템 Σ(조각적 상수 전환 신호의 경우) 가 점진적으로, 전역적으로, 고르게, 접근적으로, 안정적(δ-GUAS)이라는 것을 의미하는 일반 리아푸노프^{common Lyapunov} 함수가 존재한다는 것이다. 직관적으로 δ-GUAS는 동일 한 전환 신호와 연관된, 그러나 초기 상태는 다른 궤적들이 시간이 흐름에 따라 서로 접근 한다는 것을 의미한다.

이 논의에서는 다음과 같은 부등식을 만족시키는 대칭적이고 양의 정부호^{positive definite}인 행렬 $M \in \mathbb{R}^{n \times n}$과 상수 $\kappa \in \mathbb{R}_{>0}$가 존재한다고 가정한다.

$$x^\top \left(A_g^\top M + M A_g \right) x \le -2\kappa x^\top M x, \ \forall x \in \mathbb{R}^n, \ g \in G \tag{4.14}$$

이와 같은 행렬 M과 상수 κ의 존재를 의미하는 행렬 A_g, $g \in G$에 대한 조건은 [Shorten98]와 [Liberzon99]에 나와 있다. M이 주어지면 다음과 같은 함수를 정의한다.

$$V(x, y) = \sqrt{(x-y)^\top M(x-y)}$$

우리는 V가 실제로 Σ에 대한 δ-GUAS 리아푸노프 함수라고 주장한다[Girard13, Definition 2]. λ^-와 λ^+를 각각 M의 최소 및 최대 고윳값^{eigenvalue}이라고 가정해보자. 그 러면 모든 x, $y \in \mathbb{R}^n$와 $g \in G$에 대해 다음 부등식이 성립한다는 것을 확인할 수 있다.

$$\sqrt{\lambda^-} |x-y| \le V(x, y) \le \sqrt{\lambda^+} |x-y| \tag{4.15}$$

$$D_1 V(x, y)\left(A_g x + b_g \right) + D_2 V(x, y)\left(A_g y + b_g \right) \le -\kappa V(x, y) \tag{4.16}$$

여기서 $D_i V$는 i번째 인수에 대한 V의 미분계수를 나타낸다. 식 (4.15)와 (4.16)의 부등 식이 V가 δ-GUAS 리아푸노프 함수가 되고, 다음 부등식이 성립하기 위한 충분 조건이라는 것에 주목하라.

$$V\left(\xi_{x,g}\left(t\right),\xi_{y,g}\left(t\right)\right)\leq e^{-\kappa t}V(x,y)$$

(4.17)

또한 $W(x) := V(x, 0)$가 $\mathbb{R}^n$의 놈^{norm}이라는 것을 보이는 것은 쉬우며, 따라서 삼각 부등식을 만족시킨다. 그러면 $V(x, y) = V(x - y, 0)$를 이용해 모든 $x, y, z \in \mathbb{R}^n$에 대해 다음 부등식을 얻는다.

$$V\left(x,y\right)\leq V\left(x,y\right)+V\left(y,z\right)$$

(4.18)

4.2.4.2 기호 모델

기호 모델의 구축은 상태 공간 $K \subseteq \mathbb{R}^n$의 균일 이산화$^{\text{uniform discretization}}$를 기반으로 한다. 다음과 같은 표기법을 사용한다. 집합 $K \subseteq \mathbb{R}^n$과 $\eta \in \mathbb{R}_{>0}$가 주어지면, 다음 식은 K 내의 균일한 그리드^{grid}를 나타낸다.

$$\left[K\right]_{\eta} := \{x \in K \mid \exists k \in \mathbb{Z}^n : x = k\eta 2/\sqrt{n}\}$$

그리드의 정의를 기반으로 그리드 점 $[K]_{\eta}$에 중심이 있는 반지름이 η인 공^{ball}들은 집합 K를 포함한다.

$$K \subseteq \bigcup_{\hat{x} \in [K]_{\eta}} \hat{x} + \eta\mathbb{B}$$

(4.19)

이산화 파라미터 $\eta \in \mathbb{R}_{>0}$의 현재 값으로 다음과 같이 시스템을 정의한다.

$$S_{\tau,\eta}\left(\Sigma\right) = \left([K]_{\eta}, [K]_{\eta}, G, \underset{\tau,\eta}{\rightarrow}, id, \mathbb{R}^n\right)$$

(4.20)

전이 관계는 다음과 같이 주어진다.

$$\left(\hat{x}, g, \hat{x}'\right) \in \underset{\tau,\eta}{\rightarrow} :\Leftrightarrow \left|\hat{x}' - \xi_{x,g}\left(t\right)\right| \leq \eta \wedge \xi_{x,g}\left(\tau\right) \in K$$

$S_{\tau}(\Sigma)$와 $S_{\tau}, \eta(\Sigma)$는 동일한 입력 및 출력 공간을 갖는 거리 시스템이라는 것에 주목하라.

거리는 간단하게 $d(x, y) = |x - y|$로 주어진다. 또한 G가 유한하고 K가 유계라는 것이 주어지면 시스템 $S_{\tau, \eta}(\Sigma)$는 유한이다.

다음 정리는 [Girard10]에 있는 정리 4.1에서 온 것이다.

정리 3: 제어 시스템 Σ, 이산화 파라미터 $\tau, \eta \in \mathbb{R}_{>0}$ 그리고 목표 정밀도 $\varepsilon \in \mathbb{R}_{>0}$를 생각해보자. 대칭이고 양의 정부호인 행렬 M과 상수 $\kappa \in \mathbb{R}_{>0}$가 식 (4.14)를 만족시킨다고 가정해보자. $V(x, y) = \sqrt{(x-y)^\top M(x-y)}$라고 하고, λ^-와 λ^+를 각각 M의 최소 및 최대 고윳값^{eigenvalue}이라고 가정해보자. 관계

$$\sqrt{\lambda^-} e^{-\kappa\tau} \varepsilon + \sqrt{\lambda^+} \eta \leq \sqrt{\lambda^-} \varepsilon \tag{4.21}$$

가 성립하면 다음은 거리 $d(x, y) = |x - y|$에 대해 $S_\tau(\Sigma)$와 $S_{\tau, \eta}(\Sigma)$ 간의 ε-aBSR이다.

$$R = \left\{ (x, \hat{x}) \in K \times [K]_\eta \mid V(x, \hat{x}) \leq \sqrt{\lambda^-} \varepsilon \right\} \tag{4.22}$$

이 정리에 대한 증명을 해보자. 이 증명은 식 (4.21)과 R 간의 관계가 S와 $\hat{S}$ 간의 ε-aBSR이 되는 것을 잘 보여준다.

R이 S에서 $\hat{S}$으로의 ε-aBSR이라는 것만 보이겠다. 역방향은 논증의 대칭성에 의해 성립한다. ε-aBSR의 정리 3을 돌이켜 생각해보라. 식 (4.19)로부터 모든 $x \in K$에 대해 $|x - \hat{x}| \leq \eta$인 $\hat{x} \in [K]_\eta$이 존재한다. 식 (4.21)로부터 $\sqrt{\lambda^+} \eta \leq \sqrt{\lambda^-} \varepsilon$이며, 이것은 $(x, \hat{x}) \in R$을 의미한다.

두 번째 조건을 보이기 위해 $(x, \hat{x}) \in R$이라고 가정해보자. 식 (4.15)에서 부등식 $|x - \hat{x}| \leq 1/\sqrt{\lambda^-} V(x, \hat{x})$를 얻는다. 이것은 $|x - \hat{x}| \leq \varepsilon$이라는 R의 정의에 따른 것이다.

정의 3의 세 번째 조건을 사용해 진행한다. $(x, \hat{x}) \in R$이고 $(x, g, x') \in \underset{\tau}{\rightarrow}$라고 가정해보자. 그러면 전이 관계의 정의에 의해 $x' = \xi_{x, g}(\tau)$이다. 다음 식으로 $(\hat{x}, g, \hat{x}') \in \underset{\tau, \eta}{\rightarrow}$가 되도록 $\hat{x}' \in [K]_\eta$를 선택한다.

$$\left| \hat{x}' - \xi_{\hat{x}, g}(\tau) \right| \leq \eta \tag{4.23}$$

$S_{\tau, \eta}(\Sigma)$의 전이 관계의 정의에 의해 이와 같은 $\hat{x}'$이 항상 존재한다. 이제 다음 일련의 부

등식에 의해 $(x', \hat{x}') \in R$라는 결론을 얻는다.

$$V(x', \hat{x}') \overset{(18)}{\leq} V\Big(\xi_{x,g}(\tau), \xi_{\hat{x},g}(\tau)\Big) + V\Big(\xi_{\hat{x},g}(\tau)\Big)$$

$$\overset{(17\,\&\,23)}{\leq} e^{-\kappa\tau} V(x, \hat{x}) + V(\eta, 0)$$

$$\overset{(22\,\&\,15)}{\leq} e^{-\kappa\tau} \sqrt{\lambda^-}\,\varepsilon + \sqrt{\lambda^+}\,\eta$$

$$\overset{(21)}{\leq} \sqrt{\lambda^-}\,\varepsilon$$

사례: DC-DC 부스트 컨버터에 대한 기호 모델

DC-DC 부스트 컨버터 사례를 계속 진행해 전환 변동 $\Sigma = (K, [1:2], A_g, b)$로 $S_{\tau,\eta}(\Sigma)$의 기호 모델 $S_\tau(\Sigma)$를 구축한다. 여기서 A_g와 b는 식 (4.1)에서 주어진다. 여기에서 [Girard11]에서 구한 수치 계산 결과를 제시한다.

컨버터의 기대 명세는 LTL 공식 $\varphi = FGQ \wedge GP$로 주어지며, 여기서 Q는 참조 상태의 이웃을 나타내고, P는 안전 제약 조건이라는 것을 기억해보라. 다음의 논의에서 우리는 기호 모델의 계산을 P로 제한하며, 따라서 $K = P$로 놓는다. 또한 φ 대신 다음과 같은 명세에 초점을 맞춘다.

$$\varphi' = FQ \wedge GP$$

그럼에도 불구하고 설명 1에서 언급했듯이, 제시된 방법으로 φ용 제어기를 합성하는 것은 손쉬운 과정이다.

$S_{\tau,\eta}(\Sigma)$를 구축하는 첫 번째 단계로서 더 나은 수치 조건을 제공하는 상태 변환을 도입한다. 전압을 재조정해 새로운 상태 $x = [i_l, 5v_c]^\mathsf{T}$가 된다. 대칭인 양의 정부호 행렬 M과 식 (4.14)를 만족하는 상수 $\kappa \in \mathbb{R}_{>0}$가 모두 존재하며, 이들은 $\kappa = 0.014$와 다음 행렬로 주어진다.

$$M = \begin{bmatrix} 1.0224 & 0.0084 \\ 0.0084 & 1.0031 \end{bmatrix}$$

M의 고윳값은 $\lambda^- = 1$이고, $\lambda^+ = 1.02554$이다. 목표 정확도는 $\varepsilon = 0.1$ 그리고 샘플링 시간은 $\tau = 0.5$로 고정한다. 상태 공간 이산화 파라미터state-space discretization parameter는 식 (4.21)이 성립하도록 $\eta = 97 \times 10^{-5}$로 선택하며, $S_{\tau,\eta}(\Sigma)$를 계산하면 근사적으로 7×10^5개의 상태를 갖는 기호 모델이 된다.

그림 4.5에 설명된 새로운 상태 공간에서의 단위 명제들은 $Q' = [1.1, \ 1.6] \times [5.4, \ 5.9]$와 $P' = [0.65, 1.65] \times [4.95, 5.95]$로 주어진다. 제어기 $\hat{C}$를 합성하기 위해 $\check{Q}_\varepsilon = [1.2, 1.5] \times [5.5, \ 5.8]$과 $\check{P}_\varepsilon = [0.75, \ 1.55] \times [5.05, \ 5.85]$를 사용해 $\hat{S}_{\tau,\eta}/\hat{C} \models F\check{Q}_\varepsilon \wedge G\check{P}_\varepsilon$가 된다. S용 제어기 C는 식 (4.11)에 의해 나온다.

제어기의 정의역과 궤적의 일부 샘플이 그림 4.5에 나와 있다. 단위 명제 Q'와 P'는

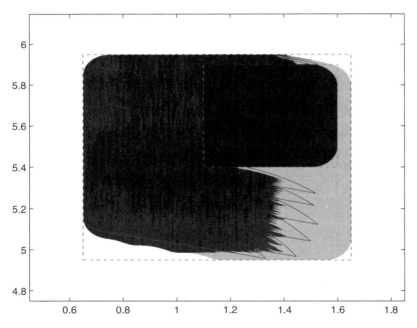

그림 4.5 새로운 상태 공간에서의 단위 명제들

각각 작은 점선 사각형과 큰 점선 사각형으로 표시된다. 검정 영역은 ε 공ᵇᵃˡˡ, 즉, $G\check{P}_\varepsilon +$ $\varepsilon\mathbb{B}$에 의해 확대된 기호 모델에 대한 목표 집합ᵗᵃʳᵍᵉᵗ ˢᵉᵗ을 보여준다. 어두운 회색 영역은 제어기 $domC$의 정의역을 보여준다. 특히, 밝은 회색 영역 및 어두운 회색 영역은 각각 $C^{-1}(1)$ 및 $C^{-1}(2)$를 보여준다. 폐회로 시스템 $S_\tau(\Sigma)/C$의 궤적의 몇 가지 예가 점선으로 나타나 있다.

4.3 고급 기법

이 장의 전반에 걸쳐 CPS를 위한 기호적 제어기 합성의 근간을 이루는 기본 아이디어를 전달하면서도 논증을 쉽게 따라올 수 있도록 여러 가지 경우에서 설명을 단순화했다. 예를 들어, 합성 문제의 정의에서 LTL 공식을 간단한 안전성과 도달 가능성 명세로 제한했다.

4.2.3절에서는 구체적인 시스템과 기호 모델이 동일한 입력 집합을 갖고 있다고 가정함으로써 더 난해한 엡실론 근사 교차 시뮬레이션 관계를 피했다. 4.2.4절에서는 전환 선형 시스템의 샘플링된 동작에 대해서만 기호 모델의 계산을 제시하고 샘플들 간의 동작은 무시했다.

다음 하위 절에서는 제시된 계획의 일반화(관련 방법)에 대해 논의하고, 관심 있는 독자를 위해 후속 참조 문헌을 제공한다. 차원의 저주ᶜᵘʳˢᵉ ᵒᶠ ᵈⁱᵐᵉⁿˢⁱᵒⁿᵃˡⁱᵗʸ, ᶜᵒᴰ를 설명하고 이 문제를 다루는 기존의 방법을 언급한다. 시스템의 연속 시간 동작을 두 가지 가능한 방법으로 설명하고, 임베디드 장치에서 합성 제어기 구현의 실질적인 측면에 대해 의견을 제시한다. CPS용 제어기 설계를 위한 기호 모델을 계산하는 데 사용할 수 있는 소프트웨어 도구들을 나열하면서 이 절의 결론을 맺는다.

더 복잡한 명세에 대한 확장을 다루지 않는다는 것에 주목하라. 특정 클래스의 CPS에 대한 기호 모델을 계산할 수 있는 방법을 갖게 되면(적절한 시뮬레이션 관계와 함께), 특정 명세 언어(예: LTL, CTL 또는 μ-Calculus)에 맞춰진 유한 시스템용으로 개발된 제어기 합성 방법은 해당 명세는 시행하면서 그 클래스의 CPS용 제어기를 합성하도록 적응시킬 수 있다는 것이 개념적으로 명백하다.

4.3.1 기호 모델의 구축

이제 기호 모델을 구축하는 다양한 방법을 검토한다. 이 논의에서는 몇 가지 기본적인 알고리즘으로 시작해 나중에는 가장 최근의 혁신적인 방법을 제시한다.

4.3.1.1 기본 알고리즘

이 절에서는 기호 모델을 계산하는 다양한 접근 방법을 참조한다. 복잡한 연속 동특성을 갖는 CPS에 집중하고자 한다. 즉, 연속 동특성을 정의하는 미분 방정식은 상태 의존적이므로, 예를 들어 타임드 오토마타와 선형 하이브리드 오토마타는 배제한다. 또한 검증을 위한 기호 모델[Alur00, Henzinger00, Tiwari08]과 반대로 알고리즘적 제어기 합성을 용이하게 하는 기호 모델에 초점을 맞춘다.

2차원 연속 시간 단일 적분기와 이중 적분기 시스템의 기호 모델이 각각 [Kress-Gazit09]와 [Fainekos09a]에 분석돼 있다. 일반 이산 시간 선형 제어 시스템은 [Kloetzer08, Tabuada06, Wongpiromsarn12]에서 다루고 있다. [Yordanov12]는 조각적 아핀 시스템에 대한 기호 모델을 계산하는 알고리즘을 제시한다.

전환 다항식 시스템을 위한 기호 모델을 구축하는 방법은 [Ozay13]에 제시돼 있다. 일반 비선형 시스템(시간 지연 포함), 전환 비선형 시스템 그리고 점증적 안정성 가정하에서의 네트워크 제어 시스템은 각각 [Pola08]([Pola10]), [Girard10] 그리고 [Borri12]에서 고려된다. [Reißig11], [Zamani12] 그리고 [Tazaki12]는 안정성 가정 없이 비선형 시스템의 기호 모델을 계산하는 알고리즘을 제공한다.

상태 의존 자율 전이를 갖는 하이브리드 제어 시스템의 합성에 적합한 기호 모델은 아직 완전히 파악되지 않았다. 이산 시간 선형 운동과 오더미니멀order-minimal 하이브리드 시스템을 갖는 하이브리드 시스템의 특수한 경우에 대한 두 가지 접근법이 [Mari10]과 [Bouyer06]에 각각 설명돼 있다.

모델 불확실성, 구동 오류 또는 제어 불능 환경 동특성에 대해 강건한 제어기에 이르게 하는 기호 모델을 계산하는 알고리즘은 매우 드물다. 교란되지 않은 경우와는 대조적으로 교란된 시스템에 대한 기호 모델은 시뮬레이션 관계 대신 교차 시뮬레이션 관계에 의해 구체적인 시스템과 관련돼야 한다[Tabuada09]. 교차 시뮬레이션 관계는 제어 불능 교란을 설명하고 모든 가능한 교란하에서 제어기 개량의 정확성을 보장하기 위해 사용된다. [Wongpiromsarn12]는 유계 교란을 갖는 이산 시간 선형 시스템을 고려한다. 안정성 가정하에서 교란된 비선형 시스템의 기호 모델은 [Pola09]에서 고려된다. [Liu14]에서는 안정성 가정 없이 이들을 검토한다.

4.3.1.2 고급 알고리즘

제어기 합성에 기호적 접근법이 널리 적용되는 것을 가로막는 가장 근본적인 문제는 소위 차원의 저주, 즉 연속 동특성$^{continuous\ dynamics}$의 상태 공간의 차원에 대한 기호 모델 상태 수의 지수적 증가다. 이 장에서 지금까지 언급한 알고리즘들은 모두 균일한 이산화 또는 균일한 상태 공간 분할을 기반으로 하므로 CoD를 피할 수 없다. 그러나 다른 여러 접근 방법은 특정 시스템에 특화돼 있거나 계산 부담을 줄이기 위해 검색 휴리스틱을 사용한다.

예를 들어, 플랫 시스템$^{flat\ systems}$의 기호 모델은 [Tabuada05], [Colombo11] 및 [Colombo13]에서 개발된다. 플랫 시스템은 시스템의 외부 동작, 즉 출력 궤적이 적분기 사슬$^{chain\ of\ integrators}$에 의해 (입력 변환을 사용해) 재현될 수 있다는 좋은 특성을 갖고 있다. 따라서 비선형 시스템에 관한 합성 문제는 (종종 더 낮은 차원의) 선형 시스템으로 축소될 수 있다. 이 특성을 이용하고 적분기 사슬을 1차 시스템으로 줄임으로써[Girard09], 8차원 비선형 시스템이 관련된 안전 합성 문제가 해결됐다[Colombo13]. 또 다른 특정 시스템류인 단조 시스템$^{monotone\ systems}$이 [Moor02a]에 분석돼 있다.

특정 시스템 특성에 초점을 맞추기보다는 추상적 영역에서 합성 문제를 해결하면서 기호 모델의 질을 적응적으로 향상시킴으로써 계산 부담을 줄이려는 다양한 방법이 시도되고 있다. 예를 들어, [Camara11]과 [Mouelhi13]에서 다중 시간 척도의 기호 모델이 제어기 합성이 실패한 기호 모델을 국지적으로 개량하는 데 사용된다. [Rungger12]에서는 기호 모델의 구축에 있어 가장 비용이 높은 작업 중 하나인 도달 가능 집합 연산을 줄이는 것을 목표로 휴리스틱이 제시된다. [Gol12]와 [Rungger13]은 이산 시간 선형 시스템의 기호 모델의 계산을 주어진 명세에 적응시킴으로써 기호 모델을 계산할 필요가 있는 영역을 줄이는 기법을 제시한다. 앞서 언급한 계획들은 선형 시스템[Gol12, Rungger13]에서부터 점진적으로 안정된 전환 비선형 시스템[Camara11, Mouelhi13] 그리고 일반 비선형 시스템[Rungger12]에 이르기까지 고려된 시스템 동특성에 따라 달라진다. 최대 5개의 연속 변수가 있는 모델을 포함해 CPS의 기호 모델을 계산하기 위해 다양한 방법이 사용됐다.

또 다른 흥미로운 접근 방법이 [Le Corronc13]에 설명돼 있다. 이 저자들은 점진적으로 안정한 전환 비선형 시스템의 기호 모델을 계산하는 상당히 다른 방안을 제안한다. 기호 모델의 상태가 상태 공간의 격자점 또는 분할 요소에 해당하는 잘 알려진 방법을 따르는 대신, 전환 신호의 유계 열을 기호 상태로 사용한다. 이 접근 방법은 상태 공간 차원과 독립적으로 구축된 기호 모델을 만들어낼 수 있는 잠재력을 갖고 있다. 예를 들어, 저자들은 세 가지 모드를 갖는 5차원 전환 선형 시스템의 기호 모델을 구축할 수 있었다.

CoD로 인한 계산 부담을 줄이기 위한 목적으로 기호 모델을 계산하는 또 다른 고급 방법은 소위 샘플링 기반 기술[Bhatia11, Karaman11, Maly13]에 기반을 두고 있다. 연속 상태 공간의 격자 또는 분할에서 기호 모델을 계산하는 대신, 기호 모델이 점증적으로 구축된다. 연속적인 입력 공간과 상태 공간을 샘플링함으로써 새로운 전이들이 추상 시스템에 추가된다. 기호 모델의 성장을 유도하기 위해 여러 가지 휴리스틱이 사용된다. [Maly13]에서는 5차원 연속 상태 공간을 갖는 하이브리드 시스템의 기호 모델이 co-safety LTL 명세에 대한 합성 문제를 해결하기 위해 구축된다.

4.3.2 연속 시간 제어기

4.3.1절에 제시된 방법과 [Girard10, Reißig11, Zamani12]에 제시된 유사한 접근법과 같은 방법들로 얻은 연속 시간 제어 시스템의 기호 모델은 원래 시스템의 샘플링된 동작만을 설명한다. 그럼에도 불구하고 연속 시간 동작을 보장하기 위해 연속 시스템의 샘플

링 시간 간의 동작의 일부 추정값을 사용할 수 있다. 이러한 분석이 [Fainekos09]에 제시돼 있다. LTL 명세가 시스템의 연속 시간 동작을 기반으로 직접 정의되는 대체 이벤트 트리거 방식은 [Kloetzer08]와 [Liu13]에 구현돼 있다. 임베디드 장치에서 제어기를 구현하려면 정교한 이벤트 감지 메커니즘이 필요하기 때문에 이 방법의 단점은 합성 제어기를 구현할 때 분명해진다. [Liu14]는 이 문제에 대해 논의한다.

기호 합성 방법을 사용해 얻은 제어기 구현과 관련된 또 다른 문제는 필요한 상태 정보다. 예를 들어, 4.2.3절에서 개략적으로 설명된 제어기 합성 접근 방법은 완전한 상태 정보가 제어기에서 이용할 수 있다고 가정한다. 더 현실적인 가정은 양자화된quantized 상태 정보만을 이용할 수 있다는 것이다. 이 문제를 해결하고 양자화된 상태 정보만 요구하는 제어기 개량 체계는 [Mari10], [Girard13] 그리고 [Reißig14]에서 개발됐다.

4.3.3 소프트웨어 도구

CPS의 기호 모델을 계산하는 데 사용할 수 있는 소프트웨어 도구 목록을 제공하면서 이 장을 끝맺는다. 기호 모델 기반의 제어기 합성을 위한 도구들 중에서 가장 초기에 개발된 것 중 하나가 LTLCon[Kloetzer08]이다. 이 도구는 엄격한 선형 부등식의 결합으로 정의된 단위 명제를 사용하는 선형 시스템과 일반 LTL 명세("다음" 연산자 제외)를 지원한다. 선형 시스템과 유한 호라이즌 GR(1) 공식에 초점을 두는 비슷한 기능의 또 다른 도구는 TuLip[Wongpiromsarn11]이다. GR(1) 공식은 제어기가 효율적으로 합성될 수 있는 전체 LTL 공식의 일부분을 나타낸다. 제약적이기는 하지만, GR(1) 공식은 여전히 관심 대상 특성들을 공식화하기에 충분하며, 로봇 커뮤니티에서 로봇의 임무 서술문을 명시하는 데 널리 사용되고 있다. 간단한 단일 적분기 동특성에 대한 GR(1) 공식을 지원하는 도구는 LTLMoP Linear Temporal Logic Mission Planning[Kress-Gazit09]이다. LTLMoP의 좋은 점은 구조화된 영어로 명세를 공식화할 수 있다는 것이다.

더 복잡한 연속 역학, 특히 전체 LTL 명세와 관련된 이산 시간 조각적 아핀 시스템은 conPAS2[Yordanov12]에 의해 지원된다.

CoSyMA Code System from Maria[Mouelhi13]는 점진적으로 안정된 전환 시스템을 지원하

는 도구다. CoSyMA는 기호 모델을 계산하기 위해 진보된 멀티스케일 추상화 기술을 사용하며, 시간 제약적 도달 가능성과 안전 명세를 처리한다.

Pessoa[Mazo10]는 다양한 동적 시스템의 기호 모델을 계산하는 알고리즘을 제공하는 다용도 도구다. 안전 및 도달 가능성 명세에 대한 합성 절차를 제공하며, 특히 선형 시스템에 맞춰져 있다. 그러나 Pessoa는 비선형 시스템의 기호 모델 구축도 지원한다.

4.4 요약 및 열린 도전 과제

이 장에서는 CPS를 위한 제어기 합성에 대한 기호적 접근 방법의 특별한 변형들을 제시했다. 우리는 문제 사례의 복잡성과 표현의 명확성 사이의 균형을 맞추려고 노력했다. 더 쉽게 이해할 수 있는 설명을 이끌어내기 위해 종종 더 쉬운 문제로 서술하는 것을 선호했다. 특히, 명세 언어를 단순한 안전 및 연결 가능성 요구사항으로 제한했다. 더욱이 근사 교차(이중) 시뮬레이션 관계의 강력하지만 동시에 난해한 개념보다는 근사(이중) 시뮬레이션 관계에 초점을 뒀다. 이와 마찬가지로 점증적, 점근적, 안정적 전환 선형 시스템을 위한 기호 모델을 구성하는 데 특히 간결한 방법을 제시했다. 그럼에도 불구하고 좀 더 일반적인 경우와 복잡한 경우를 다루는 참고문헌에 대한 몇 가지 지침을 제공했다. 예제들은 다양한 정의와 결과를 보여준다.

CPS용 자동화 제어기 설계는 학제 간 분야로서 비교적 최근의 연구 분야다. [Koutsoukos00], [Moor02], [Förstner02] 그리고 [Caines98]에 보고된 선구자적 연구는 원칙적으로 이산 알고리즘적 합성 방법을 CPS를 위해 어떻게 활용할 수 있을지를 명확히 했지만, 아직도 해결해야 할 문제가 많으며 과제들이 아직 미해결 상태로 남아 있다. 가장 시급한 과제는 아마도 기호적 접근 방법의 계산 복잡성을 줄여야 할 필요성일 것이다. 실무적으로 이 접근 방법이 광범위하게 적용되기 위해서는 실무적으로 관심 있는 CPS 유형들에 대한 CoD를 해결해야 한다. 또한 임베디드 장치에 합성 제어기를 도입하는 경우, 제어기의 메모리 크기가 장애물이 될 수 있다.

복잡성 이슈 외에도 기호적 접근 방법의 완전성을 다루는 것 같은 몇 가지 이론적 문제에 대한 해답이 필요하다. 지금까지 살펴봤듯이 제어 시스템이 특정 점증적 안정성 가정을 만족시키면 점근적 완전성을 암시하는 근사 이중 유사 추상화를 구축하는 것이 가능하다. 그러나 불안정한 동특성 또는 더 복잡한 동특성(예: 하이브리드 시스템)이 있는 제어 시스템의 완성도 결과에 대한 문제는 여전히 열린 도전 과제로 남아 있다.

참고문헌

[Alur98]. R. Alur, T. A. Henzinger, O. Kupferman, and M. Y. Vardi. "Alternating Refinement Relations." In *Concurrency Theory*, pages 163 – 178. Springer, 1998.

[Alur00]. R. Alur, T. A. Henzinger, G. Lafferriere, and G. J. Pappas. "Discrete Abstractions of Hybrid Systems." *Proceedings of the IEEE*, vol. 88, no. 7, pages 971 – 984, 2000.

[Angeli02]. D. Angeli. "A Lyapunov Approach to Incremental Stability Properties." *IEEE Transactions on Automatic Control*, vol. 47, no. 3, pages 410 – 421, 2002.

[Baier08]. C. Baier and J. P. Katoen. *Principles of Model Checking*. MIT Press, Cambridge, MA, 2008.

[Beccuti06]. G. A. Beccuti, G. Papafotiou, and M. Morari. "Explicit Model Predictive Control of the Boost DC-DC Converter." *Analysis and Design of Hybrid Systems*, vol. 2, pages 315 – 320, 2006.

[Bhatia11]. A. Bhatia, M. R. Maly, L. E. Kavraki, and M. Y. Vardi. "Motion Planning with Complex Goals." *IEEE Robotics and Automation Magazine*, vol. 18, no. 3, pages 55 – 64, 2011.

[Borri12]. A. Borri, G. Pola, and M. Di Benedetto. "A Symbolic Approach to the Design of Nonlinear Networked Control Systems." *Proceedings of the ACM International Conference on Hybrid Systems: Computation and Control*, pages 255 – 264, 2012.

[Bouyer06]. P. Bouyer, T. Brihaye, and F. Chevalier. "Control in O-Minimal

Hybrid Systems." *Proceedings of the 21st Annual IEEE Symposium on Logic in Computer Science*, pages 367 – 378, 2006.

[Buisson05]. J. Buisson, P. Richard, and H. Cormerais. "On the Stabilisation of Switching Electrical Power Converters." In *Hybrid Systems: Computation and Control*, pages 184 – 197. Springer, 2005.

[Caines98]. P. E. Caines and Y. J. Wei. "Hierarchical Hybrid Control Systems: A Lattice Theoretic Formulation." *IEEE Transactions on Automatic Control*, vol. 43, no. 4, pages 501 – 508, 1998.

[Camara11]. J. Camara, A. Girard, and G. Gössler. "Safety Controller Synthesis for Switched Systems Using Multi-Scale Symbolic Models." *Proceedings of the Joint 50th IEEE Conference on Decision and Control and European Control Conference*, pages 520 – 525, 2011.

[Colombo11]. A. Colombo and D. Del Vecchio. "Supervisory Control of Differentially Flat Systems Based on Abstraction." *Proceedings of the Joint 50th IEEE Conference on Decision and Control and European Control Conference*, pages 6134 – 6139, 2011.

[Colombo13]. A. Colombo and A. Girard. "An Approximate Abstraction Approach to Safety Control of Differentially Flat Systems." European Control Conference, pages 4226 – 4231, 2013.

[Fainekos09a]. G. E. Fainekos, A. Girard, H. Kress-Gazit, and G. J. Pappas. "Temporal Logic Motion Planning for Dynamic Robots." *Automatica*, vol. 45, no. 2, pages 343 – 352, 2009.

[Fainekos09]. G. E. Fainekos and G. J. Pappas. "Robustness of Temporal Logic Specifications for Continuous-Time Signals." *Theoretical Computer Science*, vol. 410, no. 42, pages 4262 – 4291, 2009.

[Förstner02]. D. Förstner, M. Jung, and J. Lunze. "A Discrete-Event Model of Asynchronous Quantized Systems." *Automatica*, vol. 38, no. 8, pages 1277 – 1286, 2002.

[Girard11]. A. Girard. "Controller Synthesis for Safety and Reachability via Approximate Bisimulation." Technical report, Université de Grenoble, 2011.

http://arxiv.org/abs/1010.4672v1.

[Girard12]. A. Girard. "Controller Synthesis for Safety and Reachability via Approximate Bisimulation." *Automatica*, vol. 48, no. 5, pages 947–953, 2012.

[Girard13]. A. Girard. "Low-Complexity Quantized Switching Controllers Using Approximate Bisimulation." *Nonlinear Analysis: Hybrid Systems*, vol. 10, pages 34–44, 2013.

[Girard07]. A. Girard and G. J. Pappas. "Approximation Metrics for Discrete and Continuous Systems." *IEEE Transactions on Automatic Control*, vol. 52, pages 782–798, 2007.

[Girard09]. A. Girard and G. J. Pappas. "Hierarchical Control System Design Using Approximate Simulation." *Automatica*, vol. 45, no. 2, pages 566–571, 2009.

[Girard10]. A. Girard, G. Pola, and P. Tabuada. "Approximately Bisimilar Symbolic Models for Incrementally Stable Switched Systems." *IEEE Transactions on Automatic Control*, vol. 55, no. 1, pages 116–126, 2010.

[Gol12]. E. A. Gol, M. Lazar, and C. Belta. "Language-Guided Controller Synthesis For Discrete-Time Linear Systems." *Proceedings of the ACM International Conference on Hybrid Systems: Computation and Control*, pages 95–104, 2012.

[Henzinger00]. T. A. Henzinger, B. Horowitz, R. Majumdar, and H. Wong-Toi. "Beyond HyTech: Hybrid Systems Analysis Using Interval Numerical Methods." In *Hybrid Systems: Computation and Control*, pages 130–144. Springer, 2000.

[Karaman11]. S. Karaman and E. Frazzoli. "Sampling-Based Algorithms for Optimal Motion Planning." *International Journal of Robotics Research*, vol. 30, no. 7, pages 846–894, 2011.

[Kloetzer08]. M. Kloetzer and C. Belta. "A Fully Automated Framework for Control of Linear Systems from Temporal Logic Specifications." *IEEE Transactions on Automatic Control*, vol. 53, pages 287–297, 2008.

[Koutsoukos00]. X. D. Koutsoukos, P. J. Antsaklis, J. A. Stiver, and M. D. Lemmon. "Supervisory Control of Hybrid Systems." *Proceedings of the IEEE*, vol. 88, no. 7, pages 1026–1049, 2000.

[Kress-Gazit09]. H. Kress-Gazit, G. E. Fainekos, and G. J. Pappas. "Temporal-Logic–Based Reactive Mission and Motion Planning." *IEEE Transactions on Robotics*, vol. 25, no. 6, pages 1370–1381, 2009.

[Le Corronc13]. E. Le Corronc, A. Girard, and G. Gössler. "Mode Sequences as Symbolic States in Abstractions of Incrementally Stable Switched Systems." *Proceedings of the 52nd IEEE Conference on Decision and Control*, pages 3225–3230, 2013.

[Liberzon99]. D. Liberzon and A. S. Morse. "Basic Problems in Stability and Design of Switched Systems." *IEEE Control Systems Magazine*, vol. 19, no. 5, pages 59–70, 1999.

[Liu14]. J. Liu and N. Ozay. "Abstraction, Discretization, and Robustness in Temporal Logic Control of Dynamical Systems." *Proceedings of the ACM International Conference on Hybrid Systems: Computation and Control*, pages 293–302, 2014.

[Liu13]. J. Liu, N. Ozay, U. Topcu, and R. M. Murray. "Synthesis of Reactive Switching Protocols from Temporal Logic Specifications." *IEEE Transactions on Automatic Control*, vol. 58, no. 7, pages 1771–1785, 2013.

[Maly13]. M. R. Maly, M. Lahijanian, L. E. Kavraki, H. Kress-Gazit, and M. Y. Vardi. "Iterative Temporal Motion Planning for Hybrid Systems in Partially Unknown Environments." *Proceedings of the 16th International Conference on HSCC*, pages 353–362, 2013.

[Mari10]. F. Mari, I. Melatti, I. Salvo, and E. Tronci. "Synthesis of Quantized Feedback Control Software for Discrete Time Linear Hybrid Systems." In *Computer Aided Verification*, pages 180–195. Springer, 2010.

[Mazo10]. M. Mazo, Jr., A. Davitian, and P. Tabuada. "Pessoa: A Tool for Embedded Controller Synthesis." In *Computer Aided Verification*, pages 566–569. Springer, 2010.

[Milner89]. R. Milner. *Communication and Concurrency*. Prentice Hall, 1995.

[Moor02a]. T. Moor and J. Raisch. "Abstraction Based Supervisory Controller Synthesis for High Order Monotone Continuous Systems." In *Modelling, Analysis, and Design of Hybrid Systems*, pages 247 – 265. Springer, 2002.

[Moor02]. T. Moor, J. Raisch, and S. O'Young. "Discrete Supervisory Control of Hybrid Systems Based on l-Complete Approximations." *Discrete Event Dynamic Systems*, vol. 12, no. 1, pages 83 – 107, 2002.

[Mouelhi13]. S. Mouelhi, A. Girard, and G. Gössler. "Cosyma: A Tool for Controller Synthesis Using Multi-Scale Abstractions." *Proceedings of the ACM International Conference on Hybrid Systems: Computation and Control*, pages 83 – 88, 2013.

[Ozay13]. N. Ozay, J. Liu, P. Prabhakar, and R. M. Murray. "Computing Augmented Finite Transition Systems to Synthesize Switching Protocols for Polynomial Switched Systems." American Control Conference, pages 6237 – 6244, 2013.

[Pnueli89]. A. Pnueli and R. Rosner. "On the Synthesis of a Reactive Module." *Proceedings of the 16th ACM SIGPLAN-SIGACT Symposium on Principles of Programming Languages*, pages 179 – 190, 1989.

[Pola08]. G. Pola, A. Girard, and P. Tabuada. "Approximately Bisimilar Symbolic Models for Nonlinear Control Systems." *Automatica*, vol. 44, no. 10, pages 2508 – 2516, 2008.

[Pola10]. G. Pola, P. Pepe, M. Di Benedetto, and P. Tabuada. "Symbolic Models for Nonlinear Time-Delay Systems Using Approximate Bisimulations." *Systems and Control Letters*, vol. 59, no. 6, pages 365 – 373, 2010.

[Pola09]. G. Pola and P. Tabuada. "Symbolic Models for Nonlinear Control Systems: Alternating Approximate Bisimulations." *SIAM Journal on Control and Optimization*, vol. 48, no. 2, pages 719 – 733, 2009.

[Reißig11]. G. Reißig. "Computing Abstractions of Nonlinear Systems." *IEEE Transactions on Automatic Control*, vol. 56, no. 11, pages 2583 – 2598, 2011.

[Reißig13]. G. Reißig and M. Rungger. "Abstraction-Based Solution of Optimal

Stopping Problems Under Uncertainty." *Proceedings of the 52nd IEEE Conference on Decision and Control,* pages 3190 – 3196, 2013.

[Reißig14]. G. Reißig and M. Rungger. "Feedback Refinement Relations for Symbolic Controller Synthesis." *Proceedings of the 53rd IEEE Conference on Decision and Control,* 2014.

[Rungger13]. M. Rungger, M. Mazo, and P. Tabuada. "Specification-Guided Controller Synthesis for Linear Systems and Safe Linear-Time Temporal Logic." *Proceedings of the ACM International Conference on Hybrid Systems: Computation and Control,* pages 333 – 342, 2013.

[Rungger12]. M. Rungger and O. Stursberg. "On-the-Fly Model Abstraction for Controller Synthesis." American Control Conference, pages 2645 – 2650, 2012.

[Senesky03]. M. Senesky, G. Eirea, and T. J. Koo. "Hybrid Modelling and Control of Power Electronics." In *Hybrid Systems: Computation and Control,* pages 450 – 465. Springer, 2003.

[Shorten98]. R. N. Shorten and K. S. Narendra. "On the Stability and Existence of Common Lyapunov Functions for Stable Linear Switching Systems." *Proceedings of the 37th IEEE Conference on Decision and Control,* vol. 4, pages 3723 – 3724, 1998.

[Tabuada08]. P. Tabuada. "An Approximate Simulation Approach to Symbolic Control." *IEEE Transactions on Automatic Control,* vol. 53, no. 6, pages 1406 – 1418, 2008.

[Tabuada09]. P. Tabuada. *Verification and Control of Hybrid Systems: A Symbolic Approach.* Springer, 2009.

[Tabuada05]. P. Tabuada and G. J. Pappas. "Hierarchical Trajectory Refinement for a Class of Nonlinear Systems." *Automatica,* vol. 41, no. 4, pages 701 – 708, 2005.

[Tabuada06]. P. Tabuada and G. J. Pappas. "Linear Time Logic Control of Discrete-Time Linear Systems." *IEEE Transactions on Automatic Control,* vol. 51, no. 12, pages 1862 – 1877, 2006.

[Tazaki12]. Y. Tazaki and J. Imura. "Discrete Abstractions of Nonlinear Systems Based on Error Propagation Analysis." *IEEE Transactions on Automatic Control*, vol. 57, pages 550 – 564, 2012.

[Tiwari08]. A. Tiwari. "Abstractions for Hybrid Systems." *Formal Methods in System Design*, vol. 32, no. 1, pages 57 – 83, 2008.

[Vardi95]. M. Y. Vardi. "An Automata-Theoretic Approach to Fair Realizability and Synthesis." In *Computer Aided Verification*, pages 267 – 278. Springer, 1995.

[Vardi96]. M. Y. Vardi. "An Automata-Theoretic Approach to Linear Temporal Logic." In *Logics for Concurrency*, pages 238 – 266. Springer, 1996.

[Wongpiromsarn12]. T. Wongpiromsarn, U. Topcu, and R. M. Murray. "Receding Horizon Temporal Logic Planning." *IEEE Transactions on Automatic Control*, vol. 57, no. 11, pages 2817 – 2830, 2012.

[Wongpiromsarn11]. T. Wongpiromsarn, U. Topcu, N. Ozay, H. Xu, and R. M. Murray. "TuLip: A Software Toolbox for Receding Horizon Temporal Logic Planning." *Proceedings of the ACM International Conference on Hybrid Systems: Computation and Control*, pages 313 – 314, 2011.

[Yordanov12]. B. Yordanov, J. Tumová, I. Cerná, J. Barnat, and C. Belta. "Temporal Logic Control of Discrete-Time Piecewise Affine Systems." *IEEE Transactions on Automatic Control*, vol. 57, no. 6, pages 1491 – 1504, 2012.

[Zamani12]. M. Zamani, G. Pola, M. Mazo, and P. Tabuada. "Symbolic Models for Nonlinear Control Systems Without Stability Assumptions." *IEEE Transactions on Automatic Control*, vol. 57, pages 1804 – 1809, 2012.

[Zamani14]. M. Zamani, I. Tkachev, and A. Abate. "Bisimilar Symbolic Models for Stochastic Control Systems Without State-Space Discretization." *Proceedings of the ACM International Conference on Hybrid Systems: Computation and Control*, pages 41 – 50, 2014.

피드백 제어 시스템의
소프트웨어 및 플랫폼 이슈

칼 에릭 오르진[Karl-Erik Årzén]
안톤 써빈[Anton Cervin]

제어 이론은 소프트웨어의 물리적인 세계와의 상호작용을 분석할 수 있는 핵심적인 지적 토대 중 하나다. 그러나 제어 이론은 소프트웨어 작업을 실행 시간이 걸리지 않는 작업으로 추상화한다. 실제로 소프트웨어는 실행 시간이 걸리며, 이 실행 시간은 프로세서 속도 여러 작업 간에 프로세서 공유를 위해 사용되는 스케줄러 그리고 계산이 네트워크를 통해 이뤄질 때 발생하는 네트워크 지연을 비롯한 다양한 플랫폼 이슈로 인해 영향을 받을 수 있다. 이 장에서 우리는 이러한 영향을 고려한 제어 시스템을 설계하는 데 사용되는 기법뿐만 아니라 그러한 소프트웨어 및 플랫폼의 영향에 대해 논의한다.

5.1 서론 및 동기

제어는 사이버 물리 시스템cyber-physical systems, CPS과 마찬가지로 물리적 환경과의 긴밀한 상호작용이 필요한 학문 분야다. 이 말이 모든 제어 시스템을 CPS라고 해야 한다는 것을 의미하는 것은 아니다. 그보다는 제어가 본질적으로 사이버 물리적인 것으로 간주될 수 있는 경우는 다음과 같은 경우들뿐이다.

- **하이브리드 제어**: 하이브리드 제어에서 제어 프로세스 그리고/또는 제어기는 하이브리드 동적 시스템(예: 하이브리드 오토마타)으로 모델링된다. 이것은 제4장의 주제다.
- **CPS 애플리케이션 제어**: CPS 애플리케이션의 제어는 전형적인 CPS 애플리케이션(예: 전력망, 도시 교통 시스템, 데이터 센터, 청정 에너지 건물)에서 제어가 사용되는 경우를 다룬다.
- **대규모 분산 제어**: CPS 애플리케이션은 대개 규모가 크고 분산돼 있으며, 본질적으로 희박sparse1하다. 부분적으로 이러한 특성에 자극받아 분산 제어와 최적화는 현재 제어 커뮤니티에서 높은 관심을 불러일으키고 있다. 이러한 관심의 배경은 LQGlinear quadratic Gaussian 제어 및 H_∞ 제어와 같은 많은 중앙 집중식 다변수 제어 설계 방법의 낮은 확장성이다. 시스템의 희박성이 성능 및 안정성 분석과 제어기 합성 모두에서 활용될 수 있는 소위 양성 시스템positive systems에 대한 대안적인 접근이 가능하다[Rantzer12]. 대규모 불량 조건ill-conditioned2의 합성 문제를 풀기보다는 일련의 작고 우량 조건well-posed인 문제를 푼다. 작은 문제들은, 예를 들어 다중 코어를 사용해 병렬로 풀 수도 있으며, 지역 프로세스에 대한 정보만을 필요로 하는 지역 에이전트가 분산 방식으로 풀 수도 있다.
- **자원 인식 제어**: 종래의 제어에서 제어기를 구현하는 컴퓨팅 시스템은 이산 시간 차분 방정식discrete-time difference equation의 추상화를 이상적인 방식으로 실현할 수 있

---

1 '밀도가 낮은' 또는 '성긴' – 옮긴이
2 입력이 조금만 변해도 출력에 큰 변화가 생기는 시스템 – 옮긴이

는 기계로 간주된다. 계산에 시간이 걸린다는 사실은 많은 경우에 일정하지도 않으며, 병렬로 수행될 수 있는 계산량이 사용 가능한 프로세서 수에 의해 제한된다는 사실과 함께 종종 무시된다. 지연은 대부분의 네트워크 프로토콜에 있어서 일정하지 않으며, 특히 무선 네트워크에 대해서는 손실 패킷들로 인해 한계가 없을 수 있음에도 불구하고 종종 일정한 지연을 갖는 것으로 이상화idealize되는 통신 네트워크에 대해 제어 회로가 폐쇄돼 있는 네트워크 제어에서도 이와 유사한 상황이 성립한다. 이러한 차이는 구현 플랫폼의 제한된 컴퓨팅 및 통신 자원의 부족과 이 자원에 대한 여러 애플리케이션 간의 공유로 인해 대부분의 경우 시간적 비결정성temporal nondeterminism을 초래한다. 이것은 CPS에서의 일반적인 상황이다. 자원 인식 제어resource-aware control에서는 이러한 비결정성과 그것이 제어 성능에 미치는 영향이 제어 시스템의 분석, 설계 및 구현에서 고려돼야 한다. 이것이 이 장의 주제다.

5.2 기본 기법

이 절에서는 제어기 설계에서 계산 시간을 고려할 수 있게 하는 기본 기법들을 설명한다.

5.2.1 제어기 타이밍

제어기는 세 가지 주요 작업인 샘플링, 계산 그리고 구동actuation을 수행한다. 샘플링하는 동안 제어하에 있는 프로세스의 출력(즉, 제어기에 대한 입력)은, 예를 들어 A/D 컨버터에 연결된 센서를 사용해 얻어진다. 계산하는 동안, 제어기의 출력(즉, 제어 신호)은 프로세스 출력, 목표값desired value 또는 제어기의 내부 상태와 프로세스 출력에 대한 기준값reference value의 함수로서 계산된다. 마지막으로 구동하는 동안, 제어 신호는 예를 들어 액추에이터와 함께 D/A 컨버터를 사용해 발효된다. 제어기가 단일 프로세서로 구현되는 경우, 모든 작업이 이 프로세서에서 구현된다. 제어 시스템이 네트워크에 대해 닫혀 있는 경우, 즉

그림 5.1 주기적인 제어기 타이밍

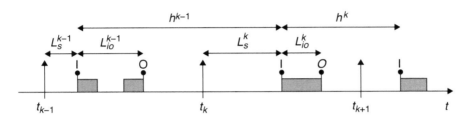

그림 5.2 제어기 타이밍

네트워크 제어기인 경우, 샘플링, 계산 및 구동이 다른 컴퓨팅 노드에서 구현될 수 있다.

전통적으로 제어는 샘플링의 수행이 주기적이고 구동 수행의 대기 시간latency은 가능한 한 작다고 가정한다. 이 시나리오가 그림 5.1에 나타나 있으며, 여기서 I는 샘플링, O는 구동을 나타낸다.

이와는 대조적으로 임베디드 및 네트워크 애플리케이션에서는 상황이 그림 5.2에 나타낸 것과 같을 수 있다. 이 시나리오에서 제어기의 명목상 샘플링 시점은 $t_k = hk$로 주어지며, 여기서 h는 제어기의 명목 샘플링 간격이다.

자원 공유 때문에 샘플링은 제어기의 샘플링 대기 시간인 L_s 동안 지연될 수 있다. 동적 자원 공유 정책은 이 간격interval에 변동을 가져올 것이다. 샘플링 지터sampling jitter는 제어기의 모든 실행에서 최대 및 최소 샘플링 대기 시간 차이에 의해 정량화된다.

$$J_s \overset{\text{def}}{=} \max_k L_s^k - \min_k L_s^k \tag{5.1}$$

일반적으로 제어기의 최소 샘플링 대기 시간을 0이라고 가정할 수 있으며, 이 경우 다음과 같은 결과가 나온다.

$$J_s = \max_k L_s^k$$

샘플링 대기 시간의 지터는 샘플링 간격 h에도 지터를 불러온다. 그림 5.2에서 주기 k에서의 실제 샘플링 간격은 다음 식으로 주어진다는 것을 볼 수 있다.

$$h^k = h - L_s^{k-1} + L_s^k \qquad (5.2)$$

샘플링 간격 지터는 다음과 같이 정량화된다.

$$J_h \overset{\text{def}}{=} \max_k h^k - \min_k h^k \qquad (5.3)$$

샘플링 간격 지터는 다음 식에 의해 상한값을 갖는다는 것을 알 수 있다.

$$J_h \leq 2J_s \qquad (5.4)$$

얼마간의 계산 시간과 컴퓨팅 자원에 대한 접근을 대기하며, 추가로 시간이 지나면 제어기가 제어 신호를 구동시킬 것이다. 샘플링에서부터 구동까지의 지연delay을 입출력 대기시간이라고 하며, L_{io}라고 표시한다. 자원 스케줄링으로 인한 실행 시간이나 지연의 변동은 이 간격의 변동을 가져온다. 입출력 지터는 다음과 같이 정량화된다.

$$J_{io} \overset{\text{def}}{=} \max_k L_{io}^k - \min_k L_{io}^k \qquad (5.5)$$

5.2.2 자원 효율을 위한 제어기 설계

이산 시간 제어기는 두 가지 주요 원칙에 따라 설계될 수 있다.

- 연속 시간으로 설계된 제어기의 이산화
- 이산화된 프로세스 모델을 기반으로 하는 이산 시간 제어기의 설계

두 가지 경우 모두 제어할 프로세스가 연속 시간 상태 공간 모델로 모델링됐다고 가정한다. 단순성을 위해 이 모델이 선형 및 시간 불변적linear and time invariant, LTI이라고 가정할 것이다.

$$\frac{dx}{dt} = Ax(t) + Bu(t)$$
$$y(t) = Cx(t) + Du(t) \tag{5.6}$$

여기서 $y(t)$는 프로세스 출력이고, $x(t)$는 프로세스 상태며, $u(t)$는 프로세스 입력이다. 시스템은 n개의 상태 변수, r개의 입력, p개의 출력을 가지며, A, B, C 및 D는 적절한 크기의 행렬이다.

첫 번째 접근법에서 제어기는 PID 제어, 상태 피드백, 출력 피드백 등과 같은 적절한 설계 방법을 사용하는 연속 시간 제어 이론을 사용해 설계됐다. 결과로 나오는 제어기 역시 다음 예와 같이 상태 공간 형식으로 표현할 수 있는 연속 시간 동적 LTI 시스템이 될 것이다.

$$\frac{dx_c}{dt} = Ex_c(t) + F_y y(t) + F_r r(t)$$
$$u(t) = Gx_c(t) + H_y y(t) + H_r r(t) \tag{5.7}$$

여기서 x_c는 제어기의 상태고, $y(t)$는 제어기 입력(즉, 프로세스 출력)이고, $r(t)$는 제어기를 위한 기준값reference value이며, $u(t)$는 제어기 출력이다. 그러면 이 제어기는, 예를 들어 전방 차분 근사forward difference approximation, 후방 차분 근사backward difference approximation 또는 터스틴 근사Tustin approximation와 같은 이산 시간 유한 차분discrete-time finite differences로 연속 시간 미분을 근사해 이산화된다. 그러면 결과로 나오는 제어기는 이산 시간 상태 공간 방정식이 될 것이다.

$$x_c(kh + h) = f(x_c(kh), y(kh), r(kh))$$
$$u(kh) = g(x_c(kh), y(kh), r(kh)) \tag{5.8}$$

이 제어기는 코드로 변환하기 쉽다. 샘플링 주기 h가 짧으면 대부분의 경우 근사화가 잘된다.

두 번째 방법에서는 연속 시간 프로세스 모델이 먼저 이산화된다. 이것은 단지 상태가 한 샘플링 인스턴스 $x(kh)$에서 다음 샘플링 인스턴스 $x(kh + h)$로 어떻게 변화하는지만을 보면서 식 (5.6)과 같은 시스템 방정식을 풀어 수행된다[Åström11]. 이는 일반적으로 프로세스 입력이 샘플링 인스턴스들 사이에 일정하게 유지된다는 가정하에 수행된다. 예를 들어, 이 경우에는 소위 'ZOH^{zero-order-hold} 구동이 사용된다면'이라는 가정을 적용한다. 도출되는 이산 시간 프로세스 모델은 다음과 같이 나타낼 수 있다.

$$x(kh + h) = \Phi x(kh) + \Gamma u(kh)$$
$$y(kh) = Cx(kh) + Du(kh) \tag{5.9}$$

그러면 다음과 같은 결과를 얻는다.

$$\Phi = \Phi(kh + h, kh) = e^{Ah}$$
$$\Gamma = \Gamma(kh + h, kh) = \int_0^h e^{As}\, dsB \tag{5.10}$$

따라서 샘플링 시점들에서 시스템은 선형 시간 불변 차분 방정식에 의해 기술된다. 이 단순화가 어떤 근사화 없이 얻어진다는 것에 주목하라. 대부분의 경우, 출력 $y(kh)$는 시스템에 제어 신호 $u(kh)$가 적용되기 전에 측정되기 때문에 $D = 0$이 된다. ZOH 샘플링은 시간 지연이 포함된 프로세스들에 대해서도 수행될 수 있다.

식 (5.9)에 표시된 이산 시간 프로세스 모델이 주어지면 제어 설계는 PID 제어, 상태 피드백, 출력 피드백 등과 같은 어떤 이산 시간 제어 설계 방법을 사용해 연속 시간의 경우에 사용된 것과 완전히 유사한 방법으로 수행된다. 이산 시간 프로세스를 위해 설계된 제어기는 일반적으로 연속 시간 제어기를 이산화해 얻은 제어기만큼 짧은 샘플링 주기를 요구하지 않는다.

제어기의 자원 소비를 줄이기 위해 두 가지 방법을 사용할 수 있다. 그것은 (1) 계산 시간을 단축하거나 (2) 샘플링 빈도를 줄이는 것이다. 다음 절에서 이 기법들을 논의할 것이다.

5.3 고급 기법

애플리케이션의 복잡성이 증가하고 더 많은 기능을 더 적은 수의 컴퓨터에 맞춰 넣어야 하므로 계산 자원을 더욱 효율적으로 사용해야 한다. 이 절에서는 제어 애플리케이션에서 자원을 효율적으로 사용하기 위한 고급 기술에 대해 논의한다.

5.3.1 계산 시간 단축

대부분의 경우, 계산량 및 관련 계산 시간은 제어되는 프로세스의 동특성 및 폐쇄 시스템의 요건에 따라 다르다. 그러므로 몇 가지 가능성이 있기는 하지만, 일반적으로 요구되는 계산량에 영향을 미치기는 어렵다.

제어기가 부동 소수점 연산을 위한 하드웨어 지원이 없는 마이크로제어기microcontroller에서 구현되는 경우, 소프트웨어로 에뮬레이트된 부동 소수점 연산 대신 고정 소수점 연산을 사용하면 실행 시간을 상당히 줄일 수 있다. 예를 들어, 소형 제어기의 경우 이 기법을 사용하면 대략 한 자릿수order of magnitude를 줄일 수 있다.

CPU 자원이 메모리와 교환될 수 있는 경우, 때로는 제어 알고리즘의 일부를 미리 계산하할 수 있다. 이 접근법은 예를 들어 자동차 시스템의 연소 엔진 제어에서 광범위하게 사용되며, 이 경우 비선형 매핑이 비선형 함수로 근사되지 않고 검색 테이블lookup table로 표현된다. 비슷한 기법이 모델 예측 제어model-predictive control, MPC에 사용된다[Maciejowski01]. 종래의 MPC에서는 각 샘플링 시간 kh에서 2차 프로그래밍quadratic programming 문제의 해가 구해지며, 제어 신호 시퀀스 $u(kh)$, $u(kh + 1)$, $u(kh + 2)$, …를 생성한다. 시야 감쇄 원칙receding horizon principle에 따라 이러한 제어 신호 중 첫 번째 신호만 프로세스에 적용되고, 다음 샘플에서는 전체 절차가 반복된다. 즉, 최적화가 새롭게 다시 수행된다. 이 시퀀스는 시간이 오래 걸릴 수 있다. 대조적으로 명시적인 MPC[Bemporad00]에서는 제어 신호가 미리 계산돼 조각적 아핀 함수piecewise affine functions 집합을 생성한다. 실행 중에 현재 작업 지점을 기준으로 검색lookup이 수행되고 선택된 함수가 적용된다.

또한 제어에 "애니타임 접근법anytime approach"을 사용할 수 있다. 이 기법을 사용하면 제어기에 더 많은 컴퓨팅 자원이 제공되므로, 즉 더 오래 실행되는 것이 허용되므로 제어기는 더 좋은 폐회로 성능을 내는 제어 신호를 생성한다. 다시 이 접근법은 MPC를 사용해 적용될 수 있다. 특정 조건에서 최적화가 실행 가능한 해feasible solution를 찾기에 충분할 만큼 오래 실행되는 경우, 즉 해가 상태 및 제어 신호에 대한 제약 조건을 충족시킨다는 것을 보장하는 경우, 최적해를 아직 찾지 못했더라도 제어 회로가 안정화될 것이다 [Scokaert99]. 또한 각기 다른 크기의 컴퓨팅 자원을 필요로 하는 별도의 제어 알고리즘들로 구성된 제어기를 고려하는 것도 타당하다. 현재 사용 중인 자원에 따라 전체 제어기는 적용할 알고리즘을 동적으로 선택한다. 이러한 종류의 애니타임 제어 알고리즘은 연구의 관점에서 흥미롭지만, 현재로서 산업에 채택되기에는 거리가 멀다.

네트워킹된 제어networked control의 경우, 네트워크 대역폭은 CPU 시간과 비슷한 역할을 한다. 네트워킹된 제어기가 소비하는 대역폭을 줄인다는 것은 네트워크를 통해 전송되는 정보가 줄어든다는 것을 의미한다. 즉, 더 높은 수준의 양자화quantization를 사용한다는 것이다. 극단적인 경우에는 단일 기호만 전송된다(예: 신호를 늘리거나 줄여야 하는 경우). 이 분야에서 많은 연구가 이뤄지고 있지만([Yüksel11] 및 [Heemels09] 참조), 이 접근법도 산업적 이용과는 거리가 꽤 먼 상태다.

5.3.2 저빈도 샘플링

각 샘플에서 수행되는 계산량을 최소화하기 위한 대안은 샘플 수를 최소화하는 것이다. 즉, 샘플링 빈도를 줄이는 것이다. 이 목표를 달성하는 데는 두 가지 접근법이 있다.

- 주기적 제어기의 샘플링 속도를 줄인다.
- 비주기적으로 샘플링한다.

제어기의 샘플링 속도를 줄이는 것은 대개 간단하다. 많은 경우, 제어 성능은 샘플링 빈도에 따라 서서히 증가하며, 수치 계산에 따른 영향이 성능을 저하시키는 어떤 한계까지 증가한다. 쓸 만한 제어 성능은 흔히 큰 샘플링 주기 동안에 얻어진다. 예를 들어, 다음은 샘플링 간격을 선택할 때 자주 사용하는 경험적 규칙이다.

$$h\omega_c \approx 0.05 \text{ to } 0.14 \tag{5.11}$$

여기서 ω_c는 연속 시간 시스템의 크로스오버 주파수(라디안/초)다. 제시된 최장 샘플링 간격을 사용하면 폐회로 시스템이 불안정해지는 샘플링 간격까지는 아직 상당한 여유가 있다.

그러나 긴 샘플링 간격을 사용하는 것이 문제가 없지는 않다. 샘플링 시점들 사이에서는 프로세스가 개방 회로에서 실행되는데, 이것은 설비에 영향을 미치는 모든 교란이 다음 샘플링 시점까지 제어기에서 보이지 않으며, 중화되지 않는다는 것을 의미한다. 따라서 제어 성능은 이론적인 견지에서는 수용할 만하지만, 모든 교란이 모델링돼 성능 분석에 포함되지 않는다면 실무적으로는 받아들일 수 없다.

수용할 만한 성능은 일반적으로 샘플링 주기의 범위에 대해 구해지므로 샘플링 주기를 게인 스케줄링gain scheduling 변수로 사용할 수 있다. 즉, 샘플링 주기의 크기를 동적으로 결정하는 것이 얼마나 많은 컴퓨팅 자원을 사용할 수 있는지를 근거로 해야 한다는 것이다. 사용되는 제어기 유형에 따라 샘플링 주기가 변경될 때마다 제어기 파라미터들을 재계산해야 할 수도 있다.

수용할 만한 샘플링 주기의 범위를 제어기의 상태에 의존하게 하는 것도 가능하다. 이 접근법은 높은 샘플링 속도에 대한 요구사항이 제어기가 안정된 주기에 있을 때보다 과도기 동안 더 크다는 관찰에서 자극을 받은 것이다. 기준값의 변화 또는 부하 교란의 출현이 그러한 과도기의 예가 될 수 있다.

결정론적인 방식으로 제어기 동작을 전환하는 모든 방안의 잠재적인 위험은 전환 유발 불안정성switching-induced instability이다[Lin09]. 결정론적 방법으로 2개의 폐회로 제어기를 전환하면 각 제어기가 자체적으로 안정적인 경우에도 불안정한 시스템을 초래할 수 있다. 그러나 이러한 위험은 전환이 매우 빈번하게 발생하는 경우(예: 모든 샘플링 순간마다)에 주로 발생한다.

5.3.3 이벤트 기반 제어

주기적 샘플링의 대안은 프로세스를 비주기적으로 샘플링하는 것이다(예: 오류 신호가 충분히 많이 변경된 경우에만). 최근 들어 비주기적aperiodic 또는 이벤트 기반event-based 제어에 대한 관심이 상당히 높아졌으며, 대부분 네트워크 제어에서의 통신 제약이 원인이 됐다. 즉, 통신이 비싸다고 볼 수 있다. 그러나 이벤트 기반 제어에는 감지 작업, 구동 또는 계산에 비용이 많이 드는 경우, 즉 컴퓨팅 자원이 부족한 경우와 같은 다른 이유가 있다. 또 다른 이유는 수동 제어를 하는 인간을 포함한 생물 시스템에서의 제어는 일반적으로 주기적이기보다 이벤트 기반이라는 것이다.

몇 가지 이벤트 기반 제어 설정이 정의됐다. 비주기적 이벤트 기반 제어에서는 제어기가 무한히 자주 실행될 수 있도록 샘플링 시점 도착 시간들 간에 하한이 존재하지 않는다. 산발적 이벤트 기반 제어에서는 하한이 존재한다. 이 경우, 제어기가 실행을 마치면 다시 실행이 허용되기 전까지 하한으로 명시된 최소한의 시간 동안 대기해야 한다. 본질적으로 너무 일찍 실행되는 것은 비용 문제가 발생한다.

다른 이벤트 감지 메커니즘도 가능하다. 제어기 오류가 특정 임계값을 넘을 때만 샘플링하는 것이 한 가지 가능한 방법이다. 또 다른 가능한 방법은 오류가 특정 값 이상으로 변했을 때 샘플링하는 것이며, 이 방법을 샘플온델타sample-on-delta라고 부른다. 두 경우 모두 제어기를 샘플링할 시기를 결정하는 감지 메커니즘으로 보완해야 한다. 이 메커니즘은 때때로 센서 하드웨어에 내장될 수 있다.

이벤트 기반 제어에 대한 연구는 모델 프리model-free 및 모델 기반 접근법으로 나눌 수 있다. 모델 프리 접근법은 흔히 언제 제어를 실행해야 하는지를 결정하는 메커니즘과 실제 시변time-varying 샘플링 간격에 의존하는 제어기 파라미터로 보완되는 PID 방식을 기반으로 한다. 이 설정에서 주기적인 경우와 비슷한 성능을 내지만, 컴퓨팅 자원은 적게 드는 몇 가지 예가 보고됐다([Árzén99], [Beschi12], [Durand09] 참조).

이벤트 기반 제어에 대한 모델 기반 접근법에서 전반적인 목표는 비주기적으로 샘플링된 시스템에 대한 시스템 이론을 개발하는 것이다. 비주기적 샘플링으로 인한 비선형 효과는 이 일을 매우 어렵게 만든다. 많은 결과가 도출됐지만, 여전히 대부분은 저차loworder 시스템에 적용 가능하다. 자세한 내용은 [Henningsson12] 및 [Heemels08]을 참조하라.

이벤트 기반 제어의 다른 버전이 셀프트리거self-triggered 제어[Tabuada07, Wang08]에 의해 제공된다. 제어 신호를 계산하는 것 외에도 셀프트리거 제어기는 제어기가 호출돼야 하는 다음 시점을 계산한다. 이 접근법이 듣기 위한 전제 조건은 시스템에 작용하는 교란이 정확하게 모델링돼 제어 설계에 반영돼야 한다는 것이다.

5.3.4 제어기 소프트웨어 구조

소프트웨어로 제어기를 구현할 때 이상적인 경우는 샘플링 대기 시간이 무시할 만큼 작고 입출력 대기 시간이 짧아야 한다는 것이다. 입출력 대기 시간 지터가 무시할 수 있는 수준이면 설계 시점에 일정한 입출력 대기 시간을 보상하기가 쉽기 때문에 제어 설계가 간단해진다.

결정론적deterministic 샘플링 및 구동은 정적 스케줄링이 사용되는 경우에 가장 구현하기 쉽다. 즉, 샘플링 및 구동이 클록에 의해 결정된 미리 정의된 시점에서 수행되고 실행이 전용 시간 슬롯time slot 또는 실행 윈도우execution window에서 수행될 때 가장 쉽다. 제어기가 네트워크로 연결된 경우, 통신 역시 입출력 대기 시간을 최소화하기 위해 정적으로 스케줄링돼야 한다. 그러나 정적 스케줄링의 단점은 컴퓨팅 자원을 과소 사용하는 경향이 있다는 것이다. 일반적으로 실행 윈도우의 크기는 제어기 코드의 가장 긴(최악의 경우) 실행 시간에 따라 조정된다. 데이터 종속성, 코드 분기, 메모리 계층 구조로 인한 영향 그리고 파이프라이닝pipelining으로 인해 일반적으로 최악의 경우 실행 시간과 보통의 경우 실행 시간 간에는 큰 차이가 있다. 정적 스케줄링을 사용하면 각 시간 슬롯 내에서 사용되지 않고 남는 CPU 시간을 활용할 쉬운 방법이 없으며, 이로 인해 자원이 과소 사용된다.

시간 변동의 또 다른 결과는 제어기의 실행이 완료되고 구동이 수행될 수 있음에도 미리 스케줄링된 구동 시점에 도착할 때까지 구동이 수행되지 않는다는 것이다. 평균적인 경우와 최악의 경우의 차이가 클 경우, 일정한 대기 시간이 보상되는 경우라 하더라도, 즉 그것이 제어기 설계에 포함돼 있더라도 변동하는 입출력 대기 시간으로 달성되는 제어 성능이 더 길지만, 일정한 대기 시간으로 달성되는 성능보다 우수한 경우가 많다. 따라서 제어 성능의 관점에서 결정적 구동 시점에 대한 제약을 완화시키는 것이 유리할 수 있다.

이 마지막 사항이 더욱 동적인 구현 기술, 즉 예를 들어 우선순위 또는 마감 시간^{deadline} 기반 스케줄링을 사용해 제어기를 실시간 운영체제$^{real-time\ operating\ system,\ RTOS}$의 태스크^{task}로서 구현하고, 시간 트리거보다 이벤트 트리거 네트워크 프로토콜을 사용하는 이유가 된다. 제어기를 하나의 태스크로 구현할 때 결정적 샘플링을 사용하는 것이 여전히 유리하다. 이는 우선순위가 높은 전용 태스크에서 샘플링을 수행하거나 하드웨어 지원을 이용해 달성할 수 있다. 입출력 대기 시간을 줄이기 위해 제어기 코드를 출력 계산$^{Calculate\ Output}$ 및 상태 업데이트$^{Update\ State}$의 두 부분으로 나누고, 제어기 코드를 샘플^{Sample}, 출력 계산$^{Calculate\ Output}$, 구동^{Actuate} 및 상태 업데이트$^{Update\ State}$와 같이 구성하는 것이 일반적이다.

출력 계산 세그먼트에는 현재 입력 신호에 의존하는 제어 알고리즘 부분만 포함된다. 나머지 작업(제어기 상태의 업데이트 및 사전계산)은 모두 상태 업데이트 세그먼트에서 수행된다(즉, 구동 이후에).

이산 시간 상태 공간 형태의 일반 선형 제어기를 생각해보자.

$$x_c(k+1) = Ex_c(k) + F_y y(k) + F_r r(k)$$
$$u(k) = Gx_c(k) + H_y y(k) + H_r r(k) \tag{5.12}$$

간단히 하기 위해 $h = 1$로 가정했다. 그러면 제어기에 대한 의사코드^{pseudocode}는 다음과 같을 것이다.

```
y = getInput(); r = getReference();   // Sample
u = u1 + Hy*y + Hr*r;                 // Calculate Output
sendOutput(u);                        // Actuate
xc = E*xc + Fy*y + Fr*r; u1 = G*xc;   // Update State
```

5.3.5 컴퓨팅 자원의 공유

제어기가 실시간 운영체제에서 태스크로 구현되거나 제어기가 네트워크에 대해 폐회로를 구성하는 경우, CPU 및 네트워크 자원은 다른 태스크 및 기타 통신 링크와 공유된다. 이러한 공유는 시간적 결정론에 영향을 미치는 간섭을 야기하며, 따라서 제어 성능에 부정적인 영향을 미친다. 간섭의 성격은 공유 자원이 예약되는 방식에 따라 결정된다.

고정 우선순위의 태스크 예약이 사용되면 태스크는 우선순위가 더 높거나 같은 태스크에 의해서만 영향을 받는다. 이와 대조적으로 빠른 마감 시간 우선early-deadline-first, EDF 스케줄링에서는 모든 태스크가 다른 모든 태스크에 영향을 줄 수 있다. 네트워크의 경우, 프로토콜이 간섭의 구체적인 특성을 결정한다. 예를 들어, CAN Controller Area Network 프로토콜을 사용할 때 네트워크 전송은 일단 중재arbitration를 성공적으로 통과하면 비선점적nonpreemptive 이다. 공유 이더넷 네트워크를 사용하면 충돌이 반복적으로 발생할 수 있으며, 잠재적으로 무한 지연의 원인이 될 수 있다. 간섭은 비선형성으로 해석될 수 있다. 즉, 태스크 파라미터(즉, 기간, 실행 시간, 마감 시간 또는 우선순위)가 약간만 변경돼도 입출력 대기 시간 및 지터의 예측하기 어려운 변경을 초래할 수 있다.

간섭을 줄이거나 제거하는 한 가지 방법은 예약 기반 자원 스케줄링을 사용하는 것이다. 예약 기반 스케줄링은 물리적 자원을 시간적으로 서로 격리된 가상 자원(즉, 가상 프로세서 또는 가상 네트워크)으로 나눈다. 가상 프로세서는 다음과 같은 대역폭으로 주어진 속도로 실행되는 프로세서로 볼 수 있다.

$$B_i = \frac{Q_i}{P_i}$$

여기서 Q_i는 프로세서 i의 예산이고, P_i는 프로세서 i의 주기period다. 예약 메커니즘은 프로세서 i에 관련된 태스크가 각 P_i 시간 단위마다 Q_i 시간 단위 동안 CPU에 접근한다는 것을 보장한다.

고정 우선순위와 EDF 태스크 스케줄링 두 가지 모두를 위한 여러 가지 예약 메커니즘이 제안됐다. 가장 널리 쓰이는 것은 EDF용 CBS Constant Bandwidth Server다[Abeni98]. 또한 네트워크를 위해 비슷한 개발이 진행되고 있는데, 대역폭 예약 메커니즘은 여러 프로토콜 계층에 있을 수 있으며, 전송 노드와 수신 노드가 전용 저속 네트워크를 사용해 통신하게 하는 추상화를 제공한다.

시간적 격리temporal isolation를 제공하는 또 다른 간단한 방법은 미리 계산된 순환 스케줄cyclic schedule에 따라 사용자들 간에 자원을 공유하는 시분할time division을 이용하는 것이다. 이 스케줄은 시간 슬롯으로 분할되며, CPU 스케줄링의 경우에는 각각의 시간 슬롯이 단일 태스크에 할당되고, 네트워크 스케줄링의 경우에는 단일 송신 노드에 할당된다. 정적(순환적) 예약이라고도 하는 시분할 CPU 예약은 제어 애플리케이션에 사용되는 가장 오래된 예약 모델이다. 비행 제어 시스템과 같은 안전 필수적 응용 분야에서 이 방법이 여전히 선호되는 이유는 그 결정론의 높은 수준 때문이다. 네트워크의 경우, TT-CAN, TTP 및 TT-이더넷Ethernet을 포함해 여러 가지 시분할 프로토콜을 사용할 수 있다. 이러한 접근 방식은 시간 주도time-driven 통신과 이벤트 주도even-driven 통신(예: Flexray 및 Profinet-IO)이 결합된 프로토콜에서도 점차 보편화되고 있다. 네트워크로 연결된 제어에서 입출력 대기 시간을 줄이려면 태스크 스케줄과 네트워크 스케줄이 동기화되는 것이 중요하다.

5.3.5.1 제어 서버

제어를 위해 특별히 개발된 예약 기반 스케줄링 모델의 예로서 제어 서버[Cervin03]가 있다. 이 모델에서는 타임 트리거 I/O와 태스크 간 통신을 동적인 예약 기반 태스크 스케줄링과 결합한 하이브리드 방식이 사용된다. 이 모델은 다음과 같은 기능을 제공한다.

- 관련 없는 태스크 간의 격리
- 짧은 입출력 대기 시간
- 최소 샘플링 지터 및 입출력 지터
- 제어 설계와 실시간 설계 간의 단순한 인터페이스
- 오버런의 경우를 포함해 예측 가능한 제어 및 실시간 동작
- 여러 태스크(구성 요소)를 결합해 제어 및 실시간 동작을 예측할 수 있는 새로운 태스크(구성 요소)를 구성할 수 있는 기능

관련 없는 태스크들 간의 격리는 고정 대역폭 서버의 사용을 통해 이뤄진다. 서버들은 각 태스크가 전용 CPU에서 원래의 CPU 속도의 주어진 일정 비율로 실행 중인 것처럼 보이게 만든다. 대기 시간을 작게 하기 쉽도록 태스크를 여러 세그먼트로 나눠 각 세그먼트가 별도로 예약할 수 있다. 예를 들어, 태스크는 세그먼트 시작 부분에서만 (환경 또는 다른 작업으로부터) 입력을 읽고, 세그먼트의 끝에서만 (환경 또는 다른 작업으로) 출력을 쓸 수도 있다. 모든 통신은 커널에 의해 처리되므로 지터가 발생하지 않는다.

앞의 목록에 제시된 마지막 세 가지 기능은 대역폭 서버와 정적으로 스케줄링된 통신 포인트들의 조합을 통해 처리된다. 고정된 실행 시간을 갖는 주기적 태스크의 경우, 제어 서버 모델은 CPU를 완벽하게 분할한 가상의 CPU를 생성한다. 이 모델을 사용하면 스케줄링 및 제어의 관점에서 각 태스크를 개별적으로 분석할 수 있다. 태스크들의 스케줄은 일반적인 EDF 스케줄링과 마찬가지로 전체 CPU 사용률(커널이 수행하는 컨텍스트 스위칭 및 I/O 작업을 무시함)에 의해 간단히 결정된다. 제어기의 성능은 할당된 CPU 몫의 함수로 볼 수도 있다. 이러한 특성들이 제어 서버 모델을 피드백 스케줄링 애플리케이션에 매우 적합하게 만든다.

또한 이 모델은 둘 이상의 통신 태스크를 결합해 새로운 태스크를 만들 수 있게 한다. 새 태스크는 구성 태스크들의 사용률 합계와 동일한 비율로 CPU를 소비한다. 예측 가능한 I/O 패턴을 가지므로 예측 가능한 제어 성능을 보여준다. 결국, 제어 태스크는 실시간 구성 요소로 취급되며 결합돼 새로운 구성 요소가 될 수 있다.

5.3.6 피드백 제어 시스템의 분석 및 시뮬레이션

이벤트 주도 및 동적 구현 기술이 사용되면 이어서 기술 구현이 제어 성능에 미치는 영향을 분석하는 것이 중요해진다. 이 분석은 두 단계로 구성된다. 첫 번째 단계는 플랫폼 파라미터(예: 스케줄링 방법과 우선순위 및 마감 시간과 같은 스케줄링 파라미터)와 네트워크 프로토콜 및 프로토콜 파라미터가 입출력 대기 시간과 지터뿐만 아니라 샘플링 대기 시간 및 지터에 미치는 영향을 결정하는 것이다. 이 관계는 대개 분석적으로 평가하기 어렵다.

두 번째 단계는 대기 시간 분포가 제어 성능에 미치는 영향, 즉 시스템이 시간적으로 얼마나 강건한지를 평가하는 것이다. 그럼에도 불구하고 제어 성능은 다음과 같은 여러 가지 요인에 영향을 받는다는 것을 알아야 한다.

- 개회로 시스템의 동특성
- 폐회로 시스템의 기대 동특성
- 사용된 제어기 유형 및 설계 방법
- 시스템에 작용하는 교란
- 제어 성능의 정의 방법

고정 지연constant delay은 모든 모델 기반 이산 시간 제어 설계 방법에서 고려될 수 있다. 그러나 일부 설계 방법들(예를 들어, LQG 제어)은 대기 시간 분포도 고려할 수 있다. 제어 성능은 다양한 방법으로 정의할 수 있다. 일반적인 한 가지 접근법은 상태 변수 및 제어 신호의 2차 함수로서 비용(즉, 성능의 역함수)을 측정하는 것이다.

이 절에서는 지터버그Jitterbug, 지터마진Jitter Margin 그리고 트루타임TrueTime과 같은 제시된 제어 시스템의 시간 분석에 대한 세 가지 접근 방식에 관해 설명한다.

5.3.6.1 지터버그

지터버그[Cervin03a, Lincoln02]는 다양한 타이밍 조건에서 선형 제어 시스템에 대한 2차 성능 기준quadratic performance criterion을 계산하는 MATLAB 기반 툴박스다. 이 도구는 또한 시스템에서 신호의 스펙트럼 밀도를 계산할 수 있다. 툴박스를 사용하면 시뮬레이션에 의존하지 않고 제어 시스템이 지연, 지터, 샘플 손실 등에 얼마나 민감해야 하는지 확인할 수 있다. 지터버그는 매우 일반적이며 지터 보상 제어기, 비주기적 제어기 및 멀티레이트 제어기multirate controller를 조사하는 데도 사용할 수 있다. 유명한 이론(LQG 이론 및 점프 선형 시스템)을 기반으로 구축된 이 툴박스의 주된 용도는 이러한 유형의 확률론적 분석을 광범위한 문제들에 쉽게 적용하도록 하는 것이다.

지터버그는 사용자가 컴퓨터 제어 시스템의 간단한 타이밍 모델을 작성하고 분석할 수 있게 해주는 MATLAB 루틴 모음을 제공한다. 사용자는 제어 시스템을 구축하기 위해 여러 연속 시간 및 이산 시간 시스템들을 연결한다. 각 하위 시스템에 대해 선택적으로 잡음 및 비용 명세를 지정할 수 있다. 가장 단순한 경우, 이산 시간 시스템은 제어 주기 동안 순서대로 업데이트되는 것으로 가정한다. 각 이산 시스템에 대해 다음 시스템이 업데이트되기 전에 경과돼야 하는 무작위 지연(이산 확률 밀도 함수로 기술됨)을 지정할 수 있다. 시스템의 전체 비용(모든 서브 시스템에 대해 합산됨)은 타이밍 모델 시스템이 주기적일 경우에는 대수적algebraically, 타이밍 모델이 비주기적일 경우는 반복적iteratively으로 계산된다.

성능 분석이 타당성 있도록 하기 위해 지터버그는 특정 클래스의 시스템만 처리할 수 있다. 제어 시스템은 백색 잡음white noise에 의해 구동되는 선형 시스템으로부터 구축되며, 평가할 성능 기준은 2차 시불변stationary 비용 함수로 명시된다. 한 주기의 타이밍 지연은 이전 주기의 지연과는 독립적이라고 가정한다. 또한 지연 확률 밀도 함수는 전체 모델에 공통적인 타임그레인time-grain를 사용해 이산화된다.

2차 비용 함수가 제어 루프의 모든 측면을 포착하기를 바라기는 힘들지만, 설계 공간 탐사 또는 절충 분석 중에 가능한 여러 가지 제어기 구현에 대해 비교 판단하려고 하는 경우에는 여전히 유용할 수 있다. 비용 함수의 값이 높을수록 폐회로 시스템은 더 불안정(즉, 진동이 많음)하다는 것을 가리키는 반면, 무한 비용은 제어 루프가 불안정하다는 것을 가리킨다. 비용 함수는 많은 수의 설계 변수에 대해 쉽게 평가될 수 있으며, 제어 및 실시간 설계의 기초로 사용될 수 있다.

지터버그 모델

지터버그에서 제어 시스템은 신호 모델과 타이밍 모델이라는 2개의 병렬 모델로 기술된다. 신호 모델은 여러 개의 연결된 선형 연속 시간 및 이산 시간 시스템으로 주어진다. 타이밍 모델은 여러 타이밍 노드로 구성되며, 제어 주기 동안 여러 개의 다른 이산 시간 시스템들을 업데이트해야 하는 시기를 기술한다.

그림 5.3은 4개의 블록으로 모델링된 컴퓨터 제어 시스템의 예다. 설비는 연속 시간 시스템 G에 의해 기술되며, 제어기는 3개의 이산 시간 시스템 H_1, H_2 및 H_3로 기술된다. 시스템 H_1은 주기적인 샘플러를 나타낼 수 있고, H_2는 제어 신호의 계산을 나타낼 수 있

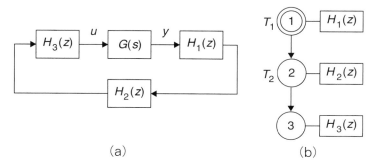

그림 5.3 컴퓨터에 의한 제어 시스템의 간단한 지터버그 모델: (a) 신호 모델, (b) 타이밍 모델

으며, H_3은 액추에이터를 나타낼 수 있다. 관련된 타이밍 모델은 각 주기의 시작 시점에서 H_1이 먼저 실행(업데이트)돼야 한다는 것을 알려준다. 그러면 H_2가 실행되기까지 무작위 지연 τ_1이 있으며, H_3이 실행될 때까지 또 다른 무작위 지연 τ_2가 있다. 이러한 지연들은 계산 지연, 스케줄링 지연 또는 네트워크 전송 지연을 모델링할 수 있다.

동일한 이산 시간 시스템이 여러 타이밍 노드에서 업데이트될 수 있다. 다양한 경우의 각 업데이트 작업에 대해 다른 수식을 명시할 수 있다. 이 접근법은 필터를 모델링하는 데 사용할 수 있다. 예를 들면, 측정값을 사용할 수 있는지 여부에 따라 업데이트 식이 다르게 보인다. 첫 번째 노드 활성화 이후 경과된 시간에 종속적이도록 업데이트 식을 만들 수도 있다. 이러한 접근법은, 예를 들어 지터 보상 제어기를 모델링하는 데 사용될 수 있다.

어떤 시스템의 경우, 대체 실행 경로(따라서 여러 개의 다음 노드)를 명시하는 것이 바람직하다. 지터버그에서는 두 가지 경우를 모델링할 수 있다(그림 5.4).

- 다음 노드의 벡터 n은 확률 벡터 p로 명시될 수 있다. 지연 후, 실행 노드 $n(i)$는 확률 $p(i)$로 활성화될 것이다. 이 전략은 어떤 확률로 손실이 발생하는 샘플을 모델링하는 데 사용할 수 있다.
- 다음 노드의 벡터 n은 시간 벡터 t로 명시될 수 있다. 노드에서부터 시스템의 총 지연이 $t(i)$를 초과하면 노드 $n(i)$가 다음에 활성화된다. 이 전략은 시간 초과 및 다양한 보상 전략을 모델링하는 데 사용할 수 있다.

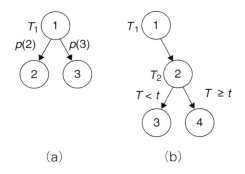

그림 5.4 지터버그 실행 모델에서의 대체 실행 경로: (a) 무작위 경로 선택, (b) 첫 번째 노드로부터의 총 지연에 따른 경로 선택

지터버그 예제

이 MATLAB 스크립트는 그림 5.3의 타이밍 및 신호 모델에 의해 정의된 제어 시스템의 성능 지수를 계산하는 데 필요한 명령을 보여준다.

```
G = 1000/(s*(s+1));              % Define the process
H1 = 1;                          % Define the sampler
H2 = -K*(1+Td/h*(z-1)/z);        % Define the controller
H3 = 1;                          % Define the actuator
Ptau1 = [ ... ];                 % Define delay prob distribution 1
Ptau2 = [ ... ];                 % Define delay prob distribution 2
N = initjitterbug(delta,h);      % Set time-grain and period
N = addtimingnode(N,1,Ptau1,2);  % Define timing node 1
N = addtimingnode(N,2,Ptau2,3);  % Define timing node 2
N = addtimingnode(N,3);          % Define timing node 3
N = addcontsys(N,1,G,4,Q,R1,R2); % Add plant, specify cost and noise
N = adddiscsys(N,2,H1,1,1);      % Add sampler to node 1
N = adddiscsys(N,3,H2,2,2);      % Add controller to node 2
N = adddiscsys(N,4,H3,3,3);      % Add actuator to node 3
N = calcdynamics(N);             % Calculate internal dynamics
J = calccost(N);                 % Calculate the total cost
```

프로세스는 다음의 연속 시간 시스템으로 모델링된다.

244

$$G(s) = \frac{1000}{s(s+1)}$$

제어기는 다음과 같이 구현되는 이산 시간 PD 제어기다.

$$H_2(z) = -K\left(1 + \frac{T_d}{h}\frac{z-1}{z}\right)$$

샘플러와 액추에이터는 다음과 같은 자명한^{trivial} 이산 시간 시스템으로 기술된다.

$$H_1(z) = H_3(z) = 1$$

컴퓨터 시스템의 지연은 2개의 (아마도 확률) 변수 τ_1 및 τ_2에 의해 모델링된다. 따라서 샘플링에서부터 작동까지의 총 지연은 $\tau_{tot} = \tau_1 + \tau_2$로 주어진다.

정의된 지터버그 모델을 사용해, 예를 들어 샘플링 지연, 고정 지연 그리고 지터 보상을 통한 무작위 지연이 느려지는 것에 대해 제어 루프가 얼마나 민감한지를 조사하는 것은 간단하다(앞의 두 가지는 이 파라미터들에 적합한 범위를 살펴봄으로써 가능하다). 더 자세한 내용과 다른 예(멀티레이트 제어, 오버런 처리, 샘플 손실이 발생하는 노치 필터 등)는 [Cervin10]을 참조하라. 지터버그는 고정 입력 지연과 이산 시간 확률 밀도 함수에 의해 정의되는 입력 지연에 대해 LQG 제어기를 설계하기 위한 명령들을 포함하고 있다.

무작위 경로 선택$^{random choice of paths}$을 모델링할 때 무선 링크와 같이 신뢰할 수 없는 네트워크 링크를 통한 네트워킹 제어$^{networked control}$로 인해 손실된 샘플의 영향을 분석하기 위해 이 예제를 확장하는 것은 간단하다. 그림 5.5는 상응하는 타이밍 모델을 나타낸 것이다.

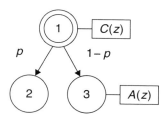

그림 5.5 제어 신호 손실의 확률이 있는 네트워킹된 제어 회로의 지터버그 타이밍 모델

여기서 단순화를 위해 샘플러와 제어기는 1개의 노드 $C(z)$에 함께 배치되고, 제어기는 제어 신호를 신호 손실 확률 p로 액추에이터 노드 $A(z)$로 보낸다.

5.3.6.2 지터마진

지터버그를 사용할 때의 단점은 타이밍 모델이 다소 단순하다는 것이다. 예를 들어, 종속된 지연 분포를 허용하지 않으며, 분포가 시간에 따라 변하지 않을 수 있다. 또 다른 문제는 분포를 구하는 데 사용되는 방법이다. 실시간 스케줄링 이론은 최악의 경우의 지연에 초점을 맞춘다. 이 분야에 대한 연구가 증가하고 있지만, 응답 시간 분포에 대해 발표된 이론과 결과는 매우 드물다.

 지터버그의 또 다른 단점은 이 모델로 구한 비용이 사용된 특정 타이밍 분포에 대해서만 성립한다는 것이다. 많은 경우, 최대 상한선이 있는 임의의 타이밍 변화에서 성립하는 분석에 관심이 있다. 두 가지 버전이 제공되는 지터마진은 이러한 요구를 충족시킨다. [Kao04]에서 결정적 샘플링에 상응해 샘플링 지터가 제로라고 가정할 때 출력 지터 전용 사례에 대한 결과가 제시됐다. 이 결과는 이후에 입력 지터와 출력 지터를 모두 처리하도록 [Cervin12]에서 확장됐다. 여기에서는 후자의 결과만 설명할 것이다.

지터마진 모델

공칭 시스템 모델nominal system model은 단일 입력/단일 출력 연속 시간 설비 $P(s)$, 간격이 h인 주기적인 샘플러, 이산 시간 제어기 $K(z)$(포지티브 피드백을 가정함) 그리고 제로오더홀드 zero-order-hold, ZOH 회로로 구성되는 표준 선형 샘플 데이터 제어 루프다(그림 5.6). 공칭 폐회

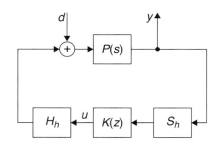

그림 5.6 공칭 표준 선형 샘플 데이터 시스템 모델

로 시스템은 안정적이라고 가정된다. 시스템의 성능은 교란 입력 d에서 설비 출력 y까지의 L_2 유도 게인$^{L_2\text{-induced gain}}$에 의해 측정된다.

구현에 의해 유입된 시변 지연$^{\text{time-varing delay}}$은 3개의 음이 아닌 파라미터, 즉 입력 지터 J_i, 출력 지터 J_o 그리고 공칭 입출력 지연 L(그림 5.7)로 특징지어진다.

이상적으로 제어기는 주기적인 시간 시점 $t_k = kh$, $k = \{0, 1, 2, \cdots\}$에 실행돼야 한다. 그러나 지터와 지연이 있으면 제어기 입력은 다음 간격의 어딘가에서 샘플링된다.

$$\left[t_k - \frac{J_i}{2}, t_k + \frac{J_i}{2} \right]$$

출력은 다음 간격의 어딘가에서 업데이트된다.

$$\left[t_k + L - \frac{J_o}{2}, t_k + L + \frac{J_o}{2} \right]$$

결과적으로 유효한 타이밍 파라미터 집합은 다음 관계를 준수해야 한다.

$$|J_i - J_o| \le 2L \tag{5.13}$$

타이밍 모델은 $L > h$와 $J_i, J_o > h$를 모두 허용한다. 타이밍 모델은 실제 제어기 타이밍이 주기에 따라 어떻게 달라지는지에 대해 상관하지 않는다.

지연 및 지터가 있는 샘플 데이터 시스템$^{\text{sampled-data system}}$은 연속 시간 설비 $P(s)$, 시변 지연 연산자 Δ_i, 주기적 샘플러 S_h, 이산 시간 제어기 $K(z)$, 제로오더홀드 H_h, 시변 지연 연산자 Δ_o, 및 공칭 입출력 지연 e^{-sL}을 사용해 모델링되며, 이는 그림 5.8에 나타나 있다.

공칭 입출력 지연은 설비 입력에서의 지연으로 모델링되며, 지터는 시변 지연 연산자

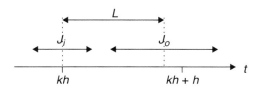

그림 5.7 입력 지터 J_i, 출력 지터 J_o 그리고 공칭 입출력 지연 L을 갖는 제어기 타이밍 모델

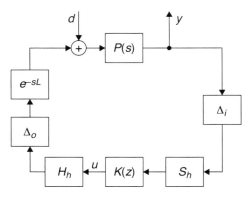

그림 5.8 지연과 지터가 있는 샘플 데이터 시스템

쌍을 사용해 모델링된다.

$$\Delta_i(v) = v(t - \delta_i(t)), \quad -J_i/2 \leq \delta_i(t) \leq J_i/2 \tag{5.14}$$

$$\Delta_o(v) = v(t - \delta_o(t)), \quad -J_o/2 \leq \delta_o(t) \leq J_o/2 \tag{5.15}$$

여기서 $\delta_i(t)$와 $\delta_o(t)$는 주어진 시간 t에서 그들 값의 범위 내 어떤 값도 가질 수 있다.

$\delta_i(t)$와 $\delta_o(t)$ 사이에는 어떠한 관계도 가정되지 않는다. 그러나 실제로는 지연이 종속적일 가능성이 높다. 이것은 실제 시스템에서 입력 작업이 일어나기 전에 출력 작업이 일어날 수 없으므로 $J_i + J_o > 2L$인 경우에 특히 그렇다. 이로 인해 분석에 있어 어느 정도 보수적이게 만들 수 있다.

지터마진 분석은 스몰그레인 정리small-grain theorem[Zames66](자세한 내용은 [Cervin12]를 참조)를 기반으로 하고 있다. 따라서 안정성 기준이면 충분하다. 즉, 분석에서 불안정하다고 예측된 시스템이 실제로는 안정적일 수 있다. 실제 분석은 연속 시간/이산 시간 혼합 시스템의 모든 입출력 게인 또는 총 9개의 게인에 대한 계산을 수반한다. 시스템은 게인에 대한 3개의 부등식 조건이 충족되면 안정화될 것이다. 시스템이 안정하면 분석은 또한 게인에 상한값을 d에서 y까지 줄 수 있게 한다(상세한 내용은 [Cervin12] 참조).

248

지터마진 예제

예로서 다음과 같이 주어지는 시스템을 고려하자.

$$P(s) = \frac{1}{s^2 - 0.01}$$

$$K(z) = \frac{-12.95z^2 + 10z}{z^2 - 0.2181z + 0.1081}, \qquad h = 0.2$$

$L = 0.08$로 고정시키며, J_i와 J_o는 독립적으로 0에서 $2L$까지 변한다. 그림 5.9는 공칭 시스템 경우인 $L = J_i = J_o = 0$에 비교한 상대적인 시스템 성능 저하를 보여준다.

그림 5.9에서 볼 수 있듯이 이 시스템은 출력 지터보다 입력 지터에 약간 더 민감하다. 성능 저하 수준 곡선은 아주 약간 안쪽으로 휘어 있으며, 이것은 결합된 분석이 아주 보수적이지 않다는 것을 나타낸다.

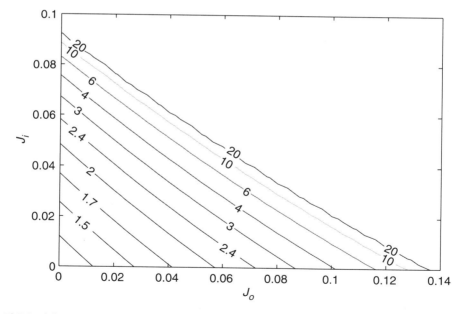

그림 5.9 입력 지터 및 출력 지터의 함수로서 최악의 경우 성능 저하

5.3.6.3 트루타임

지터버그와 지터마진 모두 제어 루프 대기 시간에 대한 지식을 가정하고 있다. 이 값을 얻기 위해 선택 가능한 옵션이 시뮬레이션밖에 없는 경우가 종종 있다.

트루타임TrueTime[Cervin03a, Henriksson03, Henriksson02]은 제어기 태스크를 실행시키는 멀티태스킹 실시간 커널의 시간적 동작에 대한 시뮬레이션을 용이하게 하는 MATLAB/Simulink 기반의 도구다. 태스크들은 보통의ordinary 연속 시간 시뮬링크Simulink 블록으로 모델링된 제어 프로세스다. 트루타임은 통신 네트워크의 간단한 모델과 네트워킹된 제어 루프에 대한 이들의 영향에 관련된 시뮬레이션을 가능하게 한다.

트루타임에서는 커널 및 네트워크 시뮬링크 블록들이 도입된다. 이 블록들에 대한 인터페이스는 그림 5.10에 나타나 있다. 스케줄 출력은 시뮬레이션하는 동안 공통 자원(CPU, 네트워크)의 배분을 보여준다. 커널 블록은 이벤트 주도이며, 모델링하는(예: I/O 태스크, 제어 알고리즘, 네트워크 인터페이스) 코드를 실행한다. 개별 커널 블록의 스케줄링 정책은 임의적이며 사용자에 의해 결정된다. 이와 마찬가지로 네트워크 블록에서는 선택된 네트워크 모델에 따라 메시지가 전송되고 수신된다. 여기서는 두 가지 네트워크 블록을 사용할 수

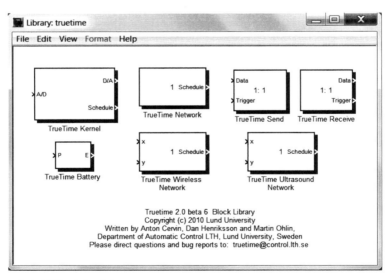

그림 5.10 트루타임 블록 라이브러리

250

있다. 즉, 유선 네트워크를 위한 것과 무선 네트워크를 위한 것이다. 라이브러리에는 배터리 기반 장치를 시뮬레이션하기 위한 간단한 배터리 모델, 초음파 기반의 위치 확인 방법을 시뮬레이션하기 위한 초음파 전파 모델 그리고 네트워크 시뮬레이션 기능이 요구되지만 커널 시뮬레이션은 필요 없는 시뮬레이션 모델에서 사용될 수 있는 별도의 송신 및 수신 블록들도 포함됐다.

시뮬레이션의 세부 수준 또한 사용자에 의해 선택된다. 즉, 코드 실행을 명령어instruction 수준에서 또는 네트워크 전송을 비트 수준에서 시뮬레이션하는 것이 종종 필요하지 않거나 바람직하지 않다. 트루타임은 태스크의 실행 시간과 메시지의 전송 시간을 상수, 무작위 또는 데이터 의존적으로 모델링할 수 있게 해준다. 또한 이 도구는 이벤트, 세마포semaphores 또는 모니터를 사용해 컨텍스트 스위칭context switching과 태스크 동기화를 시뮬레이션할 수 있게 해준다.

트루타임은 동적 실시간 제어 시스템 연구를 위한 실험적 플랫폼으로 사용될 수 있다. 예를 들면, 실제 시간 변화 측정에 기반을 두고 제어 알고리즘을 조정하는(즉, 시간적 불확실성을 교란으로 취급하고 그것을 피드포워드 또는 게인 스케줄링으로 관리하기 위한) 보상 전략을 연구할 수 있다. 피드백 스케줄링([Cervin02] 참조)과 같은 제어기의 실시간 스케줄링에 대한 더욱 탄력적인 접근법으로도 실험하기 용이하다. 사용 가능한 CPU 또는 네트워크 자원은 시스템의 현재 상황(예: CPU 부하, 다른 루프들의 성능)에 따라 동적으로 배분된다.

커널 블록

커널 블록kernel block은 간단하지만 유연한 실시간 커널, A/D 및 D/A 컨버터, 네트워크 인터페이스 그리고 외부 인터럽트 채널들로 컴퓨터를 시뮬레이션하는 MATLAB S-function이다. 커널은 사용자가 정의한 태스크와 인터럽트 핸들러를 실행한다. 커널은 내부적으로 실시간 커널에 흔히 있는 여러 가지 데이터 구조, 즉 래디 큐ready queue, 시간 큐, 태스크에 대한 기록 인터럽트 핸들러, 세마포, 모니터 그리고 시뮬레이션을 위해 생성된 타이머를 유지한다. 또한 동적 전압 및 주파수 스케일링dynamic voltage and frequency scaling, DVFS 시뮬레이션과 고정 대역폭 서버 시뮬레이션을 지원한다. 커널 및 네트워크 S-기능은 블록을 실행할 다음 인스턴스를 결정하는 개별 이벤트 시뮬레이터로 구현된다.

트루타임 커널에서 실행하기 위해 임의의 수의 태스크가 생성될 수 있다. 태스크는 시뮬레이션이 진행됨에 따라 동적으로 생성될 수도 있다. 태스크는 제어기 및 I/O 태스크와 같은 주기적 활동과 통신 태스크 및 이벤트 주도 제어기 같은 비주기적 활동을 모두 시뮬레이션하는 데 사용된다. 비주기적 태스크는 태스크 인스턴스(작업)의 생성을 통해 실행된다.

각 태스크는 다수의 정적(예: 상대적 마감 시간, 기간, 우선 순위) 및 동적(예: 절대 마감 시간, 릴리스 시간) 속성으로 특징지어진다. 또한 사용자는 2개의 오버런 핸들러, 즉 마감 시간 오버런 핸들러(태스크가 마감 시간을 놓친 경우에 트리거됨) 및 실행 시간 초과 핸들러(태스크가 최악의 실행 시간보다 오래 실행되는 경우에 트리거됨)를 각 태스크에 첨부할 수 있다.

인터럽트는 외부적으로(커널 블록의 외부 인터럽트 채널과 관련) 또는 내부적으로(사용자 정의 타이머에 의해 트리거됨)의 두 가지 방법으로 생성될 수 있다. 외부 또는 내부 인터럽트가 발생하면 사용자 정의 인터럽트 핸들러가 인터럽트를 처리하도록 스케줄링된다.

태스크 및 인터럽트 핸들러의 실행은 사용자 작성 코드 함수에 의해 정의된다. 이 함수는 C++(속도를 위해) 또는 MATLAB m 파일(사용의 편리를 위해)로 작성할 수 있다. 제어 알고리즘은 또한 일반 이산 시뮬링크 블록 다이어그램을 사용해 그래프적으로 정의될 수 있다.

시뮬레이션된 실행은 인터럽트 레벨(가장 높은 우선순위), 커널 레벨 그리고 태스크 레벨(가장 낮은 우선순위)의 세 가지 다른 우선순위 레벨에서 발생한다. 실행은 선점적preemptive이거나 비선점적nonpreemptive일 수 있다. 이 속성은 각 태스크 및 인터럽트 핸들러에 대해 개별적으로 지정될 수 있다.

인터럽트 핸들러는 인터럽트 레벨에서 고정된 우선순위에 따라 스케줄링된다. 태스크 레벨에서 동적 우선순위 스케줄링을 사용할 수 있다. 각 스케줄링 시점에서 태스크의 우선순위는 태스크 속성을 반영하는 사용자 정의 우선순위 함수에 의해 부여된다. 이러한 접근 방법을 사용하면 다른 스케줄링 정책을 쉽게 시뮬레이션할 수 있다. 예를 들어, 우선순위 번호를 반환하는 우선순위 함수는 고정 우선순위 스케줄링fixed-priority scheduling을 의미하지만, 절대 마감 시간을 반환하는 우선순위 함수는 빠른 마감 시간 우선 스케줄링earliest-deadline-first scheduling을 의미한다. 속도 단조rate-monotonic, 마감 시간 단조deadline-monotonic, 고정 우선순위fixed-priority, 빠른 마감 시간 우선earliest-deadline-first 스케줄링에 대해 사전 정의된 우선순위 함수가 존재한다.

네트워크 블록

네트워크 블록은 이벤트 주도형이며, 메시지가 네트워크로 들어오거나 나가는 경우에 실행된다. 노드가 메시지를 전송하려고 할 때 트리거 신호가 해당 입력 채널상의 네트워크 블록으로 전송된다. 메시지의 시뮬레이션된 전송이 종료되면 네트워크 블록은 수신 노드에 상응하는 출력 채널상에 새로운 트리거 신호를 전송한다. 전송된 메시지는 수신 컴퓨터 노드의 버퍼에 저장된다.

메시지에는 송신 및 수신 컴퓨터 노드, 임의의 사용자 데이터(일반적으로 측정 신호 또는 제어 신호), 메시지 길이 그리고 우선순위 또는 마감 시간과 같은 선택적 실시간 속성에 대한 정보가 포함된다.

네트워크 블록은 근거리 통신망에서 매체 접근 및 패킷 전송을 시뮬레이션한다. 현재 여덟 가지의 유선 네트워크 단순 모델이 지원되는데, CSMA/CD(예: 이더넷), CSMA/AMP(예: CAN), 라운드 로빈(예: 토큰 버스), FDMA, TDMA(예: TTP), Flexray, PROFINET IO 그리고 스위치드 이더넷Switched Ethernet이다. 무선 프로토콜로는 IEEE 802.11bWLAN와 IEEE 802.15.3Zigbee의 두 가지 모델이 있다.

전파 지연propagation delay은 일반적으로 근거리 통신망에서는 매우 작기 때문에 무시된다. 패킷 레벨 시뮬레이션만 지원된다. 즉, 커널 노드의 상위 프로토콜 레벨이 긴 메시지를 패킷들로 나눈 것으로 가정한다.

네트워크 블록 구성configuration에는 전송 속도 네트워크 모델 및 패킷 손실 확률과 같은 일반적인 매개 변수가 명시돼야 한다. 제공될 필요가 있는 프로토콜 특정 파라미터로는 TDMA의 경우, 시간 슬롯 및 순환 스케줄이 포함된다.

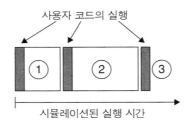

그림 5.11 섹션별로 분할된 실행 모델

실행 모델

태스크 및 인터럽트 핸들러의 실행은 코드 함수에 의해 정의된다. 코드 함수는 그림 5.11에 표시된 실행 모델에 따라 코드 세그먼트들로 더 분할된다.

태스크 및 인터럽트 핸들러와 관련된 코드의 실행은 실행 시간이 여러 개의 코드 세그먼트로 모델링된다. 사용자 코드 실행은 각 코드 세그먼트의 맨 앞 부분에서 시작한다.

코드는 각 코드 세그먼트의 시작 부분에서 다른 태스크 및 환경과 상호작용할 수 있다. 이 실행 모델은 입출력 대기 시간의 모델링, 공유 자원 접근에 대한 차단 등을 가능하게 한다. 세그먼트의 수는 코드 실행의 임의 시간 단위granularity를 시뮬레이션하도록 선택할 수 있다. 기술적으로, 예를 들어 경주 조건race condition과 같이 기계 명령 레벨에서 발생하는 매우 미세한 세부 사항을 시뮬레이션할 수 있다. 그러나 이렇게 하려면 많은 수의 코드 세그먼트가 필요하다.

각 세그먼트의 시뮬레이션된 실행 시간은 코드 함수에 의해 반환되며, 고정, 무작위 또는 데이터 종속적으로 모델링될 수 있다. 커널은 현재 세그먼트를 추적하며 시뮬레이션 중에 적절한 인수로 코드 함수를 호출한다. 태스크가 이전 세그먼트와 관련된 시간 동안 실행 중이면 실행은 다음 세그먼트에서 재개된다. 결과적으로 우선순위가 높은 활동 및 인터럽트에 의한 선점으로 인해 세그먼트 실행 간의 실제 지연이 실행 시간보다 길어질 수 있다.

다음 리스트는 그림 5.11의 시각표에 해당하는 코드 함수의 예를 보여준다. 이 함수는 앤티 와인드업anti-windup이 없는 간단한 PI 제어기를 구현한다. 첫 번째 세그먼트에서는 설비가 샘플링되고 제어 신호가 계산된다. 두 번째 세그먼트에서는 제어 신호가 구동되고 제어기 상태가 업데이트된다. 세 번째 세그먼트는 음의 실행 시간을 반환해 실행 종료를 나타낸다.

```
function [exectime, data] = PIcontroller(segment, data)
  switch segment,
   case 1, data.r = ttAnalogIn(1);
     data.y = ttAnalogIn(2);
     data.e = data.r - data.y;
     data.u = data.K*data.e + data.I;
     exectime = 0.002;
   case 2,
     ttAnalogOut(1, data.u);
     data.I = data.I + (data.K*data.h/data.Ti)*data.e;
     exectime = 0.001;
   case 3,
     exectime = -1;
  end
```

데이터 구조는 태스크의 지역 메모리를 나타내며, 제어 신호와 다른 세그먼트를 호출하는 과정에서 측정된 변수를 저장하는 데 사용된다. A/D 및 D/A 변환은 각각 커널 원시 함수인 ttAnalogIn 및 ttAnalogOut을 사용해 수행된다.

이 제어기의 입출력 대기 시간은 적어도 2밀리초(즉, 첫 번째 세그먼트의 실행 시간)일 것이다. 그러나 우선순위가 높은 다른 태스크에 의한 선점이 발생할 경우, 실제 입출력 대기 시간은 길어질 것이다.

트루타임 커널 블록의 한계는 CPU 시간 이외의 다른 자원을 모델링하지 않는다는 것이다. 예를 들어, 사용자는 메모리 접근이나 캐시 미스cache miss로 인한 지연을 명시적으로 모델링하고 세그먼트 실행 시간에 이러한 지연을 포함시켜야 한다.

5.4 요약 및 열린 도전 과제

진정한 자원 인식 제어 시스템은 모든 개발 단계에서 실시간 소프트웨어와 구현 플랫폼을 고려해야 한다. 그러나 이 장에서 살펴봤듯이 제어 성능, 태스크 타이밍 그리고 자원 공유 간의 관계는 단순함과는 거리가 멀다. 이 장에서는 지터버그, 지터마진 그리고 트루타임 과 같이 분석 단계에서 도움이 될 수 있는 몇 가지 도구를 설명했다. 유감스럽게도 설계, 구현 및 운영 단계를 위한 적절한 도구는 여전히 많이 부족하다.

시스템에 대한 제어, 컴퓨팅 및 통신 측면을 통합하는 공동 설계는 더 나은 자원 활용과 높은 제어 성능을 약속하지만, 궁극적으로는 너무 복잡할 수 있다. 기술적인 시스템이 점 점 복잡해짐에 따라 하위 시스템 통합에 필요한 엔지니어링 노력을 줄이는 것이 중요해진 다. 잘 정의된 인터페이스를 가진 구성 요소의 개념은 여러 엔지니어링 분야에서 매우 성 공적이라는 것이 입증됐다. 결합 구성 가능성을 달성하고 이에 의해 개발 시간을 줄이기 위해서는 일반적으로 성능이 어느 정도 희생된다. 5.3.5.1절에 제시된 제어 서버는 이러한 제안 중 하나를 나타낸다. 시스템의 제어, 계산 및 통신 요소들 간의 우수한 설계 인터페이 스를 정의하는 것은 아마도 자원 인식 제어 영역에서 가장 중요한 문제인 것으로 보인다.

적절한 디자인 인터페이스가 마련돼 있더라도 각 계층마다 더 많은 연구가 필요하다. 이벤트 기반 제어는 일반적으로 적용되기 전에 추가 개발이 필요한 제어 이론 내의 하위 영역이다. LQG와 같은 표준 설계 기술조차도 샘플링 지터 및 입출력 지터와 같은 구현 효과를 처리할 만큼 충분히 개발되지 않았다.

CPS에서는 컴퓨팅 자원과 통신 자원이 거의 일정하지 않다. 이러한 현실을 감안할 때 자원 인식 제어 시스템은 자원 가용성의 변화에 적응할 수 있어야 한다. 이 목표를 달성하 려면 시스템 파라미터의 온라인 식별과 온라인 재설계가 모두 필요할 수 있다.

참고문헌

[Abeni98]. L. Abeni, G. Buttazzo, S. Superiore, and S. Anna. "Integrating Multimedia Applications in Hard Real-Time Systems." *Proceedings of the*

19th IEEE Real-Time Systems Symposium, pages 4–13, 1998.

[Årzén99]. K. Årzén. "A Simple Event-Based PID controller." Preprints 14th World Congress of IFAC, Beijing, P.R. China, January 1999.

[Åström11]. K. J. Åström and B. Wittenmark. *Computer-Controlled Systems: Theory and Design*. Dover Books, Electrical Engineering Series, 2011.

[Bemporad00]. A. Bemporad, M. Morari, V. Dua, and E. N. Pistikopoulos. "The Explicit Solution of Model Predictive Control via Multipar-ametric Quadratic Programming." American Control Conference, pages 872–876, Chicago, IL, June 2000.

[Beschi12]. M. Beschi, S. Dormido, J. Sánchez, and A. Visioli. "On the Stability of an Event-Based PI Controller for FOPDT Processes." IFAC Conference on Advances in PID Control, Brescia, Italy, July 2012.

[Cervin12]. A. Cervin. "Stability and Worst-Case Performance Analysis of Sampled-Data Control Systems with Input and Output Jitter." American Control Conference, Montreal, Canada, June 2012.

[Cervin03]. A. Cervin and J. Eker. "The Control Server: A Computational Model for Real-Time Control Tasks." *Proceedings of the 15th Euromicro Conference on Real-Time Systems*, Porto, Portugal, July 2003.

[Cervin02]. A. Cervin, J. Eker, B. Bernhardsson, and K. Årzén. "Feedback-Feedforward Scheduling of Control Tasks." *Real-Time Systems*, vol. 23, no. 1–2, pages 25–53, July 2002.

[Cervin03a]. A. Cervin, D. Henriksson, B. Lincoln, J. Eker, and K. Årzén. "How Does Control Timing Affect Performance? Analysis and Simulation of Timing Using Jitterbug and TrueTime." *IEEE Control Systems Magazine*, vol. 23, no. 3, pages 16–30, June 2003.

[Cervin10]. A. Cervin and B. Lincoln. *Jitterbug 1.23 Reference Manual*. Technical Report ISRN LUTFD2/TFRT-0.1em-7604-0.1em-SE, Department of Automatic Control, Lund Institute of Technology, Sweden, July 2010.

[Durand09]. S. Durand and N. Marchand. "Further Results on Event-Based PID Controller." *Proceedings of the European Control Conference*, pages

1979 – 1984, Budapest, Hungary, August 2009.

[Heemels09]. W. P. M. H. Heemels, D. Nesic, A. R. Teel, and N. van de Wouw. "Networked and Quantized Control Systems with Communication Delays." *Proceedings of the Joint 48th IEEE Conference on Decision and Control and 28th Chinese Control Conference*, 2009.

[Heemels08]. W. P. M. H. Heemels, J. H. Sandee, and P. P. J. Van Den Bosch. "Analysis of Event-Driven Controllers for Linear Systems." *International Journal of Control*, vol. 81, no. 4, pages 571 – 590, 2008.

[Henningsson12]. T. Henningsson. "Stochastic Event-Based Control and Estimation." PhD thesis, Department of Automatic Control, Lund University, Sweden, December 2012.

[Henriksson03]. D. Henriksson and A. Cervin. *TrueTime 1.1: Reference Manual*. Technical Report ISRN LUTFD2/TFRT-0.1em-7605-0.1em-SE, Department of Automatic Control, Lund Institute of Technology, October 2003.

[Henriksson02]. D. Henriksson, A. Cervin, and K. Årzén. "TrueTime: Simulation of Control Loops Under Shared Computer Resources." *Proceedings of the 15th IFAC World Congress on Automatic Control*, Barcelona, Spain, July 2002.

[Kao04]. C. Kao and B. Lincoln. "Simple Stability Criteria for Systems with Time-Varying Delays." *Automatica*, vol. 40, no. 8, pages 1429 – 1434, August 2004.

[Lin09]. H. Lin and P. J. Antsaklis. "Stability and Stabilizability of Switched Linear Systems: A Survey of Recent Results." *IEEE Transactions on Automatic Control*, vol. 54, no. 2, pages 308 – 322, February 2009.

[Lincoln02]. B. Lincoln and A. Cervin. "Jitterbug: A Tool for Analysis of Real-Time Control Performance." *Proceedings of the 41st IEEE Conference on Decision and Control*, Las Vegas, NV, December 2002.

[Maciejowski01]. J. M. Maciejowski. *Predictive Control: With Constraints*. Prentice Hall, 2001.

[Rantzer12]. A. Rantzer. "Distributed Control of Positive Systems." ArXiv e-prints, February 2012.

[Scokaert99]. P. O. M. Scokaert, D. Q. Mayne, and J. B. Rawlings. "Suboptimal Model Predictive Control (Feasibility Implies Stability)." *IEEE Transactions on Automatic Control*, vol. 44, no. 3, pages 648 – 654, March 1999.

[Tabuada07]. P. Tabuada. "Event-Triggered Real-Time Scheduling of Stabilizing Control Tasks." *IEEE Transactions on Automatic Control*, vol. 52, no. 9, pages 1680 – 1685, September 2007.

[Wang08]. X. Wang and M. D. Lemmon. "State Based Self-Triggered Feedback Control Systems with L2 Stability." *Proceedings of the 17th IFAC World Congress*, 2008.

[Yüksel11]. S. Yüksel. "A Tutorial on Quantizer Design for Networked Control Systems: Stabilization and Optimization." *Applied and Computational Mathematics*, vol. 10, no. 3, pages 365 – 401, 2011.

[Zames66]. G. Zames. "On the Input-Output Stability of Time-Varying Nonlinear Feedback Systems, Parts I and II." *IEEE Transactions on Automatic Control*, vol. 11, 1966.

06

하이브리드 시스템의
논리적 정확성

사가 챠키[Sagar Chaki], 에드먼드 클라크[Edmund Clarke], 에이리 거핀클[Arie Gurfinkel], 존 휴닥[John Hudak]

하이브리드 시스템[hybrid system]은 이산적[discrete]이면서 연속적[continuous]으로 동작이 변하는 동적 시스템[dynamic system]이다. 하이브리드 시스템은 일상생활에 영향을 미치는 다양한 장치들을 이해하고 모델링 또는 추론하기 위한 강력한 형식 체계[formalism]를 이룬다. 여기에는 실내의 온도 조절 장치[thermostat]와 같이 단순한 것에서부터 에어백 제어기 같이 중요한 것들도 있다. 하이브리드 시스템은 이러한 장비들의 정확한 동작을 검증하고 예측할 수 있도록 엄밀한 분석까지도 가능하게 한다. 이 장에서는 하이브리드 시스템의 맥락에서 발생하는 여러 유형의 기능적 정확성 문제에 대해 논의한다. 각 범주마다 샘플 문제를 제시하고 최신의 도구와 기법을 사용해 가능한 해결책을 제시한다. 하이브리드 시스템 검증의 당면한 미해결 문제들과 향후 과제에 대한 토론으로 이 장을 마무리한다.

6.1 서론 및 동기

실로 다양한 종류의 장치가 제대로 작동하지 않는다면 현대 생활은 마비될 것이라고 해도 과언은 아니다. 많은 경우에 그러한 장치들은 보이지 않게 작동하지만, 그럼에도 불구하고 이것들은 기술 의존적인 현대 문명에 매우 중요하다. 또한 이 장치들의 공통적인 특징은 디지털 계산 기술을 기반으로 만들어졌지만, 본질적으로 아날로그적인 세상에서 작동해야 한다는 것이다. 이러한 의미에서 이 장치들은 하이브리드 시스템의 표준적인, 즉 아날로그 환경에서 이산적 프로그램을 사용하는 예가 된다[Alur95]. 많은 이러한 하이브리드 시스템(예: 심장 박동 조율기, 차량용 에어백 제어기, 핵 발전 제어기)의 또 다른 특징은 부정확한 작동이 재앙을 초래할 수도 있다는 것이다. 이 두 가지 사실을 결합하면 하이브리드 시스템의 "기능적 정확성", 즉 안전하고 확실한 작동을 검증하는 것이 근본적으로 중요하다는 것을 의미한다. 이 장에서는 이 주제에 중점을 둔다.

비정형적으로 표현하면 하이브리드 시스템은 이산 점프discrete jump와 연속 변화continuous evolution라는 두 가지 유형의 전이를 갖는 상태 기계state machine로 간주할 수 있다. 하이브리드 시스템의 표준적인 예는 하이브리드 자동화다[Henzinger96]. 이것은 유한 상태 기계의 한 유형으로, 상태는 이산 모드discrete modes, 전이는 모드들 간의 전환switching을 나타낸다. 전이는 연속 변수들에 대한 조건에 의해 감시guard된다. 각 모드에서 연속 변숫값의 변화는 미분 방정식을 통해 명시된다. 또한 한 모드 특정적 불변량invariant이 그 연속 변수들에 의해 충족되는 경우에만 시스템 상태가 그 모드에 머문다.

그림 6.1은 히터를 제어함으로써 온도를 m과 M 사이에서 유지하려고 하는 온도 조절 장치의 하이브리드 자동화 사례를 보여준다([Alur95]에서 재현됨). 이 시스템은 두 가지 모드를 갖는데, l_0는 히터가 꺼진 상태, l_1은 히터가 켜진 상태다. 시스템은 온도 x가 M일 때 모드 l_0에서 시작된다. 모드 l_0에 대한 불변량 $x > m$이 성립하면 시스템은 l_0로 유지되며, 어느 시점에서라도 전이 감시transition guard $x = m$이 성립하면 시스템은 모드 l_1으로 전환된다. 시스템은 $x < M$이 유지되는 한 l_1으로 유지되며, 전이 감시 $x = M$에 도달하면 다시 모드 l_0으로 전환된다. 일단 시스템이 어느 한 모드에 들어가면 그 모드로부터의 이탈 시

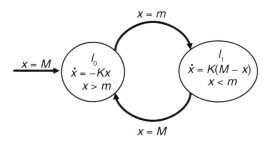

그림 6.1 온도 조절 장치를 위한 하이브리드 자동화

간이 단일 값으로 결정되도록 모드 불변량과 전이 감시가 설정되므로 이 시스템은 시간 결정적time deterministic이라는 것에 주목하라.

이제 우리는 도달 가능성reachability라고 불리는 기능적 정확성 문제류에 초점을 맞춘다. 비정형적으로 표현하면 이러한 문제는 "양호good" 상태들의 집합을 나타내는 공식 Φ에 의해 명시되며, 여기서 상태는 시스템 변수에 값을 할당하는 것이다. 시스템이 Φ에 속하지 않는 상태에 절대로 도달하지 않으면 시스템은 기능적으로 정확한 것이다. 예를 들면, 그림 6.1의 하이브리드 시스템의 기능적 정확성의 특성은 식 $m \leq x \leq M$으로 표현되며, 이것은 하이브리드 시스템의 온도가 항상 범위 $[m, M]$에 머문다는 것을 나타낸다. 실무에서는 도달 가능성만 살펴봐도 여러 가지 유형의 안전 및 보안 기준을 포함한 기능적 정확성의 모든 요구사항들의 클래스를 파악할 수 있다. 그 요구사항에 대한 위배는 반례counterexamples라고 알려진 시스템의 유한 실행을 통해 실증될 수 있다.

하이브리드 시스템의 도달 가능성에 대한 검증은 광범위하게 연구되는 문제로, 학계와 실무자 커뮤니티에서 지난 수십 년간 연구 개발하고 있다. 이 연구에 대한 모든 내용을 세부적으로 설명하는 것은 이 장의 범위를 벗어난다. 그 대신 여기서는 세 가지 방식으로 제한해 제시한다. 첫째, 문제의 범주 분류, 둘째, 솔루션 전략, 셋째, 목표 대상자다.

첫째, 하이브리드 시스템의 도달 가능성 문제를 이산discrete, 실시간real time 및 완전 하이브리드fully hybrid의 세 가지 클래스로 분류한다. 대략적으로 말해 이산 도달 가능성 문제는 시스템의 연속 동특성을 완전히 무시함으로써 해결될 수 있는 문제다. 반면, 실시간 도달 가능성 문제는 오직 클록clock과 경과 시간만 고려해 풀 수 있다. 마지막으로 완전 하이브리드 문제는 클록 외에 1개 이상의 연속 변수 동특성에 대한 추론을 요구한다.

둘째, 모델 검사model checking[Clarke09]라는 철저하고 자동화된 알고리즘적 검증 기법을 기반으로 하는 하이브리드 시스템의 도달 가능성에 대한 솔루션에 집중하고자 한다. 모델 검사는 원래 유한 상태 기계를 검증하기 위해 개발됐는데[Clarke83], 그 이후 소프트웨어[Jhala09] 및 하이브리드 시스템[Frehse08, Henzinger97]을 포함해 다양한 시스템으로 확장됐다. 모델 검사의 중요한 특징은 검사 중인 시스템이 원하는 도달 가능성 기준을 위배하면 진단 피드백으로서 반례를 만들어낸다는 것이다.

셋째, 이 장은 모델 검사를 하이브리드 시스템의 정확성 검증에 적용하는 실무적 상황에 대해 더 알고자 하는 실무자들을 주된 대상으로 하고 있다. 세부적으로 들어가기보다는 먼저 문제를 어떻게 분류하고, 그 문제들을 효과적으로 풀기 위해 현존하는 모델 검사 도구들을 어떻게 선택하고 사용해야 하는지에 대해 예시하려고 노력했다. 이와 함께, 적절한 지점에서 이러한 도구들의 근간을 이루는 기본 개념과 알고리즘들을 설명하는 참고 문헌을 알려준다.

이 장의 나머지 부분은 복잡성이 증가하는 순서로 이산, 실시간 및 완전 하이브리드 문제 범주들에 할애할 것이다. 각 범주에 대해 어떤 종류의 문제가 그 범주에 속하는지와 예제를 통해 그 범주에 적용할 모델 검사 도구와 그 검사 도구를 효과적으로 사용하는 방법에 관해 설명한다. 마지막으로 하이브리드 시스템의 기능적 정확성 검증을 위한 몇 가지 다른 접근법에 대한 간략한 개요, 진행 중인 연구 그리고 해결해야 할 문제들을 간략히 살펴본다.

6.2 기본적 기법

이 절에서는 하이브리드 시스템 검증의 기본 사항을 중점적으로 다룬다. 특히, 이산 검증discrete verification과 시간 논리temporal logic를 논의하는데, 이것은 실무자가 이용 가능한 다수의 사례와 도구를 제공하는 나머지 기법들의 기초를 이룬다.

6.2.1 이산 검증

이산 이벤트 시스템discrete event system, DES은 미지의 불규칙한 시간 간격으로 갑자기 발생하는 물리적 이벤트에 따라 움직이는 동적 시스템이다[Ramadge89]. 이벤트에 의해 상태가 변하는 이산 상태를 갖고 있다. 즉, 상태의 변화가 시간에 대한 비동기적 이산 이벤트 발생에 전적으로 의존한다. 예를 들어, 이벤트는 프로세스, 큐에 도착하는 메시지, 어떤 임계값을 초과하는 이산화된 연속 변수 또는 시스템 구성 요소의 장애(예: 자동차, 항공기, 제조 공정) 중 제어 설정값의 변화에 해당할 수 있다. 이산 이벤트 시스템은 제조, 로봇, 물류, 컴퓨터 운영체제 그리고 네트워크 통신 시스템을 포함한 여러 영역에서 찾아볼 수 있다. DES는 궁극적으로 어떤 (양호한) 동작은 획득하고 어떤 (불량한) 동작은 항상 회피할 수 있도록 하기 위해 이벤트들에 대한 질서 정연한 제어를 보장할 수 있는 어떠한 형태의 제어가 필요하다. 궁극적으로 양호한 동작을 획득하는 것은 활력 특성liveliness property이라고 하며, 불량한 동작을 회피하는 것은 안전 특성safety property이라고 한다[Lamport77, Schneider85].

이산 이벤트 시스템을 설계하고 분석할 수 있는 기능은 그것들을 오토마타 형식 체계로 모델링(표현)할 수 있다는 사실에 기반을 두고 있다. 표현representation은 실제 시스템의 추상화다. 형식 체계는 동작을 나타내기 위해 정확한 의미 체계를 활용하며, 전형적인 예로는 상태도state charts[Harel87, Harel87a, Harel90], 페트리 넷Petri nets[Rozenburg98], 마르코프 체인Markov chains[Usatenko10] 등이 있다. 이 절은 이산 이벤트 시스템의 모델 검사에 중점을 두므로 상태도state charts에 초점을 맞추고 적용 가능한 논리 및 모델 검사 도구에 대한 간략한 개요를 제공하고자 한다.

6.2.1.1 모델 검사 도구 및 관련 논리

모델 검사에 사용되는 모델들은 시스템 동작의 형식적 표현이다. 상태도는 널리 사용되는 형식적 표현 중 하나다[Harel87, Harel87a, Harel90]. 이와 유사하게, 클레임claim은 검증하려고 하는 시스템의 기대 특성에 대한 형식적 명세다. 모델 및 클레임의 형식적 정의를 사용하면 특정 클레임이 한 모델에 대해 성립하는지 여부를 자동화된 도구를 사용해 검증할 수 있다. 클레임이 잘 작성되고 모델이 시스템을 충실히 표현하면 클레임에 표현된 기대 특성을 시스템이 보유하고 있는지 여부가 모델 검사를 이용한 검증을 통해 나타난다.

기대 특성의 종류와 모델 검사 도구의 유형에 따라 클레임의 형식화에 여러 가지 다른 표기법이 사용될 수 있다. 예를 들어, 시스템의 정적 특성에만 관심이 있다면 다양한 클레임을 정의하기 위해 고전적인 명제 논리propositional logic를 사용할 수도 있다.

시간 논리temporal logic는 시간을 고려하도록 명제 논리를 확장한 것으로, 시스템의 동특성을 명시하고 추론하기 위한 형식적 접근 방법이다. 시간 논리의 형식 체계는 시간을 명시적으로(즉, 시간 계측 장치의 의미에서 시간의 계수 또는 계측) 포함하지 않는다. 대신, 시간은 시스템 동작 중 하나의 상태 열(상태 자취, state trace)로서 표현된다. 이 상태 열(상태 자취)들은 유한 열 $\langle s_0, s_1, s_2, \cdots, s_n \rangle$ 또는 무한 열 $\langle s_0, s_1, s_2, \cdots \rangle$ 중 하나다. 상태는 시스템에 대한 고정 조건의 유한 시간 간격을 나타낸다. 예를 들면, 교통 신호등에 빨간 불이 켜져 있을 때 교통 신호등의 상태는 "빨강"이다.

시간 논리의 중요한 형식으로는 두 가지가 유명한데, 선형 시간 논리linear temporal logic, LTL와 계산 트리 논리computational tree logic, CTL를 포함하는 분기 시간 논리branching temporal logic가 바로 그것이다[Clarke99]. 두 형식의 차이점은 시간 펼침unfolding time의 개념적 해석에 있다. LTL에서는 시간의 진행을 선형적으로, 즉 하나의 무한 상태 열로 간주하며, CTL에서는 여러 경로(즉, 가지)를 따라 진행할 수 있다. 여기서 각 경로는 선형 상태열이다.

이제 LTL의 구문과 의미 체계를 간단히 정의하려고 한다. 좀 더 자세한 내용은 [Clarke99]를 참조하기 바란다.

6.2.1.2 선형 시간 논리

AP를 "단위 명제atomic proposition"의 집합이라고 가정해보자. LTL 공식 φ는 다음의 BNF 문법[1]을 만족시킨다.

$$\varphi := \top \mid p \mid \neg\varphi \mid \varphi \wedge \varphi \mid \varphi \vee \varphi \mid X \ \varphi \mid \varphi \ U \ \varphi \mid G \ \varphi \mid F \ \varphi$$

---

[1] Backus Naur Form: 대부분의 프로그래밍 언어의 구문(syntax)을 묘사하는 데 사용되는 문법 – 옮긴이

여기서 ⊤는 "참true", $p \in AP$는 단위 명제, ¬는 논리적 부정logical negation, ∧는 논리곱 conjunction, ∨는 논리합disjunction, X는 다음 상태 시간 연산자the next-state temporal operator, U는 "까지until" 시간 연산자, G는 "전역적으로globally" 시간 연산자 그리고 F는 "결국finally" 시간 연산자를 나타낸다.

예를 들어, $AP = \{p, q, r\}$이라고 가정해보자. 그러면 몇 가지 가능한 LTL 공식은 다음과 같다.

$$\varphi_1 = G\left(p \Rightarrow XFq\right)$$

$$\varphi_2 = G\left(p \Rightarrow XF\left(q \vee r\right)\right)$$

다음 절에서 설명하겠지만, 모든 LTL 공식은 경로(즉, 시스템 상태열)에 대한 특성을 나타낸다. 비정형적으로 표현하면 한 경로에 대해 명제 p가 전역적으로 성립하거나 다음 상태에서부터 결국 q가 전역적으로 성립하면 φ_1은 그 경로에 대해 성립한다. 이와 유사하게 한 경로에 대해 명제 p가 전역적으로 성립하거나 다음 상태에서부터 결국 q 또는 r이 전역적으로 성립하면 φ_2는 그 경로에 대해 성립한다.

LTL 공식은 크립 키 구조Kripke structures에 대해 해석된다. 비정형적으로 표현하면 크립 키 구조는 상태가 단위 명제로 레이블링된 유한 상태 기계다. 정형적으로 표현하면 크립 키 구조 M은 4 튜플 (S, I, R, L)이며, 여기서 S는 상태의 유한 집합이다. $I \in S$는 초기 상태, $R \subseteq S \times S$는 전이 관계, $L : S \mapsto 2^{AP}$는 상태에서 단위 명제로의 사상mapping이다. L은 비정형적으로 말해 각 상태를 그 상태에서 참인 단위 명제의 집합으로 사상한다.

그림 6.2는 세 가지 상태 $S = \{s_0, s_1, s_2\}$를 갖는 크립 키 구조 $M = (S, I, R, L)$를 나타낸다. 여기서 s_0는 초기 상태다. 전이 관계는 화살표로 표시돼 있다. 즉, 그림의 s에서 s'로 연결선edge이 있으면 $(s, s') \in R$이다. 각 상태 s는 $L(s)$로 레이블링된다. 즉, $L(s_0) = \{p\}$, $L(s_1) = \{r\}$ 그리고 $L(s_2) = \{q\}$이다.

크립 키 구조 $M = (S, I, R, L)$의 자취trace는 다음과 같은 상태 무한 열 $\langle s_0, s_1, s_2, \cdots \rangle$이다.

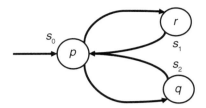

그림 6.2 $AP = \{p, q, r\}$인 크립키 구조 예

$$s_0 = I \wedge \forall i \geq 0.\left(s_i, s_{i+1}\right) \in L$$

바꿔 말하면, 자취는 초기 상태로 시작하고, 그 다음에는 무한히 자주 일어나는 전이 관계가 이어진다. 주어진 자취 $\pi = \langle s_0, s_1, s_2, \cdots \rangle$에 대해 π^i는 s_i로 시작하는 π의 무한 첨자를 의미한다. 그리고 다음 조건들이 성립하면 "π가 LTL 공식 φ를 충족한다"라고 하며, $\pi \vDash \varphi$라고 표기한다.

- $\varphi = \vDash$
- $\varphi \in AP$이면 $\varphi \in L(s_0)$. 즉, π의 첫 번째 상태는 φ로 레이블링된다.
- $\varphi = \neg\varphi'$이면 $\pi \nvDash \varphi'$
- $\varphi = \varphi_1 \wedge \varphi_2$이면 $\pi \nvDash \varphi_1$이고 $\pi \vDash \varphi_2$
- $\varphi = \varphi_1 \, U \, \varphi_2$이면 다음을 충족하는 $k \geq 0$이 존재한다.
  $$\forall 0 \leq i < k.\pi^i \vDash \varphi_1 \wedge \pi^k \vDash \varphi_2$$

$\vee$, F 그리고 G는 다음과 같이 다른 연산자로 표현할 수 있다는 것에 유의하자.

$$\varphi_1 \vee \varphi_2 \equiv \neg\left(\neg\varphi_1 \wedge \neg\varphi_2\right)$$

$$F\varphi \equiv \top \, U \, \varphi$$

$$G\varphi \equiv \neg(F\neg\varphi)$$

끝으로 크립 키 구조 M은 M의 모든 자취 π에 대해 $\pi \vDash \varphi$이면 LTL 공식 π를 충족한다.

예를 들어, M을 그림 6.2에서의 크립 키 구조라고 가정해보자. $\varphi_1 = G(p \Rightarrow XFq)$이고 $\varphi_1 = G(p \Rightarrow XF(q \lor r))$라고 가정해보자. 그러면 자취 $\pi = \langle s_0, s_1, s_0, s_1, \cdots \rangle$에 대해 $M \nvDash \varphi_1$이므로 $\pi \nvDash \varphi_1$이 된다. 반면, $M \vDash \varphi_2$이다.

검증할 시스템의 상태도가 구축되고 대상 클레임이 적절한 논리로 표현되면 클레임을 모델에 적용하기 위해 자동화된 도구가 필요하다. 학술계나 산업계 환경에서 널리 사용돼온 도구로는 NuSMV[Cimatti99], SPIN[Holzmann04], Cadance SMV[Jhala01] 그리고 LTSA[Magee06]가 있다. 이 모든 도구는 특성 언어로서 LTL을 사용하며, 일부 도구에서는 CTL도 사용할 수 있다. 모델 검사 이론, 논리, 도구 사용 방법 등에 대한 세부적인 논의는 이 절의 범위 밖이다. 기초적인 자료로서 [Clarke99], [Huth04] 그리고 [Baier08]를 그리고 소프트웨어의 신뢰성에 관련된 모델 검사를 설명하고 있는 [Peled01]를 참조하기 바란다.

6.2.1.3 사례: 헬리콥터 비행 제어 검증

이 절에서는 모델 검사가 현실 시스템과 관련해 어떻게 사용될 수 있는지 헬리콥터[FAA12, Gablehouse69]의 사례를 통해 개략적으로 논의하고자 한다. 상황을 설명하기 위해 시스템 개요를 설명하며, 그런 다음 활력 특성을 검증할 특정 하부 시스템(안정판, stabilizer)에 초점을 맞출 것이다. 특성의 검증 방법을 보여주기 위해 Simulink[Simulink13], Stateflow[Simulink13a] 그리고 관련 Simulink Design Verifier[SDV] 같은 상업용 도구들의 개요를 설명한다.

일반적인 헬리콥터는 그림 6.3처럼 여러 가지 컴퓨터 기반의 하부 시스템으로 구성돼 있다.

일반적인 헬리콥터의 기본적인 하부 시스템은 항공기 시스템 관리[aircraft systems management, ASM], 미션 처리기[mission processor, MP], 다기능 디스플레이[multifunction display, MD], 통신[communications, COM], 항법[navigation, NAV], 비행 제어[flight controls, FC], 대기 자료 컴퓨터[air data computer, ADC] 그리고 비행 관리자[flight manager, FM]를 포함한다. 이 하부 시스템들은 이더넷, RS-422 또는 Mil-1550

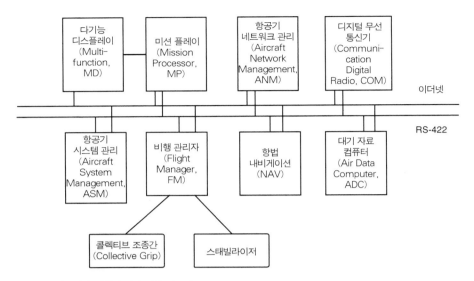

그림 6.3 헬리콥터의 컴퓨터 기반 하부 시스템

같은 중복된 직렬 버스^{serial bus}들을 통해 통신한다. 조종의 관점에서 볼 때 조종사는 조종
사(싸이클릭, 콜렉티브 비행 조종간)에서 제어를 통해 헬리콥터를 제어한다. 제어는 FM에 인
터페이스돼 있으며, 그들의 상태는 직렬 버스를 통해 하부 시스템들과 통신한다. 조종사
는 다기능 디스플레이를 통해 헬리콥터의 상태에 대한 정보를 받는다. 조종사는 MD의
하드 키와 소프트 키를 사용해 비행 모드, 상태 표시, 항법 표시 등을 다양하게 지시할 수
도 있다. 많은 현대 헬리콥터 설계에서 제어의 주류는 위치 또는 힘의 크기를 하부 시스템
컴퓨터가 읽을 수 있는 전기 신호로 변환하고 내장된 제어 논리를 통해 반응하는 전자 센
서를 포함하고 있는 제어 장치를 의미하는 "전기 신호식^{fly by wire}"이다. 하부 시스템 컴퓨터
는 또한 엔진 속력, 로터 블레이드 피치각, 안정판 각도 등을 조정하는 적절한 액추에이터
들과 인터페이스된다.

운전 요구사항의 검증

구현할 시스템의 요구사항이 그 시스템의 설계를 주도한다. 이 요구사항들은 체계적으로
분해돼 적절한 하부 시스템으로 매핑되는 전체 시스템의 목표로 명시된다. 도출된 요구사

항들은 하부 시스템 또는 하부 시스템 집단에 대한 기대 동작을 명시한다. 이것들은 궁극적으로 최상위 요구사항까지 역추적할 수 있다. 요구사항은 부분적으로 주제 전문가subject-matter experts, SMEs를 통해 도출된다. 헬리콥터의 이러한 SMEs 그룹 중 하나는 새로운 헬리콥터의 기대되는 운전 특성에 대한 통찰력을 제공하는 조종사다.

요구사항 분해에는 검증 활동이 뒤따를 수 있다. 이 활동에서는 상위 레벨의 요구사항과의 일관성 보증을 위해 이어지는 요구사항 분해 각각을 검증한다. 그런 다음, 분해된 요구사항들은 적절한 하부 시스템으로 매핑되며, 많은 경우에 복수의 하부 시스템들에 매핑된다(예: 기계적 연동 장치/액추에이터와 연관된 액추에이터의 컴퓨터 제어 시스템). 전체 시스템의 모델 검사에 대한 접근 방법은 이 책의 범위 밖이지만, 우선 모델 검사를 위한 초점을 잡으려면 관점은 물론 검증의 범위를 결정해야 한다[Comella_Dorda01, Hudak02]는 정도만 언급해두기로 하자. 이 사례에서는 헬리콥터 안정판의 동작에 초점을 맞추기로 한다. 범위는 헬리콥터의 명목상 운전 동작 전체에 걸쳐 안정판을 제어하는 논리이며, 조종사의 관점을 취하고 있다. 구체적으로 특정한 운전(비행) 조건과 조종사 입력하에서 안정판의 정확한 위치 결정positioning에 관한 문제들을 살펴본다.

헬리콥터 안정판의 기능성

헬리콥터는 본질적으로 복잡하고 불완전한 회전 날개 항공기rotorcraft다. 주 로터main rotor에 의해 만들어지는 회전 모멘트는 헬리콥터 동체가 로터축을 중심으로 회전하게 만들 수 있다. 꼬리 로터tail rotor는 수평 회전 모멘트에 반대로 작용한다. 수평 비행을 하는 동안 주 로터에 의한 회전 모멘트와 추진력이 결합해 특정 속력에서 헬리콥터를 불안정하게 만들 수 있다. 이러한 불안정성은 보통 헬리콥터 꼬리가 올라가게 만드는데, 이것은 어떤 상황에서 헬리콥터가 기수를 처박고 추락하는 노즈 오버nose over 현상을 초래할 수 있다. 안정판 에어포일(줄여서 "안정판"이라고 한다. stabilizer airfoil)은 꼬리 부근 공기 흐름의 방향을 바꿔 높은 속력에서도 꼬리가 내려가도록 한다.

헬리콥터 시스템의 예비 설계 문서로부터 안정판이 어떻게 제어되는지에 대해 얼마간의 통찰력을 얻을 수 있다. 구체적으로 선형 모터 액추에이터를 통해 수평 안정판 비행면을 제어하는 비행 관리자에 안정판이 인터페이스돼 있다는 것을 알았다. 비행 관리자에는 자동과 수동의 두 가지 모드로 작동하는 제어 알고리즘이 있다. 이것은 조종사가 선택하는 헬리콥터의 운전에는 자동 모드와 수동 모드가 있다는 것을 말해주며, 폐회로 제어 알고리즘이 안정판의 위치를 제어한다는 것을 말해준다.

예비 설계 문서와 조종사 매뉴얼을 더 검토해보면 조종사가 어떻게 안정판과 상호작용하는지가 드러난다. 좀 더 구체적으로 말하면 조종사는 안정판과 두 가지 방법으로 상호작용한다. (1) 안정판 위치 제어 시스템의 운전 모드(자동 또는 수동)를 선택함으로써 또는 (2) 수동 모드에서 안정판 액추에이터와 직접 상호작용하면서 상호작용이 이뤄지는 지점은 안정판의 제어를 위한 스위치가 포함된 콜렉티브 비행 그립collective flight grip이다. 이 3 위치 스위치는 안정판이 동작 범위 내에서 움직일 수 있게 하며, 자동 모드에서는 리셋된다. 비행 그립에 있는 기수 올림/기수 내림nose up/nose down, NU/ND 스위치는 조종사가 안정판에 리셋 명령은 물론 기수 올림/기수 내림 명령을 내릴 수 있게 한다. 또한 조종사는 다기능 비행 디스플레이를 조작해 지형 추적 비행nap of the earth, NOE 모드로 들어가기를 원할 수도 있다. NOE 모드는, 예를 들어 수색 작전처럼 헬리콥터가 지표면에 가깝게 비행할 수 있게 하는 비행 모드다. 헬리콥터가 지표면에 가깝게 비행하는 것은 어떤 상황에서는 항공기의 안정성에 영향을 줄 수 있으며, 따라서 지면 위 높이가 NOE 모드를 나타내는 것의 일부가 된다.

헬리콥터 예비 설계 문서는 기대 운전 모드와 모드들 간의 전환이 발생할 수 있는 조건들에 대한 훨씬 더 세부적인 내용을 보여준다. 설계 문서는 시스템이 항상 자동 모드에서 시작한다는 것을 보여준다. 조종사는 분명하게 수동 모드 또는 NOE 모드를 선택하며, NOE 모드 또는 수동 모드에서 자동 모드로 "리셋"할 수 있다. 또한 설계 문서는 운전 모드 간 전환이 일어날 수 있는 조건들을 명시한다. 어떤 전환은 조종사가 시작하며, 다른 경우는 환경 센서들이 일으키거나 시스템 장애 모드에 의해 촉발된다. 이러한 정보를 이용해 운전 모드들과 전환을 파악하며, 처음에는 장애 모드를 고려하지 않고 상태도에 이것들을 표현한다. 이를 통해 궁극적으로 비행 관리자(FM)에서 코드로 구현될 안정판의 논리 설계에 대해 검증할 수 있는 클레임들을 공식화할 수 있다. 그림 6.4는 조종사 주도의 전

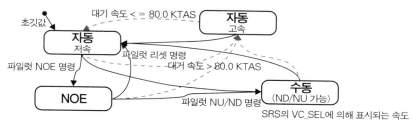

그림 6.4 안정판 모드 동작을 보여주는 상태 도표

환은 실선, 대기 속도[airspeed2] 유발 전환은 점선으로 보여준다.

그림 6.4는 헬리콥터 제어의 운전 동작에 대한 조종사의 관점을 표현하고 있다는 점을 명심하자. 상위 수준의 요구사항과 설계 문서에서 나온 이러한 관점이 주어지면 이제 기반이 되는 제어 논리가 이 상태 도표에 표시된 것처럼 동작한다는 것을 검증할 수 있기를 원한다. 이 도표로부터 시뮬링크와 Design Verifier를 사용해 검증할 수 있는 여러 가지 클레임을 개발할 수 있다.

클레임 생성

상태 도표를 연구함으로써 증명돼야 할 시스템 운전에 관한 클레임들을 개발할 수 있다. 예를 들어, 시스템이 초기화되면 자동 저속 모드가 된다는 것이다. 다른 예는 수동 모드는 자동 저속 모드나 NOE 모드에서만 들어갈 수 있다는 것이다. 다음은 잠재적으로 검사할 수 있는 일련의 클레임들이다.

- 시스템은 항상 자동 저속 모드로 시작한다. 시스템이 자동 저속 모드 상태에 있는 모든 상태에 레이블링하는 명제 AutoLowSpeed가 있다고 생각해보자. 그러면 이 클레임은 LTL 공식 $\varphi = AutoLowSpeed$에 의해 포착된다. LTL의 의미 체계에 따라, 시스템의 초기 상태가 AutoLowSpeed를 충족시키면 φ가 충족된다.
- 시스템은 대기 속도 > 50킬로노트[knots]가 될 때까지 절대 자동 고속 모드로 넘어

---

2 주변 공기와의 상대적 속도 – 옮긴이

가지 않는다(이 장의 나머지 부분에서 킬로노트와 KTAS를 같은 뜻으로 사용하겠다). 2개의 명제 *AutoHighSpeed*와 *AirSpeedGT50*이 있다고 생각하자. 그러면 이 클레임은 LTL에서 G(*AutoHighSpeed* $\Rightarrow$ *AirSpeedGT50*)로 표현된다.

- 만일 헬리콥터가 자동 고속 모드에 있고, 대기 속도 ≤ 50킬로노트이면 시스템은 자동 저속 모드로 넘어갈 것이다.

- 만일 헬리콥터가 자동 저속 모드에 있고, NOE 명령어 = 참이면 시스템이 NOE 모드로 들어갈 것이다.

- 만일 헬리콥터가 자동 고속 모드에 있고, 대기 속도 > 50킬로노트이면 시스템이 NOE 모드로 들어가는 경우는 절대 없을 것이다.

- 만일 헬리콥터가 자동 고속 모드에 있고, 대기 속력 ≤ 50킬로노트이며, 조종사가 NOE 모드를 선택하면 시스템은 결국 NOE 모드로 들어갈 것이다. 두 가지 명제 *NOECommanded*와 *NOEMode*가 있다고 생각하자. 그러면 이 클레임은 LTL에서 G(*AutoHighSpeed* $\wedge$ $\neg$*AirSpeedGT50* $\wedge$ *NOECommanded* $\Rightarrow$ F *NOEMode*)로 표현된다.

- 헬리콥터가 NOE 모드에 있을 때 안정판의 위치는 뒷전^{trailing edge}이 −15도^{degree}가 되도록 명령받을 것이다.

- 헬리콥터가 안정판 수동 모드에 있을 때 안정판은 결국 명령받은 위치에 도달할 것이다.

이 클레임들은 정상 운전 조건하에서의 동작을 나타낸다(모든 것을 나열하지는 않았다). 다양한 구성 요소 장애의 영향이 모드 모델에 겹쳐질 수 있으며, 장애가 주어질 때 운전에 대한 클레임이 생성되고 검증될 수 있다.

우리는 만일 헬리콥터가 자동 고속 모드에 있고, 대기 속도 > 50킬로노트이면 시스템이 NOE 모드로 들어가는 경우는 절대 없을 것이라는 클레임을 Simulink Design Verifier 예제에 대해 검증하는 데 초점을 맞출 것이다.

상위 수준 상태도

검증을 수행하려면 비행 관리자에 대한 논리 설계가 Simulink Stateflow 차트를 사용해 파악돼야 한다. 즉, 그 상태도들 내에서 세부 논리 도표가 생성돼야 한다. 본질적으로 세부 내용의 양을 증가시키는 것이며, 세부적인 구현이 상위 수준 상태 모델의 동작에 관한 클레임을 충족시킨다는 것을 검증하고 있는 것이다. 이 세부 수준에서 우리는 안정판 제어에 포함된 논리가 검증 세트에 포함된 클레임을 지원한다는 것을 검증하고 있는 것이다. 실제로 내재된 논리는 타깃 프로세서에서 실행되는 소프트웨어로 변환된다. 논리에서 코드로의 변환이 정확히 수행되면 상위 수준의 상태도는 코드의 실행을 통해 지원될 것이다. 현실에서는, 예를 들어 같은 프로세서에서 실행되는 다른 애플리케이션 코드와 관련된 스케줄링 상호작용과 같은 여러 요인들이 코드의 동작과 정확성에 영향을 줄 수 있다. 그러므로 애플리케이션이 타깃 프로세서에서 실행되면 재차 검증이 필요하게 될 것이다. 더욱이 비행 관리자는 안정판 외에 다른 대상들도 제어하며, 그 대상들은 여기서 개요를 설명한 접근 방법과 유사한 방법으로 검증될 수 있다.

이 예에서는 안정판 논리 자체가 13개의 하위 상태substate로 분해됐으며, 그 하위 상태는 13단계 시퀀서sequencer에 의해 호출된다. 각 하위 상태는 안정판 제어의 논리 흐름을 나타내는 흐름도 형태의 논리를 포함하고 있다. 그림 6.5는 시뮬링크 상태도 디자이너로 설계된 13 하위 상태도의 일반적generic 표현을 보여준다.

이제, 시퀀서 안정판 제어 논리 #1(SCL1) 및 안정판 제어 논리 #2(SCL2)를 포함하는 안정판 제어 논리의 더 작은 부분 집합을 살펴볼 것이다.

그림 6.6의 상태도는 타원 우측에 정렬된 입력 신호(변수), 타원 좌측에 정렬된 출력 신호(변수)를 나타낸다. 신호 흐름은 좌측에서 시작해 우측으로 간다. 신호는 안정판 자신에게 지역local 범위에 있는 사용자 정의 변수이거나 안정판의 범위 밖에 있는 전역global 변수다. 신호는 부울Boolean, 정수 또는 부동 소수점 값이 될 수 있으며, 시뮬링크 내에서 정의된다.

본질적으로 그림 6.6의 상위 수준 상태도 세트는 시퀀서에서 신호 1이 나오면 SCL B1에 들어 있는 논리가 실행을 시작하는 것을 나타낸다. 입력 신호에 있는 값을 읽고, 내부

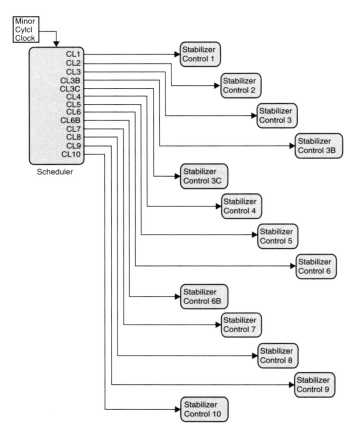

그림 6.5 안정판 제어 논리의 시뮬링크 상태도

논리를 실행하며 그리고 실행이 진행되면서 출력 신호를 쓴다. 시퀀서의 다음 틱^{tick}에서 신호 2가 나오고(신호 1가 들어간다), 입력 신호를 읽고, SCL B2의 내부 논리를 실행하며, 논리가 진행되면서 출력 변수를 쓴다. 이 실행 순서는 11개의 나머지 SCL 블록들 각각에 대해 계속되며 그리고 나면 싸이클을 반복한다.

한 블록의 출력 신호가 시스템의 다른 블록의 입력 신호가 될 수 있으며, 안정판 제어로부터 오지 않은 입력 신호는 전역 시스템 변수이거나 제한된 가시성을 갖는 다른 하위 시

276

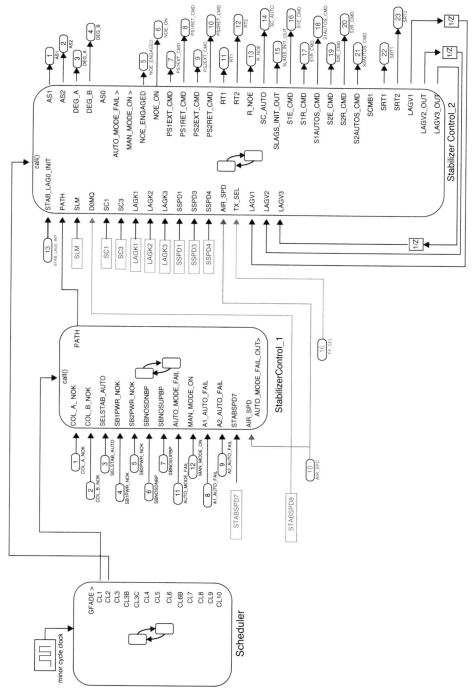

그림 6.6 안정판 제어 논리 블록 1과 블록 2

스템에서 온 신호라는 것에 주목하라. 이것이 중요한 이유는 전역 변수를 많이 사용할 수록 시스템 상태가 안정판의 동작에 더 많은 영향을 주기 때문이다. 이것은 대규모 시스템을 모델 검사할 때 상태 수가 너무 많아져 컴퓨터 시스템의 메모리가 모델 검사 알고리즘이 동작하기 위해 필요한 모든 상태들을 갖고 있을 수 없게 된다는 것을 암시한다. 이러한 현상을 상태 폭발 문제[state explosion problem]라고 한다. 모델 검사 애플리케이션의 확장성을 해결하고 이 문제를 극복하기 위한 기법들이 개발돼왔으며, 이 기법들에 대한 논의는 [Clarke12]와 [Clarke87]를 참조하기 바란다.

세부 상태도

그림 6.7은 SCL1의 입력 신호와 출력 신호를 보여주며, 그림 6.8은 SCL1에 포함된 흐름도 형태의 논리를 보여준다. 상위 수준 상태도 좌측의 입력 신호는 전역 변수(리스트)와 지역 안정판 변수(리스트)가 조합된 것이다. 그림 6.8은 상태도 내에 포함된 논리를 나타낸 것이다.

제어 논리는 프로젝트의 세부 설계 활동의 일부로 만들어진다. Simulink Design Verifier가 사용할 수 있도록 논리가 시뮬링크 상태 흐름도로 매핑된다. 매핑은 비교[comparison], 대입[assignment] 그리고 계산 블록[math blocks]을 받아 상태로 변환하며, 블록들 내의 작동은 상태 간 연결선상의 트리거가 된다. 그림 6.9는 SCL1에 대한 변환을 보여준다. 내재된 시뮬링크 시뮬레이션 엔진은 이 상태 흐름도를 입력으로 받을 수 있으며, 변수에 값을 대입함으로써 클레임을 검증하기 위해 또는 클레임의 오류를 입증하기 위해 내재된 모델 검사 엔진을 사용할 수 있다.

이렇게 시뮬링크 상태 흐름도의 모델링 의미 체계를 파악하면 이제 System Design Verifier[SDV]에 의해 어떻게 클레임이 구축되고 분석되는지를 알아볼 수 있게 된다. 이산 시스템에 대한 기능적 요구사항들은 보통 기대 활력 특성(예: 시스템이 보여주는 동작들)과 안전 특성(예: 절대 나타나서는 안 되는 동작들)에 대한 구체적인 서술로 돼 있다.

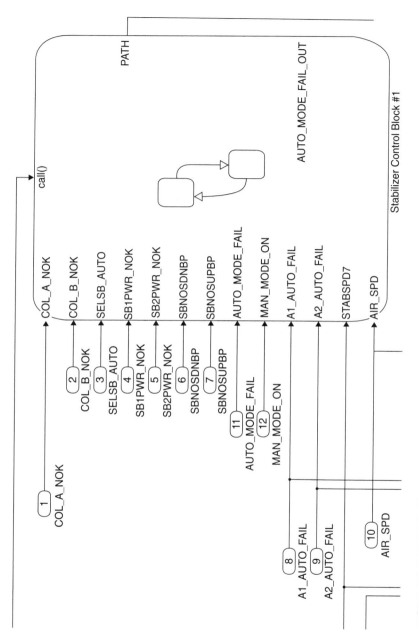

그림 6.7 SCL B1의 입출력 신호

280

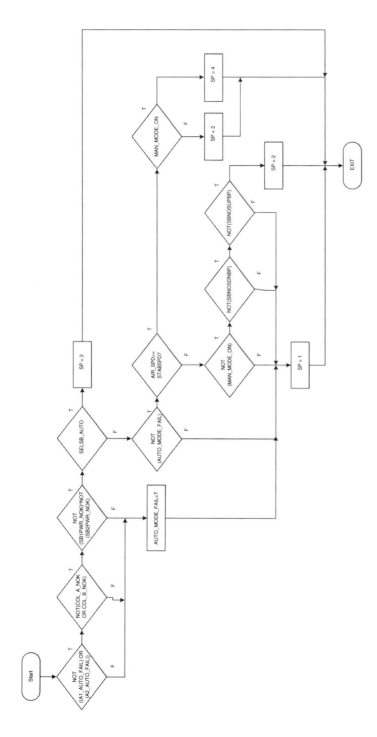

그림 6.8 SCL B1에 포함된 논리 흐름도

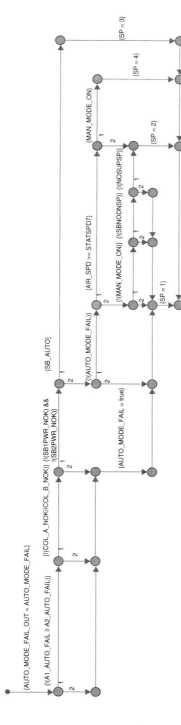

그림 6.9 SCL 1에 대한 시뮬링크 상태 흐름도(Stateflow chart)

SDV에서 클레임의 형식화

설계가 기대 시스템 특성(예: 요구사항)에 따라 동작한다는 것을 형식적으로 검증하기 위해 요구사항 서술은 우선 인간 언어에서 형식적 분석 엔진이 이해할 수 있는 언어로 번역돼야 한다. SDV^{Simulink Design Verifier}는 MatLab 함수와 Stateflow 블록을 사용해 형식적 요구사항을 표현할 수 있다. 시뮬링크에 있는 각 요구사항은 그와 관련된 하나 또는 그 이상의 검증 목표를 갖고 있다. 이 검증 목표들은 설계가 명시된 특성(클레임)들과 일치하는지 여부를 검사하는 데 사용된다.

SDV는 검증 목표를 정의하고 구성하는 데 사용할 수 있는 빌딩 블록들과 함수들을 제공한다. SDV에서 제공되는 블록 라이브러리에는 목표 테스트, 목표 증명, 선언, 제약 조건 그리고 시간적 관점의 검증 목표를 모델링하기 위한 전용 시간 연산자들이 포함된다.

일반적으로 클레임은 증명되는 요구사항에 대한 표현이다. SDV에서는 클레임을 "특성property"이라고 부르며, 요구사항과 동등하다. SDV에서 특성의 증명은 다음의 두 가지 일반적인 형태로 표현될 수 있다.

(1) 시뮬레이션하는 동안 특정 값 또는 특정 범위의 값에 도달하는 시뮬링크 모델 내의 신호(변수)

(2) 입력 및 출력 신호의 수에 대한 표현과 논리적으로 동등하다고 판명되는 시뮬링크 내의 신호(변수)

여기서는 더 포괄적이고 일반적으로 CTL 표현에 더 근접하는 (2)번 형태에 초점을 맞출 것이다.

검사할 증명을 구축하기 위해 SDV에는 시뮬링크 모델에 적용될 수 있는 논리적 표현을 구축할 수 있게 하는 몇 가지 원시 함수들이 있다. 본질적으로 모델은 모든 입력의 조합을 제공하고 해당 출력을 로깅하면서 시뮬레이션된다. 그러면 SDV는 검사되고 있는 증명이 모든 가능한 입력 조합에 대해 유효한지의 여부를 검사한다. SDV는 검사되는 증명이 충족되는지(모든 조합에 대해 참) 또는 실패(거짓)인지를 알려주는 보고서를 제공한다. 여기서 실패인 경우에는 반례를 제공하며, 반례는 증명을 실패하게 하는 입력들의 조합이다.

시뮬링크에서의 특성은 시뮬링크, 상태 흐름도 그리고 MatLab 함수 블록에서 모델링하는 요구사항들이다. 특성은 시뮬레이션하는 동안 특정 값 또는 특정 값 범위에 도달해야 하는 모델의 신호와 같은 단순한 요구사항일 수 있다. SDV 소프트웨어는 시뮬링크 모델에서 특성 증명을 명시할 수 있게 하는 2개의 블록을 제공한다. **증명 목표**proof objective 블록은 증명할 신호값을 정의하며, **증명 가정**proof assumption 블록은 증명하는 동안의 신호값에 대한 제약 조건이다.

여기서는 NOE 모드 클레임을 증명하기 위해 증명 목표 블록을 사용할 것이다. 검토할 클레임은 기본적으로 만일 시스템이 자동 고속 모드고, 대기 속도가 50킬로노트보다 높으면 시스템은 절대 NOE 모드로 들어가지 않는다고 서술하고 있다. 그러므로 시뮬링

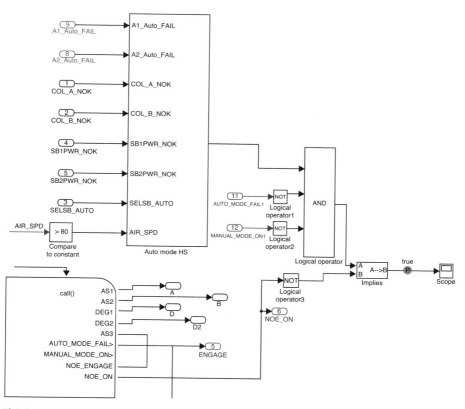

그림 6.10 NOE 모드를 위한 증명 목표의 구축

크 모델에서 NOE ON 신호에 증명 목표 블록을 삽입해야 한다. 또한 자동 고속 모드에는 여러 가지 신호가 포함돼 있으므로 클레임을 구축하기 위한 몇 가지 논리 블록을 사용해야 한다.

클레임을 구성하는 신호에 대한 논리적 표현을 구축하려면 그림 6.10에 나타난 표현이 만들어지는 MatLab 논리 블록들의 조합을 사용해야 한다.

NOE 모드 클레임과 관련된 논리를 구축하려면 자동 고속 모드가 비행 관리자 시스템에 대해 전역적인 신호들로 구성돼 있다는 것을 인식해야 한다. 설계서를 검토해보면, 자동 고속 모드는 A1_AUTO_FAIL, A2_AUTO_FAIL, COL_A_NOK, COL_B_NOK, SB1PWR_NOK, SB2PWR_NOK, SELSB_AUTO, AUTO_MODE_FAIL 그리고 MANUAL_MODE_ON을 포함하는 신호들의 집합이라는 것을 알 수 있다. 이 신호들은 Auto Mode HS라는 MatLab 함수 블록에 대한 입력이다. 대기 속도 변수 또한 입력이지만, 대기 속도는 상수constant와 비교돼야 하며, 어떤 임계값(이 경우 50킬로노트)보다 높은지 낮은지를 가리키는 이진수binary value로 변환돼야 한다.

다음의 논리는 Auto Mode HS 함수 블록에 포함돼 있다.

```
function y = fcn(A1_AUTO_FAIL, A2_AUTO_FAIL, COL_A_NOK, COL_B_NOK,
SB1PWR_NOK, SB2PWR_NOK, SELSB_AUTO, AIR_SPD)
%#codegen
y = ~(A1_AUTO_FAIL || A2_AUTO_FAIL)…
    && ~(COL_A_NOK || COL_B_NOK)…
    && (~(SB1PWR_NOK)&& ~(SB2PWR_NOK)…
    && AIR_SPD)…
    && SELSB_AUTO;
```

이 논리 표현은 자동 모드와 대기 속도를 이루는 조건들에 해당한다. 이 블록의 출력은 AUTO_MODE_FAIL1 신호와 MANUAL_MODE_ON1 신호에서 AND 연산을 하는 3 입력 AND 논리 블록과 연결된다. 이 신호들의 결합은 A 입력이 B 입력을 의미하는지 여부를 테스트하는 IMPLIES 논리 블록에 입력된다. 블록은 A 입력이 참이고, B 입력이 거짓이면 거짓값의 부울 값을 출력하며, 그렇지 않은 경우에는 참을 출력한다. 진리표는 그림 6.11에 나타나 있다.

A	B	출력
F	T	T
T	F	F
F	F	T
T	T	T

그림 6.11 IMPLIES 블록의 진리표

모델 검사 엔진의 실행

이제 클레임은 SDV 표기법으로 표현됐고, 모델 검사 분석을 수행할 수 있다. 모델을 컴파일하고 SDV와의 호환성에 대해 검사하며 특성 증명기를 실행시킨다(시뮬링크 환경하에서이것을 하는 방법은 생략한다). 두 가지 출력이 가능하다. 즉, 목표의 유효성이 증명됨(예: 클레임이 참인 것으로 증명됨) 또는 목표가 유효하지 않음이 밝혀진다. 우리의 예제에 대한 결과는 목표가 유효하다는 것이다. 그림 6.12는 출력 윈도우다.

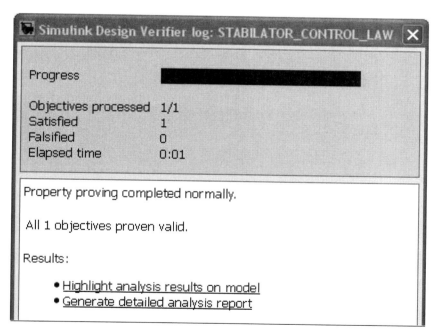

그림 6.12 NOE 모드 클레임이 참이라는 것을 보여주는 SDV 출력

이 예제가 포함하고 있는 것들과 그 결과가 말하고 있는 것이 무엇인지를 이해하는 것이 중요하다. 전체 안정판 모델은 13개의 상태도로 구성됐으며, 각 상태도는 평균 15개의 변수를 갖고 있다. 대략 25개의 변수가 전제 안정판 모델에 대한 전역 시스템 변수다. 모든 안정판 변수들이 모델 검사에 사용된다. 내재 모델 검사 엔진은 모든 변수를 사용하며, 만일 특성이 성립하면 모든 가능한 입력에 대해 그 특성이 성립한다는 것을 보장해준다.

마지막으로, 이 예제에서는 FM의 장애(하드웨어 또는 소프트웨어)가 상위 수준 상태도에서 생략됐다는 것을 상기하기 바란다. 시스템의 내장애성fault tolerance을 검증하기 위해 잠재적으로 장애가 발생할 수 있는 모드를 확인하고 시스템이 전이해야 할 연결선을 구축할 수도 있다. 예를 들면, 비행 관리자가 자동 저속 모드 또는 자동 고속 모드일 때 대기 속도를 계산하는 하위 시스템의 장애는 수동 모드로 전이되도록 함으로써 조종사가 다른 수단을 사용해 대기 속도를 계산하고, 이에 따라 헬리콥터를 비행하게 할 수 있게 해야 한다.

6.2.1.4 관찰

시뮬링크와 Design Verifier의 조합은 형식적 모델 검사 검증 활동을 시스템 설계에 통합하기 위한 상당히 강력한 접근 방법을 제공한다. 도구 세트는 추상화된 대규모 시스템을 다룰 수 있으며, 앞의 예제처럼 세부 논리 설계를 검사할 수 있다.

모든 모델 검사 도구들이 그렇듯이 상태 폭발 문제에 직면하게 된다는 한계가 있다. m개의 시스템이 있고, 각 시스템은 n개의 상태를 가질 수 있다고 생각해보자. 그러면 비동기적 시스템 구성은 n^m개의 상태를 가질 것이다. 모델의 표현적 구조를 그대로 유지시킬 수 있게 하는 현대 컴퓨팅 플랫폼의 처리 능력은 컴퓨팅 플랫폼에 포함된 메모리의 양에 의해 제약받는다. SDV에 내재된 분석 엔진의 상태 폭발 문제를 해결하기 위한 다양한 계산적 접근 방법이 개발돼왔으나, 그 한계는 여전히 존재하고 있다. SDV에서 문제를 완화하기 위해 권장되는 접근 방법은 다양한 하부 시스템의 설계에 사용되는 변수들의 범위를 제한하고 가정 후 보장 추론assume-guarantee reasoning이라는 기법을 사용하는 것이다. 이 주제에 관한 논의는 [Flanagan03]을 참조하기 바란다.

도구의 또 다른 한계는 도구가 안전 특성만 충족시키도록 제한돼 있다는 사실을 반영한다. 더욱이 이 도구는 유한 수의 반례들만 감지할 수 있다. 활력 특성은 역시 현재 이용가능한 도구의 범위 밖이다. 이 도구는 증명 단계에서 LTL 또는 CTL 표현을 직접 사용할 수 없다. 도구가 발전하면서 이러한 기능이 개발될 수도 있겠지만, 현재 할 수 있는 최선의 방법은 LTL 표현을 증명 증명기로 느슨하게 매핑하는 것이다.

또한 검사할 수 있는 세부 사항의 최저 수준은 흐름도에 있는 논리다. 시뮬링크가 C 코드를 생성할 수는 있지만, 사용자는 정확성correctness을 보증하기 위해 번역의 정확도에 의존해야 한다. 현재 코드 검사 영역에 대한 연구가 진행 중이다[Jhala09].

실무자를 위해

시뮬링크의 도구들은 설계에 형식적 방법을 사용하기 원하는 실무자에게 여러 가지 이점을 제공한다. MatLab-Simulink 개발 환경에서 작업함으로써 상위 수준 설계까지의 추적성을 유지하면서도 설계 세부 사항 수준을 여러 단계로 발전시킬 수 있다. 설계를 시뮬레이션하고 테스트할 수 있는 능력은 형식적 모델 검사를 보완해준다. 또한 루프 테스트 접근 방법에서 하드웨어의 사용을 통해 설계에서 적시성의 효과를 거둘 수 있다.

실무자는 임의 크기의 시스템을 다룰 때 아마도 기능적 또는 비기능적 요구사항을 표현하기 위한 양식화된 문법 규칙을 사용해 클레임을 확인하고 관리하는 데 있어 도움을 주는 자동화 수단을 개발하거나 사용하면 이득을 볼 수 있을 것이다. 그러면 시뮬링크와 SDV에 포함된 원시 블록들을 사용하는 공통 증명 블록 템플릿 세트를 개발할 수 있을 것이다. 또한 설계하는 동안 변수의 범위를 관리하는 기법을 개발하면 상태 폭발의 잠재성을 축소시키는 데 도움이 될 것이다.

연구자를 위해

상태 폭발 문제는 지난 10~15년간 수많은 연구의 주요 초점이었다. 이 문제의 특성은 시스템이 점점 더 크게 개발되고 검증이 필요하면 상태의 수도 지속적으로 커질 것이라는 것이다. 추가적인 기법을 개발하기 위해 할 일이 많은 연구 분야로 남아 있다.

흐름도 표현이 생성된 코드보다 상위에 대한 추상화라는 것을 고려할 때 코드를 검증하고 그것을 다시 상위 수준의 추상화에 연계시키는 기법을 개발하는 것은 연구가 아직 초보적인 수준에 머물러 있는 영역이다. 또한 운영체계와 함께 애플리케이션 코드를 고려하는 접근 방법의 개발과 그 기능적 시간적 동작을 보장하는 것은 거의 연구가 이뤄지지 않은 영역이다.

6.3 고급 기법

이 절에서는 타임드 오토마타^{timed automata}에 의한 타이밍 검증과 하이브리드 이산/연속 시스템 검증을 포함한 가장 혁신적인 하이브리드 검증 기법을 제시한다.

6.3.1 실시간 검증

앞 절에서는 이산 검증 문제를 설명했다. 이 절에서는 실시간 검증으로 관심을 되돌린다. 비정형적으로 표현하면 이것은 그 정확성이 이산 상태 정보뿐만 아니라 시간 흐름에도 의존하는 하이브리드 시스템의 검증을 의미한다. 한 값에서 다른 값으로 순간적으로 변하는 이산 상태와는 대조적으로 시간은 일정한 속도로 연속적으로 흐른다. 정형적으로 표현하면 이와 같은 하이브리드 시스템은 타임드 오토마타로 표현된다[Alur94, Alur99]. 타임드 오토마타는 "클록" 변수 집합으로 보강된 유한 상태 기계다. 각 상태 내에서 각 클록 변수는 시간의 흐름을 기록한다. 상태 간의 전이는 순간적이며, 클록 변수들에 대한 제약 조건에 의해 감시받는다. 마지막으로 클록 변수의 부분 집합이 각 전이 동안 리셋된다. 이러한 기능의 조합 때문에 타임드 오토마타는 실시간 시스템의 모델링 프레임워크가 될 수 있다.

문헌상으로 여러 가지 종류의 타임드 오토마타 변형이 제안됐다. 이들은 구문법에 있어 다양하지만, 의미 체계는 동등하다. 따라서 어떤 문법을 사용할 것인지는 애플리케이션 도메인에 대한 적합성, 친숙성 그리고 도구 지원과 같은 다른 요소에 의해 결정된다. 이 장에서는 타임드 오토마타의 검증을 위한, 가장 널리 사용되며 활발하게 유지 관리되는 도구

중 하나인 검사기 UPPAAL[Behrmann11]의 문법을 사용한다. 실무자에게 초점을 맞춘다는 점을 고려할 때 이 선택이 가장 적절하다. 여기에서는 타임드 오토마타의 의미 체계이면의 이론적 세부 사항과 그 명세 및 검증에 대해 논의하지 않으며, 이 주제에 대해서는 기존 문헌 [Alur94, Alur99]에서 포괄적으로 다루고 있다. 그 대신, 간단한 예제를 통해타임드 오토마타의 사용에 관해 설명한다.

6.3.1.1 예제: 간단한 조명 제어

다음과 같은 명세를 갖는 지능형 조명 스위치^{intelligent light switch}3를 생각해보자.

1. 스위치는 꺼짐, 중간 및 높음의 세 가지 상태를 갖는다.
2. 초기에 스위치는 꺼짐 상태에 있다.
3. 꺼짐 상태에서 스위치를 누르면 중간 상태로 이동한다.
4. 중간 상태에서 스위치를 누르면 결과는 두 가지 중 하나다.
   a. 최근 누름이 직전 누름에서 10초 내에 발생하면 스위치는 높음 상태로 이동한다.
   b. 최근 누름이 직전 누름에서 10초를 넘어 발생하면 스위치는 꺼짐 상태로 이동한다.
5. 꺼짐 상태에서 스위치를 누르면 스위치는 켜짐 상태로 이동한다.

이 스위치의 동작을 결정하는 데는 분명히 시간이 필수적인 역할을 한다. 스위치가 중간 상태에 있을 때 동일한 외부 입력(누름)이 주어지면 스위치의 다음 상태는 마지막 입력 이후로 경과한 시간의 크기에 의해 결정된다. 또한 스위치의 모든 모델은 경과 시간을 기록하고 시간에 따른 조건을 표현할 어떤 메커니즘을 갖고 있어야 한다. 타임드 오토마타의 클록 리셋과 전이 감시는 이 두 가지 기능을 제공한다.

그림 6.13은 UPPAAL에서 이 조명 스위치 모델이다. 예상한 바와 같이 OFF, MEDIUM 그리고 HIGH로 표시된 3개의 자동 상태가 있으며, 초기 상태는 OFF다. 이것은 명세 1과 명

---

3 이 예제 그리고 이 예제의 변형들이 여러 출판물[Hessel03]과 시한 오토마타, UPPAAL에 대한 설명 자료에 있다.

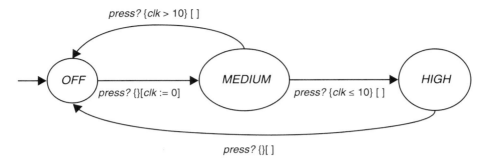

그림 6.13 지능형 조명 스위치를 모델링하는 타임드 오토마타

세 2를 포착한다. 또한 입력 행위 press?는 눌러지는 스위치를 나타내며, 클록 변수 clk가 있다. 각 전이는 α{보호}[행위] 형식의 레이블label를 갖고 있고(여기서 α는 전이를 일으키는 동작), 감시가 일어나는 전이에 대해 TRUE여야 하는 클록 변수에 대한 제약 조건이며, 행위는 특정 클록 변수들을 리셋하는 대입assignments의 집합이다. { }는 guard가 TRUE라는 것을 의미하며 [ ]는 리셋되는 클록 변수가 없다는 것을 의미한다는 것에 주목하라.

그림 6.13에서 α가 press?인 레이블을 가지는데, 이것은 모든 전이는 스위치가 눌릴 때만 전이가 일어난다는 것을 가리킨다. OFF에서 MEDIUM으로의 전이는 아무 때나 일어나지만, 변수 clk를 리셋한다. 이것은 명세 3을 포착한다. MEDIUM에서 HIGH로 전이되려면 clk가 10보다 크지 않아야 하며, 이것은 명세 4a를 포착한다. MEDIUM에서 OFF로 전이되려면 clk의 값이 10보다 커야 하며, 이것은 명세 4b를 포착한다. MEDIUM에서 나가는 두 가지 전이는 모두 clk를 변경시키지 않는다. 마지막으로 HIGH에서 OFF로 전이는 아무 때나 일어날 수 있으며, clk를 변경시키지 않는다.

6.3.1.2 구성과 동기화

타임드 오토마타는 구성composition될 수 있으며, 이것은 결국 더 복잡한 타임드 오토마타를 더 간단한 것들을 통해 표현할 수 있다는 것을 의미한다. 문헌에서 여러 가지의 구성 의미 체계composition semantics가 연구됐다. 이 장에서는 UPPAAL이 사용하는 의미 체계를 적용한다. 이 의미 체계에서는 클록에서 제공되는 자연적인 동기화에 더해 그들의 전이를 레이블

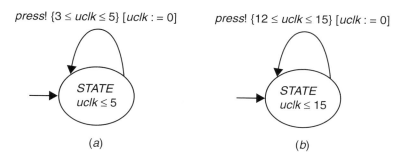

그림 6.14 타임드 오토마타 모델링: (a) 빠른 사용자, (b) 느린 사용자

링하는, 일치되는 입출력 행위 쌍을 거쳐 타임드 오토마타가 동기화된다.

다시 그림 6.13의 조명 스위치 예제를 생각해보자. 스위치의 전이는 입력 행위 press? 에 의해 레이블링된다는 것을 기억하기 바란다. 그림 6.14(a)는 매 3~5초마다 키를 누르는 "빠른fast" 사용자를 모델링하는 타임드 오토마타를 보여준다. 그 전이는 출력 행위 press! 에 의해 레이블링되며, 자체적인 클록 변수 uclk를 갖고 있다. 전이는 $3 \leq uclk \leq 5$일 때만 일어나며, uclk를 리셋한다. 오토마톤의 단일 상태 STATE 또한 "상태 불변state invariant" uclk ≤ 5로 레이블링된다. 이것은 오토마톤이 그것의 클록이 5보다 크지 않는 한에서만 상태 STATE에 남아 있을 수 있다는 것을 의미한다. 즉, 실제로는 이어지는 스위치 누름들 간에 5초 이상 기다리지 않는 사용자를 모델링하는 것이다. 상태 불변 항은 "활성" 조건을 강제하는 데 유용하다. 예를 들어, 스위치는 무한히 자주 눌러진다. 이것은 모델에서 비현실적인 동작을 제거하는 데 필요하다.

그림 6.14 (b)는 매 $12 \sim 15$초마다 스위치를 누르는 "느린slow" 사용자를 모델링하는 타임드 오토마타를 보여준다.

이것의 전이 또한 출력 행위 press!에 의해 레이블링되며, 자체적인 클록 변수 uclk 를 갖고 있다. 그러나 전이는 $12 \leq uclk \leq 15$일 때만 일어나며, uclk를 리셋한다. 그림 6.14 (a)와 다른 점은 STATE에 대한 상태 불변성이 uclk ≤ 15인 것이다.

6.3.1.3 기능적 특성

일반적으로 타임드 오토마타에 대해 이산 상태 정보와 클록 계산의 시퀀스들을 포함하는 기능적 특성을 명시하고 검증할 수 있다. UPPAAL은 시간으로 확장된 CTL의 부분 집합[Clarke83]인 풍부한 명세 언어specification language를 지원한다. 이 언어의 상세한 문법과 의미 체계는 이 장의 범위 밖이다. 그러나 표 6.1은 그림 6.13에 나타낸 타임드 오토마타와 그림 6.14의 오토마타 중 하나로 구성되는 시스템에 대해 UPPAAL 문법에서 특성 (2열)과 그것들의 비정형적 의미(3열)를 샘플링한 결과를 보여준다. 특성에서 Sw는 그림 6.13의 타임드 오토마톤을 나타낸다.

표 6.1의 마지막 두 열은 그림 6.14에서 어떤 사용자 오토마톤이 선택되는지에 따라 특성이 성립하는지 여부를 보여준다. 특히, 4열은 "빠른" 시스템(그림 6.14 (a)의 사용자 모델을 사용하는)에 대한 결과를 보여주며, 5열은 "느린" 시스템(그림 6.14 (b)의 사용자 모델을 사용하

표 6.1 **타임드 오토마타에 대한 기능적 특성 모음**

ID	UPAAL	의미	성립 (빠름)	성립 (느림)
1	$E [ ] Sw.OFF$	조명 스위치가 OFF인 것이 가능한가?	아니요	아니요
2	$E <>$ $(Sw.MEDIUM\ and$ $Sw.clk > 6)$	스위치가 MEDIUM 상태에 도달한 이후에 6초 넘게 스위치 누름이 일어나지 않는 것이 가능한가?	아니요	예
3	$A [ ] not\ deadlock$	시스템 교착 상태(deadlock)에 빠지지 않는가?	예	예
4	$A <> Sw.HIGH$	주어진 임의의 상태에 대해서, 가능한 모든 사용자 행동하에서, 스위치는 항상 결국 HIGH 상태에 도달할 것이다.	예	아니요
5	$A <> Sw.OFF$	주어진 임의의 상태에 대해서, 가능한 모든 사용자 행동하에서, 스위치는 항상 결국 OFF 상태에 도달할 것이다.	예	예

는)에 대한 결과를 보여준다.[4] 이 결과들을 좀 더 상세히 들여다보자.

- 특성 1은 양쪽 시스템 모두에 대해 FALSE이다. 왜냐하면 각 경우에 있어서 사용자의 press! 행위는 스위치가 OFF 상태에서 멀어지게 전이되도록 강제하기 때문이다. 따라서 스위치가 어떤 가능한 시스템 실행에 대해서도 무한히 OFF 상태에 머무는 것은 불가능하다.

- 느린 사용자는 12초 또는 그 이상이 지나야만 스위치를 누르므로 특성 2는 느린 시스템에 대해 TRUE이다.

- 특성 3은 두 시스템에 대해 TRUE다. 사용자 모델의 상태 불변 항들이 이 결과를 위해 필수적이라는 것에 주목하라. 이 불변 항이 없으면 사용자에 대한 타임드 오토마타는 어떤 press!도 생성하지 않고, 상태 STATE에 무한히 머물 수 있으며, 시스템을 교착 상태에 빠지게 한다.

- 빠른 사용자에 의한 빠른 스위치 누름이 스위치로 하여금 MEDIUM 상태 후에는 항상 HIGH 상태에 있게 하므로 특성 4는 빠른 시스템에 대해 TRUE이다.

- 두 시스템에 대한 특성 5는 무한히 자주 OFF 상태에 있게 되므로 TRUE다. 다시 한 번 강조하면 이 특성을 보장하는 데는 상태 불변 항이 필수적이다.

모델 검사를 통한 철저한 검증 외에도 UPPAAL은 모델링과 시뮬레이션 환경을 위한 GUI graphical user interface를 제공한다. 이 기능은 이 장의 범위 밖이지만, 추가 정보를 위해서는 UPPAAL의 웹 사이트(http://www.uppaal.org)를 참조하기 바란다.

6.3.1.4 한계와 향후 연구

실시간 시스템의 기능적 검증을 위한 다른 도구들과 기법들, 한계점 그리고 열린 도전 과제에 대한 논의로 이 절을 맺으려 한다.

실시간 시스템의 명세와 검증을 위한 또 다른 형식 체계는 타임드 CSP[Reed88]라

---

[4] 이 결과들은 UPPAAL 4.0.13을 사용해 얻은 것이다.

는 프로세스 계산법process algebra5이다. 이것은 호어Hoare의 통신 순차 프로세스communicating sequential processes, CSP의 타임드 확장timed extension이다[Hoare78]. 타임드 CSP의 검증은 FDR 도구(http://www.cs.ox.ac.uk/projects/concurrency-tools)에 의해 지원된다. FDR로 풀리는 주요 검증 문제는 하나의 타임드 CSP가 다른 것을 개량refine하는지 여부를 검사하는 것이다. 그러므로 시간 논리 같은 별도의 명세 언어가 없다. 그 대신, 검증 대상 시스템과 검증되는 특성이 모두 타임드 CSP 프로세스들로 표현된다. 검증 문제에 따라서 타임드 오토마타와 UPPAAL을 사용하는 것과 비교해 보다 실용적인 접근 방법일 수 있다.

실시간 시스템에 대해 우선순위 기반의 스케줄링을 모델 검사기에 통합시키려는 많은 노력이 있어 왔다. 한 가지 접근 방법은 스케줄러를 시스템의 구체적인 구성 요소로서 모델링하는 것이다. 타임드 오토마타 또는 타임드 CSP를 사용하면 이것이 가능하다. 우선순위를 퍼스트클래스first-class6 개념으로 도입하려는 시도도 있었다. 주목할 만한 예는 통신 공유 자원 계산법Algebra of Communicating Shared Resources, ASCR[Brémond-Grégoire93]이다. 그러나 이러한 노력들은 실무적으로 채택하기 위해 필요한 견실한 도구들의 지원을 받지 못하고 있다.

UPPAAL과 FDR은 모두 모델만 검증할 수 있으며, 검증하고 있는 시스템과 도입되는 시스템 간에 커다란 의미적 차이가 생긴다. 최근 들어, 모델 검사를 소스 코드에 직접 적용[Jhala09]하는 데 있어 괄목할 만한 발전이 이뤄졌지만, 모델 검사를 실시간 소프트웨어에 적용하는 데 초점을 맞춘 연구는 상대적으로 적다. REK 도구[Chaki13]는 비율 단조 스케줄링rate-monotonic scheduling, RMS을 사용해 C 언어로 작성된 주기적 프로그램periodic program을 모델 검사하며, 우선순위 상한 잠금priority-ceiling lock과 우선순위 상속 잠금priority-inheritance lock을 모두 지원한다. 그러나 REK는 아직 원형prototype 단계이며, 단일 프로세서용 소프트웨어만 검증하는 것으로 제한돼 있다.

---

5 process calculus 또는 process calculi(복수형)라고도 함. – 옮긴이

6 데이터 베이스 모델링에서 다른 아이템과는 독립적인 신원(identity)이 있는 것을 말한다. 퍼스트클래스 아이템은 일반적으로 관계보다 사물을 나타낸다. 예를 들어, 사람과 회사에 대한 DB에서 사람과 회사는 각각 퍼스트클래스 아이템이지만, 어떤 사람이 어떤 회사 소속이라는 것은 퍼스트클래스 아이템이 아니다. 관계형 DB에서는 일반적으로 퍼스트클래스 아이템들이 있는 테이블에 존재하고, 이 테이블은 퍼스트클래스 아이템 간의 관계를 나타내는 다른 테이블을 포함한다. 보통 퍼스트클래스 아이템은 그 아이템을 나타내는 고유한 번호를 갖는다.〈위키피디아〉 – 옮긴이

실무자의 관점에서 보면 실시간 시스템 모델의 기능적 특성을 철저히 검증하기 위한 일련의 견실한 도구들을 사용할 수 있다. 이 도구들은 학계에서 나온 것이지만, 지원이 우수하며, 사용의 편리성을 염두에 두고 설계됐다. 그들 중 일부는 상업화됐다(http://www.uppaal.com). 여기서 주요 열린 도전 과제는 이 도구들을 확장성과 사용 편리성 측면에서 지속적으로 개선하는 것이며, 산업계 도구 체인tool chain과의 통합이다. 이를 위해서는 연구 커뮤니티와 실무자 커뮤니티 간에 지속적이며 활발한 참여와 협업이 필요하다. 이와 같이 어떤 도구의 사용과 관련된 과제는 문제와 특성을 그 도구의 형식 체계로 표현하고, 올바른 추상화와 분해의 수준을 찾아야 할 필요가 있다는 것이다.

연구 커뮤니티의 경우, 실시간 소프트웨어의 모델 검사는 근본적인 공개 과제다. 비실시간 소프트웨어 검증에 성공적이었던 기법들을 확장하고 적응시키는 것은 좋은 출발이지만, 이 분야에서 도구와 기법들이 가야 할 길은 멀다. 또 다른 과제는 다중 코어 프로세서와 분산 실시간 시스템이 부상하면서 점차 증가하는 "진정한 동시성real concurrency"을 다루는 것이다. 이 두 가지 특징은 모두 상태 폭발 문제를 악화시키고 모델 검사의 확장성을 저해한다. 이 도전 과제를 해결하기 위해 기대되는 단 하나의 패러다임은 추상화 및 구성적 추론이다. 이들이 실무적으로 폭넓게 채택되려면 새로운 가정 후 보장 규칙과 같은 자동화된 솔루션이 필요하다. 끝으로 장애, 불확실성 그리고 보안의 통합은 이 문제에 새로운 차원을 추가한다.

6.3.2 하이브리드 검증

이 마지막 절에서는 완전 하이브리드 시스템fully hybrid system에 대한 검증 예를 제시한다. 비정형적으로 표현하면 완전 하이브리드 시스템은 이산 및 연속 부분을 가지며, 시스템의 연속 부분이 어떤 미분 방정식에 따라 변화하는 시스템이다. 이 절의 나머지 부분에서는 편의상 "하이브리드 시스템"이 완전 하이브리드 시스템을 가리키는 것으로 하겠다. 앞 절에서 설명한 실시간 시스템은 고정된 일정 비율로 변화하는 클록이 유일한 연속 변수인 하이브리드 시스템의 한 경우다. 하이브리드 시스템은 정형적으로 하이브리드 오토마타로 표현된다[Alur95, Henzinger96]. 하이브리드 오토마톤은 연속 변수 집합을 갖는 유한 상태 기계다. 각 상태에서 연속 변수는 어떤 시간에 상대적인 연속적 변화를 기록한다. 흐름의 동특성은 미분 방정식으로 표현된다. 상태들 간의 전이는 연속 변수에 대한 제약 조건에 의해 감시된다. 미분 방정식을 사용해 이러한 연속적 변화를 명시할 수 있기 때문에 하이브리드 오토마타가 실시간 시스템에 사용되는 타임드 오토마타보다 훨씬 더 강력하다[Alur94, Alur99]. 특히, 하이브리드 오토마타에 대한 도달 가능성 문제, 즉 어떤 주어진 상태와 어떤 연속 변숫값이 도달 가능한지의 여부는 결정할 수 없다. 그러므로 현존하는 검증 기법이 최선의 노력 척도best-effort measures이며, 사용자가 탐색 깊이의 상한을 명시해야 한다.

하이브리드 오토마타를 묘사하기 위한 여러 가지 표기법과 분석하기 위한 도구들이 개발됐다. 우리의 예에서는 Verimag(http://spaceex.imag.fr)에서 개발한 SpaceEx State Space Explorer 도구를 사용한다. 개발 중인 다른 강력한 하이브리드 시스템 검증 도구 중 하나는 KeYmaera[Jeannin15] 시스템이며, 이것은 자동 및 대화형 증명 방법의 조합을 통해 하이브리드 시스템의 검증을 가능하게 한다. 그러므로 KeYmaera는 SpaceEx와 같이 완전 자동화된 시스템보다 더 넓은 범위의 시스템류와 특성들을 검증할 수 있다.

여기서는 시스템의 모델링과 분석의 실무적 측면에 초점을 맞추며, 하이브리드 오토마타의 의미 체계와 내재된 분석 기법의 이론적 세부 사항은 이 주제에 대한 포괄적인 문헌[Alur95, Henzinger96]을 참조하기 바란다. 이 절의 나머지 부분에서는 하이브리드 시스템의 두 가지 예로서 바운싱 볼bouncing ball과 온도 조절기thermostat를 제시한다.

6.3.2.1 예: 바운싱 볼

고정된 높이에서 떨어진 공을 모델링하고자 한다. 그림 6.15는 SpaceEx에서의 모델이다. 모델은 2개의 연속 변수로 이뤄져 있는데, 바닥에서 공까지의 현재 높이를 나타내는 x와 공의 속도를 나타내는 v다. 시스템은 연속 흐름이 다음 미분 방정식으로 주어지는 단일 이산 상태를 갖는다.

$$\frac{dx}{dt} = v \text{ and } \frac{dv}{dt} = -g$$

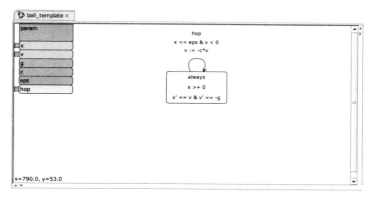

그림 6.15 바운싱 볼 예에 대한 하이브리드 오토마톤

여기서 g는 표준 중력을 나타낸다. 그림 6.15에서 프라임 부호(′)는 1차 미분을 가리킨다. 그리고 바닥까지의 거리는 항상 양^{positive}이어야 한다.

시스템은 연속 동특성을 바꾸는 단일의 전이를 가진다. 공의 중심이 바닥에 가깝고(즉, 파라미터 *eps*보다 작고) 속도가 음이면 공은 항상 바닥을 치고 튀어오르며 인수 *c*에 의해 감쇄된 비례 속도를 갖는다. 전이는 이 예에서 사용하지 않는 레이블 *hop*을 갖고 있다는 것에 주목하라. 이러한 레이블들은 구성 요소 네트워크의 동기화에 사용되며, 실시간 시스템 동기화를 위해 레이블을 읽고 쓰는 것과 유사하다.

그림 6.16은 SpaceEx를 사용해 도달 가능한 상태 집합을 계산한 결과를 보여준다. 여기서 초깃값은 $10 \leq x \leq 10.2$이고, $v = 0$이다. 하이브리드 오토마타의 도달 가능성은 일반적으로 결정 불가능하므로[Henzinger96], 시스템의 이산적 및 연속적 전개 모두에 대해 도달 가능성 단계를 몇 번이나 적용할 것인지를 사용자가 지정해야 한다. 이 예는 50개의 이산 단계와 80개의 연속 단계로 구축됐다. 그래프는 공의 높이(x-축)에 대한 공의 속도(y-축)를 보여준다. 초기에 공이 약 10m 높이에서 떨어지면서 시작한다. 바닥에 부딪힐 때의 속도는 −4m/s보다 약간 크다(절대값으로). 그런 다음, 충격의 감쇄 효과로 인해 공은 4m/s보다 약간 작은 속도로 튀어오른다. 그래프의 각 호^{arc}는 하나의 완전한 바운스를 나타낸다.

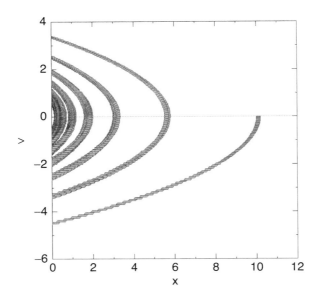

그림 6.16 바운싱 볼 예에서의 도달 가능 상태

6.3.2.2 예: 온도 조절기

두 번째 예는 [Henzinger96]에서 차용한 온도 조절기 모델이며, 6.1절의 하이브리드 시스템의 예와 유사하다. 이 온도 조절기는 켜짐^{on}과 꺼짐^{off}의 두 가지 상태를 갖는다. 꺼짐 상태에서는 온도가 점차 하강한다. 켜짐 상태에서는 온도가 점차 상승한다. 온도가 특정 한계(너무 차거나 너무 뜨거움)에 도달하면 언제나 온도 조절기는 상응하는 모델로 전환한다. SpaceEx에서의 모델이 그림 6.17에 있다. 꺼짐 상태에서의 연속 동특성은 다음 미분 방정식으로 주어진다.

$$\frac{d}{dt}temp = -0.1 * temp$$

켜짐 상태에서 연속 동특성은 다음 식으로 주어진다.

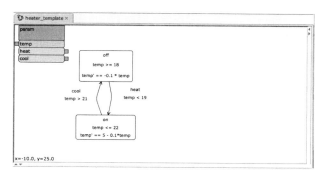

그림 6.17 온도 조절기 모델

$$\frac{d}{dx} temp = 5 - 0.1 * temp$$

그림 6.18에는 SpaceEx로 계산한 온도 조절기 모델에 대한 도달 가능 상태 집합이 나타나 있다. 초기 상태는 $temp$ = 20이었으며, 시스템은 꺼짐 상태에서 시작했다. 그래프는 시간(x축)에 대한 온도(y축)의 가능한 값들을 보여준다. 이전처럼 모든 도달 가능 상태

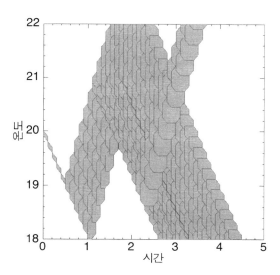

그림 6.18 온도 조절기 모델의 도달 가능 상태들

를 계산하는 것은 결정할 수 없으므로 40 이산 단계 및 80 연속 단계로 계산 한계가 설정된다. 이것은 시스템이 약 5초 이내에 도달할 수 있는 모든 상태들을 조사하는 데 충분하다는 것에 주목하라.

6.3.2.3 한계와 향후 연구

완전 하이브리드 시스템의 검증은 우리가 검증 대상으로 삼은 세 가지 시스템 유형 중에서 가장 어려운 과제다.

이 분야의 도구와 기법들은 가장 덜 성숙했다. 실무자에게는 도구 선택의 폭이 좁으며, 이에 상응해 도구의 형식이 더 어렵다는 특정 문제를 토로하고 있다. 이론적인 관점에서 보면 효과적인 검증 기법이 존재하는 하이브리드 시스템의 제한된 유형을 식별하는 것은 중요한 과제다.

6.4 요약 및 열린 도전 과제

하이브리드 시스템의 논리적 정확성을 확립하는 것은 사이버 물리 시스템 보증 영역에서 근본적인 과제다. 모델 검사는 이 과제를 해결하기 위해 기대되는 접근 방법이다. 순수한 이산 문제, 실시간 문제 또는 완전 하이브리드 문제의 검증에 모델 검사기를 적용하는 것에 대해 괄목할 만한 이론적 및 실무적 진척이 있었다. 그럼에도 불구하고 근본적인 이론적 진보와 기술 이전의 이슈의 관점에서 해결해야 할 많은 미결 문제가 남아 있다. 연구가 성숙한 한 분야는 모델과 소프트웨어 간의 간격을 연결하고 검증되는 것과 실행하는 것 간의 의미 체계적 간격을 줄이는 것이다. 또 다른 영역은 장애 처리다. 끝으로 불확실성이 존재하는 상태에서의 하이브리드 시스템의 검증 또한 매우 중요하다. 전반적으로 이것은 실무자와 기초 및 응용 연구자들의 협업을 필요하는 중요하고 도전적인 분야다.

참고문헌

[Alur99]. R. Alur. "Timed Automata." *Proceedings on Computer Aided Verification*, pages 8 – 22, 1999.

[Alur95]. R. Alur, C. Courcoubetis, N. Halbwachs, T. A. Henzinger, P. Ho, X. Nicollin, A. Olivero, J. Sifakis, and S. Yovine. "The Algorithmic Analysis of Hybrid Systems." *Theoretical Computer Science*, vol. 138, no. 1, pages 3 – 34, 1995.

[Alur94]. R. Alur and D. L. Dill. "A Theory of Timed Automata." *Theoretical Computer Science*, vol. 126, no. 2, pages 183 – 235, 1994.

[Baier08]. C. Baier and J. Katoen. *Principles of Model Checking*. MIT Press, 2008.

[Behrmann11]. G. Behrmann, A. David, K. G. Larsen, P. Pettersson, and W. Yi. "Developing UPPAAL over 15 years." *Software: Practice and Experience*, vol. 41, no. 2, pages 133 – 142, 2011.

[Brémond-Grégoire93]. P. Brémond-Grégoire, I. Lee, and R. Gerber. "ACSR: An Algebra of Communicating Shared Resources with Dense Time and Priorities." *CONCUR*, pages 417 – 431, 1993.

[Chaki13]. S. Chaki, A. Gurfinkel, S. Kong, and O. Strichman. "Compositional Sequentialization of Periodic Programs." *Verification, Model Checking and Abstract Interpretation*, pages 536 – 554, 2013.

[Cimatti99]. A. Cimatti, A. Biere, E. M. Clarke, and Y. Zhu. "Symbolic Model Checking Without BDDs." *Tools and Algorithms for Construction and Analysis of Systems*, March 1999.

[Clarke09]. E. M. Clarke, E. A. Emerson, and J. Sifakis. "Model Checking: Algorithmic Verification and Debugging." *Communications of the ACM*, vol. 52, no. 11, pages 74 – 84, 2009.

[Clarke83]. E. M. Clarke, E. A. Emerson, and A. P. Sistla. "Automatic Verification of Finite-State Concurrent Systems Using Temporal Logic Specifications: A Practical Approach." *Principles of Programming Languages*, pages 117 –

126, 1983.

[Clarke87]. E. M. Clarke and O. Grumberg. "Avoiding the State Explosion Problem in Temporal Logic Model Checking Algorithms." Carnegie Mellon University, CMU-CS-87-137, July 1987.

[Clarke99]. E. M. Clarke, O. Grumberg, and D. A. Peled. *Model Checking*. MIT Press, 1999.

[Clarke12]. E. M. Clarke, W. Klieber, M. Novacek, and P. Zuliani. "Model Checking and the State Explosion Problem." In *Tools for Practical Software Verification*. Springer, Berlin/Heidelberg, 2012.

[Comella_Dorda01]. S. Comella-Dorda, D. P. Gluch, J. J. Hudak, G. Lewis, and C. B. Weinstock, "Model-Based Verification: Abstraction Guidelines." SEI Technical Note CMU/SEI- 2001-TN-018, Software Engineering Institute, Carnegie Mellon University, October 2001.

[FAA12]. Federal Aviation Administration. "Helicopter Flight Controls." In *Helicopter Flying Handbook*. FAA, 2012.

[Flanagan03]. C. Flanagan and S. Qadeer. *Assume-Guarantee Model Checking*. Technical Report, Microsoft Research, 2003.

[Frehse08]. G. Frehse. "PHAVer: Algorithmic Verification of Hybrid Systems Past HyTech." *Software Tools for Technology Transfer*, vol. 10, no. 3, pages 263 – 279, 2008.

[Gablehouse69]. C. Gablehouse. *Helicopters and Autogiros: A History of Rotating-Wing and V/STOL Aviation*. Lippincott, 1969.

[Harel87]. D. Harel. "Statecharts: A Visual Formalism for Complex Systems." *Science of Computer Programming*, vol. 8, pages 231 – 274, 1987.

[Harel90]. D. Harel, H. Lachover, A. Naamad, A. Pnueli, M. Politi, R. Sherman, A. Shtul-Trauring, and M. Trakhtenbrot. "STATE- MATE: A Working Environment for the Development of Complex Reactive Systems." *IEEE Transactions on Software Engineering*, vol. 16, no. 4, pages 403 – 414, 1990.

[Harel87a]. D. Harel, A. Pnueli, J. Schmidt, and R. Sherman. "On the Formal

Semantics of Statecharts." *Proceedings of the 2nd IEEE Symposium on Logic in Computer Science*, pages 54 – 64, Ithaca, NY, 1987.

[Henzinger96]. T. A. Henzinger. "The Theory of Hybrid Automata." *Logic in Computer Science*, pages 278 – 292, 1996.

[Henzinger97]. T. A. Henzinger, P. Ho, and H. Wong-Toi. "HYTECH: A Model Checker for Hybrid Systems." *Software Tools for Technology Transfer*, vol. 1, no. 1 – 2, pages 110-122, 1997.

[Hessel03]. A. Hessel, K. G. Larsen, B. Nielsen, P. Pettersson, and A. Skou. "Time-Optimal Real-Time Test Case Generation Using UPPAAL." *Formal Approaches to Testing Software*, pages 114 – 130, 2003.

[Hoare78]. C. A. R. Hoare. "Communicating Sequential Processes." *Communications of the ACM*, vol. 21, no. 8, pages 666 – 677, 1978.

[Holzmann04]. G. J. Holzmann. The SPIN Model Checker: Primer and Reference Manual. Addison-Wesley, 2004.

[Hudak02]. J. J. Hudak, S. Comella-Dorda, D. P. Gluch, G. Lewis, and C. B. Weinstock. "Model-Based Verification: Abstraction Guidelines." SEI Technical Note CMU/SEI-2002-TN-011, Software Engineering Institute, Carnegie Mellon University, October 2002.

[Huth04]. M. Huth and M. Ryan. *Logic in Computer Science: Modelling and Reasoning About Systems*. Cambridge University Press, 2004.

[Jeannin15]. J. Jeannin, K. Ghorbal, Y. Kouskoulas, R. Gardner, A. Schmidt, E. Zawadzki, and A. Platzer. "A Formally Verified Hybrid System for the Next-Generation Airborne Collision Avoidance System." In *Tools and Algorithms for the Construction and Analysis of Systems*. Springer, 2015.

[Jhala09]. R. Jhala and R. Majumdar. "Software Model Checking." *ACM Computing Surveys*, vol. 41, no. 4, 2009.

[Jhala01]. R. Jhala and K. L. McMillan, "Microarchitecture Verification by Compositional Model Checking." Computer Aided Verification 13th International Conference, LNCS 2102, pages 396 – 410, Paris, France, July 2001.

[Lamport77]. L. Lamport. "Proving the Correctness of Multiprocess Programs." *IEEE Transactions on Software Engineering*, vol. 3, no. 2, pages 125 – 143, March 1977.

[Magee06]. J. Magee and J. Kramer. *Concurrency: State Models and Java Programs*, 2nd Edition. John Wiley and Sons, Worldwide Series in Computer Science, 2006.

[Peled01]. D. Peled. *Software Reliability Methods*. Springer-Verlag, 2001.

[Ramadge89]. P. J. G. Ramadge and W. M. Wonham. "The Control of Discrete Event Systems." *Proceedings of the IEEE*, vol. 77, no. 1, January 1989.

[Reed88]. G. M. Reed and A. W. Roscoe. "A Timed Model for Communicating Sequential Processes." *Theoretical Computer Science*, vol. 58, pages 249 – 261, 1988.

[Rozenburg98]. G. Rozenburg and J. Engelfriet. "Elementary Net Systems." In *Lectures on Petri Nets I: Basic Models. Advances in Petri Nets*, vol. 1491 of *Lecture Notes in Computer Science*, pages 12 – 121. Springer, 1998.

[Schneider85]. F. B. Schneider and B. Alpern. "Defining Liveness." *Information Processing Letters*, vol. 21, no. 4, pages 181 – 185, October 1985.

[Simulink13]. *Simulink Reference*, R2013a. The Mathworks, Natick, MA, 2013.

[Simulink13a]. *Simulink Design Verifier User's Guide, R2013a*. The Mathworks, Natick, MA, 2013.

[Simulink13b]. *Simulink Stateflow User's Guide*, R2013a. The Mathworks, Natick, MA, 2013.

[Usatenko10]. O. V. Usatenko, S. S. Apostolov, Z. A. Mayzelis, and S. S. Melnik. *Random Finite-Valued Dynamical Systems: Additive Markov Chain Approach*. Cambridge Scientific Publisher, 2010.

사이버 물리 시스템의 보안

부르노 시노폴리[Bruno Sinopoli], 에드리안 페릭[Adrian Perrig], 김현진[Tiffany Hyun-Jin Kim], 일린 모[Yilin Mo]

전기 요금을 줄이려는 사소한 이유에서부터 장난 또는 (전력 및 다른 생명 필수적 자원들을 통제함으로써 사람들에게 겁을 주기 위한) 테러까지, 사이버 물리 시스템[cyber-physical systems, CPS]에 대한 공격을 감행하는 다양한 동기들이 존재한다. 스틱스넷[Stuxnet]이라는 최초의 CPS 멀웨어[malware]는 2010년 7월에 발견됐다. 침투에 취약한 CPS들을 목표로 하는 이 멀웨어는 CPS 보안에 대한 새로운 문제들을 야기했다[Vijayan10]. 현재 CPS는 외부로부터의 접근을 차단하도록 격리돼 있다. 그러나 USB 드라이브를 통해 감염될 수 있으며, CPS를 파괴하기 위해 특별한 술책을 쓸 수도 있다. 차량 네트워크[vehicular networks], 임베디드 의료 장비 그리고 스마트 그리드와 같은 새롭게 부상 중이며, 고도로 상호 연결적이고 복잡한 CPS는 앞으로 증가하는 외부로부터의 접근에 노출될 것이다. 이것은 결과적으로 구성 요소들의 손상compromise과 감염infection을 초래할 수 있다. 이 장에서는 이 새로운 현실에서 보안 위협이 어떻게 발생하고 있으며, 이들 위협을 방어하기 위해 어떤 혁신적인 최신 기술을 이용할 수 있는지에 대해 논의한다.

7.1 서론 및 동기

사이버 공간과 물리 공간의 긴밀한 통합은 연구계에 새로운 과제를 가져왔다. CPS에서 사이버 공격은 사이버 영역을 초월해 물리 영역에 영향을 주는 혼란을 초래할 수 있다. 스턱스넷[Vijayan10]은 물리적 결과를 초래하는 사이버 공격의 구체적인 사례다. 역으로 순수한 물리적 공격 또한 사이버 시스템의 보안에 영향을 줄 수 있다. 예를 들어, 공격자가 계측기를 우회하기 위해 분로shunt를 사용하면 스마트 계측기smart meter의 무결성integrity이 손상될 수 있다. 이와 마찬가지로 교통 신호 선점 송신기preemption transmitter가 교통 신호 시스템의 무결성을 손상시킬 수 있다. 정격 센서 옆에 손상된 센서를 두면 사이버 시스템을 건드리지 않으면서 시스템 보안을 깨뜨릴 수 있다. 2009년에 열린 미국 Army Research Office의 CPS 워크샵에서의 논의를 바탕으로 사이버 물리 시스템에 대해 현존하는 공격을 네 가지 범주로 분류한다. 표 7.1은 이 분류를 설명하기 위한 예를 보여준다.

방어 메커니즘은 CPS의 이중적 특성을 고려해야 한다. 예를 들어, 순수 사이버 시스템은 통상적으로 손상된 사이버 구성 요소를 정지시켜 버린다. 그러나 이러한 관행은 물리 시스템이 불안정해지는 원인이 될 수 있으며, 따라서 CPS 보안을 보장하기 위한 실행 가능한 접근 방법이 아니다. 물리적 공격의 경우, 대규모 물리적 시스템의 모든 자산을 방어하는 것은 비용적으로 실행 불가능하며, 순수 사이버 보안 기반의 접근 방법은 물리적 공격을 감지하고 방어하도록 잘 갖춰져 있지 않을 뿐만 아니라 사이버 공격의 결과와 물리 시스템의 방어 메커니즘을 분석할 수도 없기 때문에 불충분하다. 그러므로 시스템 운영을 유지하면서 감지detection, 대응response, 재설정reconfiguration 그리고 시스템 기능을 복원restoration하는 솔루션을 제공할 수 있도록 시스템의 물리 모델을 활용하는 시스템 이론 기반의 접근 방법과 사이버 보안을 결합해 사용해야 한다.

표 7.1 **사**이버 및 물리 시스템에서 공격의 종류와 결과

결과/공격	사이버	물리
사이버	개인정보 유출	스턱스넷 CPS 멀웨어
물리	센서 우회	물리적 파괴로 인한 불안정성

이 장의 나머지 부분에서는 CPS에 대한 시스템 이론적 접근 방법에 기반을 둔 고급 기법들과 함께 사이버 위협의 처리와 대응 방안에 대한 기본적인 기법들을 검토한다.

7.2 기본 기법

이 절에서는 사이버 물리 시스템을 위한 사이버 보안 요구사항을 분석하고, 새로운 실제 CPS에서 새로운 공격 모델들이 어떻게 발생하는지를 검토하며, 이에 대한 기본적인 대응 방안들을 알아본다.

7.2.1 사이버 보안 요구사항

일반적으로 시스템에 대한 사이버 보안 요구사항에는 세 가지 주요 보안 특성이 포함된다.

- **기밀성**Confidentiality: 허가받지 않은 사용자가 비밀 정보 또는 개인 정보에 접근하는 것을 방지하는 것
- **무결성**Integrity: 허가받지 않은 사용자에 의한 정보 변경을 방지하는 것
- **가용성**Availability: 필요시 자원을 요청하면 사용할 수 있도록 보장하는 것

CPS에서는 이 장에서 두 가지 핵심 정보 유형으로 고려하는 센서 데이터 및 제어 명령을 포함한 많은 정보가 교환된다. 첫째, 주요 보안 특성에 관한 핵심 정보 유형을 보호하는 것의 중요성에 대해 살펴본다. 둘째, 소프트웨어에 관한 사이버 보안의 중요성의 정도를 분석한다.

계측기 데이터, GPS 또는 가속도계 데이터와 같은 센서 데이터의 기밀성은 분명히 중요하다. 예를 들어, 계량기 데이터는 개인 기기의 사용 유형에 관한 정보를 알려줄 수 있으며, 비침입적nonintrusive 기기 모니터링을 통해 개인의 행동에 대한 정보가 유출될 수 있다[Quinn09]. 그리고 GPS는 개인의 위치에 대한 정보를 알려줄 수 있으며, 개인들을 추적하는 데 사용될 수 있다. 제어 명령의 기밀성은 만일 그것이 공개적으로 알려진 것이라면 중요하지 않을 수 있다. 소프트웨어의 기밀성이 필수적critical이어서는 안 된다. 왜냐하면 시스템의 보안은 소프트웨어의 비밀성secrecy에 의존해서는 안 되며, 케르크호프스의 원리Kerckhoffs's principle에 따라 키keys의 비밀성에만 의존해야 하기 때문이다.

센서 데이터와 센서 명령의 무결성은 소프트웨어의 무결성만큼이나 중요하다. 멀웨어나 손상된 소프트웨어는 잠재적으로 CPS 내의 어떤 장치나 구성 요소도 제어할 수 있다.

서비스 거부Denial-of-service, DoS 공격은 서버나 네트워크에 가짜 요청을 보내 자원을 고갈시키는 공격이다. 분산 DoSDistributed DoS, DDoS 공격은 손상된 스마트 계측기, 교통 신호 또는 차량 내의 센서와 같이 분산된 공격원을 활용해 이뤄진다. CPS에서는 시스템 운영 측면에서 정보의 가용성이 가장 중요하다. 예를 들어, 자동차 제어 시스템에서는 붐비는 도로 중간에서 자동차가 정지해 사고를 유발하지 않도록 하기 위해 전기 자동차에서 배터리 정보의 가용성이 필수적이다. 제어 명령의 가용성 또한 중요하다(예: 전방 차량과의 안전 거리를 유지하기 위해 차량의 속력을 줄일 때). 이에 비해 센서 데이터(예: 연비)는 데이터가 보통 나중 시점에 읽혀지므로 그렇게 크게 중요하지 않을 수 있다.

표 7.2는 데이터, 명령 그리고 소프트웨어의 상대적 중요성을 요약한 것이다. 이 표에서 고위험은 어떤 정보의 특성이 매우 중요하고, 중위험은 어느 정도 중요하며, 저위험은 중요하지 않다는 것을 뜻한다. 이 분류는 위험에 우선순위를 둬 가장 중요한 측면에 먼저 노력을 집중할 수 있게 한다. 예를 들어, 제어 명령의 무결성은 기밀성보다 더 중요하다. 결과적으로 암호화를 고민하기 전에 효과적인 암호 인증 메커니즘에 초점을 맞춰야 한다.

표 7.2 **명령, 데이터 그리고 소프트웨어의 보안 특성의 중요성**

	제어 명령	센서 데이터	소프트웨어
기밀성	낮음	중간	낮음
무결성	높음	높음	높음
가용성	높음	높음	N/A

7.2.2 공격 모델

적^{adversary}은 공격을 개시하기 위해 진입점^{entry point}을 이용하며, 성공적으로 들어오면 CPS에 특정한 사이버 공격을 가한다. 이 절에서는 공격자 모델을 상세히 설명한다.

7.2.2.1 공격 진입점

일반적으로 외부의 적이 신뢰 지역^{trusted zone} 내의 정보나 장치에 접근하는 것을 방지하기 위해 강력한 경계 방어^{perimeter defense}가 사용된다. 네트워크의 크기와 복잡성은 불행하게도 CPS에서 잠재적으로 수많은 진입점을 제공한다.

- **감염된 장치를 통한 비고의적 침투**: 개인이 부주의해 악성 미디어나 장치를 신뢰 경계 내로 침투시킬 수 있다. 예를 들어, USB 메모리는 경계 방어를 뚫는 보편적인 방법이 됐다. 공공 장소에 버려진 몇 개의 USB 메모리를 직원들이 주워 들고 와서 지금까지 안전했던 신뢰 경계 내부의 장치에 꽂음으로써 USB 메모리에 있는 멀웨어가 즉시 장치를 감염시키게 된다. 이와 비슷하게, 신뢰 경계 안과 밖에서 모두 사용되는 장치가 경계 밖에서 멀웨어에 감염될 수 있으며, 경계 안에서 사용될 때 멀웨어가 시스템에 침투하게 할 수 있다. 예를 들어, 집에서 사적인 용도로도 사용할 수 있는 회사용 노트북 컴퓨터는 이런 유형의 공격에 취약하다.
- **네트워크 기반 침투**: 아마도 신뢰 경계에 침투하는 가장 일반적인 메커니즘은 네트워크 기반 공격 벡터를 통하는 것이다. 잘못 설정된 인바운드와 결함 있는 아웃바운드 규칙들을 통해 취약하게 설정된 방화벽을 이용하는 것이 일반적인 진입점이

며, 적이 악성 코드를 제어 시스템에 주입할 수 있게 한다.

- **네트워크 경계의 뒷문과 구멍**: 뒷문back door와 구멍hole은 취약성이 있거나 잘못 설정된 IT 인프라의 구성 요소들에 의해 유발될 수 있다. 예를 들어, 경계의 네트워킹 기기들은(예: 잊은 채 아직 모뎀에 연결돼 있는 팩스 장비) 적절한 접근 제어 메커니즘을 우회하도록 조작될 수 있다. 특히, 원격 터미널 유닛remote terminal units, RTUs에 대한 다이얼 업dial-up 접근은 원격 관리에 사용되며, 인증authentication을 위해 패스워드를 요구하지 않는 많은 기기들(유닛들)이나 기본 패스워드를 바꾸지 않고 방치한 현장 설비에 연결된 모뎀에 적이 직접 다이얼 인dial in할 수 있다. 더욱이 공격자는 장치의 취약성을 이용해 향후 금지된 영역에 접근할 수 있도록 뒷문을 설치할 수 있다. 신뢰 피어 유틸리티 링크trusted peer utility links를 이용하는 것도 또 다른 잠재적인 네트워크 기반 진입점이다. 예를 들어, 공격자는 합법적인 사용자가 가상사설망virtual private network, VPN을 통해 신뢰 제어 시스템 네트워크에 접속하기를 기다렸다가 그 VPN 연결을 가로챌 수 있다. 모든 이러한 유형의 네트워크 기반 침입은 원격지에 있는 적을 제어 시스템 네트워크에 들어올 수 있게 하기 때문에 특히 위험하다.
- **손상된 공급 사슬**: 공격자는 장치가 목표 지점까지 배송되기 전에 악성 코드나 뒷문을 장치에 미리 설치할 수 있으며, 이러한 전략을 공급 사슬supply chain 공격이라고 한다. 결과적으로 외부에서 구매하는 소프트웨어와 설비의 개발 및 제조 과정에 대한 보안성 보장이 기술 판매사 및 개발사를 포함하는 사이버 공급 사슬에 대한 보안에 필수적이다.
- **악의적 내부자**: 시스템 자원에 접근하도록 인증받은 직원 또는 합법적 사용자는 감지하거나 방지하기 어려운 행동을 취할 수 있다. 특권을 가진 내부자 또한 채택된 방어 메커니즘에 대해 잘 알고 있으며, 종종 쉽게 피해갈 수 있다.

7.2.2.2 적 행동

일단 공격자가 네트워크에 접근할 수 있게 되면 공격자는 넓은 범위에 걸쳐 공격을 실행

표 7.3 보안 특성을 공격함으로써 생성되는 위협의 유형

	제어 명령	센서 데이터	소프트웨어
기밀성	제어 구조의 노출	센서 데이터에 대한 무단 접근	사유 소프트웨어의 도난
무결성	제어 명령의 변경	부정확한 시스템 데이터	악성 소프트웨어
가용성	시스템 제어 불능	센서 정보 사용 불가	N/A

할 수 있다. 표 7.3은 정보의 필수 유형의 주요 보안 특성(기밀성, 무결성, 가용성)을 침해하기 위해 적이 취할 수 있는 행동을 나열하고 있다. 공격이 사이버적 결과를 초래하는지 또는 물리적 결과를 초래하는지 여부에 따라 특정 사이버 공격을 분류한다.

사이버적 결과

사이버 관점에서 보면 소프트웨어가 작동하는 방법에 근간을 둔 다양한 결과들이 일어날 수 있다.

- **멀웨어의 전파 및 장치의 제어**: 적은 스마트 계측기[Depuru11] 또는 회사 서버를 감염시키기 위해 멀웨어를 개발하고 퍼뜨릴 수 있다. 멀웨어는 민감한 정보를 보내거나 장치를 제어하는 것 같은 어떤 기능을 장치나 시스템에 추가하거나 교체하는 데 사용될 수 있다.
- **일반 프로토콜의 취약성**: CPS는 기존의 프로토콜들을 사용하며, 그것은 CPS가 이 프로토콜들의 취약성을 상속받았다는 것을 의미한다. 흔히 사용되는 프로토콜에는 TCP/IP와 RPC^remote procedure call가 있다.
- **데이터베이스 링크를 통한 접근**: 제어 시스템은 그 활동을 제어 시스템 네트워크상의 데이터베이스에 기록한 후 업무용 네트워크의 미러 로그^mirror log에 기록한다. 노련한 공격자는 업무용 네트워크를 사용해 제어 시스템 네트워크로 가는 경로를 제공하는 업무용 네트워크상의 데이터베이스에 대한 접근 권한을 얻을 수 있다. 현대 데이터베이스 아키텍처가 부적절하게 구성되면, 이러한 유형의 공격을

허용할 수 있다.

- **통신 장비의 손상**: 공격자는 잠재적으로 멀티플렉서와 같은 통신 장비의 일부를 재구성하거나 손상시킬 수 있다.
- **센서 데이터에 잘못된 정보를 주입**: 적은 패킷을 보내 시스템에 잘못된 정보를 주입시킬 수 있다. 잘못된 정보를 주입해 어떤 교차로에서 한 방향으로의 교통 흐름을 막는다면 그 방향으로 가려는 차량들이 무한히 정체되는 결과를 초래할 것이다.
- **도청 공격**: 적은 네트워크 트래픽을 모니터링함으로써 민감한 정보를 얻을 수 있으며, 이것은 사생활 침해 또는 사이버 물리 시스템의 제어 구조에 대한 정보 누설을 초래할 수 있다. 정보를 모으고 그것으로 향후에 범죄를 저지르기 위해 이와 같은 도청이 이용될 수 있다. 예를 들어, 공격자는 통신 패턴에서 정보를 추론하기 위해 네트워크 트래픽을 수집하고 조사할 수 있다. 암호화된 통신조차도 이러한 종류의 트래픽 분석 공격에는 약할 수 있다.

스카다^{SCADA} 프로토콜 중에서 모드버스^{Modbus} 프로토콜은 주목할 만하다[Huitsing08]. 이것은 물, 가스, 오일 인프라와 같은 산업용 제어 애플리케이션으로 널리 사용된다. 모드버스 프로토콜은 산업용 프로세스들을 운용하고 제어하기 위한 스카다 정보를 교환하기 위해 프로세스 제어 시스템이 사용하는 메시지 구조와 통신 규칙을 정의한다. 모드버스는 원래 프로세스 제어 네트워크에서 저속 직렬 통신을 위해 설계된 단순한 클라이언트 서버 프로토콜이다. 이 프로토콜이 고도로 보안 필수적^{security-critical}인 환경을 위해 설계된 것이 아니라는 점을 고려할 때 다음과 같은 여러 종류의 공격이 가능하다.

- **브로드캐스트 메시지 스푸핑**^{Broadcast message spoofing}: 하위 장치들에게 가짜 브로드캐스트 메시지를 보내는 것을 포함한다.
- **베이스라인 리스폰스 리플레이**^{Baseline response replay}: 마스터와 현장 장치들 간의 진짜 트래픽을 기록하고 기록된 메시지의 일부를 재생(replay)해 마스터에게 되돌려 보내는 것을 포함한다.
- **직접 슬레이브 제어**^{Direct slave control}: 마스터를 막고, 하나 또는 그 이상의 현장 장치

를 직접 제어하는 것을 포함한다.

- **모드버스 네트워크 스캐닝**Modbus network scanning: 현장 장치들에 대한 정보를 얻기 위해 모드버스 네트워크상의 가능한 모든 주소에 무해한 메시지를 보내는 것을 포함한다.

- **수동적 정보 수집**Passive reconnaissance: 모드버스 메시지나 네트워크 트래픽을 수동적으로 읽는 것을 포함한다.

- **응답 지연**Response delay: 응답 메시지를 지연시킴으로써 마스터가 하위 장치들로부터 시간이 지난 정보를 받게 하는 것을 포함한다.

- **악당 침입자**rogue interloper: 적절한 (직렬 또는 이더넷) 어댑터를 가진 컴퓨터를 보호되지 않은 통신 링크에 노출시키는 것을 포함한다.

물리적 결과

여기에 언급된 공격은 모든 것이 망라되지는 않았지만, 위험을 설명해주고 개발자로 하여금 그리드 시스템의 보안성을 확립하는 데 도움을 줄 수 있다.

- **스카다 프레임 가로채기**: 공격자는 스카다 DNP3Distributed Network Protocol 3.0 프레임을 가로채고 발신 및 수신 주소 같은 중요한 정보를 포함하고 있을 수도 있는 암호화되지 않은 단순 텍스트 프레임들을 수집하기 위해 프로토콜 분석 도구를 사용할 수 있다. 가로챈 데이터는 제어 및 설정 정보를 포함하고 있으며, 훗날 다른 스카다 시스템 또는 지능형 설비 장치intelligent equipment device, IED에서 사용될 수 있다. 그렇게 함으로써 (최악의 경우) 서비스를 중단시키거나 (최소한) 서비스를 방해한다. US-CERT 웹 사이트 http://www.us-cert.gov/control_systems/csvuls. html에는 스카다 위협에 대한 추가 예들이 나와 있다.

- **산업용 제어 시스템을 목표로 하는 멀웨어**: 공격자는 취약한 제어 시스템에 성공적으로 웜worm을 주입시키고, 산업용 제어 시스템을 재프로그래밍할 수 있다.

- **네트워크와 서버에 대한 DoS/DDoS 공격**: 적은 네트워킹 장치, 통신 링크 그리고 서버를 포함한 다양한 CPS 구성 요소들에 DoS/DDoS 공격을 감행할 수 있다. 공

격이 성공적이면 목표 구역에서 시스템을 제어할 수 없게 된다.

- **한 구역에 있는 시스템에 가짜 명령 보내기**: 적은 목표 구역에 있는 장치 또는 장치 집단에게 가짜 명령을 보낼 수 있다. 예를 들어, 차량에게 가짜 비상 전자 브레이크 조명emergency electronic brake light, EEBL 신호를 보내면 급작스런 브레이크 조작을 일으키며 사고로 이어질 수 있다. 이와 같이 CPS에서 보안이 확보되지 않은 통신은 인간의 생명을 위협할 수도 있다.

7.2.3 대응 방안

이러한 여러 유형의 공격에 대비해 여러 가지 대응 방안이 개발됐다. 이 절에서는 가장 적절한 몇 가지 방안을 제시한다.

7.2.3.1 키 관리

키 관리는 정보 보안을 위한 가장 기본적인 접근 방법이다. 통신에 대한 비밀성secrecy과 인증authenticity을 달성하기 위해 공유 보안 키shared secret keys나 인증 공개 키authentic public keys가 사용될 수 있다. 인증은 메시지의 발원지를 검증하는 데 특히 중요하며, 결과적으로 이것은 접근 제어의 핵심이다.

시스템에서 키의 설정은 RoTroot of trust를 정의한다. 예를 들면, 공개/비공개 키를 기반으로 하는 시스템은 인증서에 대한 서명sign에 사용되고 있는 신뢰 센터의 비공개 키를 사용해 신뢰 센터의 공개 키를 RoT로 정의할 수 있으며, 신뢰를 다른 공개 키에 위임할 수도 있다. 대칭 키symmetric-key 시스템에서는 각 개체와 신뢰 센터가 공유된 보안 키를 셋업하고 커버로스 네트워크 인증 프로토콜(Kerberos network authentication protocol, https://web.mit.edu/kerberos/)에서처럼 신뢰 센터를 이용함으로써 다른 노드들 간의 추가 신뢰 관계를 구축할 수 있다. 이 공간에서의 문제는 대단히 폭넓고 다양한 인프라 간의 키 관리다. 제작자와 장치 간의 통신에서부터 센서와 현장 담당자 간의 통신에 이르기까지 수십 가지의 보안 통신 시나리오를 해결해야 한다. 이 모든 통신 시나리오에 대해 기밀성secrecy과 인증authenticity이 확보되도록 키들이 셋업돼야 한다.

설비의 엄청난 다양성 외에도 다양한 이해 당사자들(예: 정부, 기업 그리고 소비자)도 수용해야 한다. 다른 회사들 간의 보안 이메일 통신조차도 오늘날에는 어려운 과제지만, 한 회사의 센서와 다른 회사의 현장 직원 간의 보안 통신은 수많은 다른 문제를 야기한다. 믹스 mix(예: 키의 재사용refresh, 폐기revocation, 백업 그리고 복구)에 다양한 키 관리 운영을 추가하면 키 관리의 복잡성이 엄청나게 커진다. 더욱이 키 관리 시스템을 셋업하는 데는 비공개 키로 서명된 메시지가 그 콘텐츠에 책임이 있는 키 주인을 갖고 있을 수 있듯이 사업, 정책 그리고 법률적 측면이 고려돼야 하며, 미국 표준 기술 연구소NIST에서 나온 최근의 출판물들은 조직을 지원하기 위한 암호 키 관리 시스템의 설계에 대한 좋은 지침을 제공하지만 [Barker10], CPS의 다양한 요구사항을 고려하지는 않고 있다.

7.2.3.2 안전한 통신 아키텍처

CPS를 위한 고도로 회복력 있는 통신 아키텍처의 설계는 고수준의 가용성을 달성하면서 공격을 완화시키는 데 필수적이다. 이러한 아키텍처를 위해 요구되는 구성 요소들은 다음과 같다.

- **네트워크 토폴로지 설계**: 네트워크 토폴로지는 공격에 대한 네트워크의 강건성 robustness에 영향을 줄 수 있는 노드들 간의 연결 구조를 나타낸다[Lee06]. 그러므로 공격에 대해 고도의 회복력resilience을 갖도록 네트워킹 노드들을 연결하는 것은 안전한 통신 아키텍처를 구축하는 근간이 될 수 있다.

- **안전한 라우팅 프로토콜**: 네트워크상의 라우팅 프로토콜은 노드들 간의 논리적 연결성을 구축하기 위해 사용된다. 결과적으로 통신을 방해하기 위한 가장 간단한 방법 중 하나는 라우팅 프로토콜을 공격하는 것이다. 1개의 라우터를 손상시킴으로써 그리고 가짜 경로를 주입함으로써 전체 네트워크의 모든 통신을 정지시킬 수 있다. 그러므로 네트워크 토폴로지의 맨 위에서 돌아가는 라우팅 프로토콜의 보안을 고려해야 한다.

- **안전한 전송**secure forwarding: 라우터를 제어하는 적은 기존 데이터 패킷을 변경, 삭제 그리고 지연시킬 수 있다. 그러므로 개별 라우터를 보호하고 악의적인 행동을 탐

지하는 것은 안전한 전송을 위해 필요한 절차다.

- **종단간 통신**: 종단간^{end-to-end} 관점에서 보면 데이터의 기밀성과 인증은 가장 결정적으로 중요한 특성이다. 기밀성은 도청자가 데이터 내용을 습득하는 것을 방지하는 반면, 인증(때로는 무결성^{integrity}라고도 함)은 수신자로 하여금 데이터가 정말 발신자로부터 온 것인지 검증할 수 있게 한다. 많은 프로토콜(예: SSL/TLS, Ipsec, SSH)들이 존재하지만, 일부 저전력 장치들은 관련된 암호 처리를 위해 가벼운 프로토콜이 필요할 수도 있다.

- **안전한 브로드캐스팅**: 많은 CPS가 브로드캐스트 통신에 의존한다. 특히, 센서 데이터 전파^{propagation}의 경우에는 적이 가짜 정보를 주입해 원하지 않는 결과를 초래할 수 있기 때문에 정보의 인증이 중요하다.

- **DoS 방어**: 앞에서 언급한 모든 메커니즘이 제대로 작동하더라도 적은 DoS 공격을 실행해 통신을 방해할 수 있다. 예를 들어, 적이 많은 종단 지점을 손상시켜 그것들을 제어한다면, 적은 이 종단 지점들을 이용해 네트워크에 데이터가 넘치게 할 수 있다. 따라서 이러한 상황에서도 통신이 가능하게 하는 것이 중요하다(예: 공격을 방어하기 위해 네트워크 관리 운영을 수행). 더욱이 통신 네트워크보다 전력 자체가 DoS 공격의 목표가 될 수도 있다[Seo1].

- **전파 교란 방어**: 외부의 적이 무선 네트워크를 전파 교란^{jamming}하는 것을 방지하기 위해 전파 교란 탐지 메커니즘을 사용해 공격을 탐지하고 알람을 일으킬 수 있다. 전파 교란 공격을 방어해 전파 교란 중에도 작동을 가능하게 하는 다양한 수단이 개발됐다[Pickholtz82].

7.2.3.3 시스템 보안 및 장치 보안

CPS 보안 확보를 위해 해결해야 할 중요한 분야는 소프트웨어 기반의 공격을 통한 부당한 이용을 가능하게 하는 보안 취약성^{vulnerabilities}이다. 이 경우, 적이 소프트웨어의 보안 취약성을 이용해 악성 코드를 시스템에 주입시키거나 악의적 내부 사용자가 악성 코드를 설치 또는 실행하기 위해 관리자 특권을 사용한다. 이러한 환경에서의 과제는 잠재적으로 손상될 수 있는 시스템과 통신할 때 "실제 진실ground truth"을 획득하는 것이다. 즉, 응답이 적법한 코드가 보낸 것인가 또는 멀웨어가 보낸 것인가? 이 문제는 "잠재적으로 손상된 시스템에서 바이러스 스캐너를 돌리려고 시도하는 경우에 바이러스 스캐너가 바이러스가 없다는 결과를 내면 그 결과는 바이러스를 식별할 수 없기 때문일까, 아니면 바이러스가 바이러스 스캐너를 불능화시켰기 때문일까?"라는 예로 설명할 수 있다. 관련된 문제는 현재의 바이러스 스캐너가 불완전한 바이러스 서명virus signature 리스트를 갖고 있는 경우인데, 바이러스 스캐너가 아직 새로운 바이러스를 식별할 수 없기 때문에 바이러스 탐지에 실패할 수도 있다.

원격 코드 검증을 제공하기 위한 기대되는 새로운 접근 방법은 증명attestation이라는 기술이다. 코드 증명은 멀웨어가 숨지 못하게 하는 방식으로 외부 개체가 시스템에서 실행되고 있는 소프트웨어를 문의할 수 있게 해준다. 증명은 실행중인 코드의 서명을 밝혀주므로 미지의 멀웨어가 그 서명을 변경하게 되면 탐지될 수 있다. 이 탐지에 대해 행해진 연구에서 증명을 위해 하드웨어 기반의 접근 방법이 시험됐다[LeMay07, LeMay12]. 소프트웨어 기반 증명은 스카다 장치에서 이 개념의 타당성을 입증했다.

7.3 진보된 기법들

새로운 그리고 현재 개발 중인 보안 전략을 위해서는 사이버와 CPS의 물리 측면에서 분화된 보안 취약성에 대해 알고 있어야 하며, 두 가지 측면 모두를 이용해야 한다. 이 절에서는 CPS 보안을 개선하기 위해 연구계가 취하는 몇 가지 초기 단계들을 논의한다.

7.3.1 시스템 이론적 접근 방법

시스템 이론적 접근 방법은 시스템의 물리적 특성을 새로운 보호 메커니즘을 생성하는 기저로서 고려한다.

7.3.1.1 보안 요구사항

사이버 물리 시스템의 보안성과 회복성은 장애와 공격 같은 문제가 발생해도 핵심적 인프라를 연속적으로 운영하기 위해 필수적이다. 실시간 보안 설정에서 CPS의 회복성은 시스템이 다음의 일반적인 특성을 충족시킨다는 것을 보장하는 것으로 축약될 수 있다.

- CPS는 사전에 명시된 만일의 상황들을 견뎌낼 수 있어야 한다.
- CPS는 장애와 공격을 탐지하고 격리할 수 있어야 한다.
- CPS의 성능은 장애 또는 공격에 대해 점진적으로 저하돼야 한다.

CPS 보안에 대한 선례는 스마트 그리드 분야에서 미국 에너지부^{DoE}가 만들었으며, 사이버 물리 시스템에서 핵심적인 사례다. DoE의 스마트 그리드 시스템 보고서^{Smart Grid System Report}[US-DOE09]는 스마트 그리드의 여섯 가지 특성을 정리했다. 이것은 미국 에너지 기술 연구소^{National Energy Technology Laboratory, NETL}에서 출간된 『현대 전력망의 특성』 [NETL08]의 일곱 가지 특성을 더욱 발전시킨 것이다. 이 특징들 중에서 DoE에 의해 확인된 보안에 관한 가장 중요한 특성은 교란, 공격 그리고 자연 재해의 와중에도 회복력 있게 작동할 수 있는 기능이다.

이 시스템 특성들은 이 기능을 위해 특별히 설계된 대응 방안을 사용해 강화되고 향상될 수 있다. 시스템이 제약된 조건하에서도 계속 작동할 것이라는 것을 확인하기 위해 철저한 상황 분석^{contingency analysis}이 실행될 수 있다. 점진적 성능 저하는 시스템이 불안정해지는 것을 방지할 강건한 제어 메커니즘을 활용해 발효될 수 있다. 어떤 형태의 악의적 공격은 물론, 시스템 장애를 정확히 집어내고 진단하기 위해 장애 탐지와 격리가 채택될 수 있다. 분명한 공격에 대해 구체적으로 설계된 대응 방안이 필수적 시스템^{critical systems}들에 적용될 수 있다.

이 방법론들은 다음 절들에서 더욱 정교해진다. 자세한 내용을 제시하기 전에 대응 방안을 개발하기 위한 기반으로서 시스템과 공격 모델의 개요를 설명한다.

7.3.1.2 시스템과 공격 모델

이 절에서는 CPS를 위한 선형 시간 불변Linear time-invariant, LTI 상태 공간 모델을 설명한다. 대부분의 실재 시스템들이 비선형이고 시간에 따라 변하지만, LTI 모델은 어떤 작동 시점 근방에서 실재 시스템에 대한 우수한 근사를 제공할 수 있다. 구체적으로 말하면, 연속 시간 시스템에 대해 다음의 관계가 성립한다.

$$\frac{d}{dt} x_t = Ax_t + Bu_t + B^a U_t^a + w_t$$

여기서 $t \geq 0$ 은 시간의 인덱스이며 $x_t \in \mathbb{R}^n$과 $u_t \in \mathbb{R}^p$는 각각 시간 t에서의 상태 벡터와 입력 벡터다. 시간 t에서 공격자의 입력은 $u_t^a \in \mathbb{R}^q$로 표시된다. w_t는 시스템의 불확실성을 모델링하는 화이트 가우시안 노이즈white Gaussian noise다. $A \in \mathbb{R}^{n \times n}$ 및 $B \in \mathbb{R}^{n \times p}$는 각각 시스템 행렬 및 입력 행렬이라고 한다. 끝으로 공격자 행렬 $B^a \in \mathbb{R}^{n \times q}$는 공격자가 시스템에 미치는 영향의 가능한 방향을 모델링하는 데 사용된다.

추가로 센서들은 다음 식으로 주어지는 선형 모델을 따른다고 가정한다.

$$y_t = Cx_t + \Gamma u_t^a + v_t$$

여기서 $y_t \in \mathbb{R}^m$는 시간 t에서 센서 측정값이며, v_t는 센서의 불확실성을 모델링하는 화이트 가우시안 노이즈다. $C \in \mathbb{R}^{m \times n}$는 출력 행렬이라고 하며, $\Gamma = diag(\gamma_1, ..., \gamma_m)$은 대각행렬로서 γ_1는 공격자가 i번째 측정값을 변경할 수 있는지를 가리키는(공격자가 i번째 측정값을 변경할 수 있으면 $\gamma_1 = 1$이고 아니면 $\gamma_1 = 0$) 이진 변수다.

측정값 y_t가 주어지면 시스템을 안정화하기 위한 또는 성능을 향상시키기 위한 제어 입력 u_t를 생성하기 위해 제어기가 사용된다. 일반적인 상태 공간 제어기는 다음의 2개의 부분으로 구성된다.

- 상태 예측기state estimator : 현재 및 이전 측정값 y_t를 기반으로 현재 상태 x_t에 대한 예측값 $\hat{x}_t$를 생성한다.
- 피드백 제어기feedback controller : 상태 예측값 $\hat{x}_t$를 기반으로 제어 입력 u_t를 생성

한다.

실무에서는 일반적으로 고정 게인fixed-gain 상태 예측기와 고정 게인 피드백 제어기가 사용되며, 다음 식들로 주어진다.

$$\frac{d}{dt}\hat{x}_t = A\hat{x}_t + Bu_t + K(y_t - C\hat{x}_t)$$

$$u_t = L\hat{x}_t$$

행렬 K와 L은 각각 예측 게인 및 제어 게인이라고 한다. 폐회로 CPS는 (공격자의 입력이 없는 경우) 행렬 $A - KC$ 및 $A + BL$의 모든 고유값eigenvalue이 2차원 좌표상의 II-III 분면에 있을 때(즉, 고유값의 실수 부분이 모두 음수일 때) 그리고 그때만 안정적stable이다.

그림 7.1은 CPS에 대한 간단한 제어 시스템적 뷰view다.

이와 유사하게, 이산 시간 LTI 시스템 모델도 다음 식들로 표현할 수 있다.

$$x_{k+1} = Ax_k + Bu_k + B^a u_k^a + w_k$$

$$y_k = Cx_k + \Gamma u_k^a + v_k$$

여기서 $k \in \mathbb{N}$는 이산 시간의 인덱스다. 고정 게인 예측기와 제어기는 다음과 같은 형태를 갖는다.

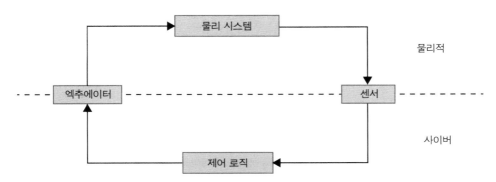

그림 7.1 CPS에 대한 간단한 제어 시스템적 뷰

$$\hat{x}_{k+1} = A\hat{x}_k + Bu_k + K(y_k - C\hat{x}_k)$$

$$u_k = L\hat{x}_k$$

폐회로 CPS는 (공격자의 입력이 없는 경우) 행렬 $A - KCA$ 및 $A + BL$의 모든 고유값이 단위 원 안에 있을 때(즉, 고유값의 절대값이 1보다 작을 때) 그리고 그때만 안정적이다.

　연속 시간 및 이산 시간 모델은 현재 상태 x_t(즉, x_k)가 미래 상태에 영향을 준다는 의미에서 동적 모델이다. 어떤 대규모 시스템(예: 전력망)에서 대해서는 일반적으로 정적 모델이 채택되며, 다음 식으로 표현된다.

$$y_k = Cx_k + \Gamma u_k^a + v_k$$

이 식을 동적 모델과 비교하면 시간 k에서 상태 x_t는 알지 못하며, 이전 상태와 독립이라고 가정된다. 그러므로 고정 게인 예측기는 다음 식으로 주어진다.

$$\hat{x}_k = Ky_k$$

적대적 모델(Adversary Models)의 특성

[Teixeira12]는 적의 능력을 시스템에 대한 사전 지식, 누설 능력disclosure power 그리고 파괴 능력disruption power으로 특징지을 것을 제안한다. 시스템에 대해 공격자가 알고 있는 사전 지식에는 행렬 A, B, C와 같은 시스템의 정적 파라미터, 제어 및 예측 게인 L, K 그리고 노이즈 통계에 대한 적의 지식이 포함된다. 이에 비해 누설 능력은 공격자가 현재 상태 x_k, 센서 측정값 y_k, 상태 예측값 $\hat{x}_t$ 그리고 제어 입력 u_k와 같은 실시간 시스템 정보를 획득할 수 있게 한다. 마지막으로 파괴 능력에는 악의적 제어 입력을 주입하거나 센서 정보 또는 제어 명령의 무결성을 손상시킴으로써 시스템을 파괴할 수 있는 적의 능력이 포함된다.

　그림 7.2는 시스템 지식, 누설 능력 그리고 파괴 능력에 기반을 둔 네 가지 다른 유형의 공격을 보여준다. 순전한 도청 공격만을 위해서는 누설 능력만 필요하며, DoS 공격에

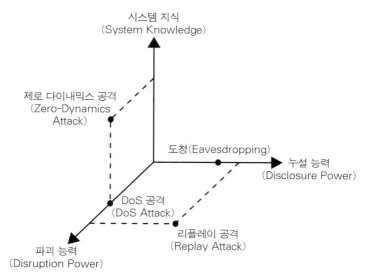

그림 7.2 사이버 물리 공격의 특성

는 파괴 능력이 필요하다. 이 장의 후반에서 제로 다이내믹스^{zero-dynamics} 공격과 리플레이 공격 같은 보다 까다로운 공격들을 소개하고 이에 대응하는 방어 메커니즘에 대해 더 논의할 것이다.

7.3.1.3 대응 방안

사이버 및 물리 요소를 모두 포함하는 진보된 대응 방안^{countermeasures}은 CPS에서 새로운 형태의 공격을 해결하는 핵심이다. 다음의 논의에서 이 분야의 가장 중요한 몇가지 혁신을 제시한다.

상황 분석

상황 분석^{contingency analysis}은 정상 상태 시스템^{steady-state system}이 각 상황에 대해 운영 범위를 벗어나 있는지의 여부를 검사하는 것이다[Shahidehpour05]. 가장 많이 사용되는 보안 기준은 일반적으로 $N - 1$ 기준이라고 일컬어지는 것이다. 이 기준에는 다음과 같은 조항들이 있다.

- 시스템의 모든(N) 요소들이 작동하는 정상 운영^{normal operation} 동안에는 시스템은 운영 조건에 대한 제약 조건을 준수해야 한다.
- 시스템의 오직 하나의 요소의 단절^{disconnection}을 유발하는 어떤 사고에 대해서도 작동값들은 요구되는 파라미터들 범위 내에 있어야 한다.

첫 번째 조항은 여러 정상 상태에 대해(예: 전력망의 경우, 피크 및 피크 이하 부하에 대해) 테스트된다. 두 번째 조항은 시스템 구성 요소가 다른 구성 요소들에 과부하를 주지 않고 작동 파라미터를 위반하지 않으면서도 장애가 생길 수 있다는 것을 의미한다. 즉, 이 조항의 의도는 어떤 요소는 장애가 날 수 있지만, 다른 요소들은 작동 한계 아래로 유지되는 상태를 시스템이 유지하도록 하는 것이다[Hug08].

전력망 사례에서는 변압기, 전송 라인, 케이블, 발전기 등과 같은 구성 요소들의 목록을 사용할 수 있다. 시뮬레이션에서는 이 요소들 각각을 하나씩 차례로 서비스에서 제외하면서 그 시점마다 부하 흐름을 계산한다. 만일 부하 흐름에서 과부하가 걸린 요소가 나타나면 실시스템에 대한 예방 조치를 취할 수 있다.

수많은 상황적 부하 흐름 계산을 기반으로 하는 이런 종류의 분석을 상황 분석이라고 한다. 상황 분석은 기반 시설(유틸리티) 제어 센터에서 정기적으로 수행된다[Schavemaker09]. 전력망 시스템의 상황 분석에 대한 포괄적인 접근 방법이 [Deuse03]에 의해 제시됐다.

이 보안성 벤치마크가 기준을 $N - 1$에서 $N - 2$로 계속 $N - k$로 바꿔가며 하나 이상의 요소에 대한 손실을 고려함으로써 쉽게 일반화될 수 있는 반면, 다음과 같은 여러 요인들로 인해 이와 같은 분석이 배제될 수 있다[Zima06].

- 요소들의 조합적 특성으로 인해 요소의 잇따른 장애가 가능한 상황의 수를 지수적으로 증가시킬 수 있다. 잇따른 장애가 발생하기 쉬운 요소를 아주 조금만 고려해도 계산 부담이 감당할 수 없을 만큼 증가한다.
- 만일 시스템이 $N - k$개의 기준을 준수해야 한다면 정상적인 (N) 운영에서 시스템 자원의 활용도는 매우 낮아지고, 동일한 조건에 대해 훨씬 큰 운영 관련 투자를 초래할 것이다.

전력망과 같은 실시스템에서는 잠재적 상황의 수가 매우 크다. 실시간 제약으로 인해 $N-1$ 제약 조건을 고려하는 경우조차도 각 상황을 평가하는 것이 거의 불가능하다. 그러므로 가능한 상황들은 보통 걸러지고 순위가 매겨지며, 선택된 몇 가지의 상황만 평가된다.

장애 탐지 및 격리

장애의 유무를 탐지하고 그 장애의 유형과 위치를 정확히 알아내기 위해 장애 탐지와 격리fault detection and isolation, FDI가 CPS에 사용된다. 원칙적으로 만일 동적 시스템이 정상적인 상태, 즉 장애나 적의 공격이 없는 상태라면, 센서 측정값 $\{y_t\}$는 고정된 가우시안 과정stationary Gaussian process으로 수렴한다. 결과적으로 $\{y_t\}$의 분포가 명목 분포와 상이하면 어떤 장애(또는 공격)가 CPS에 존재하는 것이다. [Willsky76]의 조사 연구는 정규 분포에서 이탈한 $\{y_t\}$를 탐지하는 상세한 과정을 제공한다.

그러나 어떤 시스템의 경우, 적이 입력 $\{u_a\}$의 시퀀스를 세심하게 구축해 $\{y_t\}$의 측정값이 정상 운영 중인 $\{y_t\}$의 측정값과 동일한 분포를 따르게 할 수 있다. 이러한 공격 전략을 제로 다이내믹스zero-dynamics 공격이라고 한다. 손상된 $\{y_t\}$와 정상 $\{y_t\}$가 통계적으로 동일하므로 어떤 탐지기도 정상 시스템과 손상된 시스템을 구분하지 못한다. 결과적으로 제로 다이내믹스 공격은 효과적으로 모든 FDI 전략을 무용지물로 만든다.

제로 다이내믹스 공격을 개시하려면 적은 정확한 시스템 정보가 필요하다. 그러지 못하면 손상된 시스템의 $\{y_t\}$ 측정값이 정상 $\{y_t\}$와 정확히 같은 분포를 따를 수 없다. 공격자는 또한 악의적 제어 입력을 주입하고 그리고/또는 센서 정보와 제어 명령을 변경할 파괴 능력을 필요로 한다. 이와 대조적으로 제로 다이내믹스 공격은 시스템 모델의 선형적 특성으로 인해 누설 능력이 필요하지 않다.

시스템 설계자는 제로 다이내믹스 공격을 탐지할 수 없으므로 이 공격이 가능하지 않도록 시스템의 파라미터를 세심하게 선택하는 것이 필수적이다. 제로 다이내믹스 공격의 존재는 다음의 대수적 조건들로 검사할 수 있다. 즉, 만일

$$(sI-A)x - B^a u^a = 0, \quad Cx + \Gamma u^a = 0$$

을 만족하는 $s \in C$, $x \in C^n$ 그리고 $u_a \in C^p$가 존재하면 그리고 이때만 연속 시간 시스템에 제로 다이내믹스 공격이 존재한다. 그리고 제로 다이내믹스 공격은 [Pasqualetti13]에서 상세히 논의되고 있는 토폴로지 조건들을 사용해 특징지어질 수 있다. 정적 시스템 모델의 경우, 전력 시스템에서 널리 채택되고 있으며, χ^2 탐지기 또는 가장 큰 정규화된 잔차normalized residue 탐지기 같은 불량 데이터 탐지기[Abur04]는 잔차 벡터 $r_k \triangleq y_k - C\hat{x}_k$를 검사해 측정값 y_k 내의 오염을 탐지한다. 측정값이 오염되지 않은 경우, 잔차 벡터 r은 가우시안 분포를 보여준다.

그러나 제로 다이내믹스 공격의 경우와 유사하게, 오염된 측정값 벡터 y_k가 정상 y_k인 것처럼 동일한 잔차 r_k를 만들어낼 수도 있다. 이 취약성을 이용하기 위해 적은 스텔스 입력stealthy input u_ℓ^a를 측정값에 주입해 상태 예측값 $\hat{x}_k$를 변경하고 동시에 불량 데이터 탐지기를 속일 수 있다[Liu11]. 결론적으로 "스텔스" 공격의 가능성을 배제하도록 시스템을 설계하는 것이 중요하다.

강건한 제어

강건한 제어robust control는 제어 시스템의 불확실성과 교란을 처리한다. CPS 보안의 관점에서 공격자의 입력은 교란으로 모델링될 수 있다. 공격자가 에너지 제한적, 즉 $\int (u_t^a)^2 \, dt < \infty$라고 생각해보자. 그러면 $\mathcal{H}_\infty$ 루프 형상법loop-shaping method과 같은 기법을 사용해 공격자 입력 $\{u_\ell^a\}$에 대한 상태 $\{x_t\}$의 민감도를 낮추고 시스템이 정상 궤적에서 크게 벗어나지 않을 것이라는 보장을 할 수 있다. [Zhou98]은 이 주제에 대한 더 상세한 논의를 제공한다.

물리적 워터마크 및 인증

스턱스넷Stuxnet 멀웨어가 채택했던 것과 같은 리플레이 공격replay attack은 파괴 능력은 물론 상당한 크기의 누설 능력이 필요하다. 이 시나리오에서 공격자는 외부 제어 입력을 시스템에 주입할 수 있고 모든 센서 값을 읽을 수 있으며 임의로 변경할 수 있다고 가정한다. 이 능력이 주어지면 공격자는 컴퓨터 보안에서 볼 수 있는 리플레이 공격과 유사한 공격 전략을 구축할 수 있으며, 그렇게 함으로써 그 또는 그녀는 이미 기록된 측정값들을 리플레이하면서 원하는 제어 입력의 시퀀스를 시스템에 줄 수 있다.

이 절의 전반부의 예로서 칼만 필터(게인 값 K)와 선형 2차 가우시안 제어기(게인 값 L)를 구현하는 이산 시간 시스템을 생각해보자. [Mo13]은 행렬 $\mathcal{A} \triangleq (A + BL)(I - KC)$가 완전히 불안정strictly unstable하지 않은 경우에 널리 사용되는 χ^2 장애 탐지기[Greenwood96, Mehra71]는 그와 같은 리플레이 공격을 탐지하는 데 효과가 없게 된다는 것을 증명한다. 이 결과는 비록 예측기, 제어기 그리고 탐지기의 특정 경우에 대해 유도된 것이지만, 더 강력한 조건에도 불구하고 일반적으로 더 큰 규모의 시스템에 적용할 수 있다.

그러한 공격을 구별하기 위한 가능한 대응 방안은 $\mathcal{A}$를 불안정하게 만들도록 제어 시스템을 재설계하거나 제어 입력에 인증 신호로 작용하는 어떤 형태의 물리적 워터마크를 포함시키는 것이다. 물리적 워터마크의 핵심 아이디어는 공격자로부터 보호되는 작은 무작위 신호를 제어 신호에 심는 것이다. 신호가 통신 채널, 액추에이터, 물리 시스템 그리고 센서를 지나면서 신호가 이 구성 요소들의 모델에 따라 변환된다. 변환된 워커마크가 감지되는 한 제어 루프상의 모든 구성 요소들이 기대되는 기능을 하고 있는 것으로 간주된다. 독립 동일 분포independent and identically distributed, IID 가우시안 과정 류class에서 최적의 워터마킹 신호를 계산하는 문제는 준정부호semi-definite 프로그래밍 문제로 표현될 수 있으며,

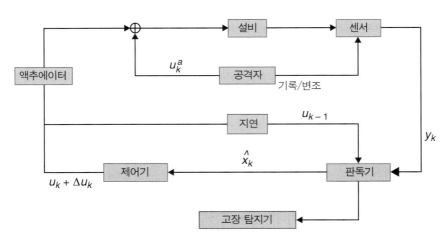

그림 7.3 워터마크 방안의 시스템 다이어그램

따라서 효율적으로 풀릴 수 있다[Mo13]. 그림 7.3은 워터마크 방안의 개요를 보여주는 다이어그램이고, 여기서 u_k는 피드백 제어기에서 발생되는 제어 신호이며, Δu_k는 무작위 워터마크를 나타낸다.

7.4 요약 및 열린 도전 과제

CPS의 원격 관리 및 제어의 확산으로 보안은 이들 시스템에서 핵심적으로 중요한 역할을 하고 있다. 불행하게도 원격 관리의 편리성은 집에 편하게 있는 적에 의해 악의적 목적으로 이용될 수 있다.

현재의 사이버 인프라와 비교해 사이버 물리 인프라의 물리적 구성 요소는 보안을 크게 까다롭게 만드는 상당한 복잡성을 추가한다. 한편으로 증가된 복잡성은 적이 시스템을 파악하기 위해 더 많이 노력을 하도록 만들 것이다. 그러나 다른 한편으로는 이 증가된 복잡성은 수많은 악용의 기회를 가져온다. 방어자의 관점에서 보면 더 복잡한 시스템은 사건들의 조합에 의한 상태 공간 폭발로 인해 시스템을 분석하고 방어하는 데 극적으로 더 많은 노력이 요구된다.

키 관리, 안전한 통신(기밀성, 인증 그리고 가용성을 제공), 안전한 코드 실행, 침입 탐지 시스템 등을 위한 기법들 같은 안전한 사이버 인프라에 대한 현재의 접근 방법들은 분명히 사이버 물리 시스템의 보안에 적용할 수 있다. 불행하게도 크게 보면 이 접근 방법들은 사이버 물리 시스템의 물리적 측면을 무시하고 있다. 반면, 시스템 이론적 접근 방법들은 유용하기는 하지만, 시스템의 사이버 측면을 무시하는 경향이 있다. 따라서 CPS에 의해 제기되는 문제들을 해결하기 위해 사이버 보안과 시스템 이론적 보안에 대한 노력 모두를 결합한 사이버 물리 보안의 새로운 과학적 이론이 개발돼야 하며, 이것은 향후 수년간 흥미진진한 도전적 연구 과제들을 제시할 것이다.

참고문헌

[Abur04]. A. Abur and A. G. Expósito. *Power System State Estimation: Theory and Implementation*. CRC Press, 2004.

[Barker10]. E. Barker, D. Branstad, S. Chokhani, and M. Smid. *Framework for Designing Cryptographic Key Management Systems*. National Institute of Standards and Technology (NIST) Draft Special Publication, June 2010.

[Depuru11]. S. S. S. R. Depuru, L. Wang, and V. Devabhaktuni. "Smart Meters for Power Grid: Challenges, Issues, Advantages and Status." *Renewable and Sustainable Energy Reviews*, vol. 15, no. 6, pages 2736 – 2742, August 2011.

[Deuse03]. J. Deuse, K. Karoui, A. Bihain, and J. Dubois. "Comprehensive Approach of Power System Contingency Analysis." *Power Tech Conference Proceedings*, IEEE Bologna, vol. 3, 2003.

[Greenwood96]. P. E. Greenwood and M. S. Nikulin. A *Guide to Chi-Squared Testing*. John Wiley & Sons, 1996.

[Hug08]. G. Hug. "Coordinated Power Flow Control to Enhance Steady-State Security in Power Systems." Ph.D. dissertation, Swiss Federal Institute of Technology, Zurich, 2008.

[Huitsing08]. P. Huitsing, R. Chandia, M. Papa, and S. Shenoi. "Attack Taxonomies for the Modbus Protocols." *International Journal of Critical Infrastructure Protection VL*, vol. 1, no. 0, pages 37 – 44, December 2008.

[Kerckhoffs83]. A. Kerckhoffs. "La Cryptographie Militaire." *Journal des Sciences Militaires*, vol. IX, pages 5 – 38, January 1883.

[Lee06]. H. Lee, J. Kim, and W. Y. Lee. "Resiliency of Network Topologies Under Path-Based Attacks." *IEICE Transactions on Communications*, vol. E89-B, no. 10, pages 2878 – 2884, October 2006.

[LeMay07]. M. LeMay, G. Gross, C. A. Gunter, and S. Garg. "Unified Architecture for Large-Scale Attested Metering." 40th Annual Hawaii International Conference on System Sciences, pages 115 – 125, 2007.

[LeMay12]. M. LeMay and C. A. Gunter. "Cumulative Attestation Kernels for

Embedded Systems." *IEEE Transactions on Smartgrid*, vol. 3, no. 2, pages 744–760, 2012.

[Liu11]. Y. Liu, P. Ning, and M. K. Reiter. "False Data Injection Attacks Against State Estimation in Electric Power Grids." *ACM Transactions on Information and System Security*, vol. 14, no. 1, pages 1–33, 2011.

[Mehra71]. R. K. Mehra and J. Peschon. "An Innovations Approach to Fault Detection and Diagnosis in Dynamic Systems." *Automatica*, vol. 7, no. 5, pages 637–640, September 1971.

[Mo13]. Y. Mo, R. Chabukswar, and B. Sinopoli. "Detecting Integrity Attacks on SCADA Systems." *IEEE Transactions on Control Systems Technology*, no. 99, page 1, 2013.

[NETL08]. National Energy Technology Laboratory (NETL). *Characteristics of the Modern Grid*. Technology Report, July 2008.

[Pasqualetti13]. F. Pasqualetti, F. Dorfler, and F. Bullo. "Attack Detection and Identification in Cyber-Physical Systems." *IEEE Transactions on Automatic Control*, vol. 58, no. 11, pages 2715–2729, 2013.

[Pickholtz82] R. L. Pickholtz, D. L. Schilling, and L. B. Milstein. "Theory of Spread-Spectrum Communications: A Tutorial." *IEEE Transactions on Communications*, vol. 30, pages 855–884, May 1982.

[Quinn09]. E. L. Quinn. "Smart Metering and Privacy: Existing Laws and Competing Policies." *Social Science Research Network (SSRN) Journal*, 2009.

[Schavemaker09]. P. Schavemaker and L. van der Sluis. *Electrical Power System Essentials*. John Wiley & Sons, 2009.

[Seo11]. D. Seo, H. Lee, and A. Perrig. "Secure and Efficient Capability-Based Power Management in the Smart Grid." Ninth IEEE International Symposium on Parallel and Distributed Processing with Applications Workshops (ISPAW), pages 119–126, 2011.

[Seshadri04]. A. Seshadri, A. Perrig, L. van Doorn, and P. K. Khosla. "SWATT: Software-Based Attestation for Embedded Devices." *Proceedings of IEEE Symposium on Security and Privacy*, pages 272–282, 2004.

[Shah08]. A. Shah, A. Perrig, and B. Sinopoli. "Mechanisms to Provide Integrity in SCADA and PCS Devices." *Proceedings of the Inter- national Workshop on Cyber-Physical Systems: Challenges and Applications (CPS-CA)*, 2008.

[Shahidehpour05]. M. Shahidehpour, W. F. Tinney, and Y. Fu. "Impact of Security on Power Systems Operation." *Proceedings of the IEEE*, vol. 93, no. 11, pages 2013 – 2025, 2005.

[Teixeira12]. A. Teixeira, D. Perez, H. Sandberg, and K. H. Johansson. "Attack Models and Scenarios for Networked Control Systems." *Proceedings of the 1st International Conference on High Confidence Networked Systems*, pages 55 – 64, New York, NY, USA, 2012.

[US-DOE09]. U.S. Department of Energy. *Smart Grid System Report: Characteristics of the Smart Grid*. Technology Report, July 2009.

[Vijayan10]. J. Vijayan. "Stuxnet Renews Power Grid Security Concerns." *Computerworld*, 2010.

[Willsky76]. A. S. Willsky. "A Survey of Design Methods for Failure Detection in Dynamic Systems." *Automatica*, vol. 12, no. 6, pages 601 – 611, November 1976.

[Zhou98]. K. Zhou and J. C. Doyle. *Essentials of Robust Control*. Prentice Hall, Upper Saddle River, NJ, 1998.

[Zima06]. M. Zima. "Contributions to Security of Electric Power Systems." Ph.D. dissertation, Swiss Federal Institute of Technology, Zurich, 2006.

분산 사이버 물리 시스템의 동기화

압둘라 알나임Abdullah Al-Nayeem, 루이 샤Lui Sha, 김철기Cheolgi Kim

사이버 물리 시스템cyber-physical systems, CPS은 일반적으로 센서, 액추에이터 그리고 제어기들의 네트워크로 구성된 네트워크 실시간 시스템networked real-time systems으로 구현된다. 이들 시스템의 많은 정보 처리 기능은 지속적인 실시간 뷰view와 조치action를 필요로 한다. 이와 같은 경성 실시간hard real-time 분산 컴퓨팅의 일관성을 보장하는 것은 매우 어려운 문제다. 이 장에서는 이들 분산 컴퓨팅의 동기화synchronization에 대한 문제와 솔루션에 대해 논의한다.

8.1 서론 및 동기

칩chip상에서 네트워킹된 구성 요소들과 비교하면 분산 시스템에서는 서로 다른 노드node들 간의 비동기적 상호작용asynchronous interactions이 문제의 주요 원천이다. 분산 시스템에서는 처리의 많은 부분이 본질적으로 주기적이며 지역 클록local clocks에 기반을 둔 주기적 타이머에 의해 트리거trigger된다. 지역 클록의 상대적 편향skew은 제한을 둘 수는 있으나 완전히 제거될 수는 없다. 임베디드 시스템 설계자는 원래 하드웨어 커뮤니티에서 제안된 "전역적 비동기 및 지역적 동기globally asynchronous, locally synchronous, GALS" 설계 철학을 사용해 이들 분산 컴퓨팅을 모델링한다[Chapiro84, Muttersbach00]. 이 설계에서는 한 노드 내에서의 계산이 지역 클록을 기반으로 동기적으로 실행되지만, 다른 노드들에 대해서는 비동기적으로 실행된다.

GALS 시스템에서 클록의 편향으로 인해 실행에 있어 작은 타이밍 차이와 통신 지연은 분산된 경주 상황race condition을 초래할 수 있다. 이 문제를 설명하기 위해 그림 8.1에 나타낸 것처럼 감독 제어기로부터 신규 기준 위치 또는 설정 명령을 수신하는 삼중화 제어 시스템triplicated redundant control system을 생각해보자. 클록 편향이 영이 아니므로 설정값을 받는 시점에 한 제어기(제어기 A라고 가정해보자)는 지역 클록을 기준으로 주기 $j + 1$에 있을 수 있으며, 반면, 다른 두 제어기(제어기 B 및 C)는 그들의 지역 클록 기준으로 아직 주기 j

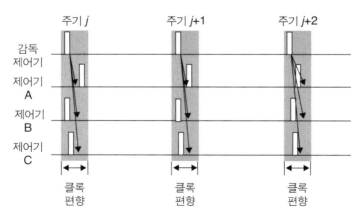

그림 8.1 GALS 시스템에서 삼중화 제어

에 있을 수 있다. 제어기들이 다른 주기에 설정값setpoint을 받으므로 제어기 A의 제어 명령이 다른 두 제어 명령과 멀어질 수 있으며, 따라서 탈락될 것이다.[1] 이러한 경쟁 상황은 제어기 A에 (실제는 장애가 아님에도) 장애가 발생한 것으로 장애 탐지 오류를 유발할 수 있다. 결과적으로 시스템은 제어기가 부정확한 데이터를 만들어내는 진짜 장애를 더 이상 처리할 수 없게 된다.

8.1.1 사이버 물리 시스템의 문제들

항공 전자 공학avionics 같은 안전 필수적 CPS에서 잠재적인 분산 경주 상황distributed race condition은 설계, 검증 그리고 인증 과정에 심각한 오버헤드를 만들어 낸다. 이것은 재현하기 매우 어려운 많은 심각한 오류bugs의 원인이 된다. 이러한 경우, 시스템은 오랜 시간 동안, 심지어 수년 동안 정확하게 작동하다가 논리적으로 관계 없는 일부 하드웨어, 소프트웨어 또는 부하가 변경된 후 갑자기 장애를 일으킬 수 있다. 이 문제들의 근본 원인을 추적해 내려가는 것은 짚단에서 바늘 찾기와 같은 것이다. 모델 검사기model checker 같은 정형적 분석 도구들은 장기적인 기간에 대한 어떤 반례counterexample도 만들어 내지 못할 수 있다. 특히, 모델 검사기는 모든 가능한 이벤트 인터리브하에서의 분산 프로토콜을 검증하기 위해 애플리케이션 상태들을 탐색해야 한다. 이것은 곧 GALS 시스템에서의 상태 공간 폭발 문제state space explosion problem로 이어진다[Meseguer12, Miller09].

이 문제는 애플리케이션이 다른 속도로 상호작용하는 분산 컴퓨팅을 요구할 때 더 어려운 문제가 된다. 예를 들어, 전기 신호식 비행 제어 항공기fly-by-wire aircraft에서는 조종면 control surfaces들이 다른 속도로 동작하는 상위 레벨 감독 제어기에 의해 각각 지역적으로 제어된다. 이 제어기들은 내장애성fault tolerance을 위해 중복적으로 배치된다. 일관된 뷰와 조치는 구성 요소들이 복제 관리를 위해 중복된 구성 요소들과 상호작용할 때는 물론 설정이나 모드 변경 명령 같은 불연속적인 명령을 교환하기 위해 상위 계층의 다른 구성 요소들과 상호작용할 때 필수적이다. 이 다중 속도 분산 컴퓨팅에서의 경주 상황은 문제를 매

---

[1] A, B, C가 투표하면 1:2로 A가 지므로 — 옮긴이

우 까다롭게 만든다.

8.1.2 동기화를 위한 복잡성 축소 기법

이 장에서 우리는 사이버 물리 및 다른 분산 시스템에서 동기화를 위해 사용되는 몇몇 기존 기법들을 일반적으로 논의한다. 사이버 물리 시스템은 분산 컴퓨팅을 위해 전통적으로 보잉 777의 SAFEbus[Hoyme93]와 시간 트리거 구조time-triggered architecture, TTA[Kopetz03]와 같은 독자적인 네트워킹을 사용해왔다. 이 시스템들에서 동기화는 전용 하드웨어를 사용해 네트워킹 계층에서 일어난다.

연구자들은 또한 분산 동기화를 위해 많은 프로토콜들을 구현했다[Abdelzaher96, Awerbuch85, Birman87, Cristian95, Renesse96, Tel94, Tripakis08]. 이 중에서 많은 프로토콜들이 원래 전통적인 컴퓨팅 환경을 위해 설계됐기 때문에 CPS의 실시간 성능 보장의 장점을 이용하지 못한다. 그 대신, 이들은 분산 컴퓨팅의 동기화를 위해 복잡한 핸드셰이킹 프로토콜handshaking protocols에 의존한다.

이 기법들은 하드웨어로 구현되든, 소프트웨어로 구현되든 지속적인 뷰와 조치를 보장하기 위해 종종 아키텍처 의존적인 의미 체계에 의존한다는 한계도 지니고 있다. 그러므로 진보된 하드웨어와 소프트웨어에 의한 구성 변경이 일어나면 검증과 인증을 위한 비용이 증가한다.

엔지니어링 커뮤니티에서는 비용을 줄이고 여러 분야의 애플리케이션에 폭넓게 적용할 수 있는 동기화를 위한 복잡성 축소 기법을 개발해야 한다. 이 장에서는 그러한 진보된 기술들 중 하나로, 우리가 록웰 콜린스Rockwell Collins Inc.와 록히드 마틴Lockheed Martin Inc.과 협업해 최근에 개발한 "물리적 비동기 논리적 동기physically asynchronous, logically synchronous, PALS" 시스템을 논의한다. 여기에 제시된 내용들은 앞선 연구들을 근거로 한 것이다[Al-Nayeem09, Al-Nayeem12, Al-Nayeem13, Meseguer12, Miller09, Sha09].

PALS 시스템은 비동기 상호작용에서 발생하는 경주 상황을 제거하는 하나의 형식화된 아키텍처 패턴이다. 이 패턴은 분산 컴퓨팅의 상호작용을 단순화하기 위해 네트워킹된 사이버 물리 시스템의 기본 기능들(예: 제한된 클록 편향과 제한된 종단간 지연)을 이용한다.

이 접근 방법에서 엔지니어는 마치 계산이 전역 동기식 아키텍처globally synchronous architecture에서 실행되는 것처럼 분산 애플리케이션을 설계하고 검증한다. 패턴은 이러한 동기식 설계를 애플리케이션 로직과 속성의 수정 없이 물리적으로 비동기식인 아키텍처에 배포한다. 전역 동기식 시스템 하에서 성립하는 모든 시간 로직 공식은 이 패턴에 의해 제어되는 모든 비동기식 시스템에 대해서도 성립한다[Meseguer12]. 그러므로 PALS 시스템에서의 검증 비용은 전역 동기식 아키텍처에 대한 애플리케이션 로직만 검증하는 경우처럼 현저히 낮아진다. 더욱이 PALS 시스템은 (패턴들의 가정이 충족되는 한) 상품으로 규격화된commercial off-the-shelf, COTS 구성 요소들과도 전용 하드웨어 없이 동작할 수 있다.

8.2 기본 기법들

이 절에서는 실무자 커뮤니티에서 상당히 인정받고 있는 기본 기법들을 살펴본다. 사이버 물리 시스템의 동기화 측면에서 그 기법들의 효과성과 한계를 논의한다.

8.2.1 형식적 소프트웨어 엔지니어링

유명한 『디자인 패턴: 재사용성을 지닌 객체지향 소프트웨어의 핵심 요소Design Patterns: Elements of Reusable Object-Oriented Software[Gamma95]』[2]이 출판된 이래, 다른 도메인들에 대해 많은 디자인 패턴들이 제안됐다. 또한 내장애성, 실시간 컴퓨팅 그리고 사이버 물리 시스템의 네트워킹에 기반을 둔 아키텍처들도 많다[Douglass03, Hanmer07, Schmidt00]. 패턴은 포괄적 문제generic problem에 대한 솔루션의 설계 템플릿design template으로 볼 수 있다. 소프트웨어 패턴의 표준 관행은 소프트웨어의 재사용을 가능하게 하는 데는 유용하지만, 사이버 물리 시스템에는 충분치 않다. 이 패턴들은 보통 비정형적 언어로 문서화돼 있으며, 따라서 그 패턴들의 정확한 실현은 종종 사용자의 경험과 애플리케이션의 상황에 대

---

[2] 에릭 감마(Erich Gamma), 리처드 헬름(Richard Helm), 랄프 존슨(Ralph Johnson) 그리고 존 블리시디스(John Vlissides) 공저의 소프트웨어계의 명저로, 이들 네 명을 "Gang of Four(GoF)"라고 부른다. – 옮긴이

한 해석에 따라 달라진다. 또한 소프트웨어 패턴을 정형적으로 모델링하기 위한 많은 시도가 있었다[Alencar96, Allen97, de Niz09, Dietrich05, Taibi03, Wahba10]. 이 시도는 도메인 특정적 언어와 구조적 분석을 사용해 구현의 모호성을 탈피하고자 했으나 이것들은 사이버 물리 시스템에 있어 설계와 검증의 복잡성을 어떻게 줄일지에 대해서는 직접적으로 다루지 않는다.

시뮬링크, 스케이드^{SCADE} 그리고 러스터^{Lustre} 같은 동기적 설계 언어^{synchronous design language} 및 도구들은 비록 소프트웨어 구성 요소의 모델링, 시뮬레이션 그리고 분석에만 적용되기는 하지만, CPS 개발에 널리 사용되고 있다. 더욱이 동기화 설계 언어에서 소프트웨어 구성 요소는 원래 전역 클록에 의해서만 중앙 집중화되고 구동되도록 하려는 것이었다. 결과적으로 이 기술들은 기본적으로 분산 소프트웨어 구성 요소들의 아키텍처 레벨 분석을 지원하지 않는다. 동기적 설계 언어에서 분산 소프트웨어의 비동기적 동작을 시뮬레이션하기 위한 여러 솔루션이 제안됐다[Halbwachs06, Jahier07]. 이 솔루션들은 프로세스들의 산발적 실행과 통제된 메시지 전달을 통해 비결정적 비동기적 동작을 시뮬레이션한다. 이것들이 비동기적 소프트웨어 구성 요소들을 모델링하는 데는 유용하지만, 우리는 여전히 분산 애플리케이션에서 조합적 이벤트 인터리빙^{event interleaving}과 복잡한 상호작용을 해결해야 한다.

이러한 관점에서 PALS 아키텍처 패턴은 이들 언어와 도구들을 보완해준다. 언어와 도구들은 마치 우리가 아키텍처 분석 및 설계 언어^{Architecture Analysis and Design Language, AADL} 표준 하에서 했던 것처럼 PALS 시스템의 논리적 동기 모델 내의 시스템을 설계하는 데 사용될 수 있다[Bae11]. 그런 다음 그 시스템을 물리적 비동기 아키텍처상에서 실행하기 위해 동기 모델의 정확성을 보존하는 변환이 필요할 것이다.

8.2.2 분산 합의 알고리즘

분산 합의^{distributed consensus}는 분산 시스템 및 이론에서 핵심 개념이며, 가상 동기화^{virtual synchronization}는 분산 합의를 이루기 위한 초기의 솔루션들 중 하나였다. [birman87]은 이벤트 트리거 계산을 위한 가상 동기화를 이루기 위해 프로세스 그룹 추상화를 최초로 도입했다. 이 가상 동기성virtual synchrony 모델은 복제된 프로세스들의 동작이 장애가 없는 노드의 단일 기준 프로세스reference process의 동작과 구별할 수 없다는 것을 보장해준다.

아이시스ISIS와 그 후속 버전인 아이시스 2ISIS2는 그룹 통신 서비스로 가상 동기성을 달성하는 두 가지 미들웨어 플랫폼이다[Birman12]. 그룹 통신 서비스는 활성 프로세스 목록을 유지 관리하며, 프로세스들에게 뷰 변경 이벤트view change events라는 조인join 및 충돌crash 이벤트를 알려준다. 이 플랫폼들은 분산 프로세스들이 일관성을 유지하도록 뷰 변경 이벤트들과 애플리케이션 메시지들을 동기화한다.

호러스Horus는 가상 동기성을 지원하는 또 다른 시스템이다[Renesse96]. [Guo96]는 이 구현의 가벼운 버전을 제공한다. [Pereira02]는 가상 동기성의 일부 엄격한 일관성 요구사항들을 완화하기 위해 애플리케이션 레벨의 의미 체계semantics를 사용한다.

불행하게도 이 기법들은 언제 동기화가 완료될 것인지에 대한 경성 실시간 보장 또는 시간 범위timing bounds를 제공하지 않는다. 이 통신 서비스들에 대한 실시간 버전은 [Abdelzaher96]와 [Harrison97]가 제안했다. 예를 들어, [Abdelzaher96]는 논리적 링logical ring 구조를 이루는 실시간 프로세스 그룹들을 위한 멀티캐스트multicast 및 멤버십 서비스를 제공한다. 애플리케이션이 실시간 메시지를 보내야 할 때 수락 제어기admission controller에 대한 시간 제약을 갖는 메시지를 제공하며, 그런 다음 수락 제어기는 온라인 스케줄링 가능성 분석을 수행한다. 스케줄링 가능한 실시간 메시지는 수락되며 그렇지 않으면 거부된다. 이 기법들은 마감 시간이 보장될 필요가 없는 연성 실시간soft real-time 시스템을 위해 설계됐다.

이들 그룹 통신 서비스에서 구현된 가상 동기화 모델에서는 몇 가지 두드러진 특징을 볼 수 있다. 첫째, 이 서비스들은 계산 그룹에서 신뢰성 있고 지속적인 메시지 통신을 위한 전송 계층transport-layer 서비스로 주로 사용된다. 애플리케이션 메시지, 멤버십 또는 뷰 변경 이벤트 같은 개별적 이벤트가 발생할 때 일어나는 계산을 이 서비스들과 동기화할 수 있다. 그러므로 어떤 애플리케이션에 대해 이 서비스들을 이벤트 트리거 또는 비주기적 계산과 함께 사용하는 것이 더 타당하다. 그러지 않으면 애플리케이션이 이벤트들의 타임드 프로세싱timed processing을 위해 필요한 메커니즘을 제공해야 한다. 결과적으로 연속된 두 클록 이벤트 동안 생성된 메시지들이 수신 태스크들에서 일관성 있게 처리되도록 애플리케이션에서 계산과 메시지 통신을 조정해야 할 필요가 있다. 그러므로 이 계산들은 노드들 간의 전역적 시간 구간 내에서 클록 이벤트에 동기화돼야 한다.

둘째, 그룹 통신 서비스는 기본적으로 많은 실시간 애플리케이션에서 필요 이상의 복잡성을 갖는 개별 애플리케이션 메시지들의 신뢰할 수 있는 멀티캐스트를 보장한다. 예를 들어, 실시간 분산 시스템은 다음 주기가 시작되기 전에 메시지가 수신되지는 않는 한 개별 메시지가 한 주기 이내에 순서에 따라 전달되는 것을 요구하지 않는다. 시스템의 태스크들은 메시지들이 제시간에 신뢰할 수 있게 전달되는지 여부에만 신경 쓸 수 있다.

셋째, 그룹 통신 서비스는 그룹 멤버십이나 초기화 시 상태 전송 같은 다양한 내장애성 메커니즘들을 일괄 처리한다. 이러한 메커니즘들은 여러 애플리케이션에서 유용하지만, 일반적으로 논리적 동기화 메커니즘을 이 내장애성 메커니즘들과 분리하는 것이 더 낫다. 그렇게 함으로써 소프트웨어 엔지니어는 애플리케이션의 다양한 신뢰성 요구조건들을 충족시키기 위한 적절한 내장애성 메커니즘을 적용할 수 있다.

또 다른 잘 알려진 합의 알고리즘들로는 램포츠 팩소스Lamport's Paxos 알고리즘[Lamport01]과 챤드라 투에그Chandra-Toueg 알고리즘[Chandra96]이 있다. 이들 합의 알고리즘은 분산 트랜젝션, 분산 로킹 프로토콜 그리고 리더 선출에서 널리 사용되고 있다. 그럼에도 불구하고 이것들은 경성 실시간 보장을 제공하지 않는다. 그 대신, 이들은 메시지 전송 지연, 클록 표류율clock drift rate 그리고 실행 속도에 어떤 제한도 주지 않는 전역 비동기 시스템을 가정한다.

분산 합의의 불가능성에 대한 유명한 이론을 [Fischer85]에서 볼 수 있다. 이 이론은 이러한 비동기 시스템에서는 어떤 알고리즘도 단일 프로세스 충돌/장애인 경우조차도 항상 제한된 시간 내에 합의에 도달할 수는 없다고 제안한다. 주된 이유는 프로세스들이 종단 간 지연에 대한 제한 없이 느린 프로세스를 충돌한 프로세스와 정확히 구별할 수 없기 때문이다. 어떤 합의 알고리즘들은 장애 탐지기 및 정족수 일관성 같은 개념의 적용을 통해 이러한 합의의 불가능성을 극복한다[Gifford79].

실시간 시스템은 메시지 전송 지연, 클록 표류율, 클록 편향 그리고 응답 시간에 대한 제한을 요구한다. 즉, 분산 합의의 불가능성에 관한 이론은 이러한 유형의 시스템에는 적용되지 않는다. 더 나아가 현대 항공 전자 공학과 같은 네트워킹된 제어 시스템에서는 내장애성 및 실시간 요구사항이 네트워킹 계층에서 보장된다. 예를 들어, 전기 신호식 비행 제어에서 네트워크는 전기 신호선이다. 이상적으로는 실시간 가상 동기성의 설계를 단순화하기 위해 네트워킹된 제어 시스템 내의 기존 내장애성 실시간 네트워크를 이용할 것이다.

8.2.3 동기 록스탭 실행

다른 연구자들은 동기 모델을 느슨한 시간 트리거 아키텍처Loosely Time-Triggered Architecture, LTTA[Benveniste10]나 비동기 유계 지연asynchronous bounded delay, ABD 네트워크[Chou90]와 같은 다른 비동기 아키텍처상에 구현했다. [Tripakis08]은 동기적 계산을 비동기 아키텍처상에 매핑하는 문제를 다루고 있다. 연구자들은 그들의 접근 방법에서 LTTA를 고려한다. 매핑은 중간 유한 FIFO 플랫폼FFP 계층을 통해 달성된다. 예측할 수 없는 네트워크 지연과 클록 편향에도 불구하고 정확성이 달성되지만, 이 접근 방법들은 사이버 물리 시스템에서 동기화와 지속적인 뷰를 위해 요구되는 경성 실시간 보장을 제공하지 않는다. 더욱이 이 연구는 장애나 다중 속도 계산을 다루지 않는다.

ABD 네트워크는 기본적으로 전송 지연에 한계가 있다고 가정한다. [Chou90]와 [Tel94]는 유계 클록 표류율이 있는 ABD 네트워크상에서 전역적 동기 설계를 시뮬레이션하기 위한 유사한 프로토콜을 제시한다. 이 프로토콜들은 상이한 네트워크 토폴로지에 대한 왕복 시구간round interval에 관해 논리적 동기화 주기를 정의하며, 여기서 각 왕복 시구간은 메시지 전송 지연에 대한 상한을 제공한다. 그러나 이 프로토콜들은 내장애성 클록 동기화기clock synchronizer가 항공 전자 공학과 같은 네트워킹된 제어 시스템에서 요구되는 지역 클록에 적용된다고 가정하지 않는다. 결과적으로 이 프로토콜들은 클록 표류 오류를 정정하기 위한 복잡한 재초기화reinitialization 절차가 필요하다. 예를 들어, 프로토콜은 특정 횟수의 왕복이 있은 이후에 특별한 "start" 메시지의 멀티캐스트에 기반해 클록들을 리셋한다. 이들 접근 방법에서는 사이버 물리 시스템의 실시간 주기적 계산이 이 재초기화 절차 동안에 불연속적일 수 있다. 그리고 이 접근 방법들 중 어느 것도 노드 장애, 신뢰성 있는 메시지 통신과 다중 속도 계산multirate computations을 논의하지 않는다.

[Awerbuch85]는 논리적 동기화를 달성하기 위한 세 가지 프로토콜, 즉 α 동기화기, β 동기화기 그리고 γ 동기화기를 제공한다. 이 동기화기들은 동기 로직을 실행하기 위해 지역 틱local tick 이벤트를 발생하지만, 이들은 틱 이벤트 이후에 과거 메시지가 도착하는 것을 방지하기 위해 확인 응답 메시지acknowledgment messages 또는 리더 노드leader node에 의존한다. 결과적으로 이 솔루션들은 더 긴 동기화 주기를 필요로 하며, 장애 및 다른 비동기 이벤트들에 대해 검증 가능한 리더 선출leader-election 로직을 유지 관리하기 위한 오버헤드가 크다.

또한 [Rushby99]는 시간 트리거 아키텍처에서 왕복 기반round-based 동기 실행을 제공한다. 이 모델에서는 각 동기 왕복 또는 주기가 두 단계phase, 즉 통신 단계communication phase와 계산 단계computation phase를 갖는다. 계산 단계는 통신 단계가 끝난 후에만 시작된다. 그러나 이 연구는 다중 속도 실행을 지원하지 않으며 메시지를 보내기에 앞서 계산 단계가 종료될 것을 요구한다.

8.2.4 시간 트리거 아키텍처

시간 트리거 아키텍처Time-triggered architecture, TTA는 일관성을 유지하기 위해 분산 실시간 클록 소스를 도입한 가장 초기의 시스템 아키텍처 중의 하나였다[Kopetz03]. TTA의 핵심 기능들은 TTP/A 및 TTP/C 같은 고신뢰 메시지 통신을 위한 맞춤형 네트워크 아키텍처에 구현된다. 이 두 가지 프로토콜 모두에서 노드들은 미리 지정된 시분할 다중 접속time division multiple access, TDMA 스케줄에 따라 통신한다. 그러므로 모든 노드는 정확한 메시지 전송 시간을 알고 있으며, 들어오는 각 메시지를 수신하기 위한 시간대time window를 갖는다. 네트워크 가디언과 네트워크 스위치와 같은 이 아키텍처의 하드웨어는 또한 메시지 스케줄을 유지 관리하며 메시지가 허용 가능한 시간 구간 내에 도착하지 않으면 장애 노드를 탐지한다[Kopetz03]. 이 솔루션들의 정확성은 네트워크 스위치를 포함한 모든 노드들의 엄격한 시간 동기화에 의존한다. 이와 같이 이 네트워크 아키텍처들은 또한 내장애성 클록 동기화 알고리즘을 하드웨어에서 구현한다[Pfeifer99, Steiner11]. 최근에 TTA-Group은 TTA에서 영감을 받아 TDMA 기반 메시지 전달과 하드웨어 기반 시간 동기화를 채용한 실시간 전환 이더넷 네트워크 시스템인 TTEthernet을 발표했다[Kopetz10].

TTA는 그들의 분산 일관성 및 논리적 동기화의 구현을 다른 접근 방법들과 구별되게 하는 자신만의 분명한 특성을 갖고 있다. TTA에서 분산 일관성은 스파스 타임 베이스sparse time base[Kopetz92]의 개념에 기반하고 있다. 스파스 타임 베이스에서는 메시지 전송의 발신 시점들을 제어한다. 메시지들은 충분한 시차를 두고 전송돼 다른 노드들에서 메시지 전송의 지역 타임스탬프에 기반을 둔 메시지 순서가 일치할 수 있도록 한다. 타임스탬프를 정의하기 위해 TTA는 시간 입자(즉, 틱 간격)가 최대 시간 편향의 함수인 논리 클록logical clock을 정의한다. 이 클록에 기반해 타임스탬프들 간의 차이가 2 틱보다 크거나 같다는 조건하에서 TTA는 이벤트들의 시간적 순서가 타임스탬프로부터 복구될 수 있다는 것을 보장할 수 있다[Kopetz11].

이 모델이 TTA에서 메시지들의 시간적 순서를 정의하기 위한 단순한 접근 방법을 제공하지만, 분산 상호작용을 조정하려면 추가 노력이 필요하다. 특히, TTA는 논리 클록에서 태스크 응답 시간과 메시지 전달 지연을 고려하지 않는다. 따라서 메시지 전송에 가해지는 제어에도 불구하고 이 시스템 파라미터들의 변동이 TTA에서 분산 알고리즘에 대한 검증의 복잡성을 증가시킬 수 있다.

[Steiner11]은 최근 TTA에서 전역적 동기 모델을 구현하기 위해 확장된 스파스 타임 베이스 방법을 제안했다. 이 접근 방법은 TTA의 원래 논리 클록의 맨 위에 동기화 주기가 태스크 응답 시간과 메시지 전송 지연을 허용할 수 있을 만큼 충분히 길다는 것을 보장하는 추가적인 타이밍 계층을 요구한다.

PALS 시스템[Sha09] 같은 또 다른 접근 방법은 논리적 동기화를 수행하기 위해 시간 트리거 네트워크 아키텍처의 전역 메시지 스케줄을 알 필요가 없다. PALS 시스템의 미들웨어 버전인 PALSware에서 타임스탬프 개념이 이 접근 방법의 구현을 더 실용적이게 할수 있지만[AlNayeem13], PALS 패턴은 근간의 네트워크 아키텍처를 추출하기 위해 시스템의 성능 파라미터들만 사용한다.

8.2.5 관련 기술

분산 동기화와 함께 여러 가지 관련 기술들이 사용될 수 있다. 이 절에서는 가장 적절한 몇 가지 기술들을 논의한다.

8.2.5.1 실시간 네트워킹 미들웨어

실시간 CORBA[Schmidt00], 웹 서비스 그리고 발행/구독 미들웨어publish–subscribe middleware[Eugster03]와 같은 분산 미들웨어는 그를 통해 분산된 태스크들이 협업할 수 있는 가상 플랫폼을 제공한다. 그러나 이 미들웨어 플랫폼들에 의해 제공되는 추상화는 서로 많이 다르다. 실시간 CORBA, 웹 서비스 그리고 발행/구독 미들웨어에서는 개발자가 분산된 노드들의 비동기적 특성을 구체적으로 잘 알고 있어야 한다. 따라서 이들 미들웨어 계층 위에서 실행되는 애플리케이션은 그러한 비동기적 환경 하에서 일관성을 제공할 것이라는 것을 보장하기 위해 세심하게 설계되고 검증돼야 한다.

8.2.5.2 내장애 시스템 설계

내장애성fault tolerance은 안전 필수 시스템safety-critical systems을 위한 주 설계 기준이다. 여러 다른 애플리케이션 영역에서 다양한 기법들이 제시됐다. 예를 들어, 삼중 모듈 중복 구조triple modular redundancy, TMR 및 쌍쌍 중복 구조pair–pair redundancy가 단일 지점 장애single-point failure를 보호하기 위해 널리 사용된다. [Sha01]은 명령 및 제어 시스템에 대한 효과성과 신뢰성의 문제를 분리하기 위해 단일체 아키텍처simplex architecture를 제안했다. 프로세스 그룹에서 애플리케이션들은 고장 정지crash failure[3], 메시지 누락message omission 그리고 비잔틴 장애Byzantine faults[4] 같은 다양한 장애가 존재하는 상황에서 멤버들의 상태에 대한 일관된 상황을 파악하기 위해 멤버십 알고리즘을 사용할 수도 있다[Cristian86, Kopetz93].

---

[3] 실패(failure)로 인해 시스템이 완전히 고장 난(crash) 상태 – 옮긴이

[4] 관찰자의 입장에 따라 증상이 다르게 나타나는 장애로, 단지 시스템이 멈추거나 에러 메시지를 내보내는 것과 같은 장애뿐만 아니라 잘못된 값을 다른 시스템에 전달하는 등의 좀 더 그 원인을 파악하기 어려운 장애들까지 포함한다. 합의(consensus)가 필요한 시스템에서 비잔틴 장애는 비잔틴 실패를 일으킨다. – 옮긴이

8.2.5.3 분산 알고리즘의 형식적 검증

분산 합의 알고리즘의 형식적 검증은 과거에 조사된 적이 있다[Hendriks05, Lamport05]. 그들은 제한된 메시지 전송 지연만을 보장하는 물리적 비동기 아키텍처에서 분산 합의 알고리즘의 모델 검사는 어느 정도 타당할 수 있다는 것을 보였다. 이 아키텍처들은 보통 부분 동기partially synchronous 분산 시스템이라고 알려져 있다. 불행하게도 이 알고리즘들은 분산 시스템에서 확장 가능한 검증을 위한 포괄적 솔루션을 제공하지 않는다.

연구자들은 이 아키텍처에서 분산 수렴distributed convergence 같은 또 다른 분산 알고리즘을 검증했다. 예를 들어, [Chandy08]은 부분 동기 분산 시스템에서 분산 수렴 문제를 검증하기 위해 공유 메모리 아키텍처를 변환한다. 그러나 공유 메모리 아키텍처와 부분 동기 아키텍처에 대한 아키텍처 관련 가정은 실시간 시스템에서 요구되는 것들과 다르다. 이 아키텍처들과는 대조적으로 실시간 시스템은 다양한 시스템 파라미터들에게 시간 한계를 부가한다. 그러므로 동등한 전역 동기 설계를 사용할 수 있게 함으로써 비결정적 상호작용 시나리오의 발생 가능성을 줄이는 것이 가능하다.

최근 수년간, 연구자들은 분산 소프트웨어의 모델 검사를 개척했다[Killian07, Lauterburg09, Lin09, Sen06]. 그들은 효율적인 상태 공간 탐색을 위해 랜덤 워크random walk, 유계 탐색bounded search 그리고 동적 부분 순서 축소dynamic partial-order reduction와 같은 다양한 발견적 기법을 고려했다. 이러한 최적화에도 불구하고 분산 알고리즘의 모델 검사는 특정 모델 크기나 복잡성을 넘어 극히 어려운 문제로 남아 있다.

8.3 진보된 기법들

분산 CPS에서 동기화를 위한 전통적인 기법들은 해결되지 않은 중요한 문제들을 남겨뒀다. 이 절에서는 이 문제들을 해결하고 동시에 이들 시스템에 대한 검증을 단순화하는 새로운 기법들을 설명한다.

8.3.1 물리적 비동기, 논리적 동기 시스템

이 절에서는 과학 커뮤니티에서 아직 개발 중인 진보된 기법인 물리적 비동기, 논리적 동기 시스템PALS을 논의한다.

PALS 시스템에서 논리적 동기화의 주요 개념은 그림 8.2처럼 꽤 단순하다. 전역 동기 시스템에서는 분산 컴퓨팅이 그 주기에 대한 전역 클록에 의해 록스텝에 배치dispatch된다. 각 배치에 대해 태스크는 입력 포트들로부터 메시지를 읽어 들이며, 출력 메시지를 다른 노드들로 보낸다. 이 록스텝 실행에서 주기 j 동안 발생되는 메시지는 주기 $j + 1$에서 그들의 수신 태스크destination task들에 의해서만 소비된다.

PALS 시스템은 물리적 비동기 아키텍처에서 동등한 록스텝 (동기) 실행을 보장한다. 이 시스템에서는 각 분산 계산에 대해 각 노드가 주기 T인 소위 PALS 클록이라는 논리 클

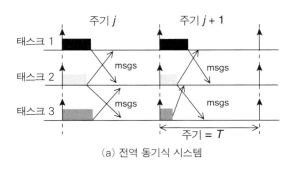

(a) 전역 동기식 시스템

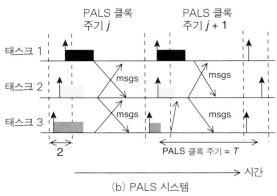

(b) PALS 시스템

그림 8.2 논리적으로 동등한 전역 동기 시스템과 PALS 시스템

344

록을 정의한다. 각 노드는 PALS 클록 주기 시작 시점에 계산 로직을 트리거한다. j번째 PALS 클록 주기는 노드의 지역 클록 시점에 시작하며, $c(t) = jT$로 정의된다.

지역 클록은 비동기적이다. 그러므로 PALS 클록 주기는 전역 시간과 같은 시점에 시작하지 않는다. 그 대신, 다른 노드들에서 PALS 클록 주기는 전역 시간에서 잘 정의된 구간 내에서 시작된다.

PALS 클록의 물리적 비동기성에도 불구하고 이러한 패턴은 주기 j 동안 발생되는 메시지들이 주기 $j + 1$에 그들의 수신 태스크들에 의해 소비된다는 것을 보장한다. 즉, 입력에 대한 뷰는 PALS 클록 주기에 실행되고 있는 전역적 동기 모델들에게 동일하다.

8.3.1.1 PALS 시스템 가정들

PALS 시스템으로 구조화되는 사이버 물리 시스템의 경우, 그 아키텍처는 일련의 가정들을 충족시켜야 한다. PALS 시스템 가정은 시스템 컨텍스트, 타이밍 그리고 외부 인터페이스 제약 조건의 세 가지 범주로 나눌 수 있다.

시스템 컨텍스트

PALS 시스템은 다음과 같은 특징들과 제한된 성능 파라미터를 갖는 경성 실시간 네트워크 시스템에 적용될 수 있다.

- 각 노드는 단조 비감소$^{monotonically\ nondecreasing}$ 지역 클록 c: Time → Time (Time = R ≥ 0)을 갖는다. 여기서 $c(t) = x$는 "이상적" 전역 시간 t에서 지역 클록 시간 x다.

- 지역 클록은 해당 지역 클록 시간이 전역 시간에서 2ε 구간 내에서 일어나는 범위까지 동기화된다. $c(t) = x$라고 가정해보자. 그러면 t는 전역 시간 구간 $[x - \varepsilon, x + \varepsilon]$에서 일어나며, 여기서 ε는 전역 시간에 대한 최악의 경우의 클록 편향으로 정의된다.

- 계산 태스크 α의 응답 시간의 범위는 $0 < \alpha^{min} \leq \alpha \leq \alpha^{max}$다.

- 메시지 전송 지연 μ의 범위는 $0 < \mu^{min} \leq \mu \leq \mu^{max}$이다.

- 노드들은 실패 정지fail-stop 동작을 보이며 나중에 복구될 수 있다. 실패한 노드가 현재 주기 동안 추가로 메시지를 보낼 수 있어서는 안 된다.

항공 전자 공학에서 볼 수 있는 기존 사이버 물리 시스템은 이러한 요구사항을 충족시킨다. 예를 들어, 항공 전자 시스템에서 노드들은 제한된 시간 내의 메시지 전달을 보장하는 실시간 네트워크 아키텍처를 통해 통신한다. 그뿐만 아니라 노드들은 샘플링과 작동 제어의 지터를 최소화하기 위해 지역 클록을 동기화한다. 이 아키텍처들은 또한 중복된 프로세서 짝들로 실패 정지 실행을 지원한다. 그러므로 패턴은 이들 시스템에서 최소한의 오버헤드로 인스턴스화될 수 있다.

타이밍 제약 조건

물리적으로 비동기 아키텍처에서는 시스템 파라미터에 대한 다음의 제약 조건들이 반드시 충족돼야 한다.

- **PALS 인과성 또는 출력 보류 제약 조건**: PALS 클록이 완벽히 동기화되지 않으므로 태스크의 출력을 너무 일찍 전달하면 록스텝 동기화를 위반하게 될 수 있다. 메시지가 수신 태스크에서 같은 주기에 소비될 가능성도 있다. 이러한 잘못된 상황을 방지하기 위해 태스크가 주기 j에서 $t = (jT + H)$보다 일찍 메시지를 보낼 수 있으면 안 된다. 여기서 $H = \max(2\varepsilon - \mu^{min}, 0)$이다.
- **PALS 클록 주기 제약 조건**: 노드의 분산 계산에는 다른 노드들에서의 계산 상태를 알기 위해 적어도 종단간 계산 및 메시지 전송의 지연이 필요하다. 그러므로 PALS 시스템에서의 분산 계산은 이 지연보다 더 긴 주기로 실행돼야 한다. PALS 시스템은 PALS 클록 주기에 대해 최적 하한을 $T > 2\varepsilon + \max(\alpha^{max}, 2\varepsilon - \mu^{min}) + \mu^{max}$로 정의한다.

외부 인터페이스 제약 조건

PALS 패턴은 외부 구성 요소들과의 상호작용에 대해 추가의 제약 조건을 규정한다. 이와 같은 시스템은 외부 메시지가 논리적으로 동기화돼 전달되도록 조정하기 위해 환경 입력 동기화기^{environment input synchronizer}라는 특별한 구성 요소를 사용한다. 가장 간단한 형태로서의 환경 입력 동기화기는 PALS 클록 주기 제약 조건과 PALS 인과성 제약 조건을 모두 충족시키는 주기적 태스크다. 환경 입력 동기화기가 주기 j 동안에 외부 메시지를 수신한다고 가정해보자. 환경 입력 동기화기는 주기 $j + 1$ 동안 이 메시지를 최종 수신 태스크로 전달함으로써 수신 태스크가 일관되게 같은 PALS 클록 주기로 외부 메시지를 수신하도록 한다.

이와 유사하게, 외부 관찰자 입장에서 PALS 계산에 대한 일관된 뷰를 유지하기 위해 환경 출력 동기화기를 사용할 수도 있다. 환경 출력 동기화기는 또한 다른 PALS 계산들과 유사한 방식으로 실행되며 앞에서 언급한 타이밍 제약 조건을 충족한다.

8.3.1.2 다중 속도 계산을 위한 패턴 확장

PALS 시스템은 다중 속도 분산 계산의 논리적 동기화를 지원하기 위해 다중 속도 PALS 시스템이라는 패턴에서 확장된 것이다[Al-Nayeem12]. 이 패턴에서는 애플리케이션 태스크들이 상이한 속도로 실행되며 PALS 클록 주기 동안 1개 이상의 메시지 전송이 가능하다.

이 확장은 또한 지역 클록 C가 $\forall j \in N$에 대해 jT_{hp}와 일치할 때 주기적 PALS 클록 이벤트들의 시퀀스를 정의한다. 여기서 T_{hp}는 PALS 클록 주기다. 다중 속도 PALS 시스템에서 PALS 클록 주기는 초주기^{hyper-period} 또는 참여 태스크들의 주기의 최소공배수^{LCM}로서 선택된다. 다중 속도 태스크를 갖는 전역적 동기 시스템에서 불연속적 상태 업데이트는 초주기 경계에서만 동기적으로 일어나므로 더 작은 동기화 주기는 가능하지 않다. 더 작은 동기화 주기는 비동기적 동작을 초래할 수 있으며, 시스템 안전에 역으로 영향을 미친다. 동일한 동기화의 의미를 보존하기 위해 PALS 클록 주기는 참여 태스크들의 주기의 최소공배수로 설정된다.

M_1 및 M_2가 각각 주기 T_1 및 T_2인 두 주기적 태스크라고 가정해보자. M_1은 출력 메시지를 M_2에 전송하며 반대로도 그러하다. PALS 클록 주기가 T_{hp}라고 가정해보자. 여기서 $T_{hp} = LCM(T_1, T_2)$다. 다중 속도 PALS 시스템 패턴은 M_1이 PALS M_2가 클록 주기 j 동안 만들어내는 메시지들을 총 $n_2 = T_{hp} / T$ 2개를 수신한다는 것을 보장한다. 이

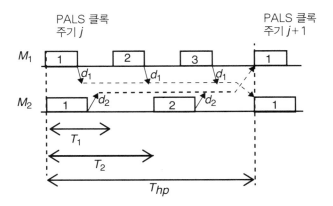

그림 8.3 다중 속도 PALS 시스템 기반 상호작용

와 유사하게, M_2는 동일한 PALS 클록 주기 동안에 M_1으로부터 $n_1 = T_{hp} / T$ 1개의 메시지를 수신한다. 패턴은 이 수신된 메시지들을 걸러내며 다음 PALS 클록 주기 동안 골라낸 메시지들을 동일하게 전달한다. 그림 8.3은 이 예를 설명한다.

이러한 동작이 실현되는 것을 보장하기 위해 발신 태스크로부터 메시지의 종단간 지연은 태스크의 주기보다 작아야 한다. 패턴은 PALS 시스템으로서 유사한 일련의 가정들을 충족해야 한다. [Bae12-b]은 다중 속도 PALS 시스템과 관련된 수학적 분석을 제공한다.

8.3.1.3 PALS 아키텍처 명세

PALS 시스템 패턴은 아키텍처 모델링 언어에서 형식적 명세와 분석에 특히 잘 맞는다. 사이버 물리 시스템에서 논리적 동기화의 복잡성을 관리하기 위해 PALS 시스템의 아키텍처 모델을 검증할 수 있다. 예를 들어, 과거에는 PALS 시스템 설계를 위한 아키텍처 명세와 요구사항을 사이버 물리 시스템을 위한 산업 표준 모델링 언어인 SAE 아키텍처 분석 및 설계 언어SAE Architecture Analysis and Design Language, AADL로 정의했다[Aerospace04]. 이 요구사항들은 AADL 모델에서 쉽게 확인할 수 있는 일련의 단순 제약 조건들을 식별한다. 모델이 이러한 제약 조건을 충족시키도록 함으로써 물리적 비동기 모델에서 논리적 동기화의 정확성을 쉽게 보장할 수 있다.

AADL에는 PALS 시스템 설계를 위한 두 가지 명세로서 동기식 AADL과 PALS AADL이 있다.

동기식 AADL 명세

PALS 시스템 설계의 첫 번째 단계는 동기식 모델의 설계와 검증이다. 우리는 UIUC[University of Illinois at Urbana-Champaign] 및 오슬로 대학[University of Oslo]의 동료들과 함께 AADL에서 동기식 설계에 대한 명세를 제안했다[Bae11]. 이 동기식 AADL[Synchronous AADL] 명세는 전역적 동기식 계산의 록스텝 실행을 모델링한다.

동기식 AADL 명세에서는 AADL 모델링 구조의 하위 집합만 사용해 구성 요소와 해당 연결을 정의한다. 이 명세에는 단 두 가지 유형의 구성 요소가 포함된다. (1) 록스텝 방식으로 분산 컴퓨팅에 참여하는 구성 요소와 (2) 외부 입력을 구성 요소로 보내는 외부 환경이다. 두 유형의 구성 요소는 메시지를 동일한 속도로 주기적으로 발신하는 AADL 스레드[threads] 구성을 사용해 모델링된다. 상태 및 상태 전이는 AADL Behavior Annex를 사용해 모델링된다[Frana07].

동기식 AADL 명세는 지연된 데이터 포트 연결 의미를 사용해 스레드들 간의 메시지 통신을 모델링한다. 이것은 록스텝 실행에서 수신 스레드가 다음 주기에 발신 스레드의 출력을 소비한다는 것을 보장한다. 환경 스레드와 다른 스레드 간의 연결은 데이터 즉시 포트 연결 의미 체계를 사용해 모델링된다. 즉시 연결[immediate connection]은 스레드들이 동시에 시작될 때 발신 스레드가 수신 스레드보다 먼저 실행하는 스케줄링 순서를 제공한다.

그러나 AADL 모델은 실행할 수 없으며, 자동으로 검증할 수 없다. 형식적 검증을 지원하기 위해 동기식 AADL 모델은 모델 검사와 시뮬레이션을 위한 Real-Time Maude로 자동 변환된다. 동기식 AADL 명세와 모델 검사 결과의 형식적 의미 체계는 [Bae11]에 있다.

PALS AADL 명세

PALS 시스템 설계 절차의 다음 단계는 동기식 AADL 모델을 물리적 비동기 시스템 모델로 매핑하는 것이다. 모델 기반 엔지니어링의 주요 문제의 하나는 개발 과정에서 엔지니어가 모델을 다듬고 확장하면서 검증 속성을 보존하는 것이다. 우리는 록웰 콜린스 Rockwell Collins Inc.의 동료들과 함께 이 문제를 충족시키는 쉽게 확인할 수 있는 PALS 패턴의 AADL 명세를 제안했다[Cofer11].

이 명세의 개념은 아키텍처 변환에 기반을 두고 있다. AADL에서 이 변환은 구성 요소 상속, 즉 구성 요소와 연결에 패턴 특정적 속성으로 주석annotation을 다는 것을 포함한다. 우리는 패턴 인스턴스에서 논리적으로 동기화된 상호작용의 범위 및 타이밍 속성을 식별하는 관련 AADL 속성들의 집합을 정의했다. 예를 들어, 비동기식 모델에서는 스레드와 그에 대응하는 동기식 AADL 모델의 연결을 두 가지 속성, 즉 `PALS_Properties::PALS_Id`와 `PALS_Properties::PALS_Connection_Id`로 주석을 단다. 이 속성들은 값으로 문자열을 받는다. 이 두 가지 속성을 사용해 이 속성들에 대해 동일한 값을 갖는 구성 요소들과 연결들의 집합으로 구성된 논리적 동기화 그룹을 정의한다.

PALS 시스템 규칙은 논리적 동기화 그룹의 구성 요소와 연결에 적용된다. AADL 모델 검사기는 시스템 모델을 로드하고 PALS 시스템 가정들을 검증할 수 있다. 예를 들어, 논리적 동기화 그룹의 각 스레드 M_i에 대해 앞에서 언급한 PALS 클록 주기와 PALS 인과성 제약 조건을 단순히 다음의 조건들을 계산함으로써 검증할 수 있다.

$$M_i.Period > 2\varepsilon + \max(M_i.Deadline, 2\varepsilon - \mu^{min}) + \mu^{max}$$
$$\min(M_i.PALS\ Properties::PALS\_Output\_Time) > \max(2\varepsilon - \mu^{min}, 0)$$

여기서 $M_i.Period$는 스레드 M_i에 의해 정의되는 AADL 속성 주기의 추출된 값이다. 이와 유사하게, $M_i.Deadline$은 스레드 M_i의 AADL 속성 시한이다. 이 명세에서 스레드의 시한을 최대 응답 시간 α^{max}에 대한 파라미터로 사용한다. 스레드는 또한 `PALS Properties::PALS_Output_Time`이라는 AADL 속성을 정의한다. 이것은 스레드가 시작된 이래, 출력을 발신하는 가장 이른 시간과 가장 늦은 시간을 제공한다. 나머지 성능 파라미터들은 메시지 전송 지연 대기 시간 (μ^{min}, μ^{max})과 지역 클록 편향 ε에 대한 `Clock_Jitter`와 같은 표준 AADL 속성들을 기반으로 계산된다.

8.3.1.4 PALS 미들웨어 아키텍처

우리는 논리적 동기식 상호작용을 위한 태스크 실행과 통신 서비스를 구현하는 PALSWare 라는 분산 미들웨어를 개발했다. 그림 8.4는 PALSware의 소프트웨어 아키텍처를 보여 준다. 이것은 인프라스트럭처, 미들웨어 그리고 애플리케이션의 세 부분으로 구성된다. 이렇게 계층화된 아키텍처는 상이한 플랫폼에 대한 소프트웨어의 이식성과 확장성을 높여준다.

인프라스트럭처 계층에서 미들웨어는 내장애성 클록 동기화기와 실시간 네트워크 아키텍처를 통합하기 위한 포괄적 인터페이스를 정의한다. 패턴에 대한 가정이 충족되는 한 이들 인프라스트럭처 서비스가 변경되거나 COTS 구성 요소들로 개발되는 경우에도 애플리케이션 로직은 영향을 받지 않는다.

미들웨어 계층에서 PALSware는 여러 가지 구현상의 문제들을 해결한다. 특히, 태스크 실패는 시스템의 복잡성을 증가시킨다. 예를 들어, 태스크가 수신 태스크들에게 동일한 메시지를 순차적으로 보낼 수 있다. 만일 이 태스크가 갑자기 멈추면 수신 태스크들 중에

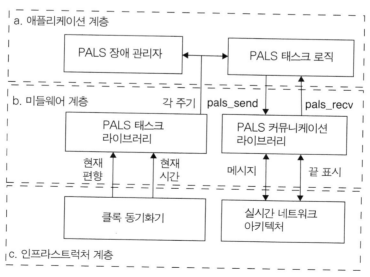

그림 8.4 PALS 미들웨어 아키텍처의 계층들

서 일부만 메시지를 받게 될 수 있으며, 그 결과 불일치 상태가 된다.

PALSware는 이 문제를 방지하기 위해 실시간 고신뢰 멀티캐스트 프로토콜을 구현한다. 내장애성 실시간 네트워크 아키텍처를 통해 통신하는 실패 정지 노드들에 대해 프로토콜은 장애가 없는 수신 태스크가 발신 태스크에서 메시지를 수신하면 다른 장애가 없는 수신 태스크들도 같은 주기 내에 메시지를 수신할 것이라는 것을 보장해준다. PALSware는 또한 분산 상호작용에서 원자성^{atomicity}를 보장하기 위해 이 통신 프로토콜을 사용함으로써 수신 태스크들은 발신 태스크의 작동 또는 실패 상태에 대한 일관된 정보를 갖게 된다.

애플리케이션 계층에서 애플리케이션 개발자는 분산 태스크를 위한 주기적 애플리케이션 로직을 구현한다. 또한 이 계층은 논리적 동기화에 영향을 줄 수 있는 모든 장애에 대한 런타임 모니터링을 지원한다. 예를 들면, 만일 클록 편향 가정이 어떤 이유로 위배되면 분산 태스크들은 더 이상 전역 시간으로 2ε 구간 동안에 지역적으로 동기화되지 않을 것이다. 사용자는 이러한 문제들을 탐지하고 어떤 장애 안전^{fail-safe} 조치를 정의하기 위한 애플리케이션 특정적 장애 관리자를 사용해 PALSware를 재설정할 수 있다. 예를 들면, 장애 관리자는 클록 동기화기에서 현재 클록 편향 추정값을 받아 타이밍 장애를 감지하기 위해 그 값을 ε과 비교할 수 있다.

8.3.1.5 예: 이중화 제어 시스템

이 절에서는 운영 대기^{active-standby} 시스템이라는 이중화 제어 시스템^{dual-redundant control system}의 예를 사용해 PALS AADL 명세의 응용과 PALS 미들웨어 API를 설명한다. 운영 대기 시스템은 물리적으로 분리된 Side1과 Side2라는 2개의 제어기로 구성된다(그림 8.5). 각 제어기는 센서 하부 시스템에서 주기적으로 센서 데이터를 받는다. 단지 하나의 제어기만 운영 제어기^{active controller}로 작동하고 제어 출력을 내야 하며, 나머지 제어기는 대기 모드에서 작동해야 한다. 사용자는 이 제어기들이 운영/대기 모드를 서로 뒤바꾸도록 제어기에 명령을 보낼 수 있다. 이 예에서는 두 제어기가 계산을 동기화함으로써 어떤 것이 운영 상태가 될 것인지에 대해 합의한다.

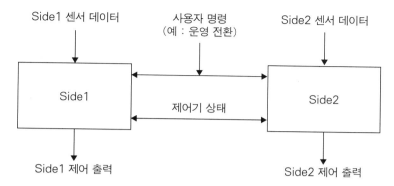

그림 8.5 운영 대기(active-standby) 시스템

PALS AADL 명세의 응용 및 분석

이 예에서 양측은 실시간 네트워크 아키텍처를 통해 통신한다. PALS AADL 명세와 이에 대한 분석의 동기를 설명하기 위해 네트워크 아키텍처를 업그레이드하는 가상의 요구사항 변경을 생각해보자. 선형 공유 버스linear shared-bus 아키텍처가 전환 네트워크switched networked 아키텍처로 교체된다. 그림 8.6은 이 구성이 변경되는 동안 시스템 모델의 일부를 보여준다. 기존 구성에서는 Side1의 운영/대기 상태side1_status가 공유 버스를 통해 Side2로 흐른다. 신규 구성에서 이 메시지는 여러 개의 네트워크 전환networked switches을 거쳐 수신 노드로 흘러간다.

이 예의 시스템에서는 이 제어기들의 조정의 정확성을 위해 상태 메시지가 필수적이

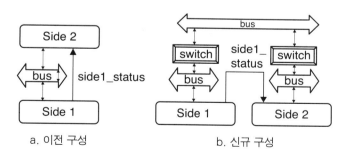

| a. 이전 구성 | b. 신규 구성 |

그림 8.6 구성 변경 동안의 시스템 모델

표 8.1 AADL 속성의 샘플 값들

AADL 속성	이전 구성	신규 구성
Latency (from Side1 to Side2)	0.1~0.5ms	0.05~0.9ms
Clock_Jitter	0.5ms	1ms
PALS_properties::PALS_Output_Time	1~2ms	1~2ms

다. 예를 들어, 만일 대기 제어기가 운영 제어기에 대한 상태 메시지를 받지 않으면 대기 제어기는 운영 제어기가 실패한 것으로 간주하고 스스로 운영 상태가 된다. 구현에서 어떤 모순이 발생하면 두 제어기 모두 같은 주기 동안에 운영 또는 대기 제어기로서 잘못된 동작을 할 수 있다.

PALS AADL 명세는 Latency, Clock_Jitter 그리고 PALS_properties::PALS_Output_Time과 같은 여러 가지 AADL 속성의 주석을 요구한다. 표 8.1은 두 가지 구성에서 이 속성들의 몇 가지 샘플 값을 보여준다.

PALS AADL 명세에 기반을 둔 정적 분석기static analyzer는 신규 구성이 유효한 PALS 시스템이 아니라는 것을 쉽게 감지할 수 있다. 특히, PALS 인과성 제약 조건이 위배될 수 있다. 예를 들어, 메시지가 전송되는 동일한 주기에 Side1의 상태가 잘못 전달될 수 있다 (그림 8.7).

C++ API

PALSware는 PALS 애플리케이션을 위해 사용이 용이하고 확장 가능한 C++ API를 제공한다. 이 API는 운영체제 독립적인 인터페이스에 기반을 둔 태스크 실행 및 통신 클래스들을 정의한다. 이 미들웨어의 주요 클래스들은 다음과 같다.

- PALS_task: 이 클래스는 PALS 시스템에 참여하는 태스크들을 실행하기 위해 사용된다. 각 주기 동안 PALS_task의 PALS 이벤트 생성기 로직이 each_pals_period라는 플레이스홀더 함수placeholder function를 호출한다. 애플리케이션 개발자는 이 클래스를 확장해 이 함수 내에 주기적 로직periodic logic을 정의한다.

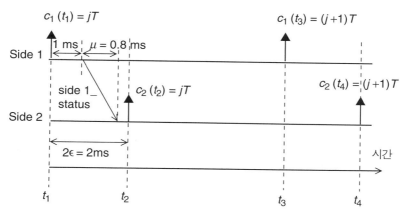

그림 8.7 PALS 인과성 제약 조건의 위배

- PALS_comm_client: 이 클래스는 논리적 동기식 메시지 통신을 위한 단순한 래퍼 wrapper 인터페이스를 제공한다. 애플리케이션 태스크는 메시지를 발신 및 수신하기 위해 각각 pals_send$^{connection\ name,\ payload}$과 pals_recv$^{connection\ name,\ payload}$를 사용한다. 두 함수 모두에서 connection_name는 발신 태스크에서 수신 태스크 그룹으로의 연결을 위한 입력 식별자다.

다음의 코드 조각은 이들 클래스를 사용한다.

```
Bool Side1_task::each_pals_period() {
    …
    // 1. 메시지에 대한 태스크 특정적 기본값을 정의한다.
    int8_t side1 = NO_MSG;
    int8_t side2 = NO_MSG;
    bool user_cmd = false;
    // 2. 발신 노드가 고장이 아니면 이전 주기의 데이터를 수신한다.
    comm_client->pals_recv("side1_status", &side1,1);
    comm_client->pals_recv("side2_status", &side2,1);
    comm_client->pals_recv("user_cmd", &user_cmd,1);
    // 3. Decide which side is active, based on information received
    // 3. Side1, Side2 그리고 사용자에게서 수신된 정보를 기반으로
```

```
    // 어떤 쪽이 운영(active)인지를 결정한다.
    next_side1_state = active_standy_logic(side1, side2, user_cmd);
    // 4. 현재 주기의 상태를 보낸다.
    comm_client->pals_send("side1_status", &next_side1_state, 1);
    …
    return true;
}
```

여기서 Side1_task는 PALS_task를 확장해 함수 each_pals_period에 Side1의 주기적 제어 계산을 구현한다. 각 주기에서 Side1_task는 pals_recv 함수를 사용해 제어기의 상태와 사용자 명령을 읽어 pals_send 함수를 사용해 자신의 운영/대기 상태를 발신한다. pals_recv 함수에서는 만일 발신 태스크가 실패하는 경우 기본[default] 입력값이 사용된다.

이 간단한 인터페이스는 고신뢰 통신 서비스 및 논리적 동기화 그룹의 관리와의 상호작용에 대한 세부 내용을 가려준다.

8.3.1.6 실무적 고려사항

이 절에서는 PALS 시스템 개발을 위해 사용 가능한 현존하는 기술들에 대한 개요를 설명한다.

PALS 시스템 모델링을 위한 AADL 도구

AADL과 Real-Time Maude에서 PALS 시스템 모델링과 분석을 위한 몇 가지 도구가 있다.

- **SynchAADL2Maude**: [Bae12]가 개발한 이 도구는 PALS 시스템의 Synchronous AADL 모델을 Real-Time Maude 모델로 자동으로 변환한다. Real-Time Maude에서는 모델 검사로 동기식 설계를 검증할 수 있다.
- **정적 검사기**[Static checker]: 우리는 다중 속도 계산을 사용한 패턴 구현의 정확성[correctness]를 검증하기 위해 실험실에서 정적 검사기를 개발했다. 또한 이 도구는 단일 속도 PALS 모델도 Synchronous AADL 모델로 변환한다. 이로 인해 사

용자는 논리적 동기식 설계를 사용해 기존 구성 요소들을 바로 물리적 비동기식 모델에 리팩토링refactoring할 수 있다. 사용자는 Synchronous AADL 모델을 생성하고 그것을 검증할 수 있다.

- **Rockwell Collins META Toolset**: 이 AADL 도구는 PALS 시스템 분석도 지원한다 [Cofer11]. 일반적으로 이 도구는 다양한 아키텍처 패턴들에 대한 설계 변환, 구성적 검증compositional verification 그리고 정적 분석static analysis를 지원한다. PALS 시스템에 대해 설계자는 PALS 설계 명세를 인스턴스화하고 Lute라는 정적 검사기에서의 가정들에 대해 검증할 수 있다.

- **ASIIT**: 이 도구는 AADL 모델의 스케줄링 가능성과 버스 분석을 수행하기 위해 사용된다[Nam09]. ASIIT는 PALS 시스템에 대한 정적 검사기를 보완한다. 설계자는 ASIIT를 사용해 종단간 지연, 최악의 경우 응답 시간 그리고 하드웨어 구성 요소가 있는 시스템 모델에서의 출력 시간을 계산할 수 있다. PALS 시스템의 타이밍 제한 조건은 이들 타이밍 속성이 일단 알려지면 검증될 수 있다.

PALS 미들웨어

PALS 시스템을 C++로 개발하기 위해 PALSware라는 분산 미들웨어를 사용할 수 있다. PALSware는 COTS 컴퓨터 및 네트워크를 사용할 수 있게 함으로써 종래의 사용자 정의형 또는 준사용자 정의형semi-customized 시스템에 비해 동기화 오버헤드를 수십 내지 수백 배까지 줄일 수 있다. 미들웨어는 다음과 같은 특징을 갖고 있다.

- 상이한 시스템 아키텍처로 확장시킬 수 있는 단순한 C++ 라이브러리
- 내장애성 실시간 멀티캐스트 프로토콜
- 미세 단위atomic 분산 상호작용 지원
- 클록 동기화 알고리즘을 위한 통합 라이브러리

최근에는 CBMC를 사용하는 소스 코드 레벨에서의 형식적 검증을 지원하기 위해 PALSware의 C 버전이 개발됐다[CBMC]. 또한 PALS를 이용할 수 있는 통상적으로 사용되는 몇몇의 내장애성 애플리케이션은 소스 코드 레벨에서 검사된다[Nam14].

8.4 요약 및 열린 도전 과제

이 장에서는 사이버 물리 시스템에서 논리적 동기화를 달성하기 위한 복잡도 경감 아키텍처 패턴을 설명했다. 이러한 접근 방법을 통해 개발자는 분산 시스템 설계 및 검증에 필요한 노력을 줄일 수 있다. 엔지니어들은 시스템 아키텍처가 패턴의 가정들을 충족시키는 한 단순한 전역적 동기식 모델을 설계하고 검증해야 할 필요가 있다.

PALS 시스템 연구에 있어 열린 도전 과제에는 다음과 같은 것들이 있다.

최근의 항공 전자 공학 인증 기준인 DO-178C(형식적 방법 보충 DO-333과 함께)는 인증 활동을 충족시키기 위한 형식적 방법의 사용에 대한 지침을 제공하고 있다. 과거에는 소프트웨어 모델 검사가 분산 상호작용의 복잡성으로 인해 매우 비용이 높거나 불가능했다. 이제는 PALS 시스템을 사용해 PALS 애플리케이션을 좀 더 효율적으로 테스트할 수 있다. 이 복잡도 경감 패턴을 적용하고 분산 애플리케이션의 확장성 있는 검증을 지원할 수 있는 소프트웨어 모델 검사에 대한 더 많은 연구가 필요하다.

PALS 시스템은 물리적으로 비동기적인 아키텍처에서 분산 상호작용의 소규모 클래스를 지원한다. 예를 들면, 메시지 통신 패턴은 메시지들이 현재 PALS 클록 주기의 끝에서만 수신되므로 제한적이다. 많은 정보 처리 애플리케이션에서 분산 컴퓨팅은 다중의 노드에 걸쳐 많은 단계로 작동한다. 다중 속도 계산과 중간 메시지 통신의 통합 또한 연구돼야 한다.

무선 통신은 의료 시스템과 같은 사이버 물리 시스템에서 사용된다. PALS 시스템은 메시지 전달에 대해 확률적 보장만 제공하므로 현재 무선 통신과 호환성이 없다. 이러한 네트워크에서 일관성을 보장하도록 패턴이 적응돼야 한다.

참고문헌

[Abdelzaher96]. T. Abdelzaher, A. Shaikh, F. Jahanian, and K. Shin. "RTCAST: Lightweight Multicast for Real-Time Process Groups." *Proceedings of IEEE Real-Time Technology and Applications Symposium*, pages 250–259, 1996.

[Aerospace04]. Aerospace. *The Architecture Analysis and Design Language (AADL)*. AS-5506, SAE International, 2004.

[Alencar96]. P. S. Alencar, D. D. Cowan, and C. J. P. Lucena. "A Formal Approach to Architectural Design Patterns." In FME '96: *Industrial Benefit and Advances in Formal Methods*, pages 576 – 594. Springer, 1996.

[Allen97]. R. Allen and D. Garlan. "A Formal Basis for Architectural Connection." *ACM Transactions on Software Engineering and Methodology*, vol. 6, no. 3, pages 213 – 249, 1997.

[Al-Nayeem13]. A. Al-Nayeem. "Physically-Asynchronous Logically-Synchronous (PALS) System Design and Development." Ph.D. Thesis, University of Illinois at Urbana – Champaign, 2013.

[Al-Nayeem12]. A. Al-Nayeem, L. Sha, D. D. Cofer, and S. M. Miller. "Pattern-Based Composition and Analysis of Virtually Synchronized Real-Time Distributed Systems." IEEE/ACM Third International Conference on Cyber-Physical Systems (ICCPS), pages 65 – 74, 2012.

[Al-Nayeem09]. A. Al-Nayeem, M. Sun, X. Qiu, L. Sha, S. P. Miller, and D. D. Cofer. "A Formal Architecture Pattern for Real-Time Distributed Systems." 30th IEEE Real-Time Systems Symposium, pages 161 – 170, 2009.

[Awerbuch85]. B. Awerbuch. "Complexity of Network Synchronization." *Journal of the ACM*, vol. 32, no. 4, pages 804 – 823, 1985.

[Bae12-b]. K. Bae, J. Meseguer, and P. Olveczky. "Formal Patterns for Multi-Rate Distributed Real-Time Systems." *Proceedings of International Symposium of Formal Aspects of Component Software (FACS)*, 2012.

[Bae11]. K. Bae, P. C. Ölveczky, A. Al-Nayeem, and J. Meseguer. "Synchronous AADL and its Formal Analysis in Real-Time Maude." In *Formal Methods and Software Engineering*, pages 651 – 667. Springer, 2011.

[Bae12]. K. Bae, P. C. Ölveczky, J. Meseguer, and A. Al-Nayeem. "The SynchAADL2Maude Tool." In *Fundamental Approaches to Software Engineering*, pages 59 – 62. Springer, 2012.

[Benveniste10]. A. Benveniste, A. Bouillard, and P. Caspi. "A Unifying View of Loosely Time-Triggered Architectures." *Proceedings of the 10th ACM International Conference on Embedded Software*, pages 189 – 198, 2010.

[Birman12]. K. P. Birman. *Guide to Reliable Distributed Systems: Building High-Assurance Applications and Cloud-Hosted Services*. Springer, 2012.

[Birman87]. K. Birman and T. Joseph. "Exploiting Virtual Synchrony in Distributed Systems." *Proceedings of the 11th ACM Symposium on Operating Systems Principles*, vol. 21, no. 5, pages 123 – 138, 1987.

[CBMC]. CBMC Homepage, http://www.cprover.org/cbmc/.

[Chandra96]. T. D. Chandra and S. Toueg. "Unreliable Failure Detectors for Reliable Distributed Systems." *Journal of the ACM*, vol. 43, no. 2, pages 225 – 267, 1996.

[Chandy08]. K. M. Chandy, S. Mitra, and C. Pilotto. "Convergence Verification: From Shared Memory to Partially Synchronous Systems." In *Formal Modeling and Analysis of Timed Systems*, pages 218 – 232. Springer, 2008.

[Chapiro84]. D. M. Chapiro. "Globally-Asynchronous Locally-Synchronous Systems." Ph.D. Thesis, Stanford University, 1984.

[Chou90]. C. Chou, I. Cidon, I. S. Gopal, and S. Zaks. "Synchronizing Asynchronous Bounded Delay Networks." *IEEE Transactions on Communications*, vol. 38, no. 2, pages 144 – 147, 1990.

[Cofer11]. D. Cofer, S. Miller, A. Gacek, M. Whalen, B. LaValley, L. Sha, and A. Al-Nayeem. *Complexity-Reducing Design Patterns for Cyber-Physical Systems*. Air Force Research Laboratory Technical Report AFRL-RZ-WP-TR-2011-2098, 2011.

[Cristian86]. F. Cristian, H. Aghili, R. Strong, and D. Dolev. *Atomic Broadcast: From Simple Message Diffusion to Byzantine Agreement*. CiteSeer, 1986.

[Cristian95]. F. Cristian, H. Aghili, R. Strong, and D. Dolev. "Atomic Broadcast: From Simple Message Diffusion to Byzantine Agreement." *Information and Computation*, vol. 118, no. 1, pages 158 – 179, 1995.

[de Niz09]. D. de Niz and P. H. Feiler. "Verification of Replication Architectures in AADL." 14th IEEE International Conference on Engineering of Complex

Computer Systems, pages 365 – 370, 2009.

[Dietrich05]. J. Dietrich and C. Elgar. "A Formal Description of Design Patterns Using OWL." *Proceedings of IEEE Australian Software Engineering Conference*, pages 243 – 250, 2005.

[Douglass03]. B. P. Douglass. *Real-Time Design Patterns: Robust Scalable Architecture for Real-Time Systems*. Addison-Wesley Professional, 2003.

[Eugster03]. P. T. Eugster, P. A. Felber, R. Guerraoui, and A. Kermarrec. "The Many Faces of Publish/Subscribe." *ACM Computing Surveys*, vol. 35, no. 2, pages 114 – 131, 2003.

[Fischer85]. M. J. Fischer, N. A. Lynch, and M. S. Paterson. "Impossibility of Distributed Consensus with One Faulty Process." *Journal of the ACM*, vol. 32, no. 2, pages 374 – 382, 1985.

[Frana07]. R. Frana, J. Bodeveix, M. Filali, and J. Rolland. "The AADL Behaviour Annex: Experiments And Roadmap." 12th IEEE International Conference on Engineering Complex Computer Systems, pages 377 – 382, 2007.

[Gamma95]. E. Gamma, R. Helm, R. Johnson, J. Vlissides, and G. Booch. *Design Patterns: Elements of Reusable Object-Oriented Software*. Addison-Wesley Professional, 1995.

[Gifford79]. D. K. Gifford. "Weighted Voting for Replicated Data." *Proceedings of the 7th ACM Symposium on Operating Systems Principles*, pages 150 – 162, 1979.

[Guo96]. K. Guo, W. Vogels, and R. van Renesse. "Structured Virtual Synchrony: Exploring the Bounds of Virtual Synchronous Group Communication." *Proceedings of the 7th ACM SIGOPS European Workshop: Systems Support for Worldwide Applications*, pages 213 – 217, 1996.

[Halbwachs06]. N. Halbwachs and L. Mandel. "Simulation and Verification of Asynchronous Systems by Means of a Synchronous Model." 6th International Conference on Application of Concurrency to System Design (ACSD), pages 3 – 14, 2006.

[Hanmer07]. R. Hanmer. *Patterns for Fault Tolerant Software*. John Wiley and

Sons, 2007.

[Harrison97]. T. H. Harrison, D. L. Levine, and D. C. Schmidt. "The Design and Performance of a Real-Time CORBA Event Service." *ACM SIGPLAN Notices*, vol. 32, no. 10, pages 184 – 200, 1997.

[Hendriks05]. M. Hendriks. "Model Checking the Time to Reach Agreement." In *Formal Modeling and Analysis of Timed Systems*, pages 98 – 111. Springer, 2005.

[Hoyme93]. K. Hoyme and K. Driscoll. "SAFEbus (for Avionics)." *IEEE Aerospace and Electronic Systems Magazine*, vol. 8, no. 3, pages 34 – 39, 1993.

[Jahier07]. E. Jahier, N. Halbwachs, P. Raymond, X. Nicollin, and D. Lesens. "Virtual Execution of AADL Models via a Translation into Synchronous Programs." *Proceedings of the 7th ACM and IEEE International Conference on Embedded Software*, pages 134 – 143, 2007.

[Killian07]. C. Killian, J. W. Anderson, R. Jhala, and A. Vahdat. "Life, Death, and the Critical Transition: Finding Liveness Bugs in Systems Code." *Networked Systems Design and Implementation*, pages 243 – 256, 2007.

[Kopetz03]. H. Kopetz. "Fault Containment and Error Detection in the Time-Triggered Architecture." IEEE 6th International Symposium on Autonomous Decentralized Systems (ISADS), pages 139 – 146, 2003.

[Kopetz11]. H. Kopetz. *Real-Time Systems: Design Principles for Distributed Embedded Applications*. Springer, 2011.

[Kopetz92]. H. Kopetz. "Sparse Time Versus Dense Time in Distributed Real-Time Systems." *Proceedings of the 12th International Conference on Distributed Computing Systems*, pages 460 – 467, IEEE, 1992.

[Kopetz10]. H. Kopetz, A. Ademaj, P. Grillinger, and K. Steinhammer. "The Time-Triggered Ethernet (TTE) Design." 8th IEEE International Symposium on Object-Oriented Real-Time Distributed Computing, December 2010.

[Kopetz03]. H. Kopetz and G. Bauer. "The Time-Triggered Architecture." *Proceedings of the IEEE*, vol. 91, no. 1, pages 112 – 126, 2003.

[Kopetz93]. H. Kopetz and G. Grunsteidl. "TTP: A Time-Triggered Protocol for Fault-Tolerant Real-Time Systems." 23rd International Symposium on Fault-Tolerant Computing, pages 524 – 533, IEEE, 1993.

[Lamport01]. L. Lamport. "Paxos Made Simple." *ACM SIGACT News*, vol. 32, no. 4, pages 18 – 25, 2001.

[Lamport05]. L. Lamport. "Real-Time Model Checking Is Really Simple." In *Correct Hardware Design and Verification Methods*, pages 162 – 175. Springer, 2005.

[Lauterburg09]. S. Lauterburg, M. Dotta, D. Marinov, and G. Agha. "A Framework for State-Space Exploration of Java-Based Actor Programs." *Proceedings of the IEEE/ACM International Conference on Automated Software Engineering*, pages 468 – 479, 2009.

[Lin09]. H. Lin, M. Yang, F. Long, L. Zhang, and L. Zhou. "MODIST: Transparent Model Checking of Unmodified Distributed Systems." *Proceedings of the 6th USENIX Symposium on Networked Systems Design and Implementation*, 2009.

[Meseguer12]. J. Meseguer and P. C. Ölveczky. "Formalization and Correctness of the PALS Architectural Pattern for Distributed Real-Time Systems." *Theoretical Computer Science*, 2012.

[Miller09]. S. P. Miller, D. D. Cofer, L. Sha, J. Meseguer, and A. Al-Nayeem. "Implementing Logical Synchrony in Integrated Modular Avionics." IEEE/ AIAA 28th Digital Avionics Systems Conference (DASC'09), pages 1. A. 3-1-1. A. 3-12, 2009.

[Muttersbach00]. J. Muttersbach, T. Villiger, and W. Fichtner. "Practical Design of Globally-Asynchronous Locally-Synchronous Systems." Proceedings of the Sixth International Symposium on Advanced Research in Asynchronous Circuits and Systems, pages 52 – 59, 2000.

[Nam09]. M. Nam, R. Pellizzoni, L. Sha, and R. M. Bradford. "ASIIST: Application Specific I/O Integration Support Tool for Real-Time Bus Architecture Designs." 14th IEEE International Conference on Engineering of Complex Computer Systems, pages 11 – 22, 2009.

[Nam14]. M. Y. Nam, L. Sha, S. Chaki, and C. Kim. "Applying Software Model Checking to PALS Systems." Digital Avionics Systems Conference, 2014.

[Pereira02]. J. Pereira, L. Rodrigues, and R. Oliveira. "Reducing the Cost of Group Communication with Semantic View Synchrony." *Proceedings of International Conference on Dependable Systems and Networks*, pages 293 – 302, 2002.

[Pfeifer99]. H. Pfeifer, D. Schwier, and F. W. von Henke. "Formal Verification for Time-Triggered Clock Synchronization." *Dependable Computing for Critical Applications*, vol. 7, pages 207 – 226, IEEE, 1999.

[Rushby99]. J. Rushby. "Systematic Formal Verification for Fault- Tolerant Time-Triggered Algorithms." *IEEE Transactions on Software Engineering*, vol. 25, no. 5, pages 651 – 660, 1999.

[Schmidt00]. D. Schmidt, M. Stal, H. Rohnert, and F. Buschmann. Pattern-Oriented Software Architecture Volume 2: Patterns for Concurrent and Networked Objects. John Wiley and Sons, 2000.

[Schmidt00]. D. Schmidt and F. Kuhns. "An Overview of the Real-Time CORBA Specification." Computer, vol. 33, no. 6, pages 56 – 63, 2000. [Sen06]. K. Sen and G. Agha. "Automated Systematic Testing of Open Distributed Programs." In *Fundamental Approaches to Software Engineering*, pages 339 – 356. Springer, 2006.

[Sha01]. L. Sha. "Using Simplicity to Control Complexity." *IEEE Software*, vol. 18, no. 4, pages 20 – 28, 2001.

[Sha09]. L. Sha, A. Al-Nayeem, M. Sun, J. Meseguer, and P. Ölveczky. *PALS: Physically Asynchronous Logically Synchronous Systems*. Tech Report, University of Illinois at Urbana – Champaign, 2009.

[Steiner11]. W. Steiner and B. Dutertre. "Automated Formal Verification of the TTEthernet Synchronization Quality." In *NASA Formal Methods*, pages 375 – 390. Springer, 2011.

[Steiner11]. W. Steiner and J. Rushby. "TTA and PALS: Formally Verified

Design Patterns for Distributed Cyber-Physical Systems." IEEE/AIAA 30th Digital Avionics Systems Conference (DASC), pages 7B5-1 – 7B5-15, 2011.

[Taibi03]. T. Taibi and D. C. L. Ngo. "Formal Specification of Design Patterns: A Balanced Approach." *Journal of Object Technology*, vol. 2, no. 4, pages 127 – 140, 2003.

[Tel94]. G. Tel, E. Korach, and S. Zaks. "Synchronizing ADB Networks." *IEEE/ACM Transactions on Networking*, vol. 2, no. 1, pages 66 – 69, 1994.

[Tripakis08]. S. Tripakis, C. Pinello, A. Benveniste, A. Sangiovanni-Vincentelli, P. Caspi, and M. Di Natale. "Implementing Synchronous Models on Loosely Time Triggered Architectures." *IEEE Transactions on Computers*, vol. 57, no. 10, pages 1300 – 1314, 2008.

[Renesse96]. R. Van Renesse, K. P. Birman, and S. Maffeis. "Horus: A Flexible Group Communication System." *Communications of the ACM*, vol. 39, no. 4, pages 76 – 83, 1996.

[Wahba10]. S. K. Wahba, J. O. Hallstrom, and N. Soundarajan. "Initiating a Design Pattern Catalog for Embedded Network Systems." *Proceedings of the 10th ACM International Conference on Embedded Software*, pages 249 – 258, 2010.

사이버 물리 시스템을 위한 실시간 스케줄링

비요른 안데르쏜Bjorn Andersson, 디오니시오 데 니즈Dionisio de Niz, 마크 클라인Mark Klein
존 레오츠키John Lehoczky, 라구나탄 라즈쿠마르Ragunathan (Raj) Rajkumar

사이버 물리 시스템은 소프트웨어(사이버) 부분과 물리적 부분으로 구성돼 있다. 이 구성에는 부분들이 동기적 방식으로 함께 동작해야 한다는 사실이 내포돼 있다. 소프트웨어의 타이밍 검증은 실시간 스케줄링 이론 연구의 목표였으며, 따라서 CPS의 물리적 부분과의 동기화에 대한 검증에 있어 핵심적인 역할을 한다. 그러나 CPS의 새로운 미해결 문제는 새로운 관점과 솔루션을 요구하고 있으며 이것이 이 장에서 설명하려는 주제다.

9.1 서론 및 동기

CPS는 소프트웨어 프로세스와 물리 프로세스로 구성되며 반드시 동기화돼야 한다. 예를 들어, 자동차의 에어백은 충돌이 감지되면 팽창하기 시작해야 하며, 운전자가 운전대에 너무 가까이 가기 전에 완전히 팽창돼야 한다. 이 예에서 에어백의 팽창뿐만 아니라 충돌하는 동안 운전대를 향하는 운전자의 움직임도 물리 프로세스다. 시스템의 소프트웨어는 충돌을 감지하고 운전자의 움직임에 따라 정확한 시간에 개입할 수 있도록 에어백 팽창을 구동하고 동기화하는 책임을 맡는다. 전통적인 실시간 스케줄링 이론은 이러한 동기화가 물리 프로세스의 진행을 포착하는 타이밍 추상화를 통해 일어나는 것을 검증한다. 구체적으로 말하면 이 이론은 주기적 샘플링(즉, 일정한 주기로)을 사용하며, 물리 프로세스는 애플리케이션 소프트웨어가 처리할 수 있는 일정한 크기 이상으로 진행할 수 없다고 가정한다. 예를 들어, 에어백의 경우 실시간 시스템은 주기적으로 충돌이 일어났는지를 탐지할 것이다. 이 주기는 최악의 경우 실제 충돌의 발생과 감지 시간 사이에 지연이 발생하더라도 보장된 팽창 시간에 영향을 주지 않을 정도로 충분히 작게 설계된다.

CPS의 복잡성이 증가하고 더 많은 물리 프로세스들과 상호작용할 필요가 있게 되면 주기적 샘플링 추상화가 무너진다. 예를 들어, 자동차 엔진의 제어 알고리즘이 엔진의 매 회전마다 실행돼야 한다면 이 주기성이 지속적으로 변화할 것이라는 것을 쉽게 알 수 있다. 즉, 엔진의 분당 회전수가 증가하면 한 회전과 다음 회전 간의 시간이 줄어든다[Kim12]. 타이밍 검증에 대해 고려돼야 할 CPS의 또 다른 측면은 외부 환경의 불확실성이다. 예를 들어, 자율 자동차의 충돌 회피 알고리즘은 자동차 시야 내의 사물의 개수에 의존한다. 이러한 불확실성은 상황에 따라 적절히 적응할 수 있는 새로운 접근 방법을 요구한다. 이 장에서는 처리 시간은 물론 네트워크와 파워와 같은 다른 종류의 자원을 예측적으로 배분할 수 있도록 이러한 타이밍 관련 사항들을 논의한다.

이 장의 나머지 부분에서는 실무적으로 널리 채택돼온 싱글코어 프로세서를 위한 기본적이고 전통적인 실시간 스케줄링 기법을 논의한다. 그리고 현재 개발되고 있는 진보된 기법들을 논의한다. 이 기법에는 멀티프로세서 및 다중 코어 프로세서를 스케줄링하며, 태스크의 타이밍 파라미터의 변동성과 외부 환경으로부터의 불확실성을 수용하고, 관련된 다른 종류의 자원(네트워크 대역폭 및 파워)을 배분 및 스케줄링하며, 물리 프로세스와 함께 변하는 타이밍 파라미터를 갖는 태스크들을 스케줄링하는 기법들이 포함된다.

9.2 기본 기법

이 절에서는 고정 타이밍 파라미터를 갖는 단일 코어 프로세서를 위해 개발된 기본적인 기법들에 초점을 맞춘다. 이 기법들은 실시간 스케줄링 영역을 낳는다. 먼저 고정 타이밍 파라미터를 갖는 단일 코어 프로세서에 초점을 맞추고, 이것은 실시간 스케줄링 플랫폼을 위한 기반을 형성하며, 이로부터 다른 종류의 스케줄링이 전개된다.

9.2.1 고정 타이밍 파라미터를 갖는 스케줄링

실시간 스케줄링은 CPS의 소프트웨어와 물리 프로세스 간의 상호작용의 타이밍 검증에 관련된 것이다. 이 영역은 아폴로 계획에 있어 나사NASA의 엔지니어링 원칙을 형식화한 중요한 논문인 [Liu73]에서 분화한 것이다. 그 당시, 물리 프로세스와 상호작용하는 소프트웨어는 단순한 하드웨어 상에서 실행됐으며, 주기, 마감 시간 그리고 최악의 경우 실행 시간worst-case execution time, WCET과 같은 고정 타이밍 파라미터로 소프트웨어를 완전히 특징지우는 것이 가능했다. 이와 같은 시스템들을 **실시간 시스템**real-time system이라고 한다.

실시간 시스템은 앞서 제시한 에어백 예에서 설명한 것처럼 물리 세계와 상호작용의 타이밍을 보장하도록 설계된다. 이러한 보장에는 드물게 발생하는 복합 경계 조건corner condition이 포함된다. 이 희소성으로 인해 시스템 테스팅에서 그것을 찾아내기란 사실상 거의 불가능하다. 그럼에도 불구하고 이러한 복합 경계 조건은 발생하며, 이것이 발생하면 그 결과는 치명적일 수 있다(예: 운전자가 운전대에 부딪히고, 충돌로 인한 치명적인 부상을 입을 수 있다).

실시간 시스템 연구에는 스레드thread의 실행 순서(예: 우선순위를 기반으로)를 결정하는 운영체제 스케줄링 알고리즘, 이 스레드들의 실행이 요구 시간(예: 자동차의 앞좌석 에어백의 경우 20ms) 내에 완료되는지를 검증하는 타이밍 분석 알고리즘 그리고 타이밍 분석 알고리즘이 알고 있는 것으로 가정하는 이들 스레드가 실행하는 프로그램의 최악의 경우, 실행 시간을 구하기 위한 기법이 포함된다. 이 절에서(그리고 이 장 전체적으로) 앞의 두 가지 알고리즘에 대해 초점을 맞추며 WCET 기법에 대해서는 간략한 설명을 제시한다.

9.2.1.1 최악의 경우 실행 시간의 결정

프로그램의 WCET를 구하기 위해 측정measurement과 정적 분석static analysis이라는 두 가지 접근 방법을 취했다. 지난 수년간, WCET를 직접 측정하는 것이 대부분의 실무자가 선호하는 접근 방법이었다. 이 접근 방법은 프로그램이 최대 실행 시간을 내도록 설계된 실험에 의존한다. 이들 실험은 WCET를 측정하기 위해 많은 횟수에 걸쳐 반복 실행되며, 그런 다음 측정의 불확실성을 설명하기 위해 WCET를 과장되게 확대한다. WCET 실험은 측정의 신뢰도를 향상시키기 위한 극단값 이론[Hansen90]에 기반을 둔 기법의 도움을 받을 수 있다.

실행 시간에 대한 불확실성이 증가하면서 캐시cache와 비순차 실행out-of-order execution 같은 최신 프로세서들의 추측에 기반을 둔 실행 기능이 함께 발생하는 경향이 있으므로 WCET를 구하기 위한 실험을 설계하는 것이 더욱 어려워진다. 이 문제는 프로그램 코드, 메모리 액세스 그리고 이러한 프로그램이 실행되는 하드웨어 아키텍처에 대한 분석[Wilhelm08]을 기반으로 WCET에 초점을 맞춘 새로운 연구 노력을 불러왔다. 한 프로그램은 다른 프로그램의 메모리 동작에 영향을 줄 수도 있다. 잘 알려진 예로서 소위 캐시 관련 선점 지연cache-related preemption delay, CRPD이라는 것이 있다. 이 경우, 또 다른 상위 우선순위의 프로그램이 프로그램을 선점함으로써 프로그램의 캐시 블록 중 일부가 지워지기 때문에 더 길어진 실행 시간으로 프로그램이 문제를 겪게 된다. [Chattopadhyay11]은 언제 이러한 선점이 발생할 수 있는지를 찾고 그와 관련된 지연을 계산하기 위해 모든 가능한 실행 인터리빙들을 탐색함으로써 CRPD를 분석했다.

9.2.1.2 표현과 형식 체계

시스템의 모델을 설명하기 위해(형식 체계formalism라고도 한다) 예를 먼저 살펴보자. 그림 9.1에 표시된 도립 진자inverted pendulum를 생각해보자. 도립 진자의 제어 소프트웨어는 진자가 가능한 한 수직을 이루도록 카트를 전후로 움직이도록 설계된다. 이러한 목표를 달성하기 위해 시스템은 우선 진자의 기울기를 감지해야 하며, 그런 다음 기울기를 교정하기 위해 카트를 기울어진 방향으로 이동시킨다. 이러한 감지와 이동 시퀀스는 제어 루프 내에서 주기적으로 실행돼야 한다. 루프의 한 실행과 다음 실행 사이의 시간, 즉 제어 루프의 주기는 진자가 기울기가 교정될 수 없는 지점을 지나칠 만큼 기울어지지 않도록 충분히 짧아야 한다.

[Liu73]은 이 주기를 사용해 각 태스크가 고정 주기와 최악 실행 시간을 갖는 주기적 태스크 모델을 개발했다. 태스크는 주기적으로 실행되는 것으로 간주된다. 이러한 각각의 주기적 실행을 작업job이라고 한다. 그러므로 태스크는 주기적으로 도착arrive하는 무한한 수의 작업들로 볼 수 있다. 그러면 태스크의 한 작업이 다음 작업이 도착하기 전에 종료되면 그 작업은 정확하게 실행되는 것이라고 간주된다. 이 다음 작업 도착 시점arrival time을 작업의 **마감 시간**dealine이라고 한다. 이 정의에 기반해 태스크의 모든(무한한 수의) 작업이 정확히

그림 9.1 제어 루프 내의 도립 진자

실행되면 그 태스크는 스케줄링 가능하다고 말한다. 태스크는 다음과 같이 특징 지어진다.

$$\tau_i = (C_i, T_i, D_i)$$

여기서 C_i는 태스크 τ_i의 WCET를 나타내고, T_i는 그 주기를 나타내며 그리고 D_i는 이 작업의 도착과 관련된 태스크 τ_i의 작업 마감 시간을 나타낸다. 이 경우 마감 시간은 주기와 동일하다. 그러므로 마감 시간은 흔히 모델에서 누락되며, 모델은 암시적 마감 시간을 갖는다고 말한다. 또 다른 옵션은 $D \leq T$일 때 제약적 마감 시간과 나중에 논의할 $D \neq T$일 때 임의적 마감 시간이다. 시간에 대한 태스크의 프로세서 점유율은 프로세서 이용률이라고 하며, 다음과 같이 계산된다.

$$U_i = \frac{C_i}{T_i}$$

[Liu73]은 실시간 시스템을 특정 스케줄링 정책하에 프로세서에서 실행되는 주기적 태스크들의 집합으로서 정의했다. 예상했겠지만 태스크들의 집합은 모든 태스크들이 스케줄링 가능할 때 스케줄링 가능하다고 여겨진다. 이것은 $\tau = \{\tau_1, \tau_2, \ldots, \tau_n\}$으로 표시된다. 그러면 태스크들의 집합(태스크 세트^{taskset}라고도 한다)의 총 이용률은 다음과 같이 계산된다.

$$U = \sum_{\forall\, \tau_i \in \tau} \frac{C_i}{T_i}$$

[Liu73]은 고정 우선순위 스케줄링 규칙하에서 이러한 종류의 태스크의 스케줄링에 대해 연구했다. 고정 우선순위 스케줄링에서는 태스크들에게 우선순위가 주어지며 스케줄러는 실행할 준비가 된 태스크를 항상 실행한다. 이 태스크는 이 태스크가 프로세서를 풀어주거나 더 높은 우선순위의 태스크가 실행 가능하게 될 때까지 가장 높은 우선순위를 갖는다. 주기 태스크 모델의 경우, 이것은 더 높은 우선순위의 태스크로부터 또 다른 작업이 도착하지 않으면 태스크의 작업이 완료될 때까지 실행된다는 것을 의미한다.

오늘날 주기적 태스크 모델은 태스크 세트의 스케줄 가능성^{schedulability}을 검증하기 위해 실무적으로 성공적으로 사용되고 있다. 예를 들면, [Locke90]은 주기적 태스크 모델

표 9.1 포괄적 항공전자 시스템의 태스크 샘플

태스크	내용	주기(T)	WCET(C)
항공기 비행 데이터	위치, 속력, 고도 등에 대한 추정값 결정	55ms	8ms
조타(steering)	조종석 표시를 위한 조타 신호 계산	80ms	6ms
레이더 제어(지상 탐색 모드)	지상 물체 감지 및 인식	80ms	2ms
타깃 지정	추적된 물체를 타깃으로 지정	40ms	1ms
타깃 추적	타깃을 추적	40ms	4ms
헤드업 표시 장치(HUD)	비행 및 타깃 데이터의 표시	52ms	6ms
다목적 표시 장치(MPD) HUD 표시 장치	HUD 표시 장치의 백업	52ms	8ms
MPD 전술적 표시 장치	레이더 연락 및 타깃의 표시	52ms	8ms

을 좇아 설계된 포괄적 항공 전자 시스템을 설명하고 있다. 표 9.1은 이 시스템에서 태스크의 일부를 보여준다.

[Liu73]은 고정 우선순위 할당과 동적 우선순위 할당의 두 가지 우선순위 할당 형식을 연구했다. 고정 우선순위 할당에서는 설계 시점에 우선순위가 태스크에 할당되며 그 태스크의 모든 작업들은 동일한 우선순위를 상속받는다. 동적 우선순위 할당에서는 작업이 도착할 때(실행 시점에) 우선순위가 할당된다. 동일한 태스크에서 나온 다른 여러 작업들이 서로 다른 우선순위를 가질 수 있다.

9.2.1.3 고정 우선순위 할당

[Liu73]은 고정 우선순위 스케줄러에 대한 비율 단조rate-monotonic, RM 우선순위 할당이 암시적 마감 시간을 갖는 태스크들에 대한 최적의 고정 우선순위 할당이라는 것을 증명했다. RM 기반의 할당에서는 높은 비율(또는 더 작은 주기)을 갖는 태스크들이 낮은 비율을 갖는 태스크들보다 높은 우선순위를 할당받는다. RM 우선순위 할당과 고정 우선순위 스케줄

링의 조합을 비율 단조 스케줄링RMS이라고 한다.

 RMS하에서 스케줄링된 3개의 주기적 태스크가 모두 함께 시점 0에 도착하는 경우가 그림 9.2에 나타나 있다(도착은 위쪽 방향 화살표로 표시되며, 마감 시간은 아래쪽 방향 화살표로 표시된다). 그림에서 동시에 2개의 태스크가 실행될 수 없다(직사각형으로 표시됨)는 것에 주목하라. 그러나 τ_1이 시점 0에서 실행을 시작하고, τ_1이 아직 실행되고 있기 때문에 τ_2와 τ_3는 시작을 지연시킨다는 것을 볼 수 있다. 이와 유사하게, 일단 τ_2가 시점 5에서 실행을 시작하면 τ_3의 시작은 τ_2가 종료하기를 기다리면서 더욱 지연된다.

 더욱이 τ_2가 시점 10에 종료되면 τ_1으로부터 두 번째 작업이 시점 10에 도착하며, 이것은 τ_3를 더 오래 대기하게 만든다. τ_2가 마침내 시점 15에서 실행할 수 있게 되면 그것은 시점 20에서 τ_1의 한 작업에 의해 시점 25에서 τ_2의 또 다른 한 작업 그리고 시점 30에서 τ_1의 또 다른 작업에 의해 다시 선점된다. 마지막 방해가 끝난 후에 τ_3는 남은 다섯 단위의 실행을 시점 34에서 40까지 끝낼 수 있게 된다.

 고정 우선순위 할당에는 세 가지 형식의 주요 스케줄 가능성 테스트로서 프로세서 이용률에 대한 절대 하한absolute bound, 스케줄링된 태스크에 따라 변하는 파라미터화된 하한parameterized bound 그리고 응답 시간 테스트가 있다. [Liu73]에서 증명된 절대 하한은 만일 $U \leq \ln 2$이면 RMS하에서 스케줄링된 태스크 세트 τ는 스케줄링 가능하다고 하고, 파라

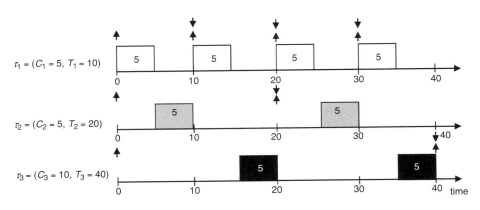

그림 9.2 RMS하에서 3개의 주기적 태스크의 간단한 실행

미터화된 하한은 대조적으로 아래 식이 참이면 n개의 태스크로 이뤄진 태스크 세트가 스케줄링 가능하다고 한다.

$$U \leq n(2^{\frac{1}{n}} - 1)$$

끝으로 [Joseph86]는 태스크의 최악의 경우 종료 시간을 계산하기 위한 응답 시간 테스트를 개발했다. 이 테스트는 다음 식으로 정의되는 순환 방정식recurrent equation이다.

$$R_i^0 = C_i$$

$$R_i^k = C_i + \sum_{j<i} \left\lceil \frac{R_i^{k-1}}{T_j} \right\rceil C_j$$

이 방정식에서 태스크의 인덱스는 우선순위의 순위precedence를 나타내는 것으로서 인덱스가 작을수록 우선순위가 높아진다고 가정한다. 이 식은 계산 중인 태스크(τ_i)의 실행 시간과 더 높은 우선순위의 태스크들(τ_j)로 인해 겪을 수 있는 선점preemption을 합산한다. 방정식은 $R_i^k = R_i^{k-1}$(수렴함) 또는 $R_i^k > D_i$가 될 때까지 순환적으로 반복 계산된다. 그런 다음, $R_i^k \leq D_i$이면 τ_i는 스케줄링 가능하다고 간주된다. 예를 들어, 그림 9.2에서 τ_3의 응답 시간은 τ_3의 실행 시간(10)에 τ_1의 4회 실행 시간(4*5)을 더하고 τ_2의 2회 실행 시간(2*5)를 더함으로써 계산할 수 있으며 총 시간은 40이 된다.

RMS 우선순위 할당은 나중에 [Audsley91, Leung82]에 의해 태스크가 주기보다 짧은 마감 시간을 가질 수 있도록 일반화됐다. 이런 유형의 할당을 마감 시간 단조deadline-monotonic 우선순위라고 한다. 이 경우, 더 짧은 마감 시간을 갖는 태스크가 더 높은 우선순위를 받는다. 그러나 응답 시간 테스트는 대응되는 우선순위를 고려함으로써 여전히 사용될 수 있다. 이와 유사하게, 두 작업의 도착 시간 간의 간격이 정확히 T_i일 것을 요구하는 주기 T_i인 태스크 τ_i의 엄격히 주기적인 특성은 그 간격이 T_i보다 크거나 같을 수 있도록 완화됐다. 이러한 유형의 태스크를 최소 시작 간격 T_i를 갖는 산발적 태스크라고 하며, RMS 및 DMS로부터의 결과가 여전히 적용된다. [Klein93]은 많은 다른 엔지니어링 상황에 대한 확장을 제공한다.

9.2.1.4 동적 우선순위 할당

그림 9.2는 총 이용률이 100%이고 응답 시간에 따라서는 스케줄링 가능하지만 절대 하한 또는 파라미터화된 하한에 따라서는 스케줄링 가능하지 않은 태스크 세트의 스케줄링을 보여준다. 이러한 태스크는 하모닉harmonic하며, 이것은 모든 태스크의 주기가 바로 다음으로 작은 주기의 곱으로 표현된다는 것을 의미한다. 이 경우, 이용률 하한은 100%다. 그러나 이들 주기가 하모닉하지 않으면 더 짧은 마감 시간을 갖는 일부 작업들이 더 낮은 우선순위를 가질 수 있다. 이 시나리오가 그림 9.3에 묘사돼 있으며 여기서 τ_1의 두 번째 작업은 마감 시간이 200이고 τ_2의 첫 번째 작업의 마감 시간이 141이지만 전자가 후자를 선점한다. 이것을 비최적suboptimal 우선순위 할당이라고 한다.

비최적 작업 우선순위 할당은 [Liu73]으로 하여금 최단 마감 시간 우선earliest-deadline first, EDF 할당이라는 작업 기반 우선순위 할당을 개발하게 했다. 이 경우, 각 작업의 우선순위는 그 마감 시간을 기반으로 실행 시간에 개별적으로 할당된다. 구체적으로 말하면 우선순위는 작업의 도착 시점에 할당되며, 이렇게 함으로써 최단 마감 시간의 작업이 더 늦은 마감 시간을 갖는 작업들보다 높은 우선순위를 할당받는다는 것을 보장한다. 그림 9.3의 태스크 세트의 작업들의 경우, 마감 시간을 놓치는 일이 없도록 태스크 τ_1의 두 번째 작업의 우선순위는 τ_2의 첫 번째 작업보다 낮게 할당된다. 이 시나리오는 그림 9.4에 그려져 있다.

EDF가 프로세서의 100%를 사용할 수 있다고 하면 스케줄 가능성 테스트는 훨씬 더 간

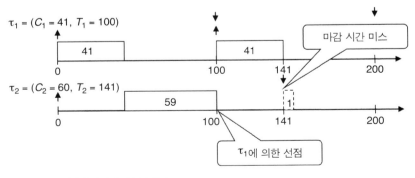

그림 9.3 RMS에서 비최적 작업 우선순위 할당

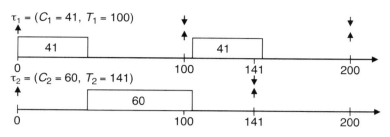

$\tau_1 = (C_1 = 41, T_1 = 100)$

$\tau_2 = (C_2 = 60, T_2 = 141)$

그림 9.4 EDF를 사용한 최적 작업 우선순위 할당

단해진다. 구체적으로 말해 EDF하에서 (암시적 마감 시간을 갖는 태스크 세트들에 대해) 스케줄링 가능하다는 것을 보장하려면 태스크 세트 이용률이 100%를 넘지 않는다는 것을 보장하는 것으로 충분하다. 불행하게도 이러한 작업 우선순위 할당 알고리즘을 지원하는 상업적 운영 체제는 거의 없다.

[Liu73]은 RM이 최적의 태스크 고정 우선순위 할당 알고리즘이며 EDF는 최적의 동적 우선순위 할당 알고리즘이라는 것을 증명했다. 그러므로 한 태스크 세트에 대해 스케줄링 가능하게 하는 우선순위 할당이 존재한다면 최적의 우선순위 할당 알고리즘(예: RM) 또한 그것을 스케줄링 가능하게 우선순위 할당을 생성할 수 있을 것이다.

9.2.1.5 동기화

[Liu73]의 태스크 모델은 태스크가 다른 태스크의 실행을 지연시키지 않는다고 가정한다. 실제 애플리케이션에서는 태스크들이 종종 데이터를 공유하거나 공통적인 문제를 해결하기 위해 다른 공유된 자원에 대한 접근을 동기화해야 할 필요가 있다. 이러한 동기화가 상호 배제적 접근의 형태를 갖게 되면 현재 자원에 접근하는(또는 자원을 점유하고 있는) 태스크 τ_j가 자원을 기다리고 있는 또 다른 태스크 τ_i에 부과하는 지연으로서 반영된다. τ_j가 τ_i 보다 낮은 우선순위를 갖고 있을 때 이러한 상황을 우선순위 역전priority inversion이라고 하며, 이때 대기 시간을 블로킹blocking이라고 한다. 이 블로킹은 τ_i의 응답 시간을 마감 시간을 놓칠 정도로 증가시킬 수 있다. 자원에 접근하지 않으며 τ_j의 우선순위보다 높으며 τ_i의 우선순위보다 낮은 태스크 부분 집합 $\{\tau_k, ..., \tau_{k+r}\}$로부터의 중간 우선순위의 태스크가 τ_j를

선점하면 이러한 상황은 더욱 악화된다. 이러한 상황이 그림 9.5에 나타나 있으며, 새로운 파라미터 CS_i는 크리티컬 섹션^{critical section}(그림에 검게 나타낸 부분)이라는 코드 섹션에서 태스크가 공유 자원을 점유하는 동안 소비하는 시간을 포착한다.

[Sha90]에서 저자는 우선순위 상속^{priority inheritance}이라는 기법을 사용해 중간 우선순위의 태스크가 우선순위 역전 블로킹 시간을 증가시키는 것을 방지하는 일단의 동기화 프로토콜들을 개발했다. 이 프로토콜들에서는 태스크 τ_i가 태스크 τ_j가 사용 중인 공유 자원에 접근하려 할 때 τ_i의 우선순위가 τ_j의 우선순위보다 높으면 τ_j는 τ_i의 우선순위를 상속받는다. 이 접근 방법은 중간 순위의 태스크가 τ_i를 선점하는 것을 방지한다. 그림 9.6은 그림 9.5의 경우와 동일하지만, 우선순위 상속이 적용된 경우다. 우선순위 상속 프로토콜은 태

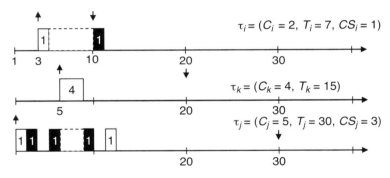

그림 9.5 무계(unbounded) 우선순위 역전

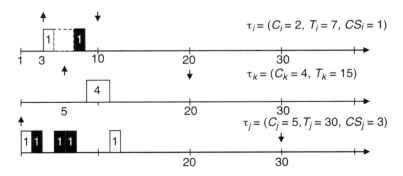

그림 9.6 우선순위 상속이 적용된 유계(bounded) 우선순위 역전

스크들이 공유 자원을 상호 배제적 방식으로 접근할 수 있도록 하기 위해 일반적으로 실시간 운영 시스템에서 세마포어semaphore나 뮤텍스mutex로 구현된다.

[Sha90]에서는 두 가지 우선순위 상속 프로토콜이 개발됐는데, 기본적인 우선순위 상속 프로토콜priority-inheritance protocol, PIP과 우선순위 상한 프로토콜priority-ceiling protocol, PCP이 바로 그것이다. PIP에서는 상속된 우선순위가 태스크가 자원을 대기하는 동안 블록될 때 동적으로 결정된다. 반면, PCP에서는 자원에 대한 우선순위 상한이 자원의 잠재 사용자들 중에서 가장 높은 우선순위로 미리 정의된다. 이러한 방식에서는 어떤 태스크가 자원을 잠그면 그 태스크가 자원의 우선순위 상한을 상속받는다.

우선순위 역전에 대한 제어 외에도 PCP는 추가로 데드록deadlock을 방지하는 장점을 갖고 있다. 이것은 태스크 τ_i가 자원 S_u에 록lock을 걸면 상속된 우선순위가 S_u에 접근할 수 있는 모든 다른 태스크 τ_j가 선점하는 것을 방지하기 때문에 가능하다. 결과적으로 τ_j는 S_u를 획득하기 전에 잠재적으로 τ_i가 요청할 수 있는 다른 자원 S_v에 록을 걸 수 없다(록을 걸 수 있으면 순환적 대기 상황을 발생시킬 것이다).

각 태스크 τ_i에 대한 유계 블로킹 항term B_i는 사용되는 상속 프로토콜에 따라 계산된다. PCP의 경우, 함유nested 방식으로 록이 걸린 자원들의 각 집합에 대해 B_i는 집합 내의 자원 때문에 τ_i를 블록할 수 있는 모든 하위 우선순위 태스크들 중에서 최대 블로킹으로 계산된다(즉, 단지 1개의 태스크만 τ_i를 블록할 수 있다). PIP의 경우, 모든 태스크의 블로킹을 추가할 필요가 있다. 이에 더해 PIP에서는 결과적으로 τ_i를 블로킹할 수 있는 τ_j를 블로킹할 수 있는 태스크 τ_k를 고려해야 한다. 이 방식은 과도적 블로킹transitive blocking이라고 한다. 이와 유사하게, 태스크 τ_i가 우선순위를 상속할 때 τ_i는 중간 우선순위의 태스크를 블로킹한다. 이때 중간 우선순위의 태스크는 낮은 우선순위의 태스크들로부터의 블로킹, 즉 강제 통과push-through 블로킹을 경험한다. 이 모든 영향은 태스크의 블로킹 항을 계산할 때 고려돼야 한다. 당연히 그러한 계산은 상당히 복잡할 수 있다. 이 계산을 수행하는 분기 한정branch-and-bound 알고리즘에 대해서는 [Rajkumar91]를 참조하기 바란다.

블로킹 항이 계산되면 이것을 스케줄 가능성 방정식에서 태스크에 대한 추가적 실행 시간 계산에 사용될 수 있다. 예를 들어, 다음과 같이 태스크 t_i에 대한 응답 시간 테스트에 사용될 수 있다.

$$R_i^k = C_i + B_i + \sum_{j<i} \left\lceil \frac{R_i^{k-1}}{T_j} \right\rceil C_j$$

9.2.2 메모리 효과

오늘날 컴퓨터 시스템은 단일 프로세서 시스템의 경우조차도 복잡한 메모리 시스템을 갖고 있다. 예를 들면, 이들은 종종 자주 접근하는 데이터 항목들을 프로세서 가까이 저장함으로써 이 항목들에 고속으로 접근할 수 있도록 하는 캐시 메모리cache memory와 자주 사용되는 변환translation의 고속 접근을 위해 캐시하는 가상 메모리 시스템을 사용한다. 이것들이 주는 영향의 결과로서 어떤 태스크의 실행 시간은 스케줄에 따라 변한다. 그러므로 이러한 효과를 다룰 수 있도록 9.2.1절의 이론을 확장시키는 것이 유용하다.

작업이 실행을 재개할 때 캐시에 저장된 데이터 항목들은 동일한 작업이 선점될 때 캐시에 저장되는 데이터 항목과 다를 수 있는데, 이것은 선점하는 태스크가 이 데이터 항목의 일부를 없애 버렸을 수도 있기 때문이다. 제거되는 데이터 아이템의 상한선을 계산하기 위한 방법이 있으며, 스케줄 가능성 분석에 통합시킬 수 있다[[Altmeyer11].

작업이 선점되지 않은 경우에도 작업들은 데이터를 공유할 수 있다. 이러한 상황은 한 작업의 실행 시간을 그보다 앞서 실행된 작업에 의존하게 만들 수 있다. 이러한 효과를 분석하기 위한 방법도 존재한다[Andersson12].

또한 단일 프로세서에 대해서도 메모리 시스템에 대한 복수의 요청자requester가 있을 수 있다. 예를 들어, 작업 J는 I/O 장치가 직접 메모리 접근direct memory access, DMA을 수행하도록 지시함으로써 작업 J가 종료되고 또 다른 작업 J'가 실행을 시작할 때 작업 J'가 실행되는 동안 DMA가 지속되도록 할 수 있다. 이와 같은 상황은 작업의 실행 시간을 증가시키는 원인이 될 수 있으며, DMA I/O 연산이 완료되는 시간이 길어질 수 있다. 이러한 효과를 분석하는 방법이 있다. [Huang97]의 방법은 싸이클 스틸링cycle-stealing 모드에서 동작하는 DMA I/O 장치를 고려함으로써 태스크의 실행 시간을 알아내기 위해 사용될 수 있다. 또한 태스크의 실행이 DMA 연산을 완료하는 데 걸리는 시간에 영향을 줄 수 있다. 고정 우선순위를 사용해 메모리 버스에 대한 중재arbitration가 이뤄지고 프로세서가 I/O 장치보다 우선순위가 높으면 [Hahn02]의 방법이 I/O 연산 완료에 대한 응답 시간 계산에 사용될 수 있다.

9.3 고급 기법

실무자들 사이에서 널리 받아들여져 온 기본적인 기법들 외에 현재 실시간 과학계는 CPS 애플리케이션과 하드웨어 플랫폼의 발전된 기능에서 파생된 여러 가지 문제들에 대한 솔루션을 개발하고 있다.

9.3.1 다중 프로세서/다중 코어 스케줄링

다중의 프로세서를 갖는 컴퓨터에서 태스크 세트 τ가 실행될 때 우리는 이것을 다중 프로세서 스케줄링multiprocessor scheduling 문제로 간주한다. 다중 프로세서 스케줄링에는 분할 스케줄링partitioned scheduling과 전역 스케줄링global scheduling이라는 두 가지 기본적인 스케줄링 형식이 있다. 분할 스케줄링에서는 태스크 세트가 하위 세트들로 분할되며, 각 하위 세트는 하나의 프로세서에 할당되고 단일 프로세서 스케줄링 방식을 사용해 그 하위 세트를 스케줄링한다. 전역 스케줄링에서는 주어진 어떤 시점에서 m개 태스크의 어떤 하위 세트가 m개 프로세서에서 실행돼야 하는지를 선택함으로써 모든 태스크들이 m개 프로세서 세트상에서 스케줄링된다. 예를 들면, 전역 EDF는 가장 짧은 마감 시간을 갖는 m개의 작업을 선택한다. 다중 코어multicore 프로세서는 코어들이 공통의 하드웨어 자원을 공유하는 다중 프로세서의 특별한 종류이며, 이것들 역시 스케줄링에 영향을 준다는 것에 주목하라. 그림 9.7에서 그림의 우측 부분은 분할 스케줄링을 그리고 있다. 즉, 태스크 τ_1과 태스크 τ_2는 프로세서 1에 할당되고, 태스크 τ_3는 프로세서 2에 할당된다.

단일 프로세서에 대해 (그리고 앞서 논의한 기본 기법들에 대해) 참이었던 많은 특성들이 다

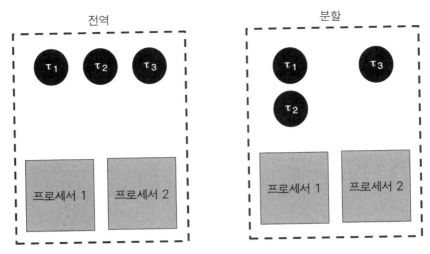

그림 9.7 분할 스케줄링 및 전역 스케줄링에서 태스크 세트들

중 프로세서에서는 성립하지 않는다. 이 절에서는 다중 프로세서의 경우 어디에서 이러한 특성들이 성립하지 않는지에 대한 예들을 설명하며, 이것은 결과적으로 새로운 스케줄링 알고리즘 개발의 동기를 부여한다. 따라서 다중 프로세서를 위한 새로운 스케줄링 알고리즘에 대해서도 논의한다.

다중 프로세서상의 실시간 스케줄링에 관한 문헌은 방대하다. 다루기 쉽도록 암시적 마감 시간 태스크에만 초점을 맞추며, 이것은 이에 대한 논의가 문제를 이해하는 데 도움이 되기 때문이다. 제약적 마감 시간이나 임의 마감 시간을 갖는 태스크 세트에 관심이 있는 독자는 [Davis11]을 참조하기 바란다.

이 논의에서는 표 9.2에 제시된 태스크 세트를 사용한다.

9.3.1.1 전역 스케줄링

전역 스케줄링global scheduling은 실행될 자격이 있는 작업들jobs을 저장하는 단일의 큐를 프로세서들이 공유하는 스케줄링 알고리즘 류다. 각 프로세서에서는 디스패처dispatcher가 이 큐에서 가장 높은 우선순위의 작업을 선택한다. $eligjobs(t)$가 시간 t에서 자격이 있는 작업 집합을 나타낸다고 가정해보자. m개의 프로세서가 있으므로 각 시점에서

표 9.2 암시적 마감 시간의 산발적 태스크 세트 예

태스크 세트 1			태스크 세트 2			태스크 세트 3	
$n = m + 1$			$n = m + 1$			$n = m + 1$	
$T_1 = 1$	$C_1 = 2\varepsilon$		$T_1 = 1$	$C_1 = \frac{1}{2} + \varepsilon$		$T_1 = 1$	$C_1 = \frac{1}{2} + \varepsilon$
$T_2 = 1$	$C_2 = 2\varepsilon$		$T_2 = 1$	$C_2 = \frac{1}{2} + \varepsilon$		$T_2 = 1$	$C_2 = \frac{1}{2} + \varepsilon$
$T_3 = 1$	$C_3 = 2\varepsilon$		$T_3 = 1$	$C_3 = \frac{1}{2} + \varepsilon$		$T_3 = 1$	$C_3 = 2\varepsilon$
...	...		...	...		...	...
$T_m = 1$	$C_m = 2\varepsilon$		$T_m = 1$	$C_m = \frac{1}{2} + \varepsilon$		$T_m = 1$	$C_m = 2\varepsilon$
$T_{m+1} = 1 + \varepsilon$	$C_{m+1} = 1$		$T_{m+1} = 1 + \varepsilon$	$C_{m+1} = \frac{1}{2} + \varepsilon$		$T_{m+1} = 1$	$C_{m+1} = 2\varepsilon$

$min(|eligjobs(t)|, m)$개의 최고 우선순위 작업들이 프로세서에서 실행되도록 선정된다.

태스크 정적 우선순위 스케줄링

태스크 정적 우선순위 스케줄링task-static priority scheduling 알고리즘에서는 각 태스크가 우선순위를 할당받으며, 이 태스크의 각 작업은 태스크의 우선순위를 갖는다.

앞에서 살펴봤듯이 RM은 단일 프로세서를 위한 최적 우선순위 할당 방안이다. 불행하게도 다중 프로세서에 대해서는 그렇지 않으며, 이용률 하한은 0이다. 다음의 예를 보자.

표 9.2의 태스크 세트 1이 RM을 사용한 전역 스케줄링을 사용해 m개의 프로세서에 스케줄링되며 $2\varepsilon * m \leq 1$이라고 가정한다고 생각해보자. 우선순위 할당 RM은 태스크 τ_1, τ_2, ..., τ_m에 최고 우선순위를 그리고 태스크 τ_{m+1}에 최저 우선순위를 할당한다.

모든 태스크가 작업을 동시에 생성하는 상황을 가정하고 이 시점을 시간 0이라고 가정해보자(그림 9.8). 시간 구간 $[0, 2\varepsilon)$ 동안에는 태스크 τ_1, τ_2, ..., τ_m의 작업이 최고 우선순위의 유자격 작업이며, 따라서 한 프로세서당 한 작업씩 실행되며, 시간 2ε에 종료된다. 시간 구간 $[2\varepsilon, 1)$ 동안에는 태스크 τ_{m+1}의 단일 작업이 프로세서들 중 하나에서 실행된다(나머지 $m - 1$개의 프로세서는 놀고 있다). 시간 1에서 태스크 τ_{m+1}의 작업은 $1 - 2\varepsilon$ 시간 단위만큼 실행됐으며 이 작업의 실행 시간이 1이므로 시간 1에서 태스크 τ_{m+1}의 작업은 실행을

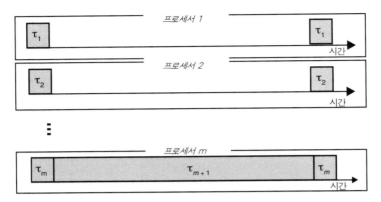

그림 9.8 전역 RM의 이용률 하한

끝내지 못한 상태라는 것에 주목하자. 그러면 시간 1에서 각 태스크 τ_1, τ_2, $\cdots$, τ_m는 새로운 작업을 생성시킨다. 따라서 시간 구간 $[1, 1 + 2\varepsilon)$ 동안에는 태스크의 작업들이 최고 우선순위의 유자격 작업이며, 따라서 이 작업들이 한 프로세서당 한 작업씩 실행되며 시간 1 + 2ε에 종료된다. τ_{m+1}의 마감 시간이 1 + ε에 있다는 것에 주목하라. 그러나 작업의 실행 시간이 1임에도 불구하고 도착 시간에서부터 마감 시간까지 이 작업은 단지 1 − 2ε 시간 단위만큼만 실행됐다. 그러므로 이 작업은 마감 시간을 놓치게 된다.

어떤 ε와 어떤 m에 대해서도 이러한 논증을 반복할 수 있다. $\varepsilon \to 0$ 그리고 $m \to \infty$가 되게 하면 다음 식을 만족하는 태스크 세트가 존재하게 된다.

$$\frac{1}{m} * \sum_{\tau_i \in \tau} u_i \to 0$$

이 식은 태스크 세트가 전역 RM에 위해 스케줄링되는 경우 마감 시간을 놓치게 된다는 것을 나타낸다. 결과적으로 전역 RM의 이용률 하한은 0이다. RM이 전역 스케줄링에서는 성능이 나쁠 수 있다는 것을 관찰한 연구자의 이름을 따서 이러한 결과를 다알의 효과 Dhall's effect[Dhall78]라고 한다.

또한 우선순위 할당을 변경하면 태스크 세트가 스케줄링 가능해진다는 것을 알 수 있다. 예를 들면, 태스크 τ_{m+1}에 최고 우선순위를 할당하고 τ_1, τ_2, $\cdots$, τ_m에 낮은 우선순위를 할당하면 태스크 세트가 스케줄링 가능해진다. 따라서 전역 스케줄링에 대해서는 RM이 최적의 우선순위 할당 방안이 아닌 것이다.

이 예에서 전역 RM의 이용률 하한은 0이며, 이 알고리즘은 태스크 정적 우선순위 전역 스케줄링에 대한 최적의 솔루션이 아니다. 그러므로 더 나은 우선순위 할당 방안을 개발할 가치가 있는 것이다. 시스템이 시간 구간 동안에 충분히 일을 하지 않기 때문에 RM이 나쁜 성능을 보이며, 완료한 작업 량이 상대적으로 적은 이유는 큰 시간 구간 동안에 병렬 처리 기능이 사용되지 않았기 때문이라는 것을 볼 수 있다. 이러한 문제들을 알게 됨으로써 과학계는 이러한 문제가 없고 따라서 RM보다 성능이 우수한 우선순위 할당 방안을 개발했다.

태스크 τ_i의 범주를 "무거운^{heavy}" 또는 "가벼운^{light}"으로 나눌 수 있으며, 여기서 태스크는 다음의 조건이 참이면 무겁다고 간주된다.

$$u_i > \frac{m}{3m-2}$$

그렇지 않으면 태스크는 가벼운 것이다. 그러면 무거운 태스크에는 최상의 우선순위를 할당하고 가벼운 태스크에는 낮은 우선순위를 할당하며, 가벼운 태스크들 간에는 RM에 따라서 상대적 우선순위 순서를 부여한다. 사실, 우선순위 할당 방안 RM-US($m/(3m-2)$) [Andersson01]은 정확히 그렇게 한다. 즉, $m \geq 2$에 대해 이용률 하한이 $m/(3m-2)$라는 것이 증명됐다. 이 이용률 하한은 1/3보다 크며, 따라서 이 할당 방안은 다알의 효과를 방지한다.

이보다 더 개선된 방안도 개발됐다. 알고리즘 RM-US(y) [Lundberg02]는 유사하게 작동한다. 여기서 y는 비선형 방정식의 해이며 $y \approx 0.374$이다. 즉, 이 방안의 이용률 하한은 $y \approx 0.374$이다.

현재, (이용률 하한 측면에서) 가장 좋은 알고리즘은 다음과 같은 형식을 갖고 있다 [Andersson08].

$$\text{SM-US}\left(\frac{2}{3+\sqrt{5}}\right)$$

이용률 하한은 다음과 같다.

$$\frac{2}{3+\sqrt{5}} \approx 0.382$$

각 작업 정적 우선순위 스케줄링 알고리즘에 대해 알고리즘의 이용률 하한은 최대 0.5라는 것을 (표 9.2의 태스크 세트 2를 사용해) 증명할 수 있다[Andersson01].

태스크에 우선순위를 할당하기 위해 POSIX 호출 sched_setscheduler를 사용하는 것도 가능하다. 또한 태스크가 아무 프로세서에서나 실행될 수 있도록 프로세서 선호도 마스크processor affinity mask를 설정할 수도 있다.

작업 정적 우선순위 스케줄링

작업 정적 우선순위 스케줄링job-static priority scheduling 알고리즘에서는 각 작업이 우선순위를 할당받으며, 이 우선순위는 시간이 지나도 변하지 않는다. 명백히 모든 태스크 정적 우선순위 스케줄링 알고리즘 또한 작업 정적 우선순위 스케줄링 알고리즘이다.

9.3.1절에서 살펴봤듯이 EDF는 단일 프로세서를 위한 최적의 우선순위 할당 방안이다. 불행하게도 다중 프로세서에 대해서는 그렇지 않다. 또한 다중 프로세서 경우의 이용률 하한이 0이다. 이것은 앞의 예와 동일한 추론을 적용하면 보여줄 수 있다. 과학계는 이 문제가 없고 EDF보다 성능이 좋은 우선순위 할당 방안을 개발했다.

태스크 τ_i의 범주를 "무거운heavy" 또는 "가벼운light"으로 나눌 수 있으며, 여기서 태스크는 다음의 조건이 참이면 무겁다고 간주된다.

$$u_i > \frac{m}{2m-1}$$

그렇지 않으면 태스크는 가벼운 것이다. (이 절에서 태스크 범주를 '무겁다'와 '가볍다'로 구분한 것은 앞 절에서 사용된 것과 다르다는 것을 유의하라.) 그러면 무거운 태스크에는 최상의 우선순위를 할당하고 가벼운 태스크에는 낮은 우선순위를 할당하며, 가벼운 태스크들 간에는 EDF에 따라서 상대적 우선순위 순서를 부여한다. 사실, [Srinivasan02]의 우선순위 할당 방안은 정확히 다음과 같이 한다.

$$\text{EDF-US}\left(\frac{m}{2m-1}\right)$$

이용률 하한은 다음과 같다는 것이 증명됐다.

$$\frac{m}{2m-1}$$

이 이용률 하한은 1/2보다 크며, 따라서 이 할당 방안은 다알의 효과도 방지한다. 각 태스크 정적 우선순위 스케줄링 알고리즘에 대해 알고리즘의 이용률 하한은 최대 0.5라는 것이 성립한다는 것을 (표 9.2의 태스크 세트 2를 사용해) 증명할 수 있다[Andersson01].

조금 더 수고하면 리눅스 커널을 사용할 수 있으며 태스크가 다음과 같은 방안에 따라 행동하도록 스케줄링할 수 있다. 최고 우선순위(POSIX 호출 *sched_setscheduler*를 사용해 우선순위를 할당한다)에서 돌아가는 특별 프로세스를 지정한다. 태스크가 그 작업의 실행을 끝낼 때마다 태스크가 주어진 이벤트(예: 타이머 종료)를 대기하고 있다는 것을 이 특별 프로세스에 알려줘야 한다. 특별 프로세스가 이 이벤트를 알게 되면 태스크에 대한 블로킹을 풀고(예: 앞서 호출된 태스크가 대기하고 있는 세마포어에 대한 호출 신호) 깨어난 태스크에 (방안에 따라) 정확한 우선순위를 할당해야 한다. 이것은 **sched_setscheduler**를 사용해 처리될 수 있다.

전역 스케줄링은 태스크 이동^task migration^을 허용하므로 작업은 선점했던 프로세스가 아닌 다른 프로세서에서 실행을 재개할 때 또 다른 캐시 미스를 할 가능성이 있다. 이것은 작업의 실행 시간을 연장시키며, 이것은 스케줄 가능성 분석에서 고려해 넣어야 할 수도 있는 요인이다. 작업 정적 또는 태스크 정적 전역 스케줄링에서는 작업이 도착하거나 작업이 실행을 종료할 때만 컨텍스트 스위치가 일어날 수 있다. 그러므로 주어진 시간 구간에 대해 가능한 컨텍스트 스위치 횟수에 대한 상한을 계산할 수 있으며, 태스크 이동 횟수에 대한 상한을 계산할 수 있다. 1회 이동의 오버헤드에 대한 상한을 알고 있으면 이동의 오버헤드에 대한 상한을 계산할 수 있다. 이것은 스케줄 가능성 분석에 통합시킬 수 있는 또 다른 요인이다.

9.3.1.2 분할 스케줄링

분할 스케줄링partitioned scheduling에서는 태스크 세트가 분할되며, 각 구획partition은 하나의 프로세서에 할당된다. 따라서 각 태스크는 하나의 프로세서에 할당된다. 런타임에 태스크는 할당받은 프로세서상에서만 실행될 수 있다.

태스크 정적 우선순위 스케줄링

분할 태스크 정적 우선순위 스케줄링에서는 태스크가 런타임 전에 프로세서에 할당되며, 이동할 수 없다. 런타임에 각 프로세서는 태스크 정적 우선순위에 기반을 둔 단일 프로세서 스케줄링 알고리즘을 사용해 스케줄링된다. 단일 프로세서의 경우, RM이 최적 태스크 정적 우선순위 방안이다. 그러므로 성능의 손실 없이 각 프로세서에서 RM을 사용할 수 있다. 그러면 태스크들을 프로세서들에 할당하는 것만 논의하면 된다.

태스크들을 프로세서들에 할당하는 직관적인 방법은 오프라인으로 부하 균형load balancing을 사용하는 것이다. 즉, 태스크들이 하나씩 차례로 고려되며, 현재 고려되는 태스크가 현재 이용률이 가장 낮은 프로세서에 할당된다는 것을 보장할 수 있다. 유감스럽게도 다음의 예에서 살펴보겠지만, 이러한 부하 균형 알고리즘의 이용률 하한은 0이다.

표 9.2의 태스크 세트 1이 부하 균형을 사용해(즉, 태스크를 하나씩 차례로 고려한다) m개의 프로세서들에 스케줄링되며, 현재 고려되는 태스크를 현재 최저 이용률을 갖는 프로세서에 할당한다고 생각해보자. 또한 $2\varepsilon*m \leq 1$이라고 가정해보자. 초기에는 아무 태스크도 할당되지 않았으며, 따라서 각 프로세서의 이용률은 0이다. 이제 태스크 τ_1부터 시작해 하나씩 차례로 태스크를 고려한다. 태스크는 현재 최저 이용률을 갖는 프로세서에 할당돼야 한다. 모든 프로세서의 이용률이 0이므로 이 태스크는 아무 프로세서에나 할당될 수 있다. 다음으로 τ_2를 고려한다. 이 태스크는 τ_1이 할당된 프로세서를 제외한 아무 프로세서에나

할당될 수 있다. 태스크 τ_3, τ_4, $\cdots$, τ_m에 대해 계속하면 각 태스크가 자기 프로세서에 할당된 상태가 된다. 이제 태스크 τ_{m+1} 하나만 남았다. 만일 τ_{m+1}이 프로세서 1에 할당된다면 프로세서 1의 이용률은 다음과 같을 것이다.

$$\frac{2\varepsilon}{1} + \frac{1}{1+\varepsilon}$$

이 값은 1보다 크다. 만일 τ_{m+1}이 프로세서 1에 할당되면 프로세서 1에서 마감 시간 놓침이 발생할 것이다. 동일한 추론이 다른 프로세서들에 대해서도 적용된다. 즉, 만일 τ_{m+1}이 그 프로세서에 할당되면 마감 시간 놓침이 발생할 것이다. τ_{m+1}이 어디에 할당되든 마감 시간 놓침이 발생할 것이다. 이러한 논증은 어떤 ε과 m에 대해서도 반복할 수 있다. $\varepsilon \rightarrow$ 0과 $m \rightarrow \infty$가 되게 하면 다음 식이 성립하는 태스크 세트가 존재한다.

$$\frac{1}{m} * \sum_{\tau_i \in \tau} u_i \rightarrow 0$$

태스크 세트가 이런 유형의 부하 균형에 의해 스케줄링되면 마감 시간 놓침이 발생한다. 따라서 이러한 유형의 부하 균형의 이용률 하한은 0이다.

이 예에서 제시된 부하 균형 방안의 이용률 하한이 0이라는 사실은 태스크 할당을 위한 더 나은 알고리즘을 개발할 의미가 있게 한다. 이러한 유형의 부하 균형은 세 가지 조건 때문에 성능이 나쁘다는 것을 관찰할 수 있다.

- 프로세서들보다 태스크가 더 많다.
- 적어도 하나의 태스크는(이 논의에서는 큰 태스크large task라고 부르기로 하자) 너무 큰 용량을 요구하기 때문에 다른 태스크와 동일한 프로세서에 할당될 수 없다(그리고 여전히 스케줄 가능하다).
- 각 프로세서가 이미 적어도 하나의 태스크를 할당받았으면 이 큰 태스크는 프로세서에 할당된다.

큰 태스크는 마감 시간을 맞추기 위해 프로세서 전체 용량의 대부분을 필요로 하므로 마감 시간 놓침이 발생한다. 이러한 시나리오를 피하기 위해 과학계는 이러한 유형의 부하 균형보다 우수한 태스크 할당 방안을 개발했다.

더 우수한 태스크 할당 방안을 설계하기 위한 한 가지 아이디어는 태스크가 이미 할당된 프로세서에 태스크를 할당함으로써 반쯤 찬 프로세서를 채우도록 하고, 가능한 한 빈 프로세서에는 태스크를 할당하지 않도록 하는 것이다. 이러한 방안은 이 예에서 봤던 성능 문제를 피할 수 있는 가능성을 지니고 있다. 그러나 주의를 기울여야 한다. 표 9.2의 태스크 세트 3을 생각해보자. 태스크 τ_1은 아무 프로세서에나 할당될 수 있다. 그러면 태스크 τ_2에 대해 생각해보자. 다른 태스크들이 이미 할당된 프로세서에 태스크를 할당한다는 아이디어를 따른다면 태스크 τ_2를 τ_1이 할당된 프로세서에 할당해야 한다. 그러면 프로세서의 이용률은 다음과 같아질 것이다.

$$\frac{\frac{1}{2}+\varepsilon}{1} + \frac{\frac{1}{2}+\varepsilon}{1}$$

이 값은 1보다 크며, 이 프로세서에서는 마감 시간 놓침이 발생할 것이다. 따라서 태스크를 할당할 때는 항상 단일 프로세서 스케줄 가능성 분석을 수행해야 한다. 과학계는 이러한 두 가지 아이디어를 바탕으로 태스크 할당 방안을 개발했다. 다른 태스크들이 할당된 프로세서에 태스크를 할당하고, 단일 프로세서 스케줄 가능성을 검사함으로써 태스크가 할당된 후 각 프로세서에 있는 태스크 세트가 스케줄 가능하다는 것을 보장하는 것이다.

태스크 세트(할당할 테스크세트)와 프로세서 집합(프로세서 세트)에 대한 태스크 할당을 위한 최초 적합first-fit이라는 태스크 할당 알고리즘을 생각해보자. 이 알고리즘의 의사코드pseudocode는 다음과 같다.

1. 만일 할당할 태스크 세트가 비지 않았으면
   1.1 할당할 태스크 세트에서 다음 태스크 τ_i를 가져온다.
2. 아니면
   2.1 성공success을 반환한다.
3. 프로세서 세트에서 첫 번째 프로세서 p_j를 가져온다.

4. 만일 τ_i가 프로세서 p_j에 할당될 때 스케줄 가능하면

    4.1 태스크 τ_i를 프로세서 p_j에 할당한다.

    4.2 τ_i를 할당할 태스크 세트에서 제거

    4.3 단계 1로 이동

5. 아니면 만일 프로세서 세트에 다음 프로세서 p_j가 있으면

    5.1 프로세서 세트에서 다음 프로세서 p_j를 가져오고 단계 4로 이동

6. 아니면

    6.1 실패failure를 반환한다.

만일 단계 4에서 [Liu73]에 있는 단일 프로세서 이용률 기반 스케줄 가능성 검사가 사용된다면 전체적으로 알고리즘은 이용률 $\sqrt{2} - 1 \approx 0.41$를 갖는다[Oh98]. 이용률 0.5를 갖는 더욱 진보된 알고리즘도 있다[Andersson03]. 각 분할 태스크 정적 우선순위 스케줄링 알고리즘에 대해 알고리즘의 이용률은 최대 0.5를 갖는다는 것이 성립한다는 것을 (표 9.2의 태스크 세트 2를 사용해) 증명할 수 있다.

리눅스 커널이 분할 고정 우선순위 스케줄링을 지원한다는 것에 주목하자. 태스크에 우선순위를 할당하기 위해 POSIX 호출 sched_setscheduler를 사용할 수 있으며, 태스크가 특정 프로세서에서만 실행되도록 강제하기 위해 프로세서 선호도 마스크를 설정할 수 있다.

작업 정적 우선순위 스케줄링

단일 프로세서상의 작업 정적 우선순위 스케줄링job-static priority scheduling에 대해서는 EDF가 최적이라는 것을 알고 있다. 그러므로 성능 측면에서의 비용 없이 EDF를 사용할 수 있으며, 이 절에서는 태스크 할당에 대해서만 논의할 필요가 있다.

작업 정적 우선순위 스케줄링을 위한 우수한 태스크 할당 방안을 설계하기 위해 태스크 정적 우선순위 분할 스케줄링task-static priority partitioned scheduling을 위해 사용된 추론을 따를 수 있다. 그러나 단일 프로세서 RM에 대한 스케줄 가능성 검사를 사용하는 대신, 단일 프로세서 스케줄링 알고리즘에 대한 스케줄 가능성 검사를 사용한다(여기서의 경우, 단일 프로세

서 EDF). 다행히, 단일 프로세서 경우에 대한 정확한 스케줄 가능성 검사는 (9.2절에서 봤듯이) 대단히 간단하다. 즉, 프로세서상의 모든 태스크의 이용률 합계가 1을 초과하지 않으면 이 프로세서상의 태스크 세트는 스케줄 가능하다. 이 추론을 사용하면 최초 적합 알고리즘이 이용률 한계 0.5로 설계될 수 있다. 각 분할 작업 정적 우선순위 스케줄링 알고리즘에 대해 알고리즘의 이용률 한계가 최대 0.5라는 것이 성립한다는 것을 (표 9.2의 태스크 세트 2를 사용해) 증명할 수 있다.

9.3.1.3 공정성을 이용한 알고리즘

어떤 스케줄링 알고리즘에서는 작업들jobs이 아무 때나 아무 프로세서로 이동할 수 있다. 이들 알고리즘 중 많은 수가 이용률 한계 100%를 갖고 있다. 불행히도 이것들은 태스크 정적 및 작업 정적 분할 스케줄링 알고리즘들과 태스크 정적 및 작업 정적 전역 스케줄링 알고리즘들보다 더 많은 선점preemption이 생기게 한다. 더 상세한 정보는 알고리즘 SA [Khemka92], PF [Baruah96], PD [Srinivasan02a], BF [Zhu03] 그리고 DP-WRAP [Levin10]를 참조하기 바란다.

RUN[Regnier11]이라는 최근의 알고리즘은 공정성에 의존하는 다른 알고리즘들보다 훨씬 적은 선점이 일어나게 한다. RUN을 사용해 작업당 선점의 수는 프로세서 수의 함수로서 로그 함수다. 그러나 RUN은 약점이 있다. RUN은 매우 작고 실무에서 실현될 수 없는 스케줄링 세그먼트를 종종 생성한다. 또한 RUN은 산발적 태스크를 스케줄링할 수 없다. 즉, 주기적 태스크만 가능하다. 향후 연구를 통해 RUN이 실무적으로 유용해질 수 있다.

9.3.1.4 태스크 분리를 사용한 알고리즘

지금까지, 두 가지 부류의 알고리즘, 즉 선점이 거의 없고 이용률 한계가 최대 0.5인 알고리즘과 선점이 많이 일어나고 이용률이 1인 알고리즘을 살펴봤다. 이용률 한계가 0.5보다 크지만 선점이 거의 없는 알고리즘을 사용하는 것이 바람직할 것이다. 태스크 분리task-splitting는 이러한 기능을 제공하는 범주의 알고리즘이다.

표 9.2의 태스크 세트 2를 생각해보자. 분할 스케줄링partitioned scheduling 알고리즘을 사용하면 태스크를 프로세서에 할당하고 나서 각 프로세서에 대해 이용률이 최대 1이 되게 할 수 있는 태스크 할당 방법이 없다. 그러나 태스크가 2개 이상의 "조각piece"으로 "분리splitting"될 수 있도록 하면 이러한 목표를 이룰 수 있다. 표 9.2의 태스크 세트 2를 생각해보자. 프로세서 1에 태스크 τ_1을 할당하고 프로세서 2에 태스크 τ_2 그리고 프로세서 m에 태스크 τ_m을 할당할 수 있다. 그런 다음, 태스크 τ_{m+1}을 다음과 같이 2개로 분리한다.

$$T_{m+1}' = 1, C_{m+1}' = ¼ + ε/2$$

$$T_{m+1}'' = 1, C_{m+1}'' = ¼ + ε/2$$

이렇게 분리하고 나면 태스크 τ_{m+1}'는 프로세서 1에 할당될 수 있으며 태스크는 프로세서 2에 할당될 수 있다. 이렇게 할당한 후, 각 프로세서에 대해 이용률은 최대 ½ + ε + ¼ + ε/2라는 것이 성립한다. ε ≤ 1/6인 경우는 할당한 이후 각 프로세서에 대해 이용률이 최대 1이 성립한다는 것을 증명할 수 있다. 따라서 각 프로세서에 대해 단일 프로세서 EDF를 적용할 수 있으며, 모든 마감 시간이 충족될 것이다. 만일 τ_{m+1}의 두 조각을 독립적으로 스케줄링할 수 있으면 이러한 방안이 유효할 것이며 두 조각을 동시에 실행시켜도 된다. 그러나 두 조각은 내부적으로 데이터 의존성이 있는 프로그램인 원래 태스크 τ_{m+1}에 속해 있다는 것을 기억하자. 그러므로 태스크 τ_{m+1}를 나타내는 프로그램의 내부 구조를 알지 못하면 τ_{m+1}의 두 조각을 동시에 실행시키지 말아야 한다는 전제하에 태스크 τ_{m+1}을 스케줄링해야 한다.

주기적 태스크를 위한 스케줄링을 위해 태스크 분리를 사용한 알고리즘 EKG를 제시한 연구 논문이 있다[Andersson06]. 산발적 태스크를 위해 이 논문은 분리된 태스크 조각을 배치하기 위한 여러 가지 접근법을 제시하고 있다.

- **슬롯 기반 분리 태스크 배치**Slot-based split-task dispatching: 이 방법을 사용하면 시간이 같은 크기의 시간 슬롯들로 나뉜다. 각 시간 슬롯에서는 태스크 조각의 실행을 위해 보관처reserve가 사용된다. 따라서 프로세서 p와 프로세서 $p + 1$ 사이에서 분

리된split 태스크 τ_i는 프로세서 p에 대한 보관처와 프로세서 $p + 1$에 대한 보관처에 할당된다. 이들 보관처의 단계별 진행과 지속 시간은 2개의 인접한 프로세서에 대해 이들 두 프로세서 간에 분리된 태스크를 위해 사용되는 그 보관처들에 대해 이 보관처들 사이에 시간적 겹침이 없도록 선택된다. [Andersson08a]은 슬롯 기반 분리 태스크 배치를 사용한 산발적 EKG[sporadic-EKG]라고도 하는 알고리즘을 제공한다.

- **보류 기반 분리 태스크 배치**[Suspension-based split-task dispatching]: 보류 기반 분리 태스크 배치에서는 태스크의 싱글 프라임[single-prime1] 조각이 실행될 때 더블 프라임[double-prime] 조각을 무시할 수 없게 된다. [Kato07]은 보류 기반 분리 태스크 배치를 사용한 Ehd2-SIP라는 알고리즘을 제공한다.

- **윈도우 기반 분리 태스크 배치**[Window-based split-task dispatching]: 윈도우 기반 분리 태스크 배치에서는 싱글 프라임 조각이 실행을 끝냈을 때만 더블 프라임 조각이 실행 자격이 생긴다. 이것은 시간 겹침이 생기지 않도록 보장한다. 상응하는 조각들의 마감 시간은 그 조각들의 마감 시간의 합이 태스크가 분리되기 전의 마감 시간을 초과하지 않도록 할당돼야 한다. [Kato09]는 윈도우 기반 분리 태스크 배치와 동적 우선순위 스케줄링을 사용한 EDF-WM이라는 알고리즘을 제공한다. 또한 [Lakshmanan09]는 윈도우 기반 분리 태스크 배치와 고정 우선순위 스케줄링을 사용한 PDMS_HPTS_DS라는 알고리즘을 제공한다.

9.3.1.5 메모리 효과

다중 프로세서에서는 또 다른 유형의 메모리 경합[memory contention]이 타이밍에 영향을 주며 9.2절에서 언급된 몇 가지 효과들이 더욱 심해진다. 메모리 제어기에서 메모리 모듈로 가는 버스[bus]에 대한 경합은 프로세서 수와 비례해 증가된다. 이 경합에 따른 타이밍 효과를 분석하는 방법들이 [Andersson10, Nan10, Pellizzoni10, Schliecker10]에 제시돼

---

1 앞에서 태스크 τ_{m+1}을 τ_{m+1}'와 τ_{m+1}''로 분리한다고 한 것을 상기하기 바란다. – 옮긴이

있다.

많은 다중 프로세서들은 단일 칩 (다중 코어 프로세서들)상에 구현되며, 이 경우 프로세서들은 (프로세서 코어들은) 일반적으로 캐시 메모리를 공유한다. 그러면 한 태스크에 속하는 캐시 블록은 동일한 프로세서에서 실행되고 있는 태스크들이 그 블록을 선점하면 (9.2.2절에서 설명한 것처럼) 당연히 제거된다. 그러나 다중 코어 프로세서에서는 한 태스크에 속한 캐시 블록이 다른 프로세서들에서 병렬로 실행되고 있는 태스크들에 의해서도 축출될 수 있다. 이 방안에 의해 야기되는 타이밍 효과를 분석하기 위한 수단이 있다. **캐시 컬러링**cache coloring이라는 방법은 가상 주소에서 물리 주소로의 주소 변환을 구축해 여러 다른 태스크들의 캐시 집합들이 서로 중첩되지 않게 함으로써 이러한 효과를 제거한다.

오늘날 컴퓨터의 주메모리는 뱅크bank들의 집합으로 구성돼 있는 동적 임의 접근 메모리를 사용하며, 여기서 뱅크는 여러 행들rows로 구성된다. 각 뱅크에서는 각 순간에 최대 1개의 열만 열릴 수 있다. 태스크가 메모리 연산을 수행할 때 태스크는 (물리 주소에 의해 결정되는) 한 메모리 뱅크를 선택하며 그 다음에는 그 메모리 뱅크 내에서 (물리 주소에 의해 결정되는) 한 열을 열고 그 열에서 데이터를 읽는다. 주어진 메모리 연산에 대응하는 열이 이미 열려 있으면 열은 열릴 필요가 없으며 메모리 연산은 더 빨리 끝날 수 있다. 종종 프로그램은 지역 참조를 하는데, 이 경우 많은 메모리 연산을 위해 (메모리 연산이 접근하는 열을 이전의 메모리 연산이 이미 열어 놓았으므로) 열을 새로 열 필요가 없다. 그러나 여러 태스크가 다른 프로세서들에서 실행되고 동일한 뱅크의 다른 열들에 접근하는 경우에는 새 열을 여는 태스크 τ_i는 다른 태스크 서가 연 열을 닫으며, 따라서 τ_j의 실행 시간을 증가시킨다. 뱅크 컬러링(캐시 컬러링과 유사하게 작동한다)이라는 방법은 이러한 효과를 제거한다. 캐시 컬러링과 뱅크 컬러링 모두 다른 목적을 위해 가상 메모리를 설정하므로 캐시 컬러링과 뱅크 컬러링 모두를 달성하려면 이 설정을 조정해야 한다[Suzuki13].

캐시 및 뱅크 컬러링 방안은 완전한 격리가 요구될 때 생성될 수 있는 적은 수의 구획들 때문에 제약을 받는다. [Kim14]는 태스크들이 뱅크 구획들을 공유할 때 발생할 수 있는 메모리 간섭에 한계를 주는 새로운 알고리즘을 개발했다. 특히, 이 저자들은 과잉 근사의 우려를 줄이기 위해 접근당 한계per-access bound가 작업당 한계per-job bound와 결합되는 이중 한계double-bounding 방안을 개발했다. 또한 그들은 논문에서 메모리 제어기 내의 뱅크당 큐 길이가 최악의 경우 메모리 간섭에 미치는 영향을 탐구했다. 이 연구 결과는 이 효과를 줄여주는 스케줄링 알고리즘과 태스크 할당 알고리즘에 포함됐다. 최근의 조사 논문 [Abel13]은 이 주제들을 논의하고 있다.

9.3.2 변동성과 불확실성의 수용

이 장에서는 태스크 세트의 타이밍 파라미터들의 변동성과 환경으로부터 불확실성을 수용하는 기법에 대해 논의한다.

9.3.2.1 Q-RAM을 사용한 자원 배분 절충 방안

이 장의 앞 절들에서 자원에 대한 요구(예: 실행을 완료하기 위해 필요한 CPU 시간)가 고정적인 태스크들을 논의했다. 이 절에서는 다른 서비스 품질quality-of-service, QoS 수준들에 맞춰 설정될 수 있으며, 결과적으로 필요한 자원이 변경되는 태스크들을 살펴본다. 이러한 경우에 대한 예로서 비디오 재생 애플리케이션의 경우, 요구되는 초당 프레임 수frames per second, FPS에 따라 애플리케이션은 다른 양의 CPU 사이클을 소비한다. 이 시나리오에서는 문제가 서비스 품질 수준의 최적 선택으로 바뀐다.

이 문제를 풀기 위해 [Rajkumar97]는 서비스 품질 분배 모델Quality-of-Service Resource Allocation Model, Q-RAM을 개발했다. Q-RAM은 여러 다른 애플리케이션의 QoS 수준을 (사용자가 인지하는 대로) 시스템 효용으로 매핑하며 전체 시스템 효용이 최대화(최적) 되도록 자원을 이 애플리케이션들에 분배한다. Q-RAM은 기본적으로 애플리케이션이(예: 비디오 스트리밍) QoS 수준을 높이면 사용자에 대한 효용 증가분은 줄어들어 결과가 감소하게 된다는 사실을 이용한다. 다시 말해 QoS 수준 i에서 $i + 1$로 움직임으로써 얻어지는 효용 이득utility gain이 수준 $i + 1$에서 $i + 2$로 움직일 때보다 크다는 것이다. 예를 들면, 비디오 스트리밍 애플리케이션의 경우, FPS를 15에서 20으로 올리는 것이 FPS를 20에서 25로 올리는 것이 사용자가 더 많은 추가 효용(즉, 인지되는 품질)을 준다는 것이다.

Q-RAM은 효용 함수를 사용해 감소되는 결과(효용 대 자원의 비율이 단조 감소하는 것으로

나타난다)의 오목^{concave} 성질을 이용함으로써 여러 태스크에 대한 자원의 최적 분배를 수행한다. 한계 효용이라는 비율은 연속 효용 함수의 미분값이다. Q-RAM은 한계 효용을 사용해 가장 적은 자원 분배에 대해 가장 큰 효용(최대 한계 효용)이 생기는 증분에서 시작해 한 번에 한 증분^{increment}씩 분배한다. 이어지는 각 단계에서는 그 다음으로 가장 큰 한계 효용 증분을 선택하며, 모든 자원(예: CPU 이용률)이 분배될 때까지 이런 방식으로 계속된다. Q-RAM이 정확한 (최적) 해에 도달하면 모든 태스크에 대한 (QoS 수준의) 마지막 분배의 한계 효용이 같아진다.

그림 9.9는 애플리케이션 효용 곡선의 두 가지 사례를 보여준다. 이 경우에서 자원의 총 단위 수가 6(예: 6Mbps)이라면 단계적 분배는 다음과 같이 될 것이다. 1단위의 자원을 애플리케이션 A에 분배하고, 1단위의 자원을 애플리케이션 B에 분배하며, 애플리케이션 A에 대한 분배를 2로 올리고, 애플리케이션 B에 대한 분배를 3으로 올리고 그리고 애플리케이션 A에 대한 분배를 3으로 올린다.

애플리케이션은 사용자에게 여러 다른 효용을 제공하는 여러 개의 QoS 차원을 가질 수 있다. 예를 들어, 비디오 스트리밍 애플리케이션의 효용은 초당 프레임 수에 의존할뿐만 아니라 각 프레임의 해상도에도 의존한다(예: VGA, half HD(720), full HD(1024) 등). 결과적으로 각 애플리케이션 τ_i는 애플리케이션의 여러 다른 각각의 QoS 차원 $Q_k(1 \leq k \leq d)$에 대한 자원 분배 R에 대해 다차원 자원 효용 $U_{i,k} = U_{i,k}(R)$을 갖는다. 또한 특정한 QoS 수준에 도달하기 위해 애플리케이션은 하나 이상의 자원이 필요할 수도 있다. 예

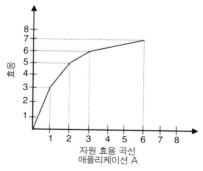
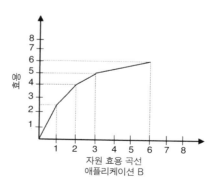

그림 9.9 효용 곡선 사례

를 들어, 비디오 스트리밍 애플리케이션의 경우, 스트리밍이 네트워크를 통해 일어날 경우 CPU 사이클뿐만 아니라 네트워크 대역폭도 필요할 수 있다. 이러한 경우, 다차원 효용은 복수의 자원을 필요로 한다. 즉, $U_{i,k} = U_{i,k}(R_{i,1}, R_{i,2}, \cdots, R_{i,m})$이다. 그러면 자원 배분은 $R^i = (R_{i,1}, R_{i,2}, \cdots, R_{i,m})$ 형태의 분배 벡터가 된다.

애플리케이션의 QoS 차원들이 독립적이면 차원들은 각자 고유의 효용을 만들어내며, 애플리케이션 전체로서의 효용은 차원에 대한 합인 $U_i = \sum_{k=1}^{d} U_{i,k}$가 된다. 반면, 차원들이 의존적이면 그들의 배분은 앞에서 논의했듯이 단일 효용 수준에 도달하도록 결합된 분배로 고려돼야 한다. 그러면 효용 곡선은 2차원의 경우 곡면이 되며, 분배 단계는 곡면상에서 양쪽 차원의 증분을 결합한 경사도가 가장 큰 궤적으로부터 선택된다.

Q-RAM은 시스템의 애플리케이션에 가중값을 할당할 수 있게 함으로써 그들의 상대적 중요성을 부호화encoding할 수 있게 해준다. 그러면 시스템의 효용은 다음과 같이 계산된다.

$$U = \sum_{i=1}^{n} w_i U_i(R^i)$$

9.3.2.2 혼합 중요도 스케줄링

전통적인 실시간 스케줄링 이론은 모든 태스크가 동일하게 중요하다고 간주하며 모든 태스크의 마감 시간을 맞추는 것을 보장하는 데 초점을 맞춘다. 실무에서는 실시간 시스템이 여러 다른 수준의 중요성을 갖는 것이 보편적이다. 예를 들면, 항공기는 비행을 지속하기 위해 중요한 몇 가지 기능들(예: 자동 날개 조정)이 있으며, 감시용 항공기의 사물 인식 기능같이 덜 중요한 기능들도 있다. 이러한 변동은 환경의 불확실성(예: 피해야 할 사물이 많은 경우) 또는 최악의 사태 발생 시 실행 시간에 대한 인증 연습으로부터 얻어진 비관론의 정도 차이로부터 올 수 있다. 이러한 경우들에 대해 보편적인 관행은 낮은 중요도의 태스크들을 높은 중요도의 태스크들로부터 분리시키고, 최악의 경우 실행 시간의 변동을 예상하면서도 낮은 중요도의 태스크가 높은 중요도의 태스크들을 방해하는 것을 방지하기 위해 여러 다른 프로세서에서 이러한 태스크 분류를 채택하는 것이다.

최근 들어, 이러한 분리가 시간 보호temporal protection를 지원하기 위해 운영 체계를 통해 구현됐다. 이 시간 보호는 일반적으로 대칭적 시간 보호로 구현된다. 즉, 저중요도 태스크가 CPU 예산(C)을 과사용overrrun하는 것과 고중요도 태스크가 마감 시간 이전에 종료되는 것을 방지한다. 이와 동시에 고중요도 태스크가 CPU 예산을 과사용하는 것을 방지함으로써 저중요도 태스크가 마감 시간까지 완료될 수 있게 한다. 불행하게도 후자의 경우에는 저중요도 태스크가 실행될 수 있도록 하기 위해 고중요도 태스크가 지연된다. 중요도 역전이라는 이러한 상황 때문에 고중요도 태스크가 마감 시간을 놓치면 중요도 위반이 발생했다고 말한다.

[de Niz09]에서 저자들은 혼합 중요도 시스템이 중요도 위반 문제를 겪지 않도록 시간 보호를 제공하는 ZSRMZero-Slack Rate Monotonic이라는 새로운 스케줄러를 제안한다. 특히, ZSRM은 저중요도 태스크가 고중요도 태스크를 간섭하지 못하게 하는 반면, 고중요도 태스크가 저중요도 태스크에서 CPU 사이클을 훔칠 수 있게 한다. 이러한 방안을 비대칭 시간 보호라고 한다. ZSRM은 우선순위 역전이 발생한 상황에서도 태스크가 비율 단조 우선순위로 실행을 개시할 수 있게 해주며, 이러한 상황을 비율 단조 실행 모드라고 한다. 그러면 작업job은 중요 실행 모드critical execution mode로 전환되며, 저중요도 태스크를 가능한 한 마지막 순간에 정지시킴으로써 마감 시간을 놓치지 않도록 보장한다(즉, 중요도 위반을 겪는다). 태스크의 제로 슬랙 순간zero-slack instant $\tau_i(Z_i)$라는 이 마지막 순간은 9.2.1.3에서 제시한 실행의 두 가지 모드를 결합하는 응답 시간 검사의 변형된 버전을 사용해 계산된다. 이제, 최악의 경우 실행 시간의 변동을 수용하기 위해 태스크에는 두 가지 실행 예산이 주어진다. 하나는 태스크가 과사용하지 않을 때 최악의 경우 실행 시간으로 간주되는 명목 실행 예산(C_i)이며, 또 다른 하나는 태스크가 과사용할 때 최악의 경우 실행 시간으로 간주되는 과부하overloaded 실행 예산(C_i^o)이다. 결과적으로 ZSRM에서 태스크들은 다음과 같이 정의된다.

$$\tau_i = (C_i,\ C_i^o, T_i, D_i, \zeta_i)$$

여기서 τ_i는 태스크의 중요도를 나타낸다(작은 수가 더 높은 중요도를 나타내는 관행을 따름). 이 태스크 모델을 사용해 각 태스크 τ_i에 대해 비율 단조 실행 모드(RM 모드)로 시작하고 중요 실행 모드(중요 모드)로 종료되는 시간표timeline로 응답 시간 검사가 실행된다. 각 모드에서는 간섭하는 여러 가지 다른 태스크들이 고려된다. RM 모드에서는 모든 높은 우선순위의 태스크들(Γ_i^{rm})의 집합이 고려된다. 중요 모드에서는 고중요도 태스크의 집합(Γ_i^{ζ})만(낮은 우선순위의 태스크들도 포함됨) 고려된다. Z_i는 먼저 태스크 τ_i로부터 전체 작업 $J_{i,k}$를 중요 모드로 실행시켜 계산된다. Z_i는 작업이 시작돼야 할 시점에서 고정됨으로써 의 태스크들에 의한 선점을 겪는 경우 마감 시간까지 종료할 수 있도록 한다. 그런 다음, 주어진 Z_i에 대해 작업이 Z_i에 도착하는 시점으로부터 슬랙(Γ_i^{rm}의 태스크들이 실행되지 않는 시간 구간)을 계산한다. 이 슬랙은 Z_i를 주기의 끝으로 이동시킴으로써 RM 모드에서 실행하기 위해 작업의 일부를 이동시키는 데 사용된다. 이 단계는 더 이상의 슬랙을 찾을 수 없고 Z_i가 고정될 때까지 반복된다. 그림 9.10은 응답 시간 시간표와 Z_i의 사례를 보여준다.

ZSRM은 다음과 같은 태스크 기반의 보장을 제공한다. C_j 이상으로 실행되는 태스크 $\tau_j \mid \zeta_j \leq \zeta_i$가 없으면 태스크 τ_i는 마감 시간(D_i) 전에 동안 실행된다는 것이 보장된다. 이 보장은 또한 마감 시간을 놓치는 경우 중요도의 역순으로 놓친다는 것에 대한 보장이 완만하게 약해지게 한다.

ZSRM 방안은 동기화 프로토콜[Lakshmanan11], 분할 다중 프로세서 스케줄링을 위한 빈 패킹bin-packing 알고리즘[Lakshmanan10] 그리고 효용 기반 배정[de Niz13]을 포함하도록 확장됐다.

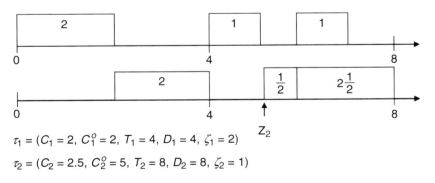

$\tau_1 = (C_1 = 2,\ C_1^o = 2,\ T_1 = 4,\ D_1 = 4,\ \zeta_1 = 2)$
$\tau_2 = (C_2 = 2.5,\ C_2^o = 5,\ T_2 = 8,\ D_2 = 8,\ \zeta_2 = 1)$

그림 9.10 ZSRM 응답 시간 시간표

혼합 중요도의 또 다른 모델은 변동의 원천으로서의 최악의 경우 실행 시간에 대한 여러 가지 다른 수준의 보장에 대해 초점을 맞춘다[Baruah08, Vestal07]. 이러한 모델에서는 태스크들이 시스템의 각 중요도 수준들에 대해 다른 WCET를 가지며, (보장 수준으로 매핑되는) 필요 중요도 수준에 기반해 태스크의 스케줄 가능성이 평가된다. 이러한 모델을 위해 [Baruah11]는 자체 중요도 기반 우선순위Own Criticality-Based Priority를 개발해 비순환 작업들nonrecurrent jobs의 혼합 중요도 집합에 우선순위를 할당하며, 나중에 이 방안을 산발적 태스크로 확장시켰다.

9.3.3 다른 자원들의 관리

실시간 스케줄링 기법은 결정적 보장deterministic guarantees을 제공하기 위해 다른 유형의 자원들에 대해 일반화generalized됐다. 이 절에서는 두 가지 중요한 자원의 유형인 네트워크와 파워에 대해 논의한다.

9.3.3.1 네트워크 스케줄링과 대역폭 분배

많은 시스템들(예: 자동차)이 연대해 기능을 수행하는 컴퓨터 노드들로 구성돼 있다. 예를 들면, 한 컴퓨터는 센서 읽기를 담당하며 읽은 데이터를 다른 컴퓨터 노드로 보낸다. 이 두 번째 컴퓨터는 명령을 계산해 그 명령으로 물리적 환경을 구동시킬 수 있다. 시스템은 이러한 일련의 과정을 지속적으로 반복한다. 이러한 종류의 시스템을 위해서는 한 노드의 센서 읽기에서부터 다른 노드에서의 구동까지의 시간에 한계가 있으며 소위 종단간 마감 시간보다 작다는 것을 보장해야 한다. 이러한 요구를 충족시키려면 한 메시지에 대한 전송 요청을 받은 시점에서 전송이 완료된 시점까지의 시간에 한계가 있어야 하며 알려져 있어야 한다. 그리고 이 시간의 상한을 계산할 수 있어야 한다. 전통적으로 공유 매체(일반적으로 동축 케이블)를 사용하는 이더넷이 개인용 컴퓨터의 통신에 사용돼왔으나, 이 기술은 매체에 대한 중재가 무작위로 일어나므로 무계 지연unbounded delay을 갖는다는 단점이 있다. 이 문제를 극복하기 위해 사이버 물리 시스템의 엔지니어들은 지연에 한계를 줄 수 있는 통신 기술을 추구해왔다.

한 가지 해법은 모든 컴퓨터 노드의 시계를 동기화시키고 컴퓨터 노드가 메시지를 전송할 수 있는 시간을 지정하는 정적 스케줄을 만드는 것이다. 그러면 이 정적 스케줄은 무한히 반복될 것이다. 시간 트리거 이더넷Time-triggered Ethernet, TTE과 플렉스레이FlexRay의 정적 세그먼트가 이 아이디어를 따르는 기술의 사례다. 이 기술은 스케줄이 일단 작성되면 스케줄 가능성 분석이 필요치 않으며 기술을 이해하기 쉽게 한다는 장점을 지니고 있다. 이 기술은 또한 저지연 장애 탐지를 제공하며 매우 높은 전송 속도bit rate를 제공할 수 있다. 불행하게도 이 기술은 약점도 갖고 있다. 이 기술은 마감 시간은 대단히 빠듯하지만 도착 간 최소 간격은 긴 산발적 태스크들의 타이밍 요건을 효율적으로 보장할 수 없고, 한 메시지 흐름의 메시지 특성(예: 주기)이 바뀌거나 새로운 컴퓨터 노드가 접속되면 종종 새로운 스케줄을 다시 계산할 필요가 있으며, 이 새로운 스케줄을 모든 컴퓨터 노드에 재적용해야 한다는 면에서 유연성이 떨어지는 경향이 있다.

매체에 대한 중재 접근에 대해 사이버 물리 시스템의 엔지니어들은 계측 제어기 통신망controller area network, CAN 버스가 가장 널리 채택되는 선택지 중 하나가 되는 또 다른 해법을 찾고자 했다. 지금까지 수억 개의 CAN 가능 마이크로컨트롤러가 판매됐다.

CAN 버스는 우선순위 매체 접근을 사용한다. CAN 버스는 다음과 같이 작동한다. 각 메시지에는 우선순위가 할당되며, 컴퓨터 노드는 컴퓨터 노드의 가장 높은 우선순위 메시지와 매체 접근에 대해 경합한다. CAN 매체 접근 제어medium access control, MAC 프로토콜은 가장 높은 우선순위의 전송 메시지를 가진 컴퓨터 노드에 접근을 부여한다. 전송이 종료되면 CAN MAC 프로토콜은 가장 높은 우선순위를 가진 컴퓨터 노드에 접근을 부여한다. 이 메시지는 전과 마찬가지로 전송된다. 이 절차는 적어도 하나의 컴퓨터 노드가 메시지 전송을 요청하는 한 계속 반복된다. 따라서 통신의 비선점적 측면을 고려하면서 (이 장의 초반에 논의한) 고정 우선순위 스케줄링의 스케줄링 이론을 사용해 CAN 버스상에서의 메시지 타이밍에 대한 분석을 할 수 있다[Davis07, Tindell94].

CAN 기술은 그 인기 때문에 새로운 아이디어들에 의해 확장됐다. CAN 버스의 무선 버전이 개발됐다[Andersson05]. 그리고 CAN의 새 버전은 중재보다 데이터 전송을 위해 훨씬 높은 전송 속도를 사용한다[Sheikh10].

9.3.3.2 파워 관리

다수의 실시간 시스템은 제한된 배터리 용량 또는 열 방출과 같은 파워와 관련된 제약 조건하에서 운영된다. 이러한 시스템들에서는 파워 소비를 최소화하는 것이 중요하다. 이러한 목적을 위해 오늘날의 대부분의 칩들은 CMOS 기술에서는 파워가 전압의 제곱에 주파수를 곱한 값에 비례한다(즉, $P \propto V^2 \cdot f$)는 사실을 이용하기 위해 동작 주파수를 조정할 수 있게 한다. 따라서 이들 프로세서에서 전압과 주파수가 함께 조절된다고 전제하면 주파수가 내려가는 각 유닛에 대해 파워 소비가 세제곱으로 감소한다.

이 사실을 이용해 실시간 시스템 커뮤니티는 태스크 마감 시간을 놓치지 않으면서 프로세서의 주파수를 최소화하기 위해 일련의 실시간 주파수 조정 알고리즘들을 개발했다. 특히, [Saewong03]은 설계자가 주어진 태스크 세트를 스케줄링하기 위해 프로세서의 최저 주파수를 결정할 수 있게 하는 고정 우선순위 실시간 시스템을 위한 일련의 알고리즘들을 개발했다. 각 알고리즘은 다음과 같은 각기 다른 사용 예를 목표로 하고 있다.

- **시스템 클록 주파수 할당**Sys-Clock: Sys-Clock 알고리즘은 주파수 전환 오버헤드가 높고 설계 시 주파수를 고정하는 것이 선호되는 프로세서들을 위해 설계된 알고리즘이다.

- **우선순위 단조 클록 주파수 할당**PM-Clock: PM-Clock 알고리즘은 주파수 전환 오버헤드가 낮은 시스템을 위해 설계됐다. 이 경우, 태스크는 각자 자기의 주파수를 할당받는다.

- **최적 클록 주파수 할당**Opt-Clock: Opt-Clock 알고리즘은 각 태스크에 대한 최적 클록 주파수를 결정하기 위한 비선형 최적화 기법을 기반으로 한다. 이 알고리즘은 복잡하며 설계 시에만 사용할 것을 권장한다.

- **동적 PM-Clock**DPM-Clock: DPM-Clock 알고리즘은 평균 실행 시간과 최악 실행 시간의 차에 적응한다.

이들 알고리즘은 태스크들이 마감 시간 단조 스케줄러 하에서 스케줄링된다고 가정하며, 여기서 태스크 τ_i는 주기(T_i), 주기보다 작거나 같은 제한된 마감 시간(D_i) 그리고 최악의 경우 실행 시간(C_i)에 의해 특징지어진다. 프로세서들의 주파수 설정은 최대 주파수 f_{max} 로 정규화된다.

Sys-Clock 알고리즘은 모든 태스크가 그들의 마감 시간을 맞추게 하는 최소 주파수를 찾는다. 특히, 이 알고리즘은 한 태스크의 가장 빠른 완료 시간과 가장 늦은 완료 시간을 식별하는데, 이것은 각각 최대 주파수에서의 가장 빠른 완료 시점과 더 높은 우선순위의 태스크로부터의 선점으로 인해 태스크가 마감 시간을 놓치게 되기 직전의 마지막 순간을 가리킨다. 그러면 알고리즘은 태스크가 가장 빠른 완료 시간과 가장 늦은 완료 시간 사이의 빈 시간^{idle time}의 끝에서 정확히 완료되도록 하는 최소 주파수를 계산한다. 표 9.3에 제시된 테스크세트를 사용해 이 알고리즘을 설명해보자. 이 태스크들에 대한 실행 시간표는 그림 9.11에 나타나 있다.

그림 9.11은 더 높은 주파수로 도는 프로세서를 사용한 실행 시간표를 보여준다. Sys-Clock 알고리즘에 따라 태스크 세트의 실행을 빈 시간(이 예의 경우, 20과 28)의 끝으로 옮기기 위해 주파수를 줄일 수 있다.

이러한 작업은 태스크와 선점하는 태스크들의 총 부하(β)를 빈 시간 구간의 처음에서 끝으로 연장하기 위해 필요한 주파수 크기 조절 인수^{scaling factor}(α)를 계산하는 것으로 묘

표 9.3 태스크 세트 표본

태스크	C_i	T_i	D_i
τ_1	7	20	20
τ_2	5	28	28
τ_3	3	30	30

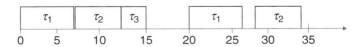

그림 9.11 태스크 세트 표본의 실행 시간표

사될 수 있다. 특히, 현재 부하^{workload}는 다음과 같이 계산된다.[2]

$$\beta = \frac{C_1 + C_2 + C_3}{f_{max}} = 15$$

$$\alpha = \frac{15}{20} = 0.75$$

다음 식은 두 번째 빈 시간 구간(27에서 28까지)에 대한 부하를 계산한다.

$$\beta = \frac{2C_1 + C_2 + C_3}{f_{max}} = 22$$

$$\alpha = \frac{22}{28} = 0.79$$

최솟값을 선택하면 0.75가 나온다. 모든 태스크에 대한 모든 주파수가 계산되면 그것들 중에서 최댓값을 고정 주파수로서 선택한다.

PM-Clock 알고리즘은 각 태스크에 대한 Sys-Clock 주파수를 계산하는 것으로 시작하는 Sys-Clock 알고리즘의 적응형이다. 높은 우선순위 태스크의 주파수가 낮은 우선순위 태스크에 더 많은 슬랙을 제공하면 알고리즘은 낮은 우선순위 주파수를 다시 계산할 수 있게 해준다. 이 경우, 모든 태스크는 자신의 주파수로 돌며, 더 높은 우선순위 태스크들의 슬랙은 낮은 우선순위 태스크들을 위한 낮은 주파수로 변환된다.

Opt-Clock 알고리즘은 파워 방정식 ($P(f) = cf^x$, $x \geq 3$)의 볼록^{convex} 특성을 이용해 에너지 소비를 최소화하기 위해 태스크 세트의 초주기^{hyper-period}에 대한 최적화 문제를 정의한다.

마지막으로 DPM-Clock 알고리즘은 태스크들이 기대한 것보다 더 일찍 완료될 때 프로세서의 주파수를 더욱 낮추는 온라인 전압 크기 조절 알고리즘이다. 특히, 일찍 완료하

---

2 f_{max}의 초깃값은 1이라는 것에 유의하자.

는 태스크보다 낮거나 같은 우선순위의 다음 번 태스크를 위해 슬랙을 사용한다.

[Aydin06]은 실시간 시스템을 위해 프로세서의 주파수를 고려할 뿐만 아니라 이 주파수로 변하지 않는 다른 장치들의 활용을 고려하는 시스템 수준의 에너지 관리 접근 방법을 제안한다. 구체적으로 저자들은 태스크의 실행 시간을 다음과 같이 나타낸다.

$$C_i(S) = \frac{x_i}{S} + y_i$$

여기서 x_i는 선택된 속도 S(주파수에 대응한다)로 크기가 변하는 프로세서 칩^{chip}상의 태스크의 일^{work}이며, y_i는 이 속도에 의해 변하지 않는 칩 밖의 일을 나타낸다. 이 모델을 기반으로 저자들은 에너지 소비를 최소화하는 최적의 정적 속도를 도출하는 알고리즘을 제안한다.

더 최근에는 [Moreno12]가 독립적으로 각각의 주파수(균일 다중 프로세서)를 설정할 수 있는 다중 프로세서를 위한 최적 알고리즘을 개발했다. 이 저자들의 접근 방법은 U–LLREF라는 전역 스케줄링 접근법을 이용해 [Funk09]가 개발한 균일 다중 프로세서를 위한 최적 스케줄링 알고리즘을 이용한다. 이 알고리즘을 사용해 [Moreno12]는 각 프로세서가 태스크 세트 마감 시간들을 맞추도록 돌아야 하는 최소 주파수를 계산하기 위해 GMF$^{Growing\ Minimum\ Frequency}$을 개발했다.

GMF 알고리즘은 태스크 부분 집합의 프로세서 부분 집합에 대한 스케줄 가능성을 검사한다. 구체적으로 얘기하면 태스크들이 스케줄링될 태스크 부분 집합에 이용률 기준의 비증가 순서로 하나씩 더해진다. 이와 유사하게, 태스크 스케줄링에 사용될 프로세서 집합이 프로세서 속도(또는 주파수) 기준의 비증가 순서로 하나씩 더해진다. 알고리즘은 모든 프로세서에 최소 주파수를 할당하고 단일 태스크로 구성된 태스크 세트를 단일 프로세서로 구성된 다중 프로세서에 스케줄링하는 것으로 시작된다. 각 태스크가 (하나씩) 스케줄링될 태스크들에 더해지면서 프로세서들도 하나씩 차례로 더해진다. 그런 다음, 가장 큰 순서로 처음부터 i개의 태스크들의 총 이용률이 가장 빠른 순서로 처음부터 i개의 프로세서들의 주파수 총계보다 작거나 같은지를 검사한다. 그렇지 않으면 가장 느린 프로세서의 주파수를 증가시키고 이전의 단계를 반복한다. 모든 사용 가능한 프로세서들을 고려하고 나서 만일 태스크가 추가로 생기면 모든 태스크들을 함께 고려하며 주파수 증가 단계를 반복한다. [Moreno12]는 불연속적 주파수 단계를 가지며 각 단계가 동일한 크기인 프로세서들에 대해 이 접근 방법이 최적임을 증명했다.

9.3.4 리드믹 태스크 스케줄링

지금까지, 태스크들이 고정된 타이밍 파라미터를 가질 때 모든 타이밍 요건이 충족된다는 것을 증명하기 위한 다양한 방법들을 알아봤다. 이 시나리오를 위한 성숙한 이론들이 개발됐다. 아주 최근에는 연구자들이 타이밍 요건이 물리적 프로세스의 함수로서 변할 때 타이밍 요건이 충족된다는 것을 증명하기 위한 이론들을 개척했다. 이 절에서는 이러한 연구에 대해 논의하고자 한다. 이 분야가 아직 충분히 개발되지 않았다는 점을 감안해 단일 프로세서상의 스케줄링에 초점을 맞추고자 한다.

제어 알고리즘과 같이 물리 세계와 상호작용하는 많은 수의 알고리즘들이 정상 상태^{steady state}에서 고정 주기로 실행될 수 있는 한편, 고정 주기를 가질 수 없는 알고리즘들 수가 증가하고 있다. 예를 들어, 자동차 엔진의 동력 전달 장치 제어를 생각해보자. 크랭크 축이 특정 위치에 도달하면 여러 개의 태스크의 실행이 촉발된다. 이 경우, 2개의 이러한 이벤트 간의 간격은 엔진의 회전수에 따라 변한다. 이러한 종류의 시스템을 위해 [Kim12]는 리드믹 리얼 태스크^{rhythmic real task} 모델을 개발했다. 이 모델은 비율 단조 스케줄링 알고리즘을 기반으로 하며, 태스크의 주기가 계속 변할 수 있게 한다.

이 모델에 대해 [Kim12]는 타이밍 파라미터들이 상태 벡터 $v_s \in R^k$(여기서 k는 시스템 상태를 나타내는 데 사용되는 차원의 수)에 따라 변하는 태스크를 정의한다. 이 벡터를 사용하면 태스크 τ_i의 파라미터들은 $C_i(v_s)$, $T_i(v_s)$, $D_i(v_s)$로 정의되며 리드믹 태스크를 식별하기 위해 τ_i^*, C_i^*, D_i^*, T_i^*를 사용한다. 리드믹 태스크의 타이밍 파라미터들의 변동성은 다음과 같이 주기 변동성으로부터 유도된 최대 가속 파라미터에 의해 제한된다.

$$\alpha(v_s) = 1 - \frac{T(v_s, J_{i+1})}{T(v_s, J_i)}$$

이 값은 양수 또는 음수일 수 있다. 이와 유사하게, 최대 가속 구간은 구간 $(n_a(v_s))$에서 풀어놓은 작업의 최대수에 의해 정의된다.

[Kim12]는 다수의 사용 사례와 그들의 분석을 보여준다. 첫째, 이 저자들은 1개의 리드믹 태스크와 1개의 주기적 태스크를 갖는 사례를 평가한다. 그런 다음, 그들은 스케줄 가능성 측면에서 이 두 태스크들 간의 기본적 관계를 보이기 위해 이 사례를 사용한다. 좀 더 구체적으로 말하면 저자들은 이 사례에 대해 각 상태에서 다음 식이 성립하면 태스크 세트가 스케줄 가능하다는 것을 증명한다.

$$C_1^* \le \max\left(\frac{T_2 - C_2}{\left\lceil \frac{T_2}{T_1^*} \right\rceil}, T_1^* - \frac{C_2}{\left\lceil \frac{T_2}{T_1^*} \right\rceil} \right)$$

[Kim12] 논문은 다른 분석들에서도 스케줄 가능성을 유지하기 위해 또 다른 일련의 태스크들로 스케줄링될 때 리드믹 태스크에 대한 최대 WCET를 계산하기 위해 T_i^*를 파라미터로 하는 함수를 제시한다. 이것은 다음과 같이 정의된다.

$$f_{C_{max}}^*\left(T_1^*\right) = \min_{\forall \tau_i \in \Gamma} \max\left(T_1^* - \frac{\sum_{j=2}^i \left\lceil \frac{T_i}{T_j} \right\rceil C_j}{\left\lceil \frac{T_i}{T_1^*} \right\rceil}, \frac{T_i - \sum_{j=2}^i \left\lceil \frac{T_i}{T_j} \right\rceil C_j}{\left\lceil \frac{T_i}{T_1^*} \right\rceil} \right)$$

저자들은 또한 최대 가속 구간 $n_\alpha = 1$에 대해 하나의 리드믹 태스크와 여러 개의 주기적 태스크가 있는 태스크 세트에 대한 가능한 최대 가속을 다음과 같이 유도한다.

$$\alpha \le 1 - \frac{T_1^*}{C_1^*}\left(UB(n) - \sum_{i-2}^n \frac{C_i}{T_i} \right)$$

$UB(n)$는 [Liu73]에 의해 계산되듯이 이용률 한계다.

[Kim12]의 논문은 시스템의 스케줄 가능성 조건을 탐색하기 위해 동력 전달 장치 제어 시스템에 기반을 둔 사례 연구를 보여준다.

9.4 요약 및 열린 도전 과제

CPS의 사이버 파트가 물리적 파트와 동기화돼 실행되는 것을 보장하는 것은 복잡한 CPS를 위한 새로운 도전이다. 이 장에서는 실시간 시스템의 예측 가능한 실행을 위한 비율 단조 스케줄링 방안을 제시한 중요한 논문인 [Liu73]에서 기원한 기법들을 기반으로 잘 구축된 기초를 논의했다. 자원 공유를 위한 프로토콜, 다수의 변형된 형태의 다중 프로세서 스케줄링 그리고 네트워크와 파워 소비를 포함한 다른 자원들에 대한 이들 기법의 응용을 포함하는 일반화를 설명했다.

차세대 CPS는 해결해야 할 많은 문제를 제시한다. 이 문제들은 여러 원인에서 파생된다. 구체적으로 말해 다중 코어 기능을 갖춘 새로운 하드웨어 아키텍처와 전통적인 정상 상태를 보이지 않는 증가된 동특성을 갖는 물리적 프로세스들로 인한 타이밍 파라미터들의 증가된 변동성에서 온다.

새로운 하드웨어 아키텍처는 상업적 오프더셸프commercial off-the-shelf, COTS 하드웨어가 평균적 실행 시간을 최소화하도록 설계됐지만 최악의 경우 실행 시간을 매우 예측 불가능하게 만든다는 점을 고려할 때 예측성 문제를 해결할 수 있는 더욱 복잡한 자원 분배 알고리즘을 필요로 한다. 더욱이 GPGPU, DSP 또는 다른 속도를 갖는 코어들 같은 하드웨어 가속기들은 관리돼야 할 새로운 수준의 이종성heterogeneity을 만든다. 마지막으로 프로세서의 동작 온도가 올라가면서 열 관리가 시야에 들어왔으며 미래에는 더욱 중요한 관심사가 될 것이다.

차세대 CPS에서 물리적 프로세스의 증가 된 동특성은 자원 수요에 대한 새로운 모델을 요구한다. 새 모델은 이러한 동특성을 제한하고 분석을 가능하게 하는 스마트 스케줄링 메커니즘을 갖춰야 할 것이다.

참고문헌

[Abel13] A. Abel, F. Benz, J. Doerfert, B. Dorr, S. Hahn, F. Haupenthal, M. Jacobs, A. H. Moin, J. Reineke, B. Schommer, and R. Wilhelm. "Impact of Resource Sharing on Performance and Performance Prediction: A Survey." CONCUR, 2013.

[Altmeyer11] S. Altmeyer, R. Davis, and C. Maiza. "Cache-Related Preemption Delay Aware Response Time Analysis for Fixed Priority Pre-emptive Systems." *Proceedings of the IEEE Real-Time Systems Symposium*, 2011.

[Andersson08] B. Andersson. "Global Static-Priority Preemptive Multiprocessor Scheduling with Utilization Bound 38%." In *Principles of Distributed Systems*, pages 73 – 88. Springer, 2008.

[Andersson01] B. Andersson, S. K. Baruah, and J. Jonsson. "Static-Priority Scheduling on Multiprocessors." Real-Time Systems Symposium, pages 193 – 202, 2001.

[Andersson08a] B. Andersson and K. Bletsas. "Sporadic Multiprocessor Scheduling with Few Preemptions." Euromicro Conference on Real-Time Systems, pages 243 – 252, 2008.

[Andersson12] B. Andersson, S. Chaki, D. de Niz, B. Dougherty, R. Kegley, and J. White. "Non-Preemptive Scheduling with History-Dependent Execution Time." Euromicro Conference on Real-Time Systems, 2012.

[Andersson10] B. Andersson, A. Easwaran, and J. Lee. "Finding an Upper Bound on the Increase in Execution Time Due to Contention on the Memory Bus in COTS-Based Multicore Systems." *SIGBED Review*, vol. 7, no. 1, page 4, 2010.

[Andersson03] B. Andersson and J. Jonsson. "The Utilization Bounds of Partitioned and Pfair Static-Priority Scheduling on Multiprocessors are 50%." Euromicro Conference on Real-Time Systems, pages 33 – 40, 2003.

[Andersson05] B. Andersson and E. Tovar. "Static-Priority Scheduling of Sporadic Messages on a Wireless Channel." In *Principles of Distributed*

Systems, pages 322 – 333, 2005.

[Andersson06] B. Andersson and E. Tovar. "Multiprocessor Scheduling with Few Preemptions." *Real-Time Computing Systems and Applications*, pages 322 – 334, 2006.

[Audsley91] N. C. Audsley, A. Burns, M. F. Richardson, and A. J. Wellings. "Hard Real-Time Scheduling: The Deadline Monotonic Approach." *Proceedings of the 8th IEEE Workshop on Real-Time Operating Systems and Software*, 1991.

[Aydin06] H. Aydin, V. Devadas, and D. Zhu. "System-Level Energy Management for Periodic Real-Time Tasks." Real-Time Systems Symposium, 2006.

[Baruah96] S. K. Baruah, N. K. Cohen, C. G. Plaxton, and D. A. Varvel. "Proportionate Progress: A Notion of Fairness in Resource Allocation." *Algorithmica*, vol. 15, no. 6, pages 600 – 625, 1996.

[Baruah11] S. Baruah, H. Li, and L. Stougie. "Towards the Design of Certifiable Mixed-Criticality Systems." 16th IEEE Real-Time and Embedded Technology and Applications Symposium (RTAS), 2010.

[Baruah08] S. Baruah and S. Vestal. "Schedulability Analysis of Sporadic Tasks with Multiple Criticality Specifications." European Conference on Real-Time Systems, 2008.

[Chattopadhyay11] S. Chattopadhyay and A. Roychoudhury. "Scalable and Precise Refinement of Cache Timing Analysis via Model Checking." *Proceedings of the 32nd IEEE Real-Time Systems Symposium*, 2011.

[Davis11] R. I. Davis and A. Burns. "A Survey of Hard Real-Time Scheduling for Multiprocessor Systems." *ACM Computing Surveys*, vol. 43, no. 4, Article 35, October 2011.

[Davis07] R. I. Davis, A. Burns, R. J. Bril, and J. J. Lukkien. "Controller Area Network (CAN) Schedulability Analysis: Refuted, Revisited and Revised." *Real-Time Systems*, vol. 35, no. 3, pages 239 – 272, 2007.

[de Niz09] D. de Niz, K. Lakshmanan, and R. Rajkumar. "On the Scheduling of Mixed-Criticality Real-Time Tasksets." *Proceedings of the 30th IEEE Real-Time Systems Symposium*, 2009.

[de Niz13] D. de Niz, L. Wrage, A. Rowe, and R. Rajkumar. "Utility-Based Resource Overbooking for Cyber-Physical Systems." IEEE International Conference on Embedded and Real-Time Computing Systems and Applications, 2013.

[Dhall78] S. K. Dhall, and C. L. Liu. "On a Real-Time Scheduling Problem." *Operations Research*, vol. 26, pages 127 – 140, 1978.

[Funk09] S. Funk and A. Meka. "U-LLREF: An Optimal Real-Time Scheduling Algorithm for Uniform Multiprocessors." Workshop of Models and Algorithms for Planning and Scheduling Problems, June 2009.

[Hahn02] J. Hahn, R. Ha, S. L. Min, and J. W. Liu. "Analysis of Worst-Case DMA Response Time in a Fixed-Priority Bus Arbitration Protocol." *Real-Time Systems*, vol. 23, no. 3, pages 209 – 238, 2002.

[Hansen09] J. P. Hansen, S. A. Hissam, and G. A. Moreno. "Statistical-Based WCET Estimation and Validation." Workshop on Worst-Case Execution Time, 2009.

[Huang97] T. Huang. "Worst-Case Timing Analysis of Concurrently Executing DMA I/O and Programs." PhD thesis, University of Illinois at Urbana – Champaign, 1997.

[Joseph86] M. Joseph and P. Pandya. "Finding Response Times in a Real-Time System." *Computer Journal*, vol. 29, no. 5, pages 390 – 395, 1986.

[Kato07] S. Kato and N. Yamasaki. "Real-Time Scheduling with Task Splitting on Multiprocessors." *Real-Time Computing Systems and Applications*, pages 441 – 450, 2007.

[Kato09] S. Kato, N. Yamasaki, and Y. Ishikawa. "Semi-Partitioned Scheduling of Sporadic Task Systems on Multiprocessors." Euromicro Conference on Real-Time Systems, pages 249 – 258, 2009.

[Khemka92] A. Khemka and R. K. Shyamasundar. "Multiprocessor Scheduling of Periodic Tasks in a Hard Real-Time Environment." International Parallel

Processing Symposium, 1992.

[Kim14] H. Kim, D. de Niz, B. Andersson, M. Klein, O. Mutlu, and R. Rajkumar. "Bounding Memory Interference Delay in COTS-Based Multi-Core Systems." Real-Time and Embedded Technology and Applications Symposium, 2014.

[Kim12] J. Kim, K. Lakshmanan, and R. Rajkumar. "Rhythmic Tasks: A New Task Model with Continually Varying Periods for Cyber-Physical Systems." IEEE/ACM International Conference on Cyber-Physical Systems, 2012.

[Klein93] M. Klein, T. Ralya, B. Pollak, R. Obenza, and M. G. Harbour. *A Practitioner's Handbook for Real-Time Analysis: Guide to Rate Monotonic Analysis for Real-Time Systems.* Kluwer Academic, 1993.

[Lakshmanan11] K. Lakshmanan, D. de Niz, and R. Rajkumar. "Mixed-Criticality Task Synchronization in Zero-Slack Scheduling." 17th IEEE Real-Time and Embedded Technology and Applications Symposium (RTAS), 2011.

[Lakshmanan10] K. Lakshmanan, D. de Niz, R. Rajkumar, and G. Moreno. "Resource Allocation in Distributed Mixed-Criticality Cyber-Physical Systems." IEEE 30th International Conference on Distributed Computing Systems, 2010.

[Lakshmanan09] K. Lakshmanan, R. Rajkumar, and J. P. Lehoczky. "Partitioned Fixed-Priority Preemptive Scheduling for Multi-Core Processors." Euromicro Conference on Real-Time Systems, pages 239–248, 2009.

[Leung82] J. Y. T. Leung and J. Whitehead. "On the Complexity of Fixed-Priority Scheduling of Periodic, Real-Time Tasks." *Performance Evaluation*, vol. 2, no. 4, pages 237–250, 1982.

[Levin10] G. Levin, S. Funk, C. Sadowski, I. Pye, and S. A. Brandt. "DP-FAIR: A Simple Model for Understanding Optimal Multiprocessor Scheduling." Euromicro Conference on Real-Time Systems, pages 3–13, 2010.

[Liu73] C. L. Liu and J. W. Layland. "Scheduling Algorithms for Multiprogramming in Hard-Real-Time Environment." *Journal of the ACM,* pages 46 – 61, January 1973.

[Locke90] D. Locke and J. B. Goodenough. *Generic Avionics Software Specification.* SEI Technical Report, CMU/SEI-90-TR-008, December 1990.

[Lundberg02] L. Lundberg. "Analyzing Fixed-Priority Global Multiprocessor Scheduling." IEEE Real Time Technology and Applications Symposium, pages 145 – 153, 2002.

[Nan10] M. Lv, G. Nan, W. Yi, and G. Yu. "Combining Abstract Interpretation with Model Checking for Timing Analysis of Multicore Software." Real-Time Systems Symposium, 2010.

[Moreno12] G. Moreno and D. de Niz. "An Optimal Real-Time Voltage and Frequency Scaling for Uniform Multiprocessors." IEEE International Conference on Embedded and Real-Time Computing Systems and Applications, 2012.

[Oh98] D. Oh and T. P. Baker. "Utilization Bounds for N-Processor Rate Monotone Scheduling with Static Processor Assignment." *Real-Time Systems*, vol. 15, no. 2, pages 183 – 192, 1998.

[Pellizzoni10] R. Pellizzoni, A. Schranzhofer, J. Chen, M. Caccamo, and L. Thiele. "Worst Case Delay Analysis for Memory Interference in Multicore Systems." Design, Automation, and Test in Europe (DATE), 2010.

[Rajkumar91] R. Rajkumar. *Synchronization in Real-Time Systems: A Priority Inheritance Approach.* Springer, 1991.

[Rajkumar97] R. Rajkumar, C. Lee, J. Lehoczky, and D. Siewiorek. "A Resource Allocation Model for QoS Management." Real-Time Systems Symposium, 1997.

[Regnier11] P. Regnier, G. Lima, E. Massa, G. Levin, and S. A. Brandt. "RUN: Optimal Multiprocessor Real-Time Scheduling via Reduction to Uniprocessor." Real-Time Systems Symposium, pages 104 – 115, 2011.

[Saewong03] S. Saewong and R. Rajkumar. "Practical Voltage-Scaling for Fixed Priority RT Systems." Real-Time and Embedded Technology and Applications Symposium, 2003.

[Schliecker10] S. Schliecker, M. Negrean, and R. Ernst. "Bounding the Shared Resource Load for the Performance Analysis of Multiprocessor Systems." Design, Automation, and Test in Europe (DATE), 2010.

[Sha90] L. Sha, R. Rajkumar, and J. P. Lehoczky. "Priority Inheritance Protocols: An Approach to Real-Time Synchronization." IEEE Transactions on Computers, vol. 39, no. 9, pages 1175 – 1185, 1990.

[Sheikh10] I. Sheikh, M. Short, and K. Yahya. "Analysis of Overclocked Controller Area Network." *Proceedings of the 7th IEEE International Conference on Networked Sensing Systems (INSS)*, pages 37 – 40, Kassel, Germany, June 2010.

[Srinivasan02a] A. Srinivasan and J. H. Anderson. "Optimal Rate-Based Scheduling on Multiprocessors." ACM Symposium on Theory of Computing, pages 189 – 198, 2002.

[Srinivasan02] A. Srinivasan and S. K. Baruah. "Deadline-Based Scheduling of Periodic Task Systems on Multiprocessors." *Information Processing Letters*, vol. 84, no. 2, pages 93 – 98, 2002.

[Suzuki13] N. Suzuki, H. Kim, D. de Niz, B. Andersson, L. Wrage, M. Klein, and R. Rajkumar. "Coordinated Bank and Cache Coloring for Temporal Protection of Memory Accesses." IEEE Conference on Embedded Software and Systems, 2013.

[Tindell94] K. Tindell, H. Hansson, and A. J. Wellings. "Analysing Real-Time Communications: Controller Area Network (CAN)." Real-Time Systems Symposium, pages 259 – 263, 1994.

[Vestal07] S. Vestal. "Preemptive Scheduling of Multi-Criticality Systems with Varying Degrees of Execution Time Assurance." *Proceedings of the IEEE Real-Time Systems Symposium*, 2007.

[Wilhelm08] R. Wilhelm, J. Engblom, A. Ermedahl, N. Holsti, S. Thesing, D. B. Whalley, G. Bernat, C. Ferdinand, R. Heckmann, T. Mitra, F. Mueller, I. Puaut, P. P. Puschner, J. Staschulat, and P. Stenström. "The Worst-Case Execution-Time Problem: Overview of Methods and Survey of Tools." *ACM*

Transactions on Embedded Computing Systems, vol. 7, no. 3, 2008.

[Zhu03] D. Zhu, D. Mossé, and R. G. Melhem. "Multiple-Resource Periodic Scheduling Problem: How Much Fairness Is Necessary?" Real-Time Systems Symposium, pages 142–151, 2003.

10

사이버 물리 시스템에서의 모델 통합

갸보르 심코^{Gabor Simko}, 야노슈 스치파노비츠^{Janos Sztipanovits}

이질적인 물리, 컴퓨팅 그리고 통신 시스템의 구성composition은 사이버 물리 시스템cyber physical systems, CPS 엔지니어링에서 중요한 과제다. CPS의 모델 기반 설계에서 이질성 heterogeneity은 인과관계, 시간 그리고 물리적 추상화에 있어 모델과 모델링 언어의 의미 체계에서 근본적인 차이로 나타난다. CPS 모델링 언어 의미 체계의 형식화는 이질적 모델들 간의 상호작용에 대한 이해가 필요하다. 통합된 모델들 사이의 의미 체계 차이로 인해 보지 못한 문제들이 시스템 통합 과정에서 표면화될 수 있으며, 심각한 비용과 시간 지연을 초래할 수 있다. 이 장에서는 이질적 모델들의 구성 의미 체계composition semantics에 초점을 맞춘다. CPS의 모델 기반 설계에 있어 과제들을 논의하며, 복잡한 CPS 모델 통합 언어의 형식화를 실연해 보인다. 사례 연구에서는 실행 가능한 논리 기반의 명세 언어를 사용해 언어에 대한 구조적 및 동작적 의미 체계를 개발한다.

10.1 서론 및 동기

CPS의 엔지니어링에서 주요 과제의 하나는 이질적 개념, 도구 그리고 언어의 통합이다[Sztipanovits2012]. 이 과제들을 해결하기 위해 애플리케이션 모델, 물리 시스템 모델, 환경 모델 그리고 이들 모델들 간의 상호작용 모델 같은 설계 과정 전반에 걸쳐 모델의 보편적 사용을 옹호하는 CPS 설계를 위한 모델 통합 개발 접근법이 [Karsai2008]에 의해 도입됐다. 내장형 시스템의 경우, 유사한 접근법이 [Sztipanovits1997]와 [Karsai2003]에서 논의됐으며, 여기에서 계산 과정과 뒷받침하는 아키텍처(하드웨어 플랫폼, 물리적 아키텍처, 운영 환경)가 모두 공통 모델링 틀 내에서 모델링됐다.

하나의 포괄적 모델링 언어를 사용해 매우 다양한 CPS 개념들을 모델링하는 것은 비실용적이라고 주장할 수 있다. 대안으로서 특정 도메인을 설명하는 일련의 도메인 특정적 모델링 언어domain-specific modeling languages, DSMLs를 채택하고 모델 통합 언어를 통해 모델들을 상호 연결할 수 있다. 이러한 전략은 콘텐츠 생성 접근법과 잘 조화된다. 즉, 모델은 고유의 도메인 특정적 개념과 용어에 익숙한 도메인 전문가가 만든다. 이러한 작업을 용이하게 하기 위해 이러한 도메인 특정적 언어로 작업할 수 있는 환경(예: 포괄적 모델링 환경, Generic Modeling Environment[Ledeczi2001])을 제공해야 한다. CPS 도메인에서 DSML의 대표적인 예로는 전기 기술자를 위한 회로도와 제어 엔지니어를 위한 데이터 흐름도가 있다.

CPS 모델링에서 중요한 질문은 도메인 간 상호 작용이 적절히 설명되도록 어떻게 개별 도메인들의 통합을 모델링하는가 이다[Sztipanovits2012]. 최근에 제안된 솔루션[Lattmann2012, Simko2012, Wrenn2012]은 모델 상호작용을 설명하기 위해 모델 통합 DSML을 사용한다. 이러한 모델 통합 언어는 복잡한 시스템들이 상호 연결된 구성 요소들로부터 구축되는 구성 요소 기반 모델링의 패러다임을 기반으로 한다. 모델 통합의 관점에서 구성 요소의 가장 중요한 부분은 인터페이스, 즉 구성 요소가 환경과 상호작용하는 수단이다. 그러면 모델 통합 언어의 역할은 상호 연결된 인터페이스들 간의 이질적 상호작용(예: 메시지 전달, 변수 공유, 함수 호출 또는 물리적 상호작용)을 분명하게 정의하는 것이 된다.

다른 언어와 마찬가지로 DSML도 그 구문^{syntax}과 의미 체계^{semantics}에 의해 정의된다. 구문은 언어의 구조(예: 구문 요소들과 그들의 관계)를 설명하며, 의미 체계 해당 모델의 의미를 설명한다. 메타 모델링(그리고 메타 모델링 환경)이 DSML 구문을 다루기 위한 성숙한 방법론을 제공하지만, DSML의 의미 체계를 표현하려는 노력은 아직 초기 단계에 머물러 있다. 그럼에도 불구하고 언어의 의미 체계는 가볍게 받아들여져서는 안 되며, 특히 CPS 도메인에서는 안 된다. 분명한 명세가 없는 경우 도구가 다르면 언어를 다른 방식으로 해석할 수 있으며, 컴파일러가 검증 도구가 분석하는 것과는 다른 동작을 보이는 코드를 생성하는 것 같은 상황을 쉽게 초래할 수 있다. 이러한 종류의 불일치는 잠재적으로 형식적 분석 및 검증 도구의 결과를 무효로 만들 수 있다. 더욱이 언어의 형식적 의미 체계를 개발하려면 개발자는 언어의 모든 세부 사항을 숙고하고 명확하게 명시함으로써 언어의 일반적인 설계 오류를 피하도록 해야 한다. 해당 언어로 운영되는 도구와 함께 CPS DSML 개발을 지원하려면 언어의 구문과 의미 체계를 엄격하게 정의하고 형식화할 것을 강력히 권장한다. 물론 형식적 의미 체계 명세를 사용하더라도 이러한 명세에 대해 도구가 잘못 작동할 수도 있다. 그럼에도 불구하고 명세가 모호하지 않은 한 이 문제는 언어의 문제가 아닌 도구상의 문제로 남는다.

이 장의 주요 초점은 CPS 모델의 동작을 일반화하는 것과 의미 체계의 명세를 위한 논리 기반 접근법을 시연하는 것이다. 이 장에서는 먼저 CPS의 모델 기반 설계와 관련된 과제들을 설명한다. 이러한 과제들은 CPS의 이질적 동작^{heterogeneous behavior}과 관련돼 있으며, 따라서 동작 의미 체계 명세에 직접적인 영향을 준다. 이 장의 뒷부분에서는 모델링 언어와 그들의 의미 체계를 탐구한다. 그런 다음, CPS 모델링 언어의 구조적 및 표시적 의미 체계의 형식화에 대해 논의한다.

10.2 기본 기법

CPS 모델링을 위해서는 모델링 언어에 대한 명확한 의미 체계 명세가 필요하다. 이러한 명세를 개발하는 데 있어 주요 과제는 언어로 표현된 동작의 이질성에서 발견된다. 이러한 동작은 시간 제약이 없는 이산discrete 계산에서부터 연속적인 시간과 공간에 대한 궤적에 이르기까지 다양하다. 이 절에서는 이러한 문제를 처리하기 위한 기본 기법들을 제시한다. 특히, CPS 모델링에서는 언어의 의미 체계에 영향을 미치는 이질성의 네 가지 기본 차원을 구별할 수 있다.

- 인과관계 고려 사항(인과 관계 대 비인과 관계)
- 시간 의미 체계(예: 연속 시간, 이산 시간)
- 물리적 도메인(예: 전기, 기계, 열, 음향, 유압)
- 상호작용 모델(예: 계산 기반 모델, 상호작용 대수 모델)

이들 차원 각각에 대해 논의한 이후, 도메인 특정적 CPS 모델링 언어의 의미 체계에 대해 논의한다.

10.2.1 인과성

고전적인 시스템 이론과 제어 이론은 전통적으로 입출력 신호 흐름을 기반으로 한다. 여기서는 인과성causalty, 즉 시스템의 입력이 출력을 결정한다는 사실이 핵심적 역할을 한다. 그러나 물리적 시스템 모델링의 경우, 그러한 인과 모델causal model은 인위적이며 적용할 수 없다[Willems2007]. 입력과 출력의 분리는 일반적으로 모델링 시점에는 알려지지 않기 때문이다. 문제는 물리적 법칙과 시스템의 수학적 모델에 기인한다. 이 모델들은 수식을 기반으로 하며, 관련 변수들 간에는 인과 관계가 없다. 사실, 물리학의 유일한 인과 법칙은 시간이 흐르는 방향을 정의하는 열역학 제2법칙이다[Balmer1990]. 최근에 비인과acausal1 물리적 모델링이 본격적으로 힘을 받았다. 사실, 본드 그래프bond graph

---

1 두 변수 사이의 비인과 관계(acausal relationship)는 조건을 구축하지만 할당을 강제하지는 않는다. 예를 들어, 관계 $A = B$는 인과 모델에서 B의 값을 A로 할당하지만, 비인과 모델에서는 그렇지 않으며, A와 B에 대한 모든 할당이 조건이 참이 되게 한다는 것만 검증한다.

형식론[Karnopp2012], 모델리카^{Modelica}[Fritzson1998, Modelica2012], 심스케이프^{Simscape}[Simscape2014], 에코심프로^{EcosimPro}[Ecosimpro2014] 등과 같은 몇 가지 중요한 물리적 시스템 모델링 언어가 설계됐다.

물리 법칙에 대한 수학적 모델은 비인과적이지만, 우리는 종종 그것들의 인과적 추상에 의존한다. 예를 들어, 연산 증폭기^{operational amplifier}는 흔히 입출력 시스템으로 추상화되기 때문에 출력이 오로지 입력에 의해 결정되며, 따라서 입력에 대한 피드백 효과가 없다. 실제 연산 증폭기의 경우 이러한 가정은 근사값일 뿐이다. 그럼에도 불구하고 어떤 상황에서는 상당히 정확하며 설계 프로세스를 크게 단순화해준다. 물리적 모델링 언어는 보통 인과 모델링과 비인과 모델링 모두를 지원한다. 분명히, 모든 최첨단 모델러 및 언어(예: 시뮬링크/심스케이프^{Simulink/Simscape}, 모델리카^{Modelica}, 변조 요소가 있는 본드 그래프 모델링[Karnopp2012])의 경우에는 그렇다. 결과적으로 동작 의미 체계 명세는 인과 모델과 비인과 모델 모두를 기술할 수 있어야 한다.

10.2.2 시간에 대한 의미 체계 도메인

소프트웨어 설계에서 가장 강력한 추상화 중 하나는 시간 추상화다[Lee2009]. 시간이 프로그램의 비기능적 속성인 한 이러한 추상화는 무해하다. 그러나 CPS 및 실시간 시스템에서는 이 전제가 종종 유효하지 않으며[Lee2008], 타이밍은 시스템의 기능적 관점에서 핵심 개념이다. 예를 들어, 강실시간 시스템^{hard real-time system}에서 결과는 시간 내에 제공되지 않으면 종종 가치가 없거나 최악의 경우에 심지어는 치명적이다.

따라서 CPS에서는 모델의 적시 동작을 적절히 설명해야 한다. CPS 모델의 동작은 시간에 대한 의미 체계 도메인의 다양한 집합에 대해 해석된다고 알려져 있다. 이러한 의미 체계 도메인 중 일부가 다음에 요약돼 있다.

- **논리적 시간**^{logical time}: 이 시간 모델은 계산 과정에 사용되며, 그 동작은 상태의 시퀀스로 표현된다. 논리적 시간은 가산 전 순서 시간 도메인^{countable totally ordered time domain}을 정의하며 일반적으로 자연수로 나타낸다.

- **연속 시간**continuous time : 실시간 또는 물리적 시간이라고도 하는 이 조밀 시간 모델 dense time model은 종종 음이 아닌 실수(0이 시스템의 시작을 나타냄) 또는 음수가 아닌 실수로 표현된다. 물리적 시스템은 보통 연속 시간 체제에서 그들의 동작을 갖는 것으로 간주된다.
- **고조밀 시간**super-dense time : 이 시간 모델은 동시 사건simultaneous event에 대한 인과 순서causal ordering로 실시간을 확장한다[Maler1992]. 고조밀 시간은 일반적으로 이산 사건 시스템의 동작을 기술하는 데 사용된다[Lee2007].
- **이산 시간**discrete time : 이 시간 모델은 임의의 유한 시간 간격의 유한 사건 수를 나타낸다. 따라서 사건은 자연수로 색인할 수 있다. 예를 들어, 클록 구동 시스템clock-driven system은 이산 시간 의미 체계를 가진다.
- **초조밀 시간**hyper-dense time : 이 시간 모델은 동시 사건에 대한 인과 순서로 초실시간hyper-real time을 확장한다[Mosterman2013, Mosterman2014]. 초조밀 시간은 물리적 시스템의 동작에서 불연속성을 설명하는 데 사용된다.

실시간 시스템에서는 시간은 기능적 속성이며 소프트웨어의 실행 시간을 명시적으로 설명해야 한다. 그러나 현대 아키텍처에서는 캐싱, 파이프라이닝 및 기타 고급 기술들로 인해 정확한 실행 시간을 정밀하게 예측할 수 없다. 이 문제를 해결하기 위해 제로 실행 시간, 제한 실행 시간 그리고 논리적 실행 시간과 같은 몇 가지 시간 추상화가 제안됐다[Kirsch2012].

- **제로 실행 시간**zero execution time, ZET : 이 모델은 실행 시간이 0이라고 가정해 시간을 제거한다. 즉, 계산이 무한히 빠르다. ZET은 동기 반응synchronous reactive 프로그래밍의 기반이다.
- **제한 실행 시간**bounded execution time, BET : 이 모델에서 실행 시간은 상한을 갖는다. 출력이 이 시간 한계 내에서 생성되는 한 프로그램 실행은 정확한 것이다. 이 모델은 실제 추상화라기보다 정확성이 검증될 수 있는 명세다.
- **논리적 실행 시간**logical execution time, LET : 이 모델은 실제 실행 시간을 추상화하지만

ZET 처럼 완전히 삭제하지는 않는다[Henzinger2001]. LET은 실제 실행 시간에 관계없이 입력을 읽을 때부터 출력을 생성하기까지 걸리는 시간을 나타낸다. BET와 달리 LET 추상화는 하한을 상한과 동일하게 정의한다. 즉, LET은 출력이 생성되는 시간을 정확하게 정의한다. 이러한 추상화는 동작의 복잡성에 중대한 영향을 미친다. 예를 들어, 타이밍 이상timing anomalies(즉, 지역 실행이 더 빨라져서 글로벌 실행이 느려질 때)을 방지한다[Reineke2006].

타임드 오토마타는 실시간 시스템의 시간 모델로서 [Abdellatif2010]에 의해 도입됐다. LET 의미 체계와 비교할 때 타임드 오토마타는 더 낮은 시간 한계, 더 높은 시간 한계 그리고 시간 비결정론과 같은 더욱 포괄적인 제약 조건을 제공한다. 타이밍 이상을 피하기 위해 저자들은 시간 강건성time robustness의 개념과 이를 보장할 수 있는 충분 조건들을 도입한다.

10.2.3 계산 과정에 대한 상호작용 모델

이질적 계산 시스템을 모델링 할 때 중요한 질문은 서로 다른 하위 시스템 간의 상호 작용을 어떻게 정의하는가다. 여기서는 두 가지 접근 방법을 구분할 수 있다.

상호작용은 계산 모델MoC을 사용해 모델링될 수 있다(예: Ptolemy II[Godderis2007, Goderis2009]). Ptolemy II는 프로세스 네트워크, 동적 및 동기 데이터 흐름, 이산 사건 시스템, 동기 반응 시스템, 유한 상태 기계 그리고 양상 모델modal model과 같은 다양한 MoC들의 계층적 구성을 기반으로 한다. 계층 구조의 각 액터actor는 자손들 간의 상호작용 모델을 결정하는 디렉터(즉, 계산 모델)를 갖는다. Ptolemy II의 액터 추상화 의미 체계 [Lee2007]는 Ptolemy II의 모든 MoC에 대한 공통적 추상화로서 액션 메서드 및 메서드 계약과의 인터페이스를 정의한다. 이러한 계약을 따르는 액터를 도메인 다형성domain polymorphic이라고 하며 액터는 액터의 모든 디렉터가 사용할 수 있다.

대안으로 상호작용은 대수algebra를 사용해 모델링될 수 있다(예: BIP [Basu2006] 프레임워크에서). BIP에서 커넥터 및 상호작용 대수 [Bliudze2008]는 랑데뷰, 브로드캐스트 또는 단위 브로드캐스트^{atomic broadcast} 같은 다양한 상호작용 유형을 특징지우기 위해 정의된다. BIP 프레임워크에서 구성 요소의 동작은 레이블링된 전환 시스템^{labeled transition system, LTS}으로 추상화되며, 상호작용 대수는 이러한 전환 시스템 간의 관계를 설정한다.

10.2.4 CPS DSML의 의미 체계

[Chen2007]에서 (모델링) 언어는 짝^{tuple} $\langle C, A, S, M_A, M_S \rangle$으로 정의되며, 여기서 C는 구체적 구문, A는 추상적 구문, S는 의미 체계 도메인 그리고 $M_A : C \rightarrow$ A와 $M_S : A \rightarrow S$는 각각 구체적인 구문에서 추상적 구문으로의 매핑과 추상적 구문에서 의미 체계 도메인으로의 매핑이다.

언어의 구체적 구문은 프로그램/모델을 표현하는데 사용되는 구체적 표현이다. 전통적인 프로그래밍 언어가 일반적으로 문자 기반인데 반해, 모델링 언어는 종종 시각적 표현을 포함한다. 언어는 일련의 개념들과 이 개념들 사이의 관계를 기술하며, 이것은 추상적 구문으로 표현된다. 구문적 매핑 M_A는 구체적 구문의 요소를 추상적 구문의 해당 요소로 매핑한다. 끝으로 언어의 의미 체계는 추상적 구문의 개념 및 관계로부터 어떤 의미 체계 도메인으로의 의미 체계 매핑 M_S에 의해 모델의 의미를 정의한다.

언어 의미 체계의 기존 작업을 논의하려면 먼저 프로그래밍 언어의 구문과 의미 체계를 이해해야 한다. 프로그래밍 언어의 구체적 구문은 일반적으로 (확장된) 배커스 나우어 형식^{Backus-Naur form, BNF}[Backus1959]에서 문맥 자유 문법^{context-free grammar}으로 설명된다. 이러한 문법은 소스 코드에서 구문 분석 트리^{parse tree}를 작성하는 데 사용할 수 있는 생성 규칙^{production rule}을 설명한다. 프로그램의 추상 구문 트리는 구문 분석 트리의 추상 버전으로 일반적으로 구문 분석 트리에서 구문 분석기 특정적인 일부 정보를 제거한다. 프로그래밍 언어의 정적 의미 체계는 정적으로 (프로그램을 실행하지 않고) 계산 가능한 프로그램의 속성을 설명한다. 이것은 언어의 잘 구성됨^{well-formedness} 규칙이라고도 한다. 일반적으로 이것은 변수의 고유한 명칭 지정, 정적 유형 확인 및 범위 지정과 같이 문맥 자유 문법으로 표현할 수 없는 문법의 문맥에 민감한^{context sensitive} 부분에 해당한다. 마지막으로 언어의 동적 의미 체계는 언어의 동적 측면을 기술한다. 즉, 프로그램에서 기술되는 계산 순서를 의미한다.

이에 반해 도메인 특정적 모델링 언어의 구문은 일반적으로 메타 모델로 표현된다. 일반적으로 메타 모델은 그래프 구조를 기술하며, 모델은 추상 구문 그래프를 사용해 표현된다. 더욱이 정적 의미 체계 대신, 모델은 구조적 의미 체계를 갖고 있다[Jackson2009]. [Chen2005]에서 구조적 의미는 모델 인스턴스의 구조 측면에서 모델의 의미로 정의된다. 정적 의미 체계와 마찬가지로 구조적 의미 체계는 언어의 잘 구성됨 규칙을 설명한다. 그러나 구조적 의미 체계가 반드시 정적일 필요는 없다. 모델 기반 설계에서 모델은 모델 변환을 통해 진화하는 동적 구조를 나타낼 수 있으며, 이 경우 구조적 의미 체계는 이러한 변환에 대한 불변 조건을 나타낸다. 모델의 동적 행동은 행동의 의미 체계에 의해 기술된다. 모델링 언어가 나타내는 행동은 일반적으로 프로그래밍 언어의 도메인과는 다른 의미 체계 도메인으로 해석된다. 예를 들어, 모델은 동작이 연속적 시간 및 공간의 궤적인 물리적 시스템을 나타낼 수 있다.

이 장의 나머지 부분에서는 모델링 언어의 표시적 행동 의미 체계denotational behavioral semantics에 집중할 것이다. 표시적 의미 체계는 숫자, 짝tuple, 함수 등과 같은 수학적 객체에 구문을 매핑해 언어 의미 체계를 기술한다. 표시적 의미 체계의 장점은 결과를 계산하기 위한 계산 절차를 명시하지 않고도 프로그램에 대해 수학적으로 엄격한 명세를 제공한다는 것이다. 이 접근 방법은 프로그램(모델)이 작업을 수행하는 방법을 기술하는 대신 프로그램(모델)이 수행하는 작업을 기술하는 추상적 명세를 생성한다.

10.3 고급 기법

이 절에서는 이질적 CPS 구성 요소를 위한 모델 통합 언어인 사이버 물리 시스템 모델링 언어Cyber-Physical Systems Modeling Language, CyPyML의 형식화에 대해 논의한다. CyPhyML은 CPS 구성 요소의 구성composition을 기술하는 언어, 여러 선택 사항이 있는 설계 공간을 기술하는 언어 등과 같은 여러 하위 언어를 포함한다. 이어지는 논의에서는 구성 하위 언어만을 고려한다. 즉, "CyPhyML"이라는 용어를 사용할 때 이 언어를 가리킨다.

10.3.1 ForSpec

명세를 위해서는 ForSpec 명세 언어를 사용한다. ForSpec은 동작 의미 체계의 명세에 대한 구조체를 포함하는 마이크로소프트 FORMULA[Jackson2010, Jackson2011] 언어의 확장이다. ForSpec은 형식적 명세를 작성하기 위한 대수적 데이터 타입에 대한 제약 논리 언어^{constraint logic language}다.

이 절에서는 언어에 대한 간단한 개요를 제공한다. 자세한 내용은 이 언어의 웹 사이트 https://bitbucket.org/gsimko/forspec과 FORMULA 문서를 참조하기 바란다.

도메인^{domain} 키워드는 타입 정의, 데이터 생성자 그리고 규칙으로 구성된 도메인(메타 모델과 유사함)을 명시한다. 도메인의 모델은 도메인의 데이터 생성자를 사용해 정의된 일련의 사실(초기 지식이라고도 함)들로 구성된다. 도메인의 잘 구성된 모델^{well-formed model}은 준수^{conforms} 규칙을 사용해 정의된다. 모델이 주어지면 고정점^{fixed point}에 도달할 때까지 도메인 규칙을 적용함으로써 초기 사실 집합에서 구한 최소 고정점 모델에 의해 준수 규칙의 제약 조건이 충족되면 모델이 해당 도메인을 준수한다고 한다.

ForSpec은 기본 타입(Natural, Integer, Real, String 및 Bool), 열거형^{enumerations}, 데이터 생성자 그리고 공용체 타입^{union type}을 기반으로 하는 복합 타입 시스템을 갖고 있다. 열거형은 모든 요소를 열거해 정의된 상수들의 집합이다. 예를 들어, `bool :: = {true,false}`는 두 가지 값을 갖는 일반적인 부울 타입을 나타낸다.

공용체 타입은 집합론적 의미에서 타입의 합집합이다. 즉, 공용체 타입의 요소는 구성 타입^{constituent type}들의 요소들의 합집합으로 정의된다. 공용체 타입은 `T :: = Natural + Integer`라는 표기법을 사용해 정의되며, 여기서 T는 자연수와 정수의 합집합으로 정의된다. 즉, 타입 T는 정수를 나타낸다.

데이터 생성자는 대수적 데이터 타입을 구축하는 데 사용될 수 있다. 이러한 용어들은 집합, 관계, 부분 및 전체 함수, 단사^{injection}, 전사^{surjection} 및 전단사^{bijection}를 나타낼 수 있다. 다음의 타입 정의를 살펴보라.

```
A::= new (x: Integer, y:String).
B::= fun (x: Integer, -> y:String).
```

```
C::= fun (x: Integer => y:A).
D::= inj (x: Integer -> y: String).
E::= bij (x:A => y: B).
F:: = Integer + G.
G::= new (Integer, any F).
H::= (x: Integer, y: String).
```

데이터 타입 A는 정수와 문자열을 쌍으로 연결해 A 항을 정의한다(A는 또한 이 타입에 대한 데이터 생성자를 의미한다. 예를 들어, A(5,"f")는 A 항이다). 여기서 옵션인 x와 y는 각 값에 대한 접근자^{accessor}다. 데이터 타입 B는 정의역 Integers에서 공역 Strings으로의 부분 함수(함수 관계)를 정의한다. 이와 마찬가지로 C는 정수에서 A 항으로의 전역 함수^{total function}를 정의하고, D는 부분 단사 함수를 정의하며, E는 A 항과 B 항 사이의 전단사 함수를 정의한다. 타입 F는 정수와 G의 합집합이며, 여기서 G는 정수와 F 항으로 구성된 데이터 타입이다. F와 G가 상호 의존적이므로 정적 타입 검사^{static type checking} 과정에서 오류 메시지를 발생시킬 것이라는 점에 주목하자. 오류 메시지를 피하기 위해 G의 정의에서 any 키워드를 사용한다.

이전의 데이터 타입(그리고 생성자)이 모델의 초기 사실을 정의하는 데 사용되는 반면, 파생된 데이터 타입은 규칙을 통해 초기 지식에서 파생된 사실을 나타내는 데 사용된다. 예를 들어, 파생된 데이터 타입 H는 정수와 문자열 쌍에 대한 항^{term}을 정의한다.

집합 내포^{Set comprehension}는 {head|body} 형식을 사용해 정의되며, body를 만족하는 head에 의해 형성된 요소들의 집합을 나타낸다. 집합 내포는 count 또는 toList와 같은 기본 연산자에 의해 사용된다. 예를 들어, 관계 Pair ::= new (State,State)가 주어지면 표현 State(X), n = count(Y| Pair(X,Y))은 상태 X와 쌍을 이루는 상태 수를 계산한다.

규칙은 상수 및 파생 데이터 타입을 추론하는 데 사용된다. 이것들은 다음과 같은 형식을 갖는다(여기서 $X' \subseteq X$이다).

$$A_0(X') :- A_1(X) , \cdots, A_n(X) , \text{no } B_1(X), \cdots, \text{no } B_m(X)$$

X에 대한 치환이 있을 때마다, 여기서 모든 기초 항 $A_1(X), \cdots, A_n(X)$이 유도 가능하고

$B_1(X)$, $\cdots$, $B_m(X)$ 중 어느 것도 유도할 수 없는 경우, $A_0(X')$는 유도 가능하다. 부정(no)의 사용은 계층화되며, 이것은 규칙이 고유한 최소 유도 세트를 생성한다는 것을 의미한다. 즉, 최소한의 고정점 모델이 존재한다. 예를 들어, 다음과 같은 명세를 갖는 그래프에서 노드들 사이의 모든 경로를 계산할 수 있다.

```
// node is a type that consists of an integer
node :: new (Integer).
// edges are formed from pairs of nodes
edge ::= new (node, node).
// path is a derived data type generated by the following rules:
path ::= (node, node).
path(X,Y) :- edge(X,Y).
path(X,Y) := path(X,Z), edge(Z,Y).
```

동일한 좌측 항을 사용해 여러 규칙을 작성하는 데 도움이 되도록 세미콜론 연산자가 사용된다. 그 의미는 논리적 분리^{disjunction}다. 예를 들어, $A(X) :- S(X); T(X)$에서 $S(X)$ 또는 $T(X)$가 유도 가능해지는 X에 대한 모든 치환은 $A(X)$를 유도 가능하게 만든다.

타입 제약 조건 x:A는 "x는 A이다"가 타입 A의 모든 파생에 대해 만족되는 경우, 변수 x가 타입 A일 때만^{if and only if} 참이다. 이와 유사하게, A(x,"a")는 타입 제약 조건이며, 이 제약 조건은 생성되는 기초 항이 지식 집합의 구성원이 되는 변수 x에 대한 모든 치환으로 충족된다(두 번째 하위 항은 이미 이 예에서 기초 항이라는 것에 주목할 것). 타입 제약 조건 외에도 ForSpec은 기초 항의 동일성과 같은 관계형 제약 조건과 실수 및 정수에 대한 연산 술어 arithmetic predicates(예: 작거나 같음)를 지원한다. 특수 기호 _는 익명 변수^{anonymous variable}를 나타내며 다른 곳에서는 참조할 수 없다.

잘 구성된 도메인 모델은 도메인 명세를 따른다. 도메인의 준수 규칙은 잘 구성된 모델을 결정한다.

지금까지 논의된 언어 요소는 FORMULA에서 차용한 것이다. 이러한 개념들 외에도 ForSpec은 표시적 의미 체계 명세를 표현하기 위한 구조를 사용해 언어를 확장한다. 가장 중요한 확장은 다음 예제에서 보여주는 것 같은 의미 함수 및 의미 방정식의 정의다.

```
add ::= new (lhs:expr, rhs:expr).
expr ::= add + …
S : expr -> Integer.
S [[add]] = summa
where summa = S ([[add.lhs]] + S [[add.rhs]].
```

이것은 표현식을 정수로 매핑하는 의미 함수 S를 정의한다. add 연산자에 대한 의미 식은 모델에 더하기(add) 항이 주어지면 그 의미가 더하기 항의 왼쪽 의미(lhs)와 오른쪽(rhs) 의미의 합계인 정수 summa라는 것을 말해준다.

내부적으로는 ForSpec은 이러한 사양의 실행을 위한 보조적인 데이터 형식과 규칙을 생성하며, 이것들은 동등한 FORMULA 명세로 변환할 수 있다. 의미 함수와 식의 정확한 의미 체계에 대해서는 ForSpec의 웹 사이트를 참조하기 바란다.

ForSpec에는 앞의 예를 다음 형식으로 변환하는 인쇄 도구가 있다.

```
add ::= new ( lhs:expr, rhs: expr).
expr ::= add+ …
S : expr -> Integer.
S⟦add⟧ = summa
where summa = S⟦add.lhs⟧ + S⟦add.rhs⟧.
```

10.3.2 CyPhyML의 구문

그림 10.1은 CyPhyML의 GME 메타 모델 [Ledeczi2001]이다. CyPhyML의 주요 구축 재료는 인터페이스상의 접속 단자port를 가진 물리적 또는 계산 요소를 나타내는 구성 요소들이다. 구성 요소 어셈블리는 구성 요소 및 다른 구성 요소 어셈블리를 구성compose해 복합 구조를 구축하는 데 사용된다. 구성 요소 어셈블리는 또한 캡슐화encapsulation와 접속 단자 숨기기를 용이하게 한다. CyPhyML에는 두 가지 유형의 접속 단자가 사용된

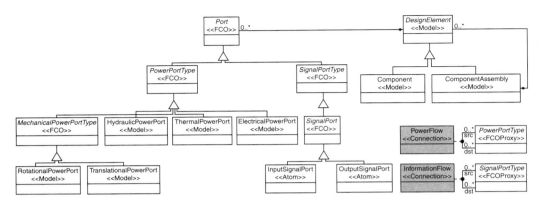

그림 10.1 CyPhyML 구성 하위 언어를 위한 GME 메타 모델

다. 하나는 물리적 상호작용 지점을 나타내는 비인과적 파워 단자[acausal power port2]이며, 다른 하나는 구성 요소들 간의 정보 흐름을 나타내는 인과적 신호 단자[causal signal port]다. 물리적 상호작용과 정보 흐름은 모두 연속 시간 영역에서 해석된다. CyPhyML은 전기 파워 단자, 기계적 파워 단자, 유압 파워 단자 그리고 열 파워 단자와 같은 유형별로 파워 단자를 구분한다.

형식적으로 CyPhyML 모델 M은 짝 $M = \langle C, A, P, contain, portOf, E_p, E_s \rangle$이며, 다음과 같이 해석된다.

- C는 구성 요소의 집합이다.
- A는 구성 요소 어셈블리의 집합이다.
- $D = C \cup A$는 설계 요소의 집합이다.
- P는 다음과 같은 접속 단자 집합의 합집합이다. $P_{rotMech}$는 회전 기계 파워 단자 집합, $P_{transMech}$는 이동 기계 파워 단자 집합, $P_{multibody}$는 다물체 파워 단자 집합, $P_{hydraulic}$은 유압 파워 단자 집합, $P_{thermal}$은 열 파워 단자 집합, $P_{electrical}$은 전기 파워 단자 집합, P_{in}은 연속 시간 입력 신호 단자 그리고 P_{out}은 연속 시간

---

2 파워(power)가 일반적으로 전력 또는 전원을 의미하지만, 여기서는 포괄적 의미의 동력원을 나타내므로 "파워"라고 쓰기로 한다. – 옮긴이

출력 신호 단자다. 또한 P_p는 모든 파워 단자의 합집합이고, P_s는 모든 신호 단자의 합집합이다.

- contain : $D \rightarrow A^*$는 포함 관계 함수containment function이며, 치역은 $A^* = A \cup$ {root}로, 특별 루트 요소인 루트를 사용해 확장된 설계 요소 집합이다.

- portOf : $P \rightarrow D$는 단자 포함 관계 함수로, 한 임의의 단자 컨테이너를 고유하게 결정한다.

- $E_p \subseteq P_p \times P_p$는 파워 단자들 간의 파워 흐름 연결들의 집합이다.

- $E_s \subseteq P_s \times P_s$는 신호 단자들 간의 정보 흐름 연결들의 집합이다.

다음과 같은 대수적 데이터 타입을 사용해 이 언어를 형식화할 수 있다.

```
// Components, component assemblies, and design elements
Component ::= new (name: String, …, id:Integer).
ComponentAssembly ::= new (name: String, …, id:Integer).
DesignElement ::= Component + ComponentAssembly.
// Components of a component assembly
ComponentAssemblyToCompositionContainment ::=
    (src:ComponentAssembly, dst:DesignElement).
// Power ports
TranslationalPowerPort ::= new (…, id:Integer).
RotationalPowerPort ::= new (…, id:Integer).
ThermalPowerPort ::= new (…, id:Integer).
HydraulicPowerPort ::= new (…, id:Integer).
ElectricalPowerPort ::= new (…, id:Integer).
// Signal ports
InputSignalPort ::= new (…, id:Integer).
OutputSignalPort ::= new (…, id:Integer).
// Ports of a design element
DesignElementToPortContainment ::= new (src:DesignElement, dst:Port).
// Union types for ports
Port ::= PowerPortType + SignalPortType.
MechanicalPowerPortType ::= TranslationalPowerPort +
    RotationalPowerPort. PowerPortType ::= MechanicalPowerPortType +
    ThermalPowerPort +
    HydraulicPowerPort + ElectricalPowerPort.
```

```
SignalPortType ::= InputSignalPort + OutputSignalPort.
// Connections of power and signal ports
PowerFlow ::=
    new (name:String,src:PowerPortType,
        dst:PowerPortType,…).InformationFlow ::=
            new (name:String,src:SignalPortType,dst:SignalPortType,…).
```

10.3.3 의미 체계의 형식화

이 절에서는 언어의 형식적 의미 체계를 구조적 의미 체계, 표시적 의미 체계, 파워 단자 연결의 표시적 의미 체계 그리고 신호 단자 연결의 의미 체계의 네 가지 부분으로 나누어 논의한다.

10.3.3.1 구조적 의미 체계

CyPhyML 모델은 노는 단자dangling port, 먼 연결distant connection 또는 잘못된 연결invalid connection 이 없으면 잘 구성됐다well formed라고 한다. 이러한 경우, 모델은 다음 도메인을 준수한다.

Conforms
  no dangling(_),
  no distant(_),
  no invalidPowerFlow(_),
  no invalidInformationFlow(_).

이 요건을 충족하기 위해서는 보조 규칙 집합을 정의해야 한다. 여기서 노는 단자dangling port는 아무 단자에도 연결되지 않은 단자를 말한다.

```
dangling ::= (Port).
dangling(X) :- X is PowerPortType,
  no {P | P is PowerFlow, P.src = X} ,
  no { P | P is PowerFlow, P.dst = X }.
dangling(X) :- X is SignalPortType,
  no { I|I is InformationFlow, I.src = X},
  no { I | I is InformationFlow, I.dst = X }.
```

먼 연결은 서로 다른 구성 요소에 있는 두 단자를 연결해 구성 요소의 부모가 다르고 어느 한 쪽도 다른 한 쪽의 부모가 아닌 연결을 말한다.

```
distant ::= (PowerFlow+InformationFlow).
distant(E) :-
  E is PowerFlow+InformationFlow,
  DesignElementToPortContainment(PX,E.src),
  DesignElementToPortContainment(PY,E.dst),
  PX != PY,
  ComponentAssemblyToCompositionContainment(PX,PPX),
  ComponentAssemblyToCompositionContainment(PY,PPY),
  PPX != PPY, PPX != PY, PX != PPY.
```

파워 흐름은 동일한 타입의 파워 단자를 연결하면 유효하다고 한다.

```
validPowerFlow ::= (PowerFlow).
validPowerFlow(E) :- E is PowerFlow,
  X=E.src, X:TranslationalPowerPort,
  Y=E.dst, Y:TranslationalPowerPort.
validPowerFlow(E) :- E is PowerFlow,
  X=E.src, X:RotationalPowerPort,
  Y=E.dst, Y:RotationalPowerPort.
validPowerFlow(E) :- E is PowerFlow,
  X=E.src, X:ThermalPowerPort,
  Y=E.dst, Y:ThermalPowerPort.
validPowerFlow(E) :- E is PowerFlow,
  X=E.src, X:HydraulicPowerPort,
  Y=E.dst, Y:HydraulicPowerPort.
validPowerFlow(E) :- E is PowerFlow,
  X=E.src, X:ElectricalPowerPort,
  Y=E.dst, Y:ElectricalPowerPort.
```

만일 파워 흐름이 유효하지 않으면 무효[invalid]다.

```
invalidPowerFlow ::= (PowerFlow).
invalidPowerFlow(E) :- E is PowerFlow, no validPowerFlow(E).
```

정보 흐름은 한 신호 단자가 여러 발신지로부터 신호를 받거나 입력 단자가 출력 단자의 발신지이면 무효다.

```
invalidInformationFlow ::= (InformationFlow).
invalidInformationFlow(X) :-
  X is InformationFlow,
  Y is InformationFlow,
  X.dst = Y.dst, X.src != Y.src.
invalidInformationFlow(E) :-
  E is InformationFlow,
  X = E.src, X:InputSignalPort,
  Y = E.dst, Y:OutputSignalPort.
```

출력 단자가 출력 단자에 연결될 수 있음에 주목하라.

10.3.3.2 표시적 의미 체계

언어의 표시적 의미 체계는 의미 체계 도메인과 언어의 구문 요소를 이 의미 체계 도메인에 매핑하는 매핑에 의해 기술된다. 이 절에서는 CyPhyML에서 하이브리드 차분 미분 방정식differential-difference equations 의미 단위[Simko2013a]로의 의미 체계 매핑을 기술한다. 그림 10.2에서와 같이 CyPhyML의 표시적 의미 체계 명세를 위해 의미 체계 앵커링 프레임워크semantic anchoring framework[Chen2005]를 사용한다.

비인과 CPS 모델링 언어는 비인과 파워 단자와 인과 신호 단자를 구별한다. CyPhyML에서 각 파워 단자는 방정식에 2개의 변수를 제공하고 CyPhyML의 표시적 의미 체계는 이 변수들에 대한 방정식으로 정의된다. 신호 단자는 엄격한 인과 관계를 갖고 신호를 전송한다. 결과적으로 신호 변수를 각 신호 단자에 관련지으면 수신 단자의 변수가 관련 발신 단자의 변수와 동일한 값을 갖게 만든다. 이 관계는 한쪽 방향에만 영향을 준다. 수신 단자에서 변수의 값은 해당 연결을 따라 발신 단자 변수에 영향을 줄 수 없다.

파워 단자에 대한 의미 함수는 파워 단자를 연속 시간 변수 쌍으로 매핑한다.

$\mathcal{PP}$: PowerPort → cvar, cvar.
$\mathcal{PP}$ ⟦CyPhyPowerPort⟧ =

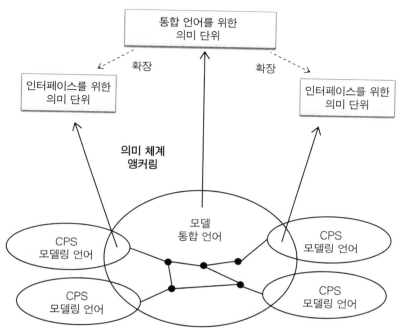

그림 10.2 CyPhyML의 표시적 의미 체계 명세

```
(cvar("CyPhyML_effort",CyPhyPowerPort.id),
 cvar("CyPhyML_flow",CyPhyPowerPort.id)).
```

신호 단자의 의미 함수는 신호 단자를 연속 시간 변수로 매핑한다.

$\mathcal{SP}$: SignalPort → cvar+dvar.
$\mathcal{SP}[\![$CyPhySignalPort$]\!]$ = cvar("CyPhyML_signal",CyPhySignalPort.id).

10.3.3.3 파워 단자 연결의 표시적 의미 체계

파워 단자 연결의 의미 체계는 추이적 닫힘transitive closure을 통해 정의된다. 고정점 논리를 사용하면 연결의 전이 폐쇄를 쉽게 ConnectedPower에 대한 최소 고정점 해least-fixed-point solution로 표현할 수 있다. 비정형적으로 표현하면 ConnectedPower(x,y)는 파워 단자 x

와 y가 하나 또는 그 이상의 파워 단자 연결을 통해 서로 연결돼 있다는 것을 나타낸다.

```
ConnectedPower ::= (src:CyPhyPowerPort, dst:CyPhyPowerPort).
ConnectedPower(x,y) :-
  PowerFlow(_,x,y,_,_), x:CyPhyPowerPort, y:CyPhyPowerPort;
  PowerFlow(_,y,x,_,_), x:CyPhyPowerPort, y:CyPhyPowerPort;
  ConnectedPower(x,z), PowerFlow(_,z,y,_,_), y:CyPhyPowerPort;
  ConnectedPower(x,z), PowerFlow(_,y,z,_,_), y:CyPhyPowerPort.
```

좀 더 정확히 표현하면 $P_x = \{y \mid ConnectedPower(x, y)\}$는 파워 단자 x로부터 도달할 수 있는 파워 단자들의 집합이다.

CyPhyML 파워 단자 연결의 동작 의미 체계는 키르초프 방정식^{Kirchoff equation}을 일반화하는 한 쌍의 방정식에 의해 정의된다.

$$\forall x \in CyPhyPowerPort. \left(\sum_{y \in \{y \mid ConnectedPower(x,y)\}} e_y = 0 \right)$$

$$\forall x, y(ConnectedPower(x,y) \rightarrow e_x = e_y)$$

이 형식은 다음과 같이 형식화할 수 있다.

```
𝒫: ConnectedPower → eq+addend.
𝒫⟦ConnectedPower⟧ =
  eq(sum("CyPhyML_powerflow",flow1.id),0)
  addend(sum("CyPhyML_powerflow",flow1.id),flow1)
  addend(sum("CyPhyML_powerflow",flow1.id), flow2)
  eq(effort1, effort2)
where
  x = ConnectedPower.src, y = ConnectedPower.dst, x != y,
  DesignElementToPortContainment(cx,x),cx:Component,
  DesignElementToPortContainment(cy,y),cy:Component,
  𝒫𝒫⟦x⟧ = (effort1,flow1),
  𝒫𝒫⟦y⟧ = (effort2,flow2).
```

이와 같은 파워 변수 쌍(작력과 흐름)이 물리적 연결을 기술하는 데 사용되는 이유에 대한 설명은 이 장의 범위 밖이다. 관심 있는 독자는 [Willems2007]에서 이 주제에 대한 훌륭한 소개 자료를 볼 수 있을 것이다.

10.3.3.4 신호 단자 연결의 의미 체계

신호 연결 경로(ConnectedSignal)는 신호 연결을 따라가는 방향성 경로다. 고정점 논리를 사용해 ConnectedSignal의 최소 고정점에 대한 해를 구함으로써 추이적 담힘을 찾을 수 있다. 비정형적으로 표현하면 ConnectedSignal(x,y)는 신호 단자 x에서 신호 단자 y로 신호 경로(연결의 연속)가 있다는 것을 나타낸다.

```
ConnectedSignal ::= (CyPhySignalPort,CyPhySignalPort).
ConnectedSignal(x,y) :-
  InformationFlow(_,x,y,_,_),
  x:CyPhySignalPort,
  y:CyPhySignalPort.
ConnectedSignal(x,y) :-
  ConnectedSignal(x,z),
  InformationFlow(_,z,y,_,_),
  y:CyPhySignalPort.
```

좀 더 정확하게 표현하면 $P_x = \{y \,|\, ConnectedSignal(x,y)\}$는 파워 단자 x로부터 도달할 수 있는 신호 단자들의 집합이다.

신호 연결 SignalConnection은 종단이 구성 요소의 신호 단자인(따라서 구성 요소 어셈블리의 단자인 임의의 신호 단자로부터 나오는) ConnectedSignal이다.

```
SignalConnection ::= (src:CyPhySignalPort,dst:CyPhySignalPort).
SignalConnection(x,y) :-
  ConnectedSignal(x,y),
  DesignElementToPortContainment(cx,x), cx:Component,
  DesignElementToPortContainment(cy,y), cy:Component.
```

CyPhyML 신호 연결의 동작 의미 체계는 변수 할당으로 정의된다. 신호 연결의 발신지 및 수신지와 관계된 변수의 값은 동일하다.

$$\forall x, y \big(SignalConnection(x,y) \to s_y = s_x \big)$$

$\mathcal{S}$: SignalConnection → eq.
$\mathcal{S}$⟦SignalConnection⟧ =
 eq($\mathcal{SP}$⟦SignalConnection.dst⟧, $\mathcal{SP}$⟦SignalConnection.src⟧).

10.3.4 언어 통합의 형식화

지금까지 CyPhyML의 구성 요소의 의미 체계를 형식적으로 정의했으나, 구성 요소가 어떻게 CyPhyML에 통합되는지는 명시하지 않았다. 이 절에서는 외부 언어들, 즉 본드 그래프bond graph 언어, 모델리카Modelica 언어 그리고 ESMoL 언어의 통합에 대한 의미 체계를 전개한다. 향후로도 여기에 제시된 것과 동일한 단계를 따라 이 목록에 다른 언어를 쉽게 추가할 수 있을 것이다.

본드 그래프bond graph는 에너지 흐름의 구조를 설명하는 물리적 시스템에 대한 다중 도메인 그래프적 표현이다[Karnopp2012]. [Simko2013]은 형식적인 의미 체계와 함께 본드 그래프 언어를 도입했다. 여기서는 파워 단자도 정의하는 확장된 본드 그래프 언어를 살펴본다. 본드 그래프 구성 요소는 이러한 단자들을 통해 환경과 상호작용한다. 각 파워 단자는 정확히 하나의 본드에 인접해 있다. 따라서 파워 단자는 고유한 본드의 파워 변수인 한 쌍의 파워 변수를 나타낸다. 여기에서 고찰하는 본드 그래프 언어는 본드 그래프 접속점junction에서의 작력effort 및 흐름flow을 측정하기 위한 출력 신호 단자와 입력 신호 단자를 통해 본드 그래프로 공급되는 입력 신호에 의해 제어되는 변조된 본드 그래프 요소를 포함한다. 본드 그래프 언어의 작력 변수와 흐름 변수는 CyPhyML의 작력 변수와 흐름 변수와 다르다는 것에 주목하자. 이것들은 다른 물리적 도메인에 있는 다른 개체들을 나타낸다. 언어의 의미 체계는 이러한 차이를 정확하게 형식화한다.

모델리카Modelica는 시스템 모델링 및 시뮬레이션에 사용되는 방정식 기반 객체지향 언어다[Fritzson 1998]. 모델리카는 모델 및 커넥터 개념을 통해 구성 요소 기반 개발을 지원한다. 모델은 내부 동작과 커넥터라는 단자 집합을 갖는 구성 요소다. 모델은 커넥터 인터페이스를 연결해 상호 연결된다. 커넥터는 변수 집합(예: 입력, 출력, 흐름 또는 전위)이고, 상이한 커넥터들의 연결은 그들의 변수에 대한 관계를 정의한다. CyPhyML에서 제한된 모델리카 모델 집합, 즉 정확히 하나의 입출력 변수 또는 잠재 변수와 흐름 변수로 구성된 커넥터를 포함하는 모델의 통합에 대해 논의한다.

ESMoLEmbedded Systems Modeling Language[Porter2010]은 전산 시스템 및 하드웨어 플랫폼을 모델링하고 구현하기 위한 언어 및 도구 모음이다. ESMoL은 플랫폼 및 소프트웨어 아키텍처를 정의하고 하드웨어에 소프트웨어를 배포하며 실행 일정을 명시하는 몇 가지 하위 언어로 구성된다. 이 장에서 ESMoL이라는 것은 소프트웨어 제어기를 모델링하는 데 사용되는 ESMoL의 상태도 변형statechart variant 하위 언어를 의미한다. 상태도는 주기적 시간 트리거 실행 의미 체계를 기반으로 하며, 해당 구성 요소의 인터페이스는 주기적 이산 시간 신호 단자가 된다.

10.3.4.1 통합 소프트웨어

통합 과정에서 CyPhyML의 역할은 이질적 모델 간에 의미 있고 유효한 연결을 구축하는 것이다. 구성 요소 통합은 언어마다 약간씩의 차이가 있기 때문에 오류가 발생하기 쉬운 작업이다. 예를 들어, 형식화를 하는 과정에 다음과 같은 불일치를 발견했다.

- 파워 단자는 다른 모델링 언어에서는 다른 의미를 갖는다.
- 의미 체계가 같더라도 명명 규칙에는 차이가 있다.
- ESMoL의 신호를 CyPhyML의 신호에 연결하려면 이산 시간 및 연속 시간 신호 사이의 변환이 필요하다.

외부 언어의 통합을 형식화하기 위해 이러한 언어의 의미 체계 인터페이스를 사용해 CyPhyML을 확장한다. 따라서 이질적 언어 모델, 단자 구조 및 단자와 해당 CyPhyML

단자 간의 단자 매핑을 표현하기 위한 언어 요소가 필요하다.

CyPhyML에서 모델과 그 포함 내용을 다음과 같이 형식화한다.

```
BondGraphModel ::= new (URI:String, id:Integer).
ModelicaModel ::= new (URI:String, id:Integer).
ESMoLModel ::= new (URI:String, id:Integer, sampleTime:Real).
Model ::= BondGraphModel + ModelicaModel + ESMoLModel.
// CyPhyML 구성 요소에서 본드 그래프 모델의 포함 관계를 표현하는 관계
ComponentToBondGraphContainment ::= new (Component => BondGraphModel).
…
```

ESMoLModel: 필드들을 주목하자. ESMoL 모델이 주기적 이산 시간 시스템이므로 연속 시간 세계에서 ESMoL 모델의 주기와 초기 단계를 표현하는 실수$^{\text{real value}}$가 필요하다. 인터페이스 단자와 단자 매핑은 다음과 같다.

```
// 본드 그래프 파워 단자( 그리고 다른 언어에 대한 유사성)
BGPowerPort ::= MechanicalDPort + MechanicalRPort + …
…
// 본드 그래프 파워 단자에 대한 단자 매핑( 그리고 다른 언어에 대한 유사성)
BGPowerPortMap ::= (src:BGPowerPort,dst:CyPhyPowerPort).
…
// CyPhyML와 통합 언어에 있는 모든 파워 단자:
PowerPort ::= CyPhyPowerPort + BGPowerPort + ModelicaPowerPort.
// CyPhyML와 통합 언어에 있는 모든 신호 단자:
SignalPort ::= ElectricalSignalPort +
          BGSignalPort +
          ModelicaSignalPort +
          ESMoLSignalPort.
// 모든 단자 목록:
AllPort ::= PowerPort + SignalPort.

// 모델 단자에서 CyPhyML 단자로의 매핑
PortMap ::= BGPowerPortMap +
       BGSignalPortMap +
       ModelicaPowerPortMap +
```

```
ModelicaSignalPortMap +
SignalFlowSignalPortMap.
```

통합 모델(즉, 다른 모델과 통합된 CyPhyML 모델)이 원래 CyPhyML 도메인을 준수하고 단자 매핑이 유효하면 통합 모델은 잘 구성됐다고 간주된다.

conforms no invalidPortMapping.

단자 매핑이 호환되지 않는 단자들을 연결하거나 상호 연결된 단자들이 동일한 CyPhyML 구성 요소의 일부분이 아니면 단자 매핑은 무효다.

```
invalidPortMapping :- M is PortMap, no compatible(M).
invalidPortMapping :-
  M is BGPowerPortMap,
  BondGraphToPortContainment(BondGraph,M.src),
  DesignElementToPortContainment(CyPhyComponent,M.dst),
    no ComponentToBondGraphContainment(CyPhyComponent,BondGraph).
  ...
// 호환(compatible)은 단자 매핑 M이 유효하다(즉, 해당 단자들이 호환된다)는 것을 나타낸다.
compatible ::= (PortMap).
compatible(M) :- M is BGPowerPortMap(X,Y), X:MechanicalRPort,
  Y:RotationalPowerPort.
...
```

10.3.4.2 본드 그래프 통합

본드 그래프 파워 단자의 의미 체계는 연속 시간 변수 쌍으로의 매핑으로 설명된다.

```
𝐵𝒢𝒫𝒫 : BGPowerPort → cvar, cvar.
𝐵𝒢𝒫𝒫⟦BGPowerPort⟧ =
  (cvar("BondGraph_effort",BGPowerPort.id),
   cvar("BondGraph_flow",BGPowerPort.id)).
```

본드 그래프 신호 단자의 의미 체계는 연속 시간 변수로의 매핑으로 설명된다.

$\mathcal{BGSP}$: BGSignalPort → cvar.
$\mathcal{BGSP}$⟦BGSignalPort⟧ = cvar("BondGraph_signal",port.id).

유압 및 열 도메인에 대한 본드 그래프 파워 단자 매핑의 동작 의미 체계는 관련 단자 변수들의 등식이다. 이것을 다음과 같은 규칙을 사용해 형식화할 수 있다.

$\mathcal{BGP}$: BGPowerPortMap → eq+diffEq.
$\mathcal{BGP}$ ⟦BGPowerPortMap⟧ =
  eq(cyphyEffort, bgEffort)
  eq(cyphyFlow, bgFlow)
where
  bgPort = BGPowerPortMap.src,
  cyphyPort = BGPowerPortMap.dst,
  bgPort : HydraulicPort + ThermalPort,
  $\mathcal{PP}$⟦cyphyPort⟧ = (cyphyEffort, cyphyFlow),
  $\mathcal{BGPP}$ ⟦bgPort⟧ = (bgEffort, bgFlow).

기계적 병진 이동translation 도메인에서 CyPhyML 파워 포트의 작력effort은 절대 위치를 나타내며, 흐름은 힘을 나타내는 반면, 본드 그래프의 경우 작력은 힘이며 흐름은 속도다. 기계적 회전 영역에서 CyPhyML 파워 포트의 작력은 절대 회전 각도를 나타내며 흐름은 토크를 나타내는 반면, 본드 그래프에서는 작력이 토크고, 흐름은 각속도다. CyPhyML에서의 상호 연결은 다음 식들로 형식화된다.

$\mathcal{BGP}$ ⟦BGPowerPortMap⟧ =
  diffEq(cyphyEffort, bgFlow)
  eq(bgEffort, cyphyFlow)
where
  bgPort = BGPowerPortMap.src,
  cyphyPort = BGPowerPortMap.dst,
  bgPort : MechanicalDPort + MechanicalRPort,
$\mathcal{PP}$⟦cyphyPort⟧ = (cyphyEffort, cyphyFlow),
$\mathcal{BGPP}$ ⟦bgPort⟧ = (bgEffort, bgFlow).

전기 도메인의 경우, 본드 그래프 파워 단자는 한 쌍의 물리적 터미널(전기 핀)을 나타낸다. 반면, CyPhyML 언어에서는 이들은 단일 전기 핀을 나타낸다. 두 경우 모두 핀을 통과하는 흐름(전류)은 동일하지만, 전압의 해석은 다르다. 본드 그래프의 경우, 전기 파워 단자에 속하는 작력 변수$^{\text{effort variable}}$는 2개의 전기 핀 사이의 전압 차이를 나타낸다. CyPhyML의 경우, 작력 변수는 (임의의 접지에 대한) 절대 전압을 나타낸다. 전기 파워 단자 매핑의 의미 체계는 흐름과 작력의 동등성으로서 본드 그래프 전기 파워 단자의 음극 터미널이 자동으로 CyPhyML 접지에 접지됨을 의미한다.

$\mathcal{BGP}$ [[BGPowerPortMap]] =
  eq(bgFlow, cyphyFlow)
  eq(bgEffort, cyphyEffort)
where
  bgPort = BGPowerPortMap.src,
  cyphyPort = BGPowerPortMap.dst,
  bgPort : ElectricalPort,
  $\mathcal{PP}$ [[cyphyPort]] = (cyphyEffort, cyphyFlow),
  $\mathcal{BGPP}$ [[bgPort]] = (bgEffort, bgFlow).

마지막으로 본드 그래프와 CyPhyML 신호 단자 매핑의 표시적 의미는 상호 연결된 단자 변수들의 동등성이다.

$\mathcal{BGS}$: BGSignalPortMap → eq.
$\mathcal{BGS}$ [[BGSignalPortMap]] =
 eq($\mathcal{BGSP}$[[BGSignalPortMap.src]], $\mathcal{SP}$[[BGSignalPortMap.dst]]).

10.3.4.3 모델리카 통합

모델리카 파워 단자의 의미 체계는 연속 시간 변수 쌍들로의 매핑으로 설명된다.

$\mathcal{MPP}$: ModelicaPowerPort → cvar,cvar.
$\mathcal{MPP}$ [[ModelicaPowerPort]] =
 (cvar("Modelica_potentia",ModelicaPowerPort.id),

```
      cvar("Modelica_flow",ModelicaPowerPort.id)).
```

모델리카 신호 단자의 의미 체계는 연속 시간 변수들로의 매핑으로 설명된다.

```
MSP: ModelicaSignalPort → cvar.
MSP ForSpecDenotation ModelicaSignalPort =
    cvar("Modelica_signal",ModelicaSignalPort.id).
```

모델리카와 CyPhyML 파워 단자 매핑의 의미 체계는 파워 변수들의 동등성이다.

```
MP: ModelicaPowerPortMap → eq.
MP⟦ModelicaPowerPortMap⟧ =
  eq(cyphyEffort, modelicaEffort)
  eq(cyphyFlow, modelicaFlow)
where
  modelicaPort = ModelicaPowerPortMap.src,
  cyphyPort = ModelicaPowerPortMap.dst,
PP⟦cyphyPort⟧ = (cyphyEffort, cyphyFlow),
MPP⟦modelicaPort⟧ = (modelicaEffort, modelicaFlow).
```

모델리카와 CyPhyML 신호 단자 매핑의 의미 체계는 신호 변수들의 동등성이다.

```
MS : ModelicaSignalPortMap → eq.
MS⟦ModelicaSignalPortMap⟧ =
  eq( MSP ⟦ModelicaSignalPortMap.src⟧,
    SP ⟦ModelicaSignalPortMap.dst⟧).
```

10.3.4.4 신호 흐름 통합

ESMoL 신호 단자의 의미 체계는 이산 시간 변수들로의 매핑으로 설명되며, 이산 변수의 주기성은 컨테이너 블록의 샘플링 시간에 의해 결정된다.

```
ESP : ESMoLSignalPort → dvar, timing.
```

```
𝓔𝓢𝓟⟦ESMoLSignalPort⟧ = (Dvar, timing(Dvar, container.sampleTime, 0))
where
    Dvar = dvar("ESMoL_signal", ESMoLSignalPort.id),
    BlockToSF_PortContainment(container,ESMoLSignalPort).
```

신호 흐름에서 신호 단자는 이산 시간 의미 체계를 갖지만, CyPhyML에서 신호 단자는 연속 시간이다. 그러므로 신호 흐름 출력 신호는 hold 연산자를 통해 CyPhyML로 통합된다.

$$\forall x, y(SignalFlowSignalPortMap(x, y) \rightarrow e_y = hold(e_x))$$

```
𝓔𝓢 : SignalFlowSignalPortMap → eq+timing.
𝓔𝓢 ⟦SignalFlowSignalPortMap= eq(cyphySignal, hold(signalflowSignal))
where
    signalflowPort = SignalFlowSignalPortMap.src,cyphyPort =
    SignalFlowSignalPortMap.dst,signalflowPort : OutSignal,
    𝓢𝓟 ⟦cyphyPort⟧ = cyphySignal,
    𝓔𝓢𝓟 ⟦signalflowPort⟧ = (signalflowSignal,_).
```

$$\forall x, y(SignalFlorSignalPortMap(x, y) \rightarrow s_x = sample_r(s_y))$$

반대 방향의 경우는 샘플링 연산자를 사용할 수 있다. 샘플링 함수의 샘플링 율은 단자를 포함하고 있는 신호 흐름 블록signal-flow block에 의해 정의된다.

```
𝓔𝓢 SignalFlowSignalPortMap= eq(signalflowSignal,
    sample(cyphySignal,samp.period,samp.phase))
where
    signalflowPort = SignalFlowSignalPortMap.src,
    cyphyPort = SignalFlowSignalPortMap.dst,
    signalflowPort : InSignal,
    𝓢𝓟 ⟦cyphyPort⟧ = cyphySignal,
    𝓔𝓢𝓟 ⟦signalflowPort⟧ = (signalflowSignal,samp).
```

10.4 요약 및 열린 도전 과제

이 장에서는 CPS에서 이질적 동적 동작을 구성하기 위한 이론적 및 실무적 고려 사항에 대한 개요를 제공했다. CyPhyML(모델 통합 언어)을 예로 들어 ForSpec(실행 가능한 로직 기반 명세 언어)이 통합 언어와 구성의 형식화에 어떻게 사용될 수 있는지를 보여줬다.

이 예에서 구조적 의미 체계는 언어의 잘 구성된 규칙well-formedness rule을 설명하며, 표시적 의미 체계는 미분 대수 방정식의 도메인으로의 매핑에 의해 주어진다. 이 매핑은 수학적으로 엄격하고 모호하지 않은 동작에 대한 표현을 제공한다.

마지막으로 본드 그래프, 모델리카Modelica 모델 그리고 ESMoL 구성 요소를 CyPhyML에 통합하는 세 가지 이질적 언어의 통합에 관해 설명했다. 이러한 이질적 구성 요소의 통합은 CyPhyML에 대한 구조적 및 표시적 의미 체계의 정의를 점증적으로 이끌어냈다. 계속 진화하는 CyPhyML의 언어에 새로운 기능이 점점 더 도입되고 있으므로 언어와 그 의미 체계 정의는 추가 확장을 위해 열려 있다.

우리의 접근 방식에는 두 가지 장점이 있다. 우리는 적합성 검사conformance test, 모델 검사 그리고 모델 합성을 모델링할 수 있는 실행 가능한 형식적 명세 언어를 사용했다. 구조적 및 동작 명세는 모두 동일한 논리 기반 언어를 사용해 작성됐으므로 둘 다 연역적 추론에 사용할 수 있다. 특히, 동작에 대한 구조 기반 증명이 가능해진다. 이러한 기호적 형식 분석을 수행하기 위한 명세를 활용하는 것은 앞으로 해야 할 연구다.

이 장에서 설명한 결과는 DARPADefense Advanced Research Project Agency의 AVMAdaptive Vehicle Make 프로그램[Simko2012]을 위해 개발된 통합 구성 요소 및 모델 기반 도구 모음인 오픈 메타OpenMETA용 시맨틱 백플레인Semantic Backplane을 만드는 데 사용됐다. 오픈 메타는 사이버 및 물리적 설계 측면 모두를 다루는 제조 인지적manufacturing-aware 설계 흐름을 제공한다 [Sztipanovits2014]. 시맨틱 백플레인은 모든 의미 체계 인터페이스와 CyPhyML 모델 통합 언어에 대한 형식적 명세, 도구 통합에 사용되는 모든 모델 변환 도구의 형식적 명세 그리고 전체 정보 아키텍처에서 사용되는 데이터 모델의 명세를 포함한다. 매우 큰 설계 도구 세트의 모델 및 도구 통합 요소들을 일관성 있게 유지하고 개발자 및 도구 모음 사용자를 위한 참조 문서를 제공한다는 점에서 중요한 의미가 있었다. 현재 시점에서 오픈 메타의 생산 도구와 시맨틱 백플레인의 형식적 명세 간의 연결은 부분적으로 자동화돼 있다. 그들의 긴밀한 통합은 미래의 도전 과제다.

참고문헌

[Abdellatif2010] T. Abdellatif, J. Combaz, and J. Sifakis. "Model-Based Implementation of Real-Time Applications." *Proceedings of the 10th ACM International Conference on Embedded Software*, pages 229–238, 2010.

[Backus1959] J. W. Backus. "The Syntax and Semantics of the Proposed International Algebraic Language of the Zurich ACM-GAMM Conference." *Proceedings of the International Conference on Information Processing*, 1959.

[Balmer1990] R. T. Balmer. *Thermodynamics*. West Group Publishing, St. Paul, MN, 1990.

[Basu2006] A. Basu, M. Bozga, and J. Sifakis. "Modeling Heterogeneous Real-Time Components in BIP." *Proceedings of the 4th IEEE International Conference on Software Engineering and Formal Methods*, pages 3–12, 2006.

[Bliudze2008] S. Bliudze and J. Sifakis. "The Algebra of Connectors: Structuring Interaction in BIP." *IEEE Transactions on Computers*, vol. 57, no. 10, pages 1315–1330, October 2008.

[Chen2005] K. Chen, J. Sztipanovits, S. Abdelwalhed, and E. Jackson. "Semantic Anchoring with Model Transformations." In *Model Driven Architecture: Foundations and Applications*, vol. 3748 of Lecture Notes in Computer Science, pages 115–129. Springer, Berlin/Heidelberg, 2005.

[Chen2007] K. Chen, J. Sztipanovits, and S. Neema. "Compositional Specification of Behavioral Semantics." *Proceedings of the Conference on Design, Automation and Test in Europe (DATE)*, pages 906–911, 2007.

[Ecosimpro2014] EcosimPro. www.ecosimpro.com.

[Fritzson1998] P. Fritzson and V. Engelson. "Modelica: A Unified Object-Oriented Language for System Modeling and Simulation." In *ECOOP'98: Object-Oriented Programming*, vol. 1445 of *Lecture Notes in Computer Science*, pages 67 – 90. Springer, Berlin/Heidelberg, 1998.

[Goderis2007] A. Goderis, C. Brooks, I. Altintas, E. A. Lee, and C. Goble. "Composing Different Models of Computation in Kepler and Ptolemy II." In *Computational Science: ICCS 2007*, vol. 4489 of *Lecture Notes in Computer Science*, pages 182 – 190. Springer, Berlin/Heidelberg, 2007.

[Goderis2009] A. Goderis, C. Brooks, I. Altintas, E. A. Lee, and C. Goble. "Heterogeneous Composition of Models of Computation." *Future Generation Computer Systems*, vol. 25, no. 5, pages 552 – 560, May 2009.

[Henzinger2001] T. Henzinger, B. Horowitz, and C. Kirsch. "Giotto: A Time-Triggered Language for Embedded Programming." In *Embedded Software*, vol. 2211 of *Lecture Notes in Computer Science*, pages 166 – 184. Springer, Berlin/Heidelberg, 2001.

[Jackson2011] E. Jackson, N. Bjørner, and W. Schulte. "Canonical Regular Types." *ICLP (Technical Communications)*, pages 73 – 83, 2011.

[Jackson2010] E. Jackson, E. Kang, M. Dahlweid, D. Seifert, and T. Santen. "Components, Platforms and Possibilities: Towards Generic Automation for MDA." *Proceedings of the 10th ACM International Conference on Embedded Software (EMSOFT)*, pages 39 – 48, 2010.

[Jackson2009] E. Jackson and J. Sztipanovits. "Formalizing the Struc- tural Semantics of Domain-Specific Modeling Languages." *Software and Systems Modeling*, vol. 8, no. 4, pages 451 – 478, 2009.

[Karnopp2012] D. Karnopp, D. L. Margolis, and R. C. Rosenberg. *System Dynamics Modeling, Simulation, and Control of Mechatronic Systems*. John Wiley and Sons, 2012.

[Karsai2008] G. Karsai and J. Sztipanovits. "Model-Integrated Development of Cyber-Physical Systems." In *Software Technologies for Embedded and Ubiquitous Systems*, pages 46 – 54. Springer, 2008.

[Karsai2003] G. Karsai, J. Sztipanovits, A. Ledeczi, and T. Bapty. "Model-Integrated Development of Embedded Software." *Proceedings of the IEEE*, vol. 91, no. 1, pages 145 – 164, 2003.

[Kirsch2012] C. M. Kirsch and A. Sokolova. "The Logical Execution Time Paradigm." In *Advances in Real-Time Systems*, pages 103 – 120. Springer, 2012.

[Lattmann2012] Z. Lattmann, A. Nagel, J. Scott, K. Smyth, J. Ceisel, C. vanBuskirk, J. Porter, T. Bapty, S. Neema, D. Mavris, and J. Sztipanovits. "Towards Automated Evaluation of Vehicle Dynamics in System-Level Designs." ASME 32nd Computers and Information in Engineering Conference (IDETC/CIE), 2012.

[Ledeczi2001] A. Ledeczi, M. Maroti, A. Bakay, G. Karsai, J. Garrett, C. Thomason, G. Nordstrom, J. Sprinkle, and P. Volgyesi. "The Generic Modeling Environment." Workshop on Intelligent Signal Processing, vol. 17, Budapest, Hungary, 2001.

[Lee2008] E. A. Lee. "Cyber Physical Systems: Design Challenges." 11th IEEE International Symposium on Object Oriented Real-Time Distributed Computing (ISORC), pages 363 – 369, 2008.

[Lee2009] E. A Lee. "Computing Needs Time." *Communications of the ACM*, vol. 52, no. 5, pages 70 – 79, 2009.

[Lee2007] E. A. Lee and H. Zheng. "Leveraging Synchronous Language Principles for Heterogeneous Modeling and Design of Embedded Systems." *Proceedings of the 7th ACM/IEEE International Conference on Embedded Software (EMSOFT)*, pages 114 – 123, 2007.

[Maler1992] O. Maler, Z. Manna, and A. Pnueli. "From Timed to Hybrid Systems." In *Real-Time: Theory in Practice, Lecture Notes in Computer Science*, pages 447 – 484. Springer, 1992.

[Modelica2012] Modelica Association. "Modelica: A Unified Object-Oriented Language for Physical System Modeling." Language Specification, Version 3.3, 2012.

[Mosterman2013] P. J. Mosterman, G. Simko, and J. Zander. "A Hyperdense Semantic Domain for Discontinuous Behavior in Physical System Modeling." Compositional Multi-Paradigm Models for Software Development, October 2013.

[Mosterman2014] P. J. Mosterman, G. Simko, J. Zander, and Z. Han. "A Hyperdense Semantic Domain for Hybrid Dynamic Systems to Model with Impact." 17th International Conference on Hybrid Systems: Computation and Control (HSCC), 2014.

[Porter2010] J. Porter, G. Hemingway, H. Nine, C. vanBuskirk, N. Kottenstette, G. Karsai, and J. Sztipanovits. *The ESMoL Language and Tools for High-Confidence Distributed Control Systems Design. Part 1: Design Language, Modeling Framework, and Analysis.* Technical Report ISIS-10-109, Vanderbilt University, Nashville, TN, 2010.

[Reineke2006] J. Reineke, B. Wachter, S. Thesing, R. Wilhelm, I. Polian, J. Eisinger, and B. Becker. "A Definition and Classification of Timing Anomalies." *Proceedings of 6th International Workshop on Worst-Case Execution Time (WCET) Analysis*, 2006.

[Simko2012] G. Simko, T. Levendovszky, S. Neema, E. Jackson, T. Bapty, J. Porter, and J. Sztipanovits. "Foundation for Model Integration: Semantic Backplane." ASME 32nd Computers and Information in Engineering Conference (IDETC/CIE), 2012.

[Simko2013] G. Simko, D. Lindecker, T. Levendovszky, E. K. Jackson, S. Neema, and J. Sztipanovits. "A Framework for Unambiguous and Extensible Specification of DSMLs for Cyber-Physical Systems." IEEE 20th International Conference and Workshops on the Engineering of Computer Based Systems (ECBS), 2013.

[Simko2013a] G. Simko, D. Lindecker, T. Levendovszky, S. Neema, and J. Sztipanovits. "Specification of Cyber-Physical Components with Formal Semantics: Integration and Composition." ACM/IEEE 16th International Conference on Model Driven Engineering Languages and Systems

(MODELS), 2013.

[Simscape2014] Simscape. MathWorks. http://www.mathworks.com/products/simscape.

[Sztipanovits2014] J. Sztipanovits, T. Bapty, S. Neema, L. Howard, and E. Jackson. "OpenMETA: A Model and Component-Based Design Tool Chain for Cyber-Physical Systems." In *From Programs to Systems: The Systems Perspective in Computing*, vol. 8415 of *Lecture Notes in Computer Science*, pages 235–249. Springer, 2014.

[Sztipanovits1997] J. Sztipanovits and G. Karsai. "Model-Integrated Computing." *Computer*, vol. 30, no. 4, pages 110–111, 1997.

[Sztipanovits2012] J. Sztipanovits, X. Koutsoukos, G. Karsai, N. Kottenstette, P. Antsaklis, V. Gupta, B. Goodwine, J. Baras, and S. Wang. "Toward a Science of Cyber-Physical System Integration." *Proceedings of the IEEE*, vol. 100, no. 1, pages 29–44, 2012.

[Willems2007] J. C. Willems. "The Behavioral Approach to Open and Interconnected Systems." *IEEE Control Systems*, vol. 27, no. 6, pages 46–99, 2007.

[Wrenn2012] R. Wrenn, A. Nagel, R. Owens, H. Neema, F. Shi, K. Smyth, D. Yao, J. Ceisel, J. Porter, C. vanBuskirk, S. Neema, T. Bapty, D. Mavris, and J. Sztipanovits. "Towards Automated Exploration and Assembly of Vehicle Design Models." ASME 32nd Computers and Information in Engineering Conference (IDETC/CIE), 2012.

찾아보기

ㄱ

가상 동기화(virtual synchronization) 336
가상 의료 장비 46
가상 의료 장비의 정의 63
가용성 308
가정 보건(home health care) 155
가정 후 보장 추론(assume-guarantee reasoning) 286
감독 제어 기법(supervisory control technique) 188
감시 및 추적(Surveillance and tracking) 156
감염된 장치를 통한 비고의적 침투 309
강건한 제어(robust control) 325
결정론적 샘플링 및 구동 236
계단형 교란(step disturbance) 142
계산 과정에 대한 상호작용 모델 423
계산 모델(MoC) 423
계산 시간 단축 232
계산 트리 논리(computational tree logic, CTL) 266
고보장 개발 절차 54
고정 우선순위의 태스크 예약 238
고정 우선순위 할당 373
고정 타이밍 파라미터를 갖는 스케줄링 369
고조밀 시간(super-dense time) 422
공격 진입점 309
공정성을 이용한 알고리즘 392
공칭 시스템 모델(nominal system model) 246
구멍(hole) 310
구조 보존 모델링(structure-preserving modeling) 프레임워크 142
구조적 의미 체계 432
균일 이산화(uniform discretization) 207
근사 동작 (동등성) 포함(approximate behavioral (equivalence) inclusion) 201
근사 시뮬레이션 관계(approximate simulation relations) 200
근사 (이중) 시뮬레이션 관계(approximate (bi) simulation relations)의 정의 201
기밀성 308
기호 모델 207
기호 모델의 구축 205
기호적 합성의 세 단계 188

ㄴ

내장애 시스템 설계 342
네트워크 기반 침투 309
네트워크 블록 253
네트워크 스케줄링과 대역폭 분배 401
네트워크 컨트롤러 서비스, MDCF 68
노드 정위, WSN 162
논리적 시간(logical time) 421
논리적 실행 시간(logical execution time, LET) 422
느슨한 시간 트리거 아키텍처(Loosely Time-Triggered Architecture, LTTA) 339

ㄷ

다알의 효과(Dhall's effect) 384
다중 속도 계산을 위한 패턴 확장 347
다중 시간 척도의 기호 모델 213
다중 주파수 매체 접근 제어(multifrequency media access control for wireless sensor networks, MMSN) 159
다중 프로세서/다중 코어 스케줄링 381
단일 지능형 지역 조정 기관(intelligent balancing authority, iBA) 137

단일 지점 장애(single-point failure) 342
대응 방안 314, 322
댐스터-셰이퍼 모델(Dempster-Shafer model) 87
더 높은 수준의 지능, 임상 폐회로 시스템 76
데이터 기반 동적 집단화의 역할 135
도달 가능성, 선형 시간 논리 196
도메인 다형성(domain polymorphic) 423
독립형 배전 수준 마이크로 그리드 116
동기 록스탭 실행 339
동기식 AADL 명세 349
동기적 설계 언어 336
동기화를 위한 복잡성 축소 기법 334
뒷문(back door) 310

ㄹ

램포츠 팩소스(Lamport's Paxos) 알고리즘 338
런타임 검증 인식적, WSN 기반 CPS의 품질 속성 170
런타임 보증(runtime assurance, RTA) 171
레이블링된 전환 시스템(labeled transition system, LTS) 424
리더 선출(leader-election) 로직 340
리드믹 태스크 스케줄링 407
리얼 태스크(rhythmic real task) 모델 407

ㅁ

마감 시간 단조(deadline-monotonic) 우선순위 375
마이크로 그리드 125
매체 접근 제어(medium access control, MAC) 프로토콜 157
멀티 홉 라우팅 160
메모리 효과 380, 394
명령, 데이터 그리고 소프트웨어의 보안 특성의 중요성 309
모델 검사 도구 265
모델 검증 59
모델 기반 MCPS 개발 55
모델 기반 접근법 235
모델 기반 피드포워드 기법(model-based feed-forward technique) 111

모델리카(Modelica) 439
모델리카 통합 443
모델 프리 접근법 235
모드버스(Modbus) 프로토콜 312
모드버스 네트워크 스캐닝 313
목표 구조화 표기법(Goal Structuring Notation, GSN) 84
무결성 308
무효화, WSN 라우팅 솔루션 162
문맥에 민감한(context sensitive) 부분 424
문맥 자유 문법(context-free grammar) 424
물리 기반 상태 공간 모델 132
물리 인식적, WSN 기반 CPS의 품질 속성 167
물리적 비동기 논리적 동기(physically asynchronous, logically synchronous, PALS) 시스템 334
물리적 워터마크 및 인증 325

ㅂ

바운싱 볼 모델 296
배커스 나우어 형식(Backus-Naur form, BNF) 424
번들(Bundle) 176
범위 기반 기법, WSN 정위 솔루션 163
범위 무관 방식, WSN 정위 솔루션 163
베이스라인 리스폰스 리플레이 312
보류 기반 분리 태스크 배치(Suspension-based split-task dispatching) 394
보안 공격에 따른 물리적 결과 313
보안 공격에 따른 사이버적 결과 311
보안성과 개인 정보 보호, MCPS의 품질 속성 53
보안 요구사항 318
보안 인식적, WSN 기반 CPS의 품질 속성 172
보장 결함(assurance deficit) 86
보장 결함의 예 91
보증 케이스 53, 82
보증 케이스에 대한 신뢰 85
보증 케이스의 검토 87
복합 경계 조건(corner condition) 369
본드 그래프(bond graph) 438
부분 동기(partially synchronous) 분산 시스템 343

부분 동기 분산 시스템에서 분산 수렴 문제 343
부하 지원 사업자(load-serving entities, LSE) 124
분기 시간 논리(branching temporal logic) 266
분리 관찰 상태 공간(observation-decoupled state space, ODSS) 131
분산 경주 상황(distributed race condition) 333
분산 에너지 자원(distributed energy resource, DER) 113
분산 최적화 145
분산 합의(distributed consensus) 336
분산 합의 알고리즘 336
분산 합의 알고리즘의 형식적 검증 343
분할 스케줄링(partitioned scheduling) 381, 388
브로드캐스트 메시지 스푸핑 312
비대칭 시간 보호 399
비동기 유계 지연(asynchronous bounded delay, ABD) 네트워크 339
비유틸리티 소유 입찰(non-utility-owned bids) 124
비율 단조 스케줄링(RMS) 374
빠른 마감 시간 우선(early-deadline-first, EDF) 스케줄링 238

ㅅ

사례 연구: GPCA 안전성 88
사례 연구: 폐회로 PCA 주입 펌프 78
사례: 헬리콥터 비행 제어 검증 269
사이버 네트워크 131
사이버 물리 공격의 특성 322
사이버 물리 시스템 모델링 언어(Cyber-Physical Systems Modeling Language, CyPyML)의 형식화 425
사이버 물리 시스템의 문제들 333
사이버 및 물리 시스템에서 공격의 종류와 결과 307
사이버 보안 요구사항 307
사전 정의된 하부 시스템이 있는 시스템에서의 조정 136
사회 생태적 에너지 시스템(socio-ecological energy systems, SEES) 114
삼중 모듈 중복 구조(triple modular redundancy, TMR) 342
상태 공간 폭발 문제(state space explosion problem) 333
상태 예측기(state estimator, SE) 123
상태 폭발 문제(state explosion problem) 278
상호 운용성, MCPS의 품질 속성 52
상호작용 변수 기반의 자동 모델링 및 제어 143
상황 분석 322
상황 인지성, MCPS의 품질 속성 52
샘플 데이터 시스템 247
샘플링 간격 지터 229
샘플링 지터(sampling jitter) 228
생리적 폐회로 시스템 50
서비스 품질 분배 모델(Quality-of-Service Resource Allocation Model, Q-RAM) 396
선형 시간 논리 266
선형 시간 논리(linear temporal logic, LTL) 194, 266
선형 시간 불변(Linear time-invariant, LTI) 상태 공간 모델 319
성능 기반 규제(performance-based regulation, PBR) 120
성능 목표의 IT 기반 진화 145
셀프트리거(self-triggered) 제어 236
소프트웨어 기반 기능 49
손상된 공급 사슬 310
수동적 정보 수집 313
슈퍼바이저 서비스, MDCF 69
스몰그레인 정리(small-grain theorem) 248
스파스 타임 베이스(sparse time base) 341
슬롯 기반 분리 태스크 배치(Slot-based split-task dispatching) 393
시간에 대한 의미 체계 도메인 421
시간 트리거 구조(time-triggered architecture, TTA) 334
시간 트리거 아키텍처(Time-triggered architecture, TTA) 340
시간 트리거 이더넷(Time-triggered Ethernet, TTE) 402
시분할 CPU 239

시분할 다중 접속(time division multiple access, TDMA) 스케줄 340
시스템과 공격 모델 319
시스템 보안 및 장치 보안 316
시스템의 정의, 시스템 모델링 190
시스템 이론적 접근 방법 317
시스템 컨텍스트 345
신뢰성, WSN 라우팅 솔루션 162
신호 단자 연결의 의미 체계 437
신호 흐름 통합 444
실무자들의 시사점 92
실무자의 시사점 144
실시간 검증 288
실시간 고신뢰 멀티캐스트 프로토콜 352
실시간 네트워킹 미들웨어 342
실시간 시스템(real-time system) 369
실시간 인식적, WSN 기반 CPS의 품질 속성 168
실행 모델 254
쌍쌍 중복 구조(pair-pair redundancy) 342

아이시스 2 337
아이시스(ISIS) 337
아키텍처 1의 수행 목표 120
악당 침입자 313
악의적 내부자 310
안전성, MCPS의 품질 속성 52
안전성 보증 케이스 83
안전성 케이스 유형 88
안전 특성, 선형 시간 논리 195
안전한 통신 아키텍처 315
안정성, 선형 시간 논리 196
애니타임 접근법(anytime approach) 232
약결합(weakly coupled) iBA 137
언어 통합의 형식화 438
에너지 시스템의 온라인 IT 구현에 따른 이득 112
에너지 함수(energy function) 140
엑트로피(ectropy) 140
엑트로피 기반 제어기 141

엡실론 근사 시뮬레이션 관계(ε-approximate simulation relation, ε-aSR) 201
엡실론 근사 이중 시뮬레이션 관계(ε-approximate bisimulation relation, ε-BSR) 201
연속 시간(continuous time) 422
연속 시간 제어기 214
예: DC-DC 부스터 컨버터에서 상태 조절 197
예: DC-DC 부스트 컨버터에 대한 샘플링된 데이터의 동특성 198
예약 기반 스케줄링 모델 239
예약 기반 자원 스케줄링 238
온도 조절기 모델 298
온디맨드 의료 장비 62
왕복 기반(round-based) 동기 실행 340
외부 인터페이스 제약 조건 346
우선순위 상속(priority inheritance) 378
우선순위 상속 프로토콜(priority-inheritance protocol, PIP) 379
우선순위 상한 프로토콜(priority-ceiling protocol, PCP) 379
운영 대기(active-standby) 시스템 352
워터마크 방안의 시스템 다이어그램 326
위험 완화 54
위협의 유형 311
윈도우 기반 분리 태스크 배치(Window-based split-task dispatching) 394
응답 지연 313
의료 장비 조정 프레임워크(Medical Device Coordination Framework, MDCF) 67
의료 장비 플러그 앤 플레이 50
의미 체계 앵커링 프레임워크(semantic anchoring framework) 434
의미 체계의 형식화 432
이끌림, 선형 시간 논리 196
이벤트 기반 제어 235
이산 검증 265
이산 시간(discrete time) 422
이산 시간 프로세스 모델 231
이중화 제어 시스템 352

인과성 420
인증, MCPS의 품질 속성 53
일반 리아푸노프(common Lyapunov) 함수 206
임베디드 DyMonDS 128
임상 시나리오 46
임상 의사결정 지원(clinical decision support, CDS) 시스템 70
임상 폐회로 시스템 76
입력 동기화기(environment input synchronizer) 346
입출력 지터 229

ㅈ

자동 발전 제어(automatic generation control, AGC) 111
자원 효율을 위한 제어기 설계 229
자율성, MCPS의 품질 속성 52
작업의 마감 시간(dealine) 371
작업 정적 우선순위 스케줄링 391
작업 정적 우선순위 스케줄링(job-static priority scheduling) 386
잘 구성됨(well-formedness) 규칙 424
장애 탐지와 격리(fault detection and isolation, FDI) 324
저빈도 샘플링 233
적대적 모델(Adversary Models)의 특성 321
적응형 부하 관리(adaptive load management, ALM) 123
적 행동 310
전력망의 순간 안정성(transient stability) 142
전역 동기식 아키텍처 335
전역 스케줄링(global scheduling) 381, 382
전역적 비동기 및 지역적 동기(globally asynchronous, locally synchronous, GALS) 332
전원 관리, WSN 165
전환 아핀 시스템(switched affine system) 205
전환 유발 불안정성(switching-induced instability) 234
점증적 안정성(incremental stability) 가정 206
정적 스케줄링의 단점 236

제네릭 PCA 프로젝트 57
제로 실행 시간(zero execution time, ZET) 422
제어기 개량 203
제어기 소프트웨어 구조 236
제어기 타이밍 227
제어 서버 239
제한 실행 시간(bounded execution time, BET) 422
주제 전문가(subject-matter experts, SMEs) 271
주파수 모델링 132
중환자실에서의 스마트 알람, 임상 의사결정 시스템 70
증명과 신뢰 84
지능형 조명 스위치에서의 조명 제어 289
지리적 전달, WSN 라우팅 알고리즘 161
지속가능한 SEES를 위한 미래의 CPS 147
지속가능한 SEES를 위한 사이버 패러다임 127
지속가능한 사회 생태적 에너지 시스템 114
지터마진 246
지터버그 241
직접 슬레이브 제어 312
진정한 동시성(real concurrency) 295
집단화된 iBA 137

ㅊ

차원의 저주 213
찬드라 투에그(Chandra-Toueg) 알고리즘 338
초조밀 시간(hyper-dense time) 422
최단 마감 시간 우선(earliest-deadline first, EDF) 할당 376
최악의 경우 실행 시간(worst-case execution time, WCET) 369

ㅋ

캐시 관련 선점 지연(cache-related preemption delay, CRPD) 370
캐시 컬러링(cache coloring) 395
커널 블록 251
커버로스 네트워크 인증 프로토콜 314
컴퓨팅 자원의 공유 238

케르크호프스의 원리(Kerckhoff's principle) 308
코드 증명 317
크립 키 구조(Kripke structures) 267
클록 동기화, WSN 164
키 관리 314

ㅌ

타이밍 제약 조건 346
타임드 CSP 293
타임드 오토마타 288
태스크 분리를 사용한 알고리즘 392
태스크 정적 우선순위 스케줄링 388
태스크 정적 우선순위 스케줄링(task-static priority
   scheduling) 383
통신 공유 자원 계산법(Algebra of Communicating
   Shared Resources, ASCR) 294
통신 프로토콜 모델 191
통제 확산, WSN 라우팅 알고리즘 161
통합 소프트웨어 439
통합 의료 환경Integrated Clinical Environment, ICE의
   주요 구성 요소 65
트루타임 250

ㅍ

파워 관리 403
파워 단자 연결의 표시적 의미 체계 435
폐회로 시스템의 위험성 77
표시적 의미 체계 434
표시적 행동 의미 체계(denotational behavioral
   semantics) 425
프로그래밍 추상화 175
프로세스 그룹 추상화 336
플랫 시스템(flat systems)의 기호 모델 213
플렉스레이(FlexRay)의 정적 세그먼트 402

ㅎ

하이 게인 iBA 138
하이 게인 비선형 피드백 선형화(feedback-linearizing)
   여자 제어기 137

하이브리드 검증 295
하이브리드 오토마타 296
하이브리드 차분 미분 방정식(differential-difference
   equations) 의미 단위 434
합성 문제의 정의 198
합성 문제의 해결 200
핵심 시스템 원칙 113
핸드셰이킹 프로토콜(handshaking protocols) 334
현대 전력 산업의 주요 문제점들 109
현대 전력 시스템과 운영 시나리오 109
형식적 소프트웨어 엔지니어링 335
호러스(Horus) 337
환경 과학(Environmental science) 157
후드(Hood) 175

A

AMI(Advanced metering infrastructures) 122

B

B-MAC 159

C

CABG 환자를 위한 스마트 알람 시스템 74
CAE(Claims-Arguments-Evidence) 표기법 84
CAN MAC 프로토콜 402
conPAS2 215
CoSyMA 215
CPS DSML의 의미 체계 424
CPS에 대한 공격 모델 309
CyPhyML의 GME 메타 모델 429
CyPhyML의 구문 429

D

DC-DC 부스트 컨버터 모델 193
DC-DC 부스트 컨버터에 대한 기호 모델 209
δ-GUAS 206
DPM-Clock 알고리즘 403, 405
DyMonDS 127

E

ESMoL(Embedded Systems Modeling Language) 439

F

FACTS(Flexible AC Transmission System) 137
FDR 도구 294
ForSpec 426
from_to 유형의 GSN 구조 89
FTSP(Flooding Synchronization Protocol), WSN 클록 동기화 165

G

GMF 알고리즘 406
GPCA 타임드 오토마타 모델 90

I

ICE 아키텍처 66

K

KeYmaera 296

L

LTLCon 215
LTLMoP 215

M

MCPS 44
MCPS 개발자 관점 92
MCPS 관리자 관점 93
MCPS 규제 기관 관점 95
MCPS 사용자 관점 93
MCPS의 고신뢰 개발 53
MCPS의 동향 48
MCPS의 품질 속성 51
MCPS 환자 관점 94

N

N − 1 기준 322

O

Opt-Clock 알고리즘 403, 405

P

PALS AADL 명세 349
PALS AADL 명세의 응용 및 분석 353
PALSware 357
PALSware 아키텍처 351
PALSware의 C++ API 354
PALS(물리적 비동기, 논리적 동기 시스템) 344
PALS 시스템 가정들 345
PALS 시스템 모델링을 위한 AADL 도구 356
PALS 아키텍처 명세 348
PCA 안전 인터록 설계 79
PCA 주입 펌프 57
Pessoa 216
PM-Clock 알고리즘 403, 405
Ptolemy II 423

Q

Q-RAM을 사용한 자원 배분 절충 방안 396

R

RAP, 실시간 프로토콜 169
RBS(Reference Broadcast Synchronization, WSN 클록 동기화 164
REK 도구 294
RI-EDF(Robust Implicit Earliest Deadline First), 실시간 프로토콜 169

S

SAE 아키텍처 분석 및 설계 언어(SAE Architecture Analysis and Design Language, AADL) 348
SCADA(System Control and Data Acquisition System) 123
SEES 내에서 CPS 모듈에 대한 일반적인 개념 131
SEES를 위한 CPS의 물리 기반 구성 130
SEES 아키텍처 114
SEES 아키텍처 1 시스템의 향상된 사이버 능력 122

SEES 아키텍처 1을 위한 CPS 설계상의 과제 123
SEES 아키텍처 1의 시스템 이슈 121
SEES 아키텍처 2를 위한 CPS 설계상의 과제 124
SEES 아키텍처 3~5를 위한 CPS 설계상의 과제 124
SEES 아키텍처별 중요 시스템 수준 특성 118
SEES의 CPS를 위한 DyMonDS 기반 표준 134
SIGF(Secure Implicit Geographic Forwarding) 174
Simulink Design Verifier 274
Simulink Stateflow 차트 275
SpaceEx State Space Explorer 296
SPEED, 실시간 프로토콜 169
Sys-Clock 알고리즘 403, 404
System Design Verifier(SDV) 278
S에 대한 δ-GUAS 리아푸노프 함수 206

T

TPSN, WSN 클록 동기화 165
TuLip 215

U

UPPAAL 289
UPPAAL에서의 구성 의미 체계 290
UPPAAL에서의 명세 언어 292

V

VMD 앱 46

W

WCET의 결정 370
WSN 기반 CPS의 품질 속성 167
WSN 기반의 CPS 운영 시나리오 155

Z

ZSRM(Zero-Slack Rate Monotonic) 399

번호

6단계 방법, 보증 케이스의 구축 방법 85

에이콘출판의 기틀을 마련하신 故 정완재 선생님 (1935-2004)

사이버 물리 시스템

사물인터넷과 임베디드 시스템의 핵심 기술, 사례와 동향

발 행 | 2018년 1월 31일

지은이 | 라구나탄 라즈쿠마르 · 디오니시오 데 니즈 · 마크 클라인
옮긴이 | 김 광 일

펴낸이 | 권 성 준
편집장 | 황 영 주
편 집 | 이 지 은
디자인 | 박 주 란

에이콘출판주식회사
서울특별시 양천구 국회대로 287 (목동)
전화 02-2653-7600, 팩스 02-2653-0433
www.acornpub.co.kr / editor@acornpub.co.kr

한국어판 © 에이콘출판주식회사, 2018, Printed in Korea.
ISBN 979-11-6175-104-7
ISBN 978-89-6077-091-1 (세트)
http://www.acornpub.co.kr/book/cyber-physical-systems

이 도서의 국립중앙도서관 출판시도서목록(CIP)은 서지정보유통지원시스템 홈페이지(http://seoji.nl.go.kr)와
국가자료공동목록시스템(http://www.nl.go.kr/kolisnet)에서 이용하실 수 있습니다.(CIP제어번호: CIP2018002530)

책값은 뒤표지에 있습니다.